Transaktionsbesteuerung auf dem Devisenmarkt

Europäische Hochschulschriften
Publications Universitaires Européennes
European University Studies

Reihe II
Rechtswissenschaft

Série II Series II
Droit
Law

Bd./Vol. 5372

PETER LANG
Frankfurt am Main · Berlin · Bern · Bruxelles · New York · Oxford · Wien

Holger Martin

Transaktionsbesteuerung auf dem Devisenmarkt

Eine kritische Untersuchung der Möglichkeiten und Grenzen einer Besteuerung von Transaktionen auf dem Devisenmarkt aus europarechtlicher Perspektive

PETER LANG
Internationaler Verlag der Wissenschaften

Bibliografische Information der Deutschen Nationalbibliothek
Die Deutsche Nationalbibliothek verzeichnet diese Publikation in der Deutschen Nationalbibliografie; detaillierte bibliografische Daten sind im Internet über http://dnb.d-nb.de abrufbar.

Zugl.: Gießen, Univ., Diss., 2011
Fachbereich Rechtswissenschaft

Gedruckt auf alterungsbeständigem,
säurefreiem Papier.

D 26
ISSN 0531-7312
ISBN 978-3-631-62513-2

www.peterlang.de

Meinen Eltern

Vorwort

Die vorliegende Arbeit wurde im Sommersemester 2010 vom Fachbereich Rechtswissenschaft der Justus-Liebig-Universität Gießen als Dissertation angenommen. Schrifttum und Rechtsprechung sind bis Mai 2010 berücksichtigt. Für die Drucklegung konnten nach diesem Datum veröffentlichte Literatur sowie später ergangene und zugängliche Rechtsprechung teilweise berücksichtigt werden.

Mein Dank gilt vor allem meinem Doktorvater, Herrn Professor Dr. *Thilo Marauhn*, der die Anregung zu diesem Thema gab und die Arbeit an meiner Dissertation in vielfältiger Weise unterstützt und begleitet hat. Bedanken möchte ich mich auch bei Herrn Professor Dr. *Manfred Orth* für die zügige Erstellung des Zweitgutachtens und seine zahlreichen wertvollen Hinweise.

Ich danke zudem allen, die mich auf sehr unterschiedliche Weise während meiner Promotion unterstützt haben. Dabei gilt mein besonderer Dank meiner Frau für ihre Geduld, ihre Unterstützung und ihre Liebe. Zu tiefem Dank bin ich meinen Eltern verpflichtet, denen ich diese Arbeit widme. Ihre uneingeschränkte Förderung meiner Ausbildung und ihre aufrichtige Unterstützung hat die Anfertigung der vorliegenden Arbeit erst ermöglicht.

Frankfurt am Main, im Sommer 2012 *Holger Martin*

Inhaltsverzeichnis

Abkürzungsverzeichnis

ABl.	Amtsblatt
Abs.	Absatz
Art.	Artikel
BFH	Bundesfinanzhof
BMF	Bundesministerium der Finanzen
BMZ	Bundesministerium für wirtschaftliche Zusammenarbeit und Entwicklung
BT	Deutscher Bundestag
BT-Drs.	Bundestagsdrucksache
BVerfG	Bundesverfassungsgericht
DNotZ	Deutsche Notar-Zeitschrift
DÖV	Die Öffentliche Verwaltung (Zeitschrift)
EEA	Einheitliche Europäische Akte
EG	Europäische Gemeinschaft
EGKS	Europäische Gemeinschaft für Kohle und Stahl
EGV	Vertrag zur Gründung der Europäischen Gemeinschaft
EMRK	Europäischen Konvention zum Schutz der Menschenrechte und Grundfreiheiten
ESZB	Europäisches System der Zentralbanken
etc.	et cetera (lateinisch für „und so weiter“)
EU	Europäische Union
EuG	Europäisches Gericht erster Instanz
EuGH	Europäischer Gerichtshof
EuZW	Europäische Zeitschrift für Wirtschaftsrecht
EWI	Europäisches Währungsinstitut
EWS	Europäisches Währungssystem
EWU	Europäische Währungsunion
EZB	Europäische Zentralbank
EZB-Rat	Rat der Europäischen Zentralbank
f., ff.	folgend(e)
Fn.	Fußnote
FS	Festschrift
GG	Grundgesetz
GRC	Charta der Grundrechte der Europäischen Union
GRUR	Gewerblicher Rechtsschutz und Urheberrecht

Hrsg.	Herausgeber
IWF	Internationaler Währungsfonds
JZ	JuristenZeitung
lit.	littera (lateinisch für „Buchstabe“)
m.w.N.	mit weitern Nachweisen
MWStSystRL	Mehrwertsteuersystemrichtlinie
NBER	National Bureau of Economic Research
NJW	Neue Juristische Wochenschrift
NVwZ	Neue Zeitschrift für Verwaltungsrecht
OECD	Economic Co-operation and Development
OEEC	Organisation for European Economic Co-Operation
Rat	Rat der Europäischen Union
Rn.	Randnummer
Rs.	Rechtssache
Slg.	Sammlung
SWIFT	Society for Worldwide Interbank Financial Telecommunication
verb. Rs.	verbundene Rechtssachen
vgl.	vergleiche
VO	Verordnung
WIRO	Wirtschaft und Recht in Osteuropa (Zeitschrift)
WM	Wirtschaft- und Bankrecht (Zeitschrift)
ZaöRV	Zeitschrift für ausländisches öffentliches Recht und Völkerrecht
ZEuS	Zeitschrift für Europarechtliche Studien
ZGR	Zeitschrift für Unternehmens- und Gesellschaftrecht

Für in dem voranstehenden Abkürzungsverzeichnis nicht aufgeführte Abkürzungen wird verwiesen auf: *Kirchner*, Abkürzungsverzeichnis der Rechtssprache, 6. Auflage, Berlin 2008.

Kapitel 1

Einleitung

§ 1 Einführung in die Thematik

Wirtschaftskrisen bilden den Oberbegriff für Krisen, die verschiedene Sektoren der Wirtschaft einzeln oder zusammen betreffen können. Wirtschaftskrisen sind in der Regel räumlich nicht auf die ursprünglich betroffenen Staaten oder Regionen begrenzt, sondern wirken sich in ihrem Verlauf regelmäßig auf die Weltwirtschaft aus. Derzeit belastet eine Wirtschaftskrise die Weltwirtschaft, deren Ursprung im Jahr 2008 in den USA als Immobilienkrise lag (die sogenannte Subprime-Krise) und die sich global auch auf andere Wirtschaftssektoren ausbreitete.[1] Eine Erscheinungsform der Wirtschaftskrise ist die Finanzkrise, die negative Auswirkungen auf den Finanzsektor besitzt und die zum Beispiel durch den Abbau von Vermögenswerten oder durch das steigende Risiko einer Zahlungsunfähigkeit von Gegenparteien entstehen kann.[2] Im Zusammenhang mit einer Finanzkrise wird die Währung eines Staats in der Regel abgewertet, was – je nach Stärke der Abwertung – als Währungskrise bezeichnet wird.[3]

Einer der bekanntesten Vorschläge zur Reduzierung des Risikos von Finanzkrisen stammt von *James Tobin* aus den siebziger Jahren des vergangenen Jahrhunderts. *Tobin* schlug vor, durch die Besteuerung von Transaktionen auf dem Devisenmarkt „etwas Sand in die Räder der überaus effizienten internationalen Devisenmärkte zu werfen".[4] In ihren Grundzügen stammt die Idee einer Transaktionssteuer von *John Maynard Keynes*, der eine Steuer auf sämtliche Arten von Finanzmarkttransaktionen vorschlug.[5] *Keynes* verglich die damalige Entwicklung des nationalen Aktienmarkts mit einem Nebenprodukt der Aktivitäten eines Kasinos und Kasinos sollten nach seiner Auffassung nur schwer zugänglich und teuer sein. Deshalb schlug *Keynes* vor, alle Transaktionen auf den Finanzmärkten mit einer Steuer zu belegen, um Transaktionen auf diese Weise

---

1 Einen Überblick über die Entstehung der Krise und mögliche Lösungsansätze bietet der sogenannte *Larosière*-Bericht: *The de Larosière Group*, High-Level Group on Financial Supervision in the EU, chaired by Jacques de Larosiére, Report, 25. Februar 2009, Brüssel 2009.

2 *Allen/Gale*, „An introduction to financial crises" in The International Library of Critical Writings in Economics series, Volume 218: Financial Crises, 2008, S. 5.

3 *Kaminsky/Reinhart*, The Twin Crises: The Causes of Banking and Balance of Payments' Problems in The American Economic Review, Volume 89, 1999, S. 473 ff.

4 *Tobin*, A Proposal for Monetary Reform, Eastern Economic Journal, Eastern Economic Association, Vol. 4 (3–4), July/October 1978, S. 153 ff.

5 *Keynes*, Allgemeine Theorie der Beschäftigung, der Zinsen und des Geldes, S. 159 f.

künstlich zu verteuern und in der Folge unattraktiver für Marktteilnehmer zu gestalten.[6] *Tobin* übertrug *Keynes* Idee auf Transaktionen auf dem Devisenmarkt.

Die Überlegung, bestimmte Transaktionen auf Finanz- oder Devisenmärkten zu besteuern, wurde in der Vergangenheit aus verschiedenen Motiven aufgegriffen, zum Beispiel, um neue Einnahmequellen zu erschließen (etwa für Entwicklungshilfe, zur Krankheitsbekämpfung oder zur Unterstützung des Klimaschutzes)[7] oder um den Prozess der Globalisierung zu regulieren[8]. Die Europäische Kommission veröffentlichte im Jahr 2002 eine Studie, die sich mit der Einführung einer Steuer auf Transaktionen am Devisenmarkt beschäftigte.[9] Der Rat der Europäischen Union begrüßte die aus dieser Studie stammende Erkenntnis, dass eine Devisentransaktionssteuer in der von *Tobin* vorgeschlagenen Ausgestaltung als Instrument zur Stabilisierung der Devisenmärkte nicht geeignet und kaum praktikabel sei.[10] Dennoch wurde die Einführung einer Devisentransaktionssteuer in den folgenden Jahren von verschiedenen Akteuren auf internationaler, europäischer und nationaler Ebene vielfach diskutiert. In diesem Zusammenhang ist besonders auf die in Deutschland[11], Frankreich[12] und Großbritannien[13] geführten Diskussionen hinzuweisen.

---

6 *Keynes*, Allgemeine Theorie der Beschäftigung, der Zinsen und des Geldes, S. 144 f.

7 *Commission of the European Communities*, Commission Staff Working Paper - New Sources of Financing for Development: A Review of Options, Brussels, 5. April 2005, SEC(2005) 467, S. 14; *United Nations Development Programme (UNDP)*, Human Development Report 1994 – New Dimensions of Human Security, Oxford University Press, USA, 1994, S. 9.

8 *Osterhaus*, Bausteine für ein alternatives Weltfinanzsystem in Kapital braucht Kontrolle, S. 56.

9 *Commission of the European Communities*, Responses to the Challenges of Globalization: A study on the International Monetary and Financial System and on Financing for Development, Working Document from the Commission Services, SEC(2002) 185 final.

10 *Bundesministerium der Finanzen*, Finanzmarktkrisen - Ursachen und Lösungsmöglichkeiten, Monatsbericht, April 2002, S. 58.

11 Zum Beispiel: Antrag der Linksfraktion vom 26. Januar 2010, eine Finanztransaktionssteuer international vorantreiben und national einführen, BT-Drs. 17/518; Anträge der Fraktionen Bündnis 90/Die Grünen zur Einführung einer spekulationsdämpfenden Steuer auf Währungstransaktionen (Tobin-Steuer), BT-Drs.13/9597 und der PDS zur Einführung einer Steuer auf spekulative Devisenumsätze (Tobin-Steuer), BT-Drs. 13/9337; sowie die Beschlussempfehlung und der Bericht des Finanzausschusses zu den beiden Anträgen, BT-Drs. 13/10465. *Deutscher Bundestag*, Enquete-Kommission „Globalisierung der Weltwirtschaft – Herausforderungen und Antworten", 14. Wahlperiode, Abschlussbericht, Juni 2002.

12 *Monnot*, „Les Partisans de la «Taxe Tobin» Combatent Contre «La Mondialisation Neo-Liberale»„, Le Monde, 25. Juni 1999.

13 Early Day Motion 595, April 2001: Tobin Tax; Early Day Motion 885, February 2002: Tackling Global Poverty.

Die Diskussionen auf internationaler, europäischer und nationaler Ebene erhielt insbesondere im Zusammenhang mit der im Jahr 2008 aufgetretenen weltweiten Wirtschafts- und Finanzkrise eine neue Dynamik und führte zu einer zunehmenden Anzahl an Befürwortern einer internationalen Transaktionssteuer, wobei mehrheitlich eine umfassende Besteuerung des gesamten Finanzsektors befürwortet wird.[14] Die umfassende Besteuerung des Finanzsektors wird vorwiegend mit dem Argument begrüßt, dass der Finanzsektor einen „angemessenen Anteil" an den Kosten tragen soll, die den öffentlichen Haushalten im Zusammenhang mit den erheblichen Ausgaben zur Stabilisierung des Finanz- und Bankensektors und staatlichen Konjunkturprogrammen entstanden sind.[15] Im Zusammenhang mit der weltweiten Wirtschafts- und Finanzkrise hat das Europäische Parlament im März 2010 die Europäische Kommission aufgefordert, einen Vergleich der Vor- und Nachteile der Einführung von Steuern auf Finanzgeschäfte allein in der Europäischen Union, verglichen mit ihrer Einführung weltweit und verglichen mit der derzeitigen Situation, auszuarbeiten.[16] Im April 2010 veröffentlichte die Europäische Kommission ein Arbeitspapier, das verschiedene innovative Finanzierungsinstrumente bewertet.[17] Im Zusammenhang mit dieser Bewertung werden Steuern und Abgaben zur Erschließung neuer Steueraufkommen auf internationaler Ebene untersucht, unter anderem Abgaben auf den Finanzsektor. Der IWF veröffentlichte im Juni 2010 einen Bericht, in dem er eine faire und substanzielle Beteiligung des Finanzsektors an den Ausgaben zur Stabilisierung des Finanz- und Bankensektors und staatlichen Konjunkturprogrammen durch eine Bankenabgabe und eine Finanzaktivitätssteuer, die auf die Summe aus Gewinnen und Gehaltszahlungen von Finanzunterneh-

---

14 Zum Beispiel: Entschließung des Europäischen Parlaments vom 8. Oktober 2009 zum Gipfeltreffen der G20 am 24. und 25. September 2009 in Pittsburgh, P7_TA-PROV (2009) 0028, Ziffer 7; Frankfurter Rundschau vom 9. November 2009, „Tobin-Steuer immer populärer"; Börsen-Zeitung vom 29. Oktober 2009, „Köhler für globale Börsensteuer", Ausgabe Nr. 208, S. 1, 7; Börsen-Zeitung vom 17. September 2009, „EU geteilter Meinung über Finanzmarktsteuer", Ausgabe Nr. 178, S. 7; Handelsblatt vom 6. April 2011, Kirchhof, „Die Spekulationen wegsteuern".

15 Vgl. etwa Begründung des Vorschlags für eine Richtlinie des Rates über das gemeinsame Finanztransaktionssteuersystem und zur Änderung der Richtlinie 2008/7/EG, KOM (2011) 594 endg., S. 2.

16 Und zwar in der Erwägung, „dass Belgien und Frankreich auf nationaler Ebene ein Gesetz über eine Steuer auf Devisengeschäfte erlassen haben, das jedoch nur dann in Kraft treten soll, wenn eine Devisentransaktionsteuer auf Ebene der Europäischen Union umgesetzt wird" (Entschließung des Europäischen Parlaments vom 10. März 2010 zu dem Thema „Steuern auf Finanzgeschäfte – praktische Umsetzung", P7-TA–2010–0056, Erwägungsgrund H und Entschließung unter Ziffer 2). *Europäisches Parlament*, Entschließung des Europäischen Parlaments vom 25. März 2010 zu den Auswirkungen der weltweiten Finanz- und Wirtschaftskrise auf die Entwicklungsländer und auf die Entwicklungszusammenarbeit, 2009/2150(INI), Ziffer 30 und 31.

17 *Europäische Kommission*, Innovative Financial at a Global Level, SEC(2010) 409, Taxation Paper, 23.

men erhoben werden soll, befürwortete.[18] Im September 2010 veröffentlichte die Europäische Kommission einen Vorschlag für ein gemeinsames Finanztransaktionssteuersystem.[19] Im Oktober 2010 teilte die Europäische Kommission mit, dass sie auf internationaler Ebene eine Finanztransaktionssteuer unterstütze und auf Ebene der Europäischen Union eine Finanzaktivitätssteuer untersuche, letzteres mit dem Ziel, ein signifikantes Steueraufkommen zu generieren und die Stabilität des Finanzmarkts zu verbessern.[20]

Neben den wohl überwiegend in der politischen Diskussion befürworteten und in der Öffentlichkeit häufig geforderten Abgaben, wie etwa der Bankenabgabe oder der Finanztransaktions- und Finanzaktivitätssteuer, werden weitere Abgaben diskutiert und teilweise durch Mitgliedstaaten der Europäischen Union umgesetzt. Bei diesen Abgaben handelt es sich zum Beispiel um die Besteuerung von Bonuszahlungen in bestimmten Sektoren, sektorspezifische Zuschläge auf die Körperschaftssteuer und die Besteuerung von Devisentransaktionen.[21]

Mit der Devisentransaktionssteuer wird einen Teil der Finanztransaktionen, nämlich Devisentransaktionen, besteuert. Die divergierenden und im Laufe der Zeit auch wechselnden Unterstützungen und Ablehnungen einer Devisentransaktionssteuer resultieren aus unterschiedlichen Bewertungen und Motiven. Hauptsächlich wird die Diskussion vor dem Hintergrund von zwei Motivationen geführt: Einerseits liegt die wirtschaftspolitisch begründete Motivation einer Devisentransaktionssteuer in ihrer Lenkungsfunktion, wonach risikobehaftete, spekulative und in dieser Kombination unerwünschte Devisentransaktionen durch die Steuer künstlich verteuert werden und damit an Attraktivität für Investoren verlieren sollen. Andererseits besitzt eine Devisentransaktionssteuer eine fiskalpolitische Motivation, denn bei einer Einführung der Devisentransaktions-

---

18 *Internationaler Währungsfonds*, A fair and Substantial Contribution by the Financial Secotr, Final Report to the G20, June 2010.

19 *Europäische Kommission*, Vorschlag für eine Richtlinie des Rates über das gemeinsame Finanztransaktionssteuersystem und zur Änderung der Richtlinie 2008/7/EG, KOM (2011) 594 endg.

20 *Europäische Kommission*, Communication on Taxation of the Financial Sector, COM(2010) 549; *Europäische Kommission*, Taxation of the Financial Sector, Staff Working Document, SEC(2010), 1166. Siehe in diesem Zusammenhang auch den Vorschlag für eine Richtlinie des Rates über das gemeinsame Finanztransaktionssteuersystem und zur Änderung der Richtlinie 2008/7/EG vom 28. September 2011, KOM(2011) 594 endgültig.

21 *Hemmelgarn*, Steuern und Abgaben im Finanzsektor – Abgabenrechtliche Regulierung und neue Finanzmarktsteuern in der Europäischen Union, IFSt-Schrift Nr. 468 (2011), 1 ff., 19 m.w.N., der auch nähere Untersuchungen der Bankenabgabe, Finanztransaktions- und Finanzaktivitätssteuer vornimmt (und die Devisentransaktionssteuer als Währungstransaktionssteuer bezeichnet).

steuer innerhalb der Europäischen Union werden bei einem Steuersatz von 1 % jährlich Steuereinnahmen zwischen rund 17 und 21 Mrd. Euro erwartet.[22]

In der aktuellen Debatte scheint die Lenkungsfunktion der Devisentransaktionssteuer in den Hintergrund zu treten, da die Lenkungsfunktion als wenig erfolgversprechend eingeschätzt wird.[23] Im Folgenden soll das in der aktuellen Diskussion um Bankenabgabe, Finanztransaktions- und Finanzaktivitätssteuer vernachlässigte Finanzierungs- und Lenkungsinstrument einer Devisentransaktionsbesteuerung näher untersucht werden.

§ 2 Problemstellung und Zielsetzung der Arbeit

Die ökonomische Sinnhaftigkeit einer Devisentransaktionssteuer und ihre möglichen Auswirkungen auf die nationale und internationale Wirtschaft sind Gegenstand zahlreicher wirtschaftswissenschaftlicher und sozialpolitischer Veröffentlichungen.[24] Es sei an dieser Stelle nur kurz erwähnt, dass nach der im wirtschaftswissenschaftlichen Schrifttum überwiegend vertretener Ansicht eine Devisentransaktionssteuer in ihrer Wirkung fragwürdig ist.[25] Die Behandlung der

---

22 *Spahn*, Zur Durchführbarkeit einer Devisentransaktionssteuer, S. 68. Die genannten Zahlen beziehen sich auf eine Europäische Union vor der sogenannten Ost-Erweiterung im Jahr 2004 und dem Beitritt von Rumänien und Bulgarien im Jahr 2007.

23 *Stadler/Pock*, Tobin-Tax light: Chancen und Risiken einer Devisentransaktionsbesteuerung in Europa in Hödl (Hrsg.), Aspekte einer europäischen Wirtschaftsordnung, S. 121 ff. m.w.N.; *Europäische Kommission*, Communication on Taxation of the Financial Sector, COM(2010) 549 m.w.N.

24 Zum Beispiel: *Avitable*, Recent development. Saving the world one currency at a time: implementing the Tobin Tax in Washington University Law Quarterly 80 (2002), S. 391–414; *Grunberg/Kaul/ul Haq* (Hrsg.), The Tobin Tax - Coping with Financial Volatility; *Kaiser/Chmura/Pitz*, The Tobin Tax - A Game-Theoretical and an Experimental Approach, July 19, 2007; *Kamppeter*, Kapital- und Devisenmärkte als Herausforderung der Wirtschaftspolitik, S. 162 ff.; *Palley*, Speculation and Tobin Taxes: Why Sand in the Wheels can Increase Economic Efficiency in Journal of Economics, Vol. 69, No. 2, June 1999, S. 113 ff.; *Jetin/Denys*, Ready for Implementation - Technical and Legal Aspects of a Currency Transaction Tax and Its Implementation in the EU.

25 Dazu auch die Ausführungen in dem Abschnitt „*3. Die ökonomische Kritik an der Devisentransaktionssteuer*“ auf Seite 61 dieser Arbeit.

rechtlichen Problematik der Einführung einer Devisentransaktionssteuer ist in juristischer Literatur selten zu finden.[26]

Mit dieser Arbeit sollen die Möglichkeiten und Grenzen der Einführung einer Devisentransaktionssteuer aus europarechtlicher Perspektive untersucht werden. Die Beschränkung der Untersuchung auf europarechtliche Rahmenbedingungen ist zum einen durch die derzeitig vorherrschende politische Unterstützung in wesentlichen Mitgliedstaaten der Europäischen Union begründet und zum anderen beruht sie auf der Notwendigkeit einer Eingrenzung der zu untersuchenden Rechtsmaterie. Ziel dieser Arbeit ist es, die Kompetenzen der Europäischen Union zur Einführung einer Devisentransaktionssteuer auf europäischem Gebiet zu analysieren, wobei der Schwerpunkt auf der Untersuchung von Maßnahmen zur Rechtsangleichung liegen soll. Ein Schwerpunkt dieser Arbeit ist außerdem die Auseinandersetzung mit europäischem Primärrecht, zu welchem insbesondere die Verträge der Europäischen Union sowie die dazugehörigen Anhänge, Erklärungen und Protokolle sowie ungeschriebene allgemeine Rechtsgrundsätze zählen. Die Rechtsprechung der europäischen Gerichte zur Auslegung des Unionsrechts stellt dabei einen weiteren Schwerpunkt der Untersuchung dar. Da die Steuerrechtslogik wesentlich auf ökonomischen Gesetzmäßigkeiten beruht, ist Steuerrecht hauptsächlich ökonomisches Recht.[27] Eine für die ökonomische und juristische Wissenschaft zufriedenstellende Darstellung der Besteuerung von Devisentransaktionen lässt sich daher nur aus dem Blickwinkel beider Wissenschaften zeichnen. Darauf gründet der interdisziplinäre Ansatz dieser Arbeit, der eine Darstellung der Ansätze und Motive einer Devisentransaktionssteuer sowie deren ökonomische und rechtliche Würdigung verlangt.

§ 3 Gang der Untersuchung

Die Arbeit ist thematisch in sechs Teile gegliedert. Kapitel 1 ist der eigentlichen Arbeit vorangestellt und enthält eine Einführung in die Thematik, die Problemstellung und Zielsetzung dieser Arbeit sowie die nachfolgenden Erläuterungen über den Gang der Untersuchung.

Im zweiten Teil dieser Arbeit (Kapitel 2: Der Devisenmarkt und das Marktumfeld) werden der Devisenmarkt und das Marktumfeld beschrieben. Dazu zäh-

---

26 Zum Beispiel: *Denys*, Tobin-Spahn tax on financial transactions and article 56 EC: an opinion in European Taxation, November 2001, Vol. 41, No. 11, S. 430–435; *Sorgenfrei*, Zur Neuregelung der Besteuerung von Verlusten aus betrieblichen Termingeschäften in Deutsches Steuerrecht 1999, S. 1928–1936, 1934, dort Fn. 64; *Weber*, Tobin-Steuer gegen Globalisierung? in WM 2001, 2338; *Weber-Grellet*, Der Karlsruher Entwurf - ein Weg in die steuerstaatliche Vergangenheit in ZRP 2003, S. 279, 280; *Weber-Grellet*, Europäisches Steuerrecht, S. 25; *Jetin/Denys*, Ready for Implementation - Technical and Legal Aspects of a Currency Transaction Tax and Its Implementation in the EU, S. 184 ff.

27 *Lang* in Tipke/Lang, Steuerrecht, § 1 Rn. 42.

len die Klärung von Begrifflichkeiten und die Abgrenzung und Einordnung der Finanz- und Devisenmärkte (§ 1), eine Beschreibung des rechtlichen Rahmens des Devisenmarkts (§ 2) sowie eine Darstellung der wesentlichen Mechanismen auf den Finanz- und Devisenmärkten (§ 3).

Im dritten Teil dieser Arbeit (Kapitel 3: Darstellung einer Devisentransaktionssteuer) wird der Untersuchungsgegenstand aus steuerlicher Sicht umrissen, um eine Ausgangslage für die nachfolgende europarechtliche Untersuchung einer Devisentransaktionssteuer zu schaffen. Der zweite Teil ist untergliedert in Ausführungen zum möglichen Anwendungsbereich einer Devisentransaktionssteuer (§ 1) und die steuerrechtliche Einordnung einer Devisentransaktionssteuer (§ 2), wozu neben der Analyse der steuerpolitischen Zielsetzung und des Steuerzwecks auch Ausführungen zum Steuertatbestand und der Rechtfertigung einer Devisentransaktionssteuer zählen.

Im vierten Teil dieser Arbeit (Kapitel 4: Kompetenzen der Europäischen Union) werden Kompetenzen der Europäischen Union im Hinblick auf die Einführung einer Devisentransaktionssteuer untersucht. Der dritten Teil beginnt mit einer kurzen Einleitung zu den Grundzügen der Europäischen Union (§ 1) und leitet dann in die Untersuchung der Rechtsetzungskompetenzen der Europäischen Union über (§ 2). Dabei werden unter anderem währungs- und wirtschaftspolitische Kompetenzen, die Kompetenz zur Harmonisierung indirekter Steuern gemäß Art. 113 des Vertrags über die Arbeitsweise der Europäischen Union[28], Maßnahmen zur Beschränkung des Kapitalverkehrs mit dritten Ländern gemäß Art. 64 Abs. 2 AEUV, die allgemeine Rechtsangleichungskompetenz zur Verwirklichung des Binnenmarkts gemäß Art. 114 Abs. 1 AEUV sowie Kompetenzen im Zusammenhang mit der Eigenmittelfinanzierung und der Abrundungskompetenz gemäß Art. 352 Abs. 1 Satz 1 AEUV herangezogen. Anschließend wird die Möglichkeit einer Ertrags- und Ertragsverwendungshoheit der Europäischen Union untersucht (§ 3).

Der fünften Teil dieser Arbeit (Kapitel 5: Europarechtliche Anforderungen an die Ausgestaltung) setzt sich mit europarechtlichen Anforderungen an die Ausgestaltung einer Devisentransaktionssteuer auseinander und umfasst Untersuchungen im Zusammenhang mit den primärrechtlichen Regelungen der Europäischen Union (§ 1), den allgemeinen Prinzipien des Unionsrechts (§ 2) und Ausführungen zu sekundärrechtlichen Regelungen (§ 3).

Im letzten Teil dieser Arbeit (Kapitel 6: Zusammenfassende Bewertung) werden die Ergebnisse aus den voranstehenden Kapiteln zusammengefasst.

28 Normen des Vertrags über die Arbeitsweise der Europäischen Union werden nachfolgend mit „AEUV“ bezeichnet.

Kapitel 2

Der Devisenmarkt und das Marktumfeld

§ 1 Begriffe und Abgrenzungen

A. Begriffe

Zunächst sollen zur Abgrenzung und Einteilung juristische und wirtschaftswissenschaftliche Begrifflichkeiten geklärt werden.

I. Devisen und Sorten

Der Begriff Devise erfasst grundsätzlich gesetzliche Zahlungsmittel in ausländischer Währung.[1] Zu einem weiteren juristischen Begriffsverständnis zählen Ansprüche auf Zahlungen gegen Schuldner in fremder Währung im Ausland, zum Beispiel in Form von Sichtguthaben[2] (Buchgeld) bei Banken, Ansprüche auf Zahlungen aus Kreditverträgen in fremder Währung, Zahlungsgarantien und Akkreditivverpflichtungen in fremder Währung oder Ansprüche aus Anweisungen sowie Wechsel und Schecks in Fremdwährung, die im Ausland zahlbar sind.[3] Dem auf ausländische Währung lautenden Buchgeld steht auf ausländische Währung lautendes Bargeld gegenüber, für welches der Begriff Sorten verwendet wird.[4]

II. Währung

Der Begriff Währung besitzt eine im Wandel der Geschichte mehrfach belegte Bezeichnung. Ursprünglich bezeichnete Währung im juristischen Begriffsver-

---

1 *Schefold* in Schimansky/Bunte/Lwowski (Hrsg.), Bankrechts-Handbuch, § 117, Rn. 1 m.w.N.

2 Sichtguthaben ist das aus Sichteinlagen bei einer Bank bestehende Guthaben eines Kunden. Sichteinlagen sind die täglich fälligen Einlagen, die von Nichtbanken oder anderen Banken (Interbankguthaben) bei Banken unterhalten werden und insbesondere der Abwicklung des bargeldlosen Zahlungsverkehrs dienen. Mit anderen Worten die im Zahlungsverkehr dienenden Guthaben bei Banken und sonstigen Kreditinstituten (*Büschgen*, Das kleine Bank-Lexikon, Stichwort „Sichtguthaben“ und „Sichteinlagen“).

3 *Büschgen*, Das kleine Bank-Lexikon, Stichwort „Devisen“; *Schefold* in Schimansky/Bunte/Lwowski (Hrsg.), Bankrechts-Handbuch, § 117, Rn. 2 m.w.N.

4 *Büschgen*, Das kleine Bank-Lexikon, Stichwort „Sorten“.

ständnis die staatliche Garantie des Feingehalts.[5] In aktueller juristischer Literatur wird Währung einerseits für die Bezeichnung der abstrakten oder ideellen Einheit eines Geldsystems, umgangssprachlich Geld, verwendet; andererseits wird Währung für das durch einen Staat gestaltete Währungswesen, mit anderen Worten für die Geldverfassung eines Landes, genutzt.[6] Unter dem Währungswesen werden grundsätzlich Banknoten und Münzen im Sinne eines gesetzlichen Zahlungsmittels sowie Buchgeld verstanden.[7]

III. Wechselkurs

Unter dem Begriff des Wechselkurses wird das Austauschverhältnis zwischen zwei Währungen verstanden.[8] Der Wechselkurs ist eine wichtige ökonomische Größe. Durch seine Wirkung auf Exporte und Importe (und damit auf die Leistungsbilanz eines Landes) hat der Wechselkurs einen erheblichen Einfluss auf die Entwicklung von Volkswirtschaften.[9] Die Höhe des jeweiligen Wechselkurses ist abhängig von bestimmten volkswirtschaftlichen Einflussgrößen. So ist das Wechselkursverhältnis grundsätzlich ein Ausdruck des Kaufkraftverhältnisses zwischen zwei Währungen.[10] Die ökonomische Literatur unterscheidet zudem zwischen nominalem und realem Wechselkurs. Der nominale Wechselkurs gibt an, in welchem Verhältnis die Währung eines Landes gegen die Währung eines anderen Landes getauscht werden kann.[11] Demgegenüber bezeichnet der reale Wechselkurs das Verhältnis, zu dem ein repräsentativer Güterkorb[12] eines

5 *Nussbaum*, Das Geld in Theorie und Praxis des Deutschen und Ausländischen Rechts, S. 43. Geregelt durch das Gesetz über den Feingehalt von Gold- und Silberwaren vom 16. Juli 1884 (RGBl. 120).

6 *Issing*, Einführung in die Geldpolitik, S. 1; *Fögen*, Geld- und Währungsrecht, S. 35; *Bothe* in AK-GG, Art. 73 GG, Rn. 10; *Stettner* in Dreier (Hrsg.), Grundgesetz-Kommentar, Band 2, Supplementum 2007, Art. 73 GG, Rn. 26 f. (der den Begriff Währung als Oberbegriff zu Geld- und Münzwesen definiert); BVerfGE 4, 60, 73.

7 *Stettner* in Dreier (Hrsg.), Grundgesetz-Kommentar, Band 2, Art. 73 GG, Rn. 26.

8 Nach der Wechselkursnotierung in Form der Mengennotierung wird die Anzahl der ausländischen Währungseinheiten pro Einheit der einheimischen Währung angegeben (zum Beispiel: 1 Euro = 1,38 US-Dollar), nach der Wechselkursnotierung in Form der Preisnotierung wird die Anzahl der einheimischen Währungseinheiten pro Einheit der ausländischen Währung angegeben (zum Beispiel: 0,73 Euro = 1 US-Dollar).

9 *Hemmer*, Wirtschaftsprobleme der Entwicklungsländer, S. 462 ff.

10 *Jarchow/Rühmann*, Monetäre Außenwirtschaft I, S. 89 ff., 157 ff.

11 Der nominale Wechselkurs lässt sich in der Mengen- oder der Preisnotierung ausdrücken. Die Mengennotierung gibt den Preis einer Einheit der inländischen Währung in Einheiten der ausländischen Währung an (am Beispiel Europas: Dollar je Euro). Dagegen gibt die Preisnotierung den Preis einer Einheit der ausländischen Währung in Einheiten der inländischen Währung an (am Beispiel Europas: Euro je Dollar). In Europa und den USA wird mehrheitlich die Mengennotierung verwendet (*Jarchow/Rühmann*, Monetäre Außenwirtschaft I, S. 34 f.).

12 Unter einem repräsentativen Güterkorb wird die Zusammenstellung einer möglichst repräsentativen Anzahl verschiedener Güter verstanden.

Landes gegen den identischen repräsentativen Güterkorb eines anderen Landes getauscht werden kann.[13]

B. Abgrenzung und Einordnung der Finanz- und Devisenmärkte

I. Finanzmärkte im weiten Sinne

Ein Markt ist der virtuelle Ort des Zusammentreffens von Angebot und Nachfrage nach einem Wirtschaftsgut. Als Finanzmärkte werden Märkte bezeichnet, bei denen das gehandelte Wirtschaftsgut der finanziellen Sphäre zuzuordnen ist. Als Finanzmärkte im weiten Sinn werden Finanzierungsmittelmärkte (Finanzmärkte im engeren Sinn) und Devisenmärkte verstanden.[14]

II. Finanzierungsmittelmärkte

Um einen Finanzierungsmittelmarkt (Finanzmarkt im engeren Sinn) handelt es sich, wenn als Geschäft auf dem Finanzmarkt Überlassung finanzieller Mittel vereinbart wurde. Entsprechend des zeitabhängigen Anlagehorizonts der vereinbarten Überlassung finanzieller Mittel (anknüpfend an den für das jeweilige Rechtsgeschäft maßgeblichen Zeitpunkt) wird der Finanzierungsmittelmarkt in drei Segmente gegliedert: den Geldmarkt für kurzfristige Finanzierungsmittel, den Kapitalmarkt für längerfristige Finanzierungsmittel sowie den Kreditmarkt. Für alle drei Segmente gilt wiederum eine Untergliederung in den Primärmarkt, auf dem die eigentliche Mittelaufnahme erfolgt, und den Sekundärmarkt, auf dem die Finanzierungsinstrumente zwischen Investoren gehandelt werden.[15]

Auf einem Finanzierungsmittelmarkt werden mehrheitlich Geschäfte getätigt, bei denen das schuldrechtliche Verpflichtungsgeschäft mit dem dinglichen Erfüllungsgeschäft entweder zeitgleich oder nur wenig später erfolgt (sogenannte Kassamärkte).[16] Neben den Kassamärkten werden Geschäfte auf sogenannten Terminmärkten getätigt. Der Terminmarkt unterscheidet sich vom Kassamarkt durch einen zwischen den Vertragsparteien vereinbarten gewissen zeitlichen Abstand zwischen schuldrechtlichem Verpflichtungsgeschäft und dem dinglichen Erfüllungsgeschäft.[17]

---

13 Der reale Wechselkurs ist als Index definiert, sein absoluter Wert hat keinen Aussagewert. Durch die Betrachtung der Änderungsraten über einen längeren Zeitraum sind Erkenntnisse möglich. An den Änderungsraten wird die Entwicklung der Kaufkraft eines Landes deutlich (*Jarchow/Rühmann*, Monetäre Außenwirtschaft I, S. 234 f. m.w.N.).

14 *Büschgen*, Das kleine Bank-Lexikon, Stichwort „Finanzmarkt“.

15 *Büschgen*, Internationales Finanzmanagement, S. 89.

16 *Büschgen*, Internationales Finanzmanagement, S. 89.

17 *Büschgen*, Das kleine Börsen-Lexikon, Stichwort „Terminmarkt“, S. 1454.

III. Devisenmärkte

Finanzmärkte im weiteren Sinn umfassen neben den Finanzierungsmittelmärkten auch Devisenmärkte, auf denen Währungen getauscht werden.[18]

IV. Abgrenzung nationale und internationale Finanzmärkte

Die Abgrenzung von nationalen zu internationalen Finanzmärkten richtet sich nach der Art der Transaktionen. Auf nationalen Märkten handeln Inländer auf inländischen Marktplätzen. International wird ein Markt, wenn die Transaktion einen grenzüberschreitenden Charakter erhält. Bei internationalen Transaktionen handeln beispielsweise ausländische Marktteilnehmer auf inländischen Märkten, inländische Marktteilnehmer auf ausländischen Märkten oder die Transaktion wird von einem grenzüberschreitenden Währungstausch begleitet.[19]

V. Funktion der Finanzmärkte

Finanzmärkte erfüllen im Wesentlichen drei Funktionen:[20]

Bereitstellen von Liquidität. In ihrer Vermittlerfunktion führen Finanzmärkte Kapitalgeber und Kapitalnehmer zusammen. Der Handel zwischen Kapitalgeber und Kapitalnehmer erzeugt Liquidität. Je größer die Liquidität eines Markts ist, desto geringer ist die Erwartung eines Kapitalgebers an die Rendite seiner Transaktion. Da der Kapitalgeber bei liquiden Märkten einen geringeren Anteil am erwirtschafteten Kapital erhält, sinken die Kapitalkosten der Transaktion.

Risikoallokation. Finanzmarkttransaktionen sind grundsätzlich zukunftsgerichtet. Zwischen der Bereitstellung von Kapital und der Rückführung des Kapitals an den Kapitalgeber können Ereignisse auftreten, die für den Kapitalgeber Risiken darstellen, etwa das Risiko der Änderung von Marktpreisen oder das Risiko der Zahlungsunfähigkeit eines Kreditnehmers oder einer Bank. Die durch Liquidität gesunkenen Transaktionskosten ermöglichen es Kapitalgebern, ihr Risiko zu diversifizieren. Kapitalmärkte dienen damit der Allokation von Risiken.

Informationsverarbeitung. Die Rendite von Transaktionen auf Finanzmärkten ist abhängig von zukünftigen Entwicklungen und dem Eintritt beziehungsweise dem Ausbleiben von zukünftigen Ereignissen. Informationen über zukünftige Ereignisse sind daher wichtig für Transaktionen auf dem Finanzmarkt. Die Kenntnis von „richtigen“ Informationen und deren Verwendung führen zu einer überdurchschnittlichen Rendite bei Kapitalgebern, die Kenntnis „falscher“ Informationen und deren Verwendung dagegen zu unterdurchschnittlichen Renditen. Die Informationen, die Finanzmärkte generieren, spiegeln sich in den Kursen oder Preisen der Finanzgüter wieder.

---

18 *Büschgen*, Internationales Finanzmanagement, S. 90 ff.

19 *Büschgen*, Internationales Finanzmanagement, S. 90 f.

20 Die nachfolgende Darstellung gründet auf: *Spremann/Gantenbein*, Kapitalmärkte, S. 20 ff.

§ 2 Der rechtliche Rahmen des Devisenmarkts

A. Allgemeines

Der Devisenhandel bestimmt sich im Wesentlichen durch die Ausgestaltung des Währungssystems als juristische und ökonomische Grundlage eines Handelsgeschäfts.[21] Das Währungssystem eines Landes kann als eine geordnete und verbindliche Organisation in der Regel nur durch einen Staat geschaffen werden, der die eigene nationale Währung etwa durch Gesetze oder die Errichtung von Institutionen ordnet.[22]

Währungssysteme werden im Allgemeinen in Systeme fester und flexibler Wechselkurse differenziert. Unter Beachtung des wirtschaftswissenschaftlichen Leitbilds eines freien Marktes stellt sich der Devisenmarkt als ein freies Währungssystem mit flexiblen Wechselkursen dar. Durch staatliche, den Devisenmarkt regulierende Eingriffe kann auf ein freies Währungssystem eingewirkt werden, man spricht in diesem Fall von einem gebundenen Währungssystem mit festen Wechselkursen.[23] Gebundene und freie Währungssysteme existieren in Abstufungen.[24]

B. Das internationale Währungssystem

I. Definition

Unter dem internationalen Währungssystem wird die Gesamtheit aller geschriebenen und ungeschriebenen Gewohnheiten und Regelungen zur Durchführung des zwischenstaatlichen privaten und öffentlichen Geld- und Kapitalverkehrs verstanden.[25]

II. Der Beginn eines internationalen Währungssystems

1. Der Goldstandard

Ein internationales Währungssystem formte sich im Zeitalter der Industrialisierung Ende des 19. Jahrhunderts. Die Staaten legten in dieser Zeit das Edelmetall Gold als Bezugspunkt für den Wert ihrer jeweiligen nationalen Währung fest.

---

21 *Jahrmann*, Außenhandel, S. 328.

22 *Gebauer*, Geld und Währung, S. 55; *Issing*, Einführung in die Geldpolitik, S. 1; *Nussbaum*, Das Geld in Theorie und Praxis des Deutschen und Ausländischen Rechts, S. 44.

23 *Issing*, Einführung in die Geldpolitik, S. 7. Beispiele hierfür stellen währungs- und geldpolitische Eingriffe dar.

24 *Jahrmann*, Außenhandel, S. 328.

25 *Thießen*, Beitrag Wirtschaftspolitisches Forum, Brauchen wir eine neue Weltwährungsordnung? in Zeitschrift für Wirtschaftspolitik, Jahrgang 45, Heft 3/1996, S. 323.

Aus dieser gemeinsamen Festlegung folgte ein internationales Währungssystem mit Gold als kollektivem Bezugspunkt (der sogenannte Goldstandard). Eine vertragliche Regelung des Tauschverhältnisses der einzelnen Währungen zwischen den Staaten existierte nicht.[26]

Der Goldstandard war im Wesentlichen gekennzeichnet durch die Verpflichtung der jeweiligen Notenbanken, die von ihnen emittierten Banknoten auf Verlangen in eine entsprechende Goldmenge einzulösen und die jeweils im Umlauf befindliche Geldmenge in einem festgelegten Verhältnis durch Gold zu decken.[27] Der Goldpreis (pro Feinunze) wurde von der Bank of England im Wesentlichen allgemeingültig festgelegt, wodurch die einzelnen Währungen in einem festen Austauschverhältnis zueinanderstanden.[28] Durch die freie Ein- und Ausfuhr des Edelmetalls Gold war der nationale Geldumlauf abhängig von der Entwicklung der Zahlungsbilanz des Landes. Zahlungsbilanzdefizite führten zu einer erhöhten Nachfrage nach ausländischen Währungen und zu einem Goldabfluss. Der inländische Geldumlauf wurde durch den Goldabfluss entsprechend kontrahiert. Im Gegensatz dazu führten Goldzuflüsse bei Zahlungsbilanzüberschüssen eines Landes zu einer Expansion der Geldmenge. Dieser Vorgang neigte durch die Veränderung des relativen nationalen Preisniveaus dazu, das Zahlungsbilanzgleichgewicht auszugleichen, was auch als sogenannter Goldautomatismus bezeichnet wird.[29] Durch die Verteilung der internationalen Geldmenge wurde ein außenwirtschaftliches und monetäres Gleichgewicht in allen Ländern erreicht, da idealerweise Goldabflüsse und Goldzuflüsse mit den Veränderungen der Geldmenge der jeweiligen Länder identisch waren.[30]

2. Beeinträchtigungen des Goldautomatismus

In der Realität wurde der Goldautomatismus jedoch aus verschiedenen Motiven und vor dem Hintergrund verschiedener Ereignisse, teilweise auch durch gesetz-

---

26 *Issing*, Einführung in die Geldpolitik, S. 5.

27 *Tilly*, Geld und Kredit in der Wirtschaftsgeschichte, S. 151.

28 Die Standardinterpretation der Funktionsweise des Goldstandards fußt auf der neoklassischen Quantitätstheorie des Geldes, wie sie von *Hume* und *Ricardo* entwickelt wurde und auch in aktueller Literatur vertreten wird. Der klassische Goldmengen-Preisniveau-Mechanismus beruht auf der Kombination von fixen Wechselkursen, der Goldeinlösepflicht der Zentralbanken und der Abwesenheit von internationalen Kapitalströmen (*Herr*, Geld, Währungswettbewerb und Währungssysteme, S. 282).

29 *Issing*, Einführung in die Geldpolitik, S. 5; *Herr*, Geld, Währungswettbewerb und Währungssysteme, S. 282; *Tilly*, Geld und Kredit in der Wirtschaftsgeschichte, S. 151.

30 *Herr*, Geld, Währungswettbewerb und Währungssysteme, S. 282.

liche Bestimmungen[31], beeinträchtigt oder verhindert.[32] Golddevisenländer konnten etwa mit einer Änderung des Leitzinssatzes, zu dem die Notenbank von Kreditinstituten Wechsel ankauft (der sogenannte Diskontsatz)[33], Anreize setzen, um Währungsabflüsse zu verhindern bzw. Währungszuflüsse anzuregen. Dies galt insbesondere für die Notenbank Großbritanniens als wirtschaftlich und politisch stärkstem Land innerhalb des Systems des Goldstandards.[34]

3. Zusammenbruch des Goldstandards

Der Goldstandard wurde zunächst im Zusammenhang mit den Kriegsvorbereitungen zum Ersten Weltkrieg teilweise sehr unkontrolliert außer Kraft gesetzt.[35] Beendet wurde das System des Goldstandards Anfang des Jahres 1931 mit dem Zusammenbruch der Österreichischen Creditanstalt, einer der größten österreichischen Banken, da Österreich zur Stabilisierung der nationalen Währung nicht in ausreichendem Maß Kapital importieren konnte. Als Folge kam es zu einer Bankenkrise im Deutschen Reich und Großbritannien sowie zu einer Kapitalflucht aus dem britischen Pfund. Die Bank of England musste aufgrund der Verpflichtung, die von ihr emittierten Banknoten auf Verlangen in eine entsprechende Goldmenge einzulösen, große Mengen an Gold abgeben und setzte im September 1931 die Verpflichtung zur Einlösung des britischen Pfunds in Gold aus. Das britische Pfund wertete daraufhin gegenüber anderen Währungen erheblich ab und das System des Goldstandards konnte nicht mehr aufrechterhalten werden.[36] Auf der sogenannten Konferenz von Genua[37] beschlossen bereits

---

31 *Hahn*, Währungsrecht, S. 309: Ausfuhrverbot von Gold (Gesetz über Verbot der Ausfuhr und Durchfuhr von Gold vom 13. November 1915, RGBl. 1915, 763) und Einführung eines Devisenhandelsmonopols der Reichsbank (Verordnung über den Zahlungsverkehr mit dem Ausland vom 8. Februar 1917, RGBl. 1917, 105; Verordnung über den Handel mit ausländischen Zahlungsmitteln vom 22. Januar 1916, RGBl. 1916, 49).

32 *Herr*, Geld, Währungswettbewerb und Währungssysteme, S. 282, der darauf verweist, dass die Verpflichtung der Notenbanken, die jeweils im Umlauf befindliche Geldmenge in einem festgelegten Verhältnis durch Gold zu decken, in Einzelfällen aufgehoben wurde.

33 Unter Diskontsatz ist der Leitzinssatz der Notenbank zu verstehen, zu dem die Notenbank von Kreditinstituten Wechsel ankauft, das heißt der Zinssatz der Notenbank für die Refinanzierung (*Creifelds*, Rechtswörterbuch, Stichwort „Diskontsatz" und „Basiszinssatz").

34 *Herr*, Geld, Währungswettbewerb und Währungssysteme, S. 285); *Keynes*, Indian Currency and Finance, S. 5 ff.; *Bloomfield*, Short-Term Capital Movements under the Pre–1914 Gold Standard in Princeton Studies in International Economics (previously Princeton Studies in International Finance), No. 11, July 1963.

35 *Luckenbach*, Volkswirtschaftslehre im Überblick, Band IV: Internationale Wirtschaftsbeziehungen, S. 278.

36 *Herr*, Geld, Währungswettbewerb und Währungssysteme, S. 307.

im Jahr 1922 in der Folge des Ersten Weltkriegs vierunddreißig wirtschaftlich und politisch bedeutende Staaten Modifizierungen des internationalen Währungssystems, die zu dem sogenannten System des Golddevisenstandards führten.[38]

Im System des Goldstandards besaß Großbritannien international eine realökonomische, politische und militärische Vormachtstellung und konnte dadurch eine fast unangefochtene Leitwährung stellen.[39] Nach dem Ersten Weltkrieg nahmen der US-Dollar und die USA zunehmend die Position des britischen Pfunds und Großbritanniens ein.

III. Der Dollarstandard

1. Die Währungs- und Finanzkonferenz von Bretton Woods

Im Jahr 1944 fand in Bretton Woods (USA) eine „Internationale Währungs- und Finanzkonferenz der Vereinigten und Assoziierten Nationen" statt, auf der Vertreter von fünfundvierzig Staaten über ein internationales Währungssystem diskutierten. Gegenstand der Konferenz war insbesondere die Errichtung einer internationale Währungsordnung für die Zeit nach dem Zweiten Weltkrieg. Dabei sollte insbesondere eine Wiederholung der im Jahr 1929 von einer Finanzkrise verursachten Weltwirtschaftskrise vermieden werden.[40] Im Vorfeld der internationalen Währungs- und Finanzkonferenz wurden zwei Diskussionsentwürfe vorbereitet: Nach dem sogenannten Keynes-Plan war eine sogenannte Clearingunion mit einer internationalen künstlichen Währung – dem Bankor – als Verrechnungsmedium zwischen den Zentralbanken geplant. Gleichzeitig sollten durch Maßnahmen wie flexible Kreditvergabe oder Strafzinsen die Anwendung gesetzlicher Anpassungsmechanismen begrenzt und nur in Ausnahmefällen angewendet werden.[41] Den zweiten Diskussionsentwurf stellte der White-Plan dar, der eine internationale Institution zur Stabilisierung des Währungssystems und

37 Die Konferenz fand von April bis Mai 1922 in Genua statt. Gegenstand der Konferenz, an der mit Ausnahme der USA nahmen sämtliche Teilnehmer des Ersten Weltkriegs teilnahmen, war die Wiederherstellung der durch den Krieg beeinträchtigten internationalen Finanz- und Wirtschaftssysteme.

38 Witerführend: *Herr*, Geld, Währungswettbewerb und Währungssysteme, S. 298.

39 *Herr*, Geld, Währungswettbewerb und Währungssysteme, S. 300.

40 Vgl. die Zielbestimmungen in Art. I des IWF-Übereinkommens: „Der Internationale Währungsfonds hat folgende Ziele: […] iii) die Stabilität der Währungen zu fördern, geordnete Währungsbeziehungen unter den Mitgliedern aufrechtzuerhalten und Währungsabwertungen aus Wettbewerbsgründen zu vermeiden; iv) bei der Errichtung eines multilateralen Zahlungssystems für die laufenden Geschäfte zwischen den Mitgliedern und bei der Beseitigung von Devisenverkehrsbeschränkungen, die das Wachsen des Welthandels hemmen, mitzuwirken […]".

41 *Herr*, Geld, Währungswettbewerb und Währungssysteme, S. 312.

im Ergebnis ein gebundenes Währungssystem mit weitgehend festen Wechselkursen vorsah.[42]

Das internationale Währungssystem von Bretton Woods richtete sich nach dem Diskussionsentwurf des White-Plans. Der Internationale Währungsfonds („IWF“) wurde zur Stabilisierung des Währungssystems errichtet. Die weitgehenden Rechte und Pflichten des IWF wurden in den „Articles of Agreement of the International Monetary Fund“ („IWF-Übereinkommen“)[43] normiert, die im Dezember 1945 formell in Kraft traten. Grundsätzlich stellt das internationale Währungssystem von System von Bretton Woods ein System des Dollarstandards dar, da alle teilnehmenden Länder die Kurse ihrer nationalen Währungen an den US-Dollar fixierten und die einzelnen Währungen dadurch in einem weitgehend festen Austauschverhältnis zueinanderstanden.[44]

Das IWF-Übereinkommen stellte durch seinen Anspruch, durch rechtliche Ausgestaltung ein internationales Währungssystem zu errichten, den ersten völkerrechtlichen Rahmen nationaler Wechselkurspolitiken dar.[45] Im Wesentlichen führte das IWF-Übereinkommen drei Grundsätze in das internationale Währungssystem ein:[46]

Gold-US-Dollar-Standard. Die USA verpflichtete sich, Reserven der Zentralbanken in US-Dollar zu einem fixen Kurs gegen Gold einzutauschen (gemäß IV Abschnitt 1 IWF-Übereinkommen 35 Dollar pro Feinunze), wodurch das Edelmetall Gold weiterhin eine wichtige Position im internationalen Währungssystem innehatte; damit entstand ein Gold-US-Dollar-Standard.[47]

Feste Wechselkurse innerhalb enger Bandbreiten. Jedes teilnehmende Land war verpflichtet, für seine nationale Währung einen Wert in Goldeinheiten oder

---

42 Ausführlich zu den Plänen: *Rettberg*, Weltwährungsfonds mit Weltbankgruppe und UNCTAD als Bezugspunkte der internationalen Handels- und Entwicklungspolitik, Köln 1983, S. 32 ff.

43 Adopted at the United Nations Monetary and Financial Conference, Bretton Woods, New Hampshire, July 22, 1944. Entered into force December 27, 1945. Amended effective July 28, 1969, by the modifications approved by the Board of Governors in Resolution No. 23–5, adopted May 31, 1968; amended effective April 1, 1978, by the modifications approved by the Board of Governors in Resolution No. 31–4, adopted April 30, 1976; and amended effective November 11, 1992, by the modifications approved by the Board of Governors in Resolution No. 45–3, adopted June 28, 1990; IWF-Überein-kommen: BGBl. II 1952, 637 ff.

44 Eine detailliertere Darstellung erfolgt bei: *Herr*, Geld, Währungswettbewerb und Währungssysteme, S. 313.

45 *Petersmann*, Wirtschaftsintegrationsrecht und Investitionsgesetzgebung der Entwicklungsländer, S. 119, 125.

46 Die nachfolgende Darstellung beruht im Wesentlichen auf: *Hahn*, Währungsrecht, § 13I 1, S. 174 f., Rn. 2 f.

47 *Herr*, Geld, Währungswettbewerb und Währungssysteme, S. 313. Zu einer ausführlichen Darstellung der US-amerikanischen Gesetzgebung siehe: *Zehetner*, Die Suspendierung der Goldkonvertibilität des Dollars in Schriftenreihe der Österreichischen Bankwissenschaftlichen Gesellschaft, Heft XLV, S. 17 ff.

in US-Dollar zu bestimmen und innerhalb einer gewissen prozentual bemessenen Bandbreite oberhalb und unterhalb des bestimmten Werts stabil zu halten (vgl. Art. IV Abschnitt 1 und Art. XX IWF-Übereinkommen). Bei Über- bzw. Unterschreiten der Schwellenwerte mussten die zuständigen Notenbanken grundsätzlich die zur Kursstabilisierung erforderlichen Mengen Gold und/oder US-Dollar auf dem Markt erwerben bzw. veräußern (vgl. Abschnitt 3 und 4 IWF-Übereinkommen). Wechselkursänderungen waren nur bei fundamentalen Zahlungsbilanzungleichgewichten möglich.[48]

Währungskonvertibilität und Gold-Dollar-Konvertibilität. Beschränkungen des Zahlungs- und Überweisungsverkehrs (vgl. Art. VIII Abschnitt 2 IWF-Übereinkommen), diskriminierende Währungsregelungen oder multiple Wechselkurse (vgl. Art. VIII Abschnitt 3 IWF-Übereinkommen) waren zu vermeiden und die freie Konvertibilität der nationalen Währungen im Zusammenhang mit Guthaben von Ausländern wurde vereinbart (vgl. Art. VIII Abschnitt 4 IWF-Übereinkommen).

2. *Zusammenbruch des Dollarstandards*

Die mit dem IWF-Übereinkommen errichtete internationale Währungsordnung bestand bis in das Jahr 1971. Die Weltwirtschaftsordnung, deren Umrisse auf der Konferenz von Bretton Woods rechtlich festgelegt wurden, setzte ein gewisses wirtschaftliches und politisches Gleichgewicht zwischen den teilnehmenden Staaten voraus, welches in der Nachkriegszeit nicht bestand. Seit Mitte der 60er Jahre des 20. Jahrhunderts entstand jedoch aufgrund der wirtschaftlichen und politischen Überlegenheit der USA eine internationale Marktwirtschaft mit den USA in der Führungsrolle.[49]

Als Folge der massiven Expansion der Geldmenge in den USA im Zusammenhang mit dem Vietnamkrieg (1965-1973) wurden die volkswirtschaftlich begründeten Daten des US-Dollars gegenüber anderen Währungen geschwächt und die Wechselkursverhältnisse zum US-Dollar aufgrund des fundamentalen Zahlungsbilanzungleichgewichts der USA infrage gestellt.[50] US-Präsident *Nixon* hob die Gold-/US-Dollar-Konvertibilität im August 1971 auf.[51] Im weiteren Verlauf gaben die wichtigsten Notenbanken der IWF-Mitgliedstaaten bis zum Jahr 1973 ihre Wechselkurse frei.[52] Im Jahr 1973 beschloss die überwiegende

48 *Luckenbach*, Volkswirtschaftslehre im Überblick, Band IV: Internationale Wirtschaftsbeziehungen, S. 279.

49 *Herr*, Geld, Währungswettbewerb und Währungssysteme, S. 312.

50 *Deutsche Bundesbank*, Geschäftsbericht 1971, S. 38.

51 Zu den wirtschaftspolitischen Überlegungen: *Luckenbach*, Volkswirtschaftslehre im Überblick, Band IV: Internationale Wirtschaftsbeziehungen, S. 280. Zu der Rechtmäßigkeit der einseitigen Aufhebung einer völkerrechtlichen Vereinbarung: *Zehetner*, Die Suspendierung der Goldkonvertibilität des Dollars in Schriftenreihe der Österreichischen Bankwissenschaftlichen Gesellschaft, Heft XLV, S. 17 ff.

52 *Petersmann*, Völkerrechtliche Fragen der Weltwährungsreform. Wirtschaftsdynamik in der Praxis des Internationalen Währungsfonds in ZaöRV, 1974, S. 452, 466.

Anzahl der Mitgliedstaaten der Europäischen Gemeinschaft, ihre Währungen gegenüber dem US-Dollar frei schwanken zu lassen (ein sogenanntes gemeinsames Floaten der Währungen), gleichzeitig aber untereinander stabile Wechselkurse beizubehalten, was jedoch zum Ende des gebundenen Währungssystems von Bretton Woods führte.[53]

IV. Gegenwärtiges Währungssystem

Gegenwärtig stellt sich die internationale Währungsordnung als ein System flexibler Wechselkurse dar, was insbesondere durch das Zweite Abkommen zur Änderung des IWF-Übereinkommens im Jahr 1978[54] („IWF-Übereinkommen 1978") erreicht wurde.[55]

Das internationale Währungssystem übernimmt nunmehr im Wesentlichen eine dienende Funktion, um Rahmenbedingungen zur Erleichterung des Waren-, Dienstleistungs- und Kapitalverkehrs zwischen den Ländern zu schaffen und ein gesundes Wirtschaftswachstum aufrechtzuerhalten (vgl. Art. IV Abs. 1 IWF-Übereinkommen 1978). Der IWF soll dazu beitragen, ein ausgewogenes wirtschaftliches Wachstum, einen hohen Beschäftigungsgrad und eine Steigerung des Realeinkommens zu erreichen (vgl. Art. I IWF-Übereinkommen 1978).[56] Nach Art. IV Abs. 2 lit. b IWF-Übereinkommen 1978 sind im Rahmen eines internationalen Währungssystems unter anderem folgende Wechselkursregelungen zulässig: (i) Aufrechterhaltung des Wertes einer Währung durch das betreffende Mitglied in Sonderziehungsrechten oder in einem anderen, von diesem Mitglied gewählten Maßstab außer Gold, (ii) Gemeinschaftsregelungen, nach denen Mitgliedstaaten des IWF-Übereinkommens aus 1978 den Wert ihrer Währungen im Verhältnis zum Wert der Währung oder Währungen anderer Mitgliedstaaten aufrechterhalten oder (iii) andere Wechselkursregelungen nach Wahl des jeweiligen Mitglieds.[57] Gemäß Art. IV Abs. 2 lit. b ii) IWF-Übereinkommen 1978 ist ein sogenanntes gemeinsames Floaten der Währungen bei

53 *Deutsche Bundesbank*, Geschäftsbericht 1972, S. 32 ff.

54 Gesetz zur Neufassung des IWF-Übereinkommens, BGBl. II 1978, S. 13 f.; Bekanntmachungen über Inkrafttreten, BGBl. II 1978, S. 838. Die Entstehungsgeschichte und Verhandlungen zur Änderung des IWF-Abkommens sind nachzuvollziehen in: *Weber*, Die zweite Satzungsnovelle des Internationalen Währungsfonds und das Völkerrecht in Flume (Hrsg.), Internationales Recht und Wirtschaftsordnung, S. 807, 808 f.

55 *Hahn*, Elemente einer neuen Weltwährungsordnung in Kewenig (Hrsg.), Völkerrecht und internationale wirtschaftliche Zusammenarbeit, S. 215, 216 ff.; *Weber*, Die zweite Satzungsnovelle des Internationalen Währungsfonds und das Völkerrecht in Flume (Hrsg.), Internationales Recht und Wirtschaftsordnung, S. 807, 808 f.; *Tetzlaff*, Weltbank und Währungsfonds, S. 85

56 Eine grundlegende Darstellung des internationalen Währungssystems in der heutigen Ausgestaltung findet sich bei: *Ebke*, Internationales Devisenrecht, S. 1 ff., 48 ff.

57 *Bischofberger*, Theorie und Empirie flexibler Wechselkurse, S. 31.

gleichzeitiger Beibehaltung stabiler Wechselkurse untereinander[58] möglich. Diese flexiblere Gestaltung der internationalen Währungsordnung ließ die Errichtung eines europäischen Währungssystems zu.[59]

Die Änderungen des IWF-Übereinkommens im Jahr 1978 wurden von einem Wechsel des wirtschaftspolitischen Leitbildes begleitet. Das wirtschaftspolitische Leitbild wechselte von der keynesianischen Theorie[60], zu deren wichtigsten Vertretern der Begründer dieser Theorie *John Maynard Keynes* (1883-1946) sowie *Paul Samuelson* (1915-2009) oder *Franco Modigliani* (1918-2003) zählen, zu der neoklassischen Theorie[61], zu deren wichtigsten Vertretern *Jean-Baptiste Say* (1763-1832), *Thomas Robert Malthus* (1766-1834), *David Ricardo* (1772-1823) und *John Stuart Mill* (1806-1873) zählen. Vereinfacht dargestellt wird im Zusammenhang mit der Wechselkursbildung auf dem Devisenmarkt nach der neoklassischen Wirtschaftstheorie erwartet, dass sich durch einen unbeschränkten und freien Handel der Devisen die Wechselkurse ihrem langfristigen Gleichgewichtswert annähern und Veränderungen der Wechselkurse lediglich der Veränderung volkswirtschaftlicher Fundamentaldaten[62] folgen.[63] Nach der keynesianischen Theorie kann der Staat – vereinfacht dargestellt – durch wirtschaftspolitische Maßnahmen in den freien Handel der Devisen auf dem Devisenmarkt eingreifen, um bei Bedarf zum Beispiel durch eine staatlich erzeugte zusätzliche Nachfrage nach einer Währung die Wechselkursbildung in eine bestimmte Richtung zu beeinflussen. In Folge der Freigabe der Wechselkurse wurden die Finanzmärkte liberalisiert und dereguliert; Kapitalmarktregulierungen und Kapitalverkehrskontrollen wurden im Einklang mit der neo-

---

58 Dazu auch die Ausführungen in dem Abschnitt *2. Zusammenbruch des Dollarstandards*“ auf Seite 14 dieser Arbeit.

59 Dazu auch die Ausführungen in dem Abschnitt „*C. Das europäische Währungssystem*“ auf Seite 20 dieser Arbeit. In Art. IV Abschnitt 4 IWF-Übereinkommen 1978 ist zudem eine Regelung enthalten, nach der ein Wechselkurssystem nach Vorbild von Bretton-Woods weiterhin möglich ist (*Randizo-Plath*, „Wechselkurs und Handelsvolumen – ein Plädoyer für feste Wechselkurse“ in Wirtschaftsdienst 1994, S. 307, 310 f.)

60 Unter der keynesianischen Theorie ist die in den 30er Jahren des 20. Jahrhunderts von *John Maynard Keynes* aufgestellte und von seinen Anhängern weiterentwickelte Wirtschaftstheorie zu verstehen, in der die Wirtschaftslenkung durch den Staat durch staatliche Regulierungen und soziale Umverteilung eine Schlüsselrolle einnimmt.

61 Die Idee des Neoliberalismus setzt auf Deregulierung und den Rückzug des Staates beziehungsweise verminderter staatlicher Kontrolle zugunsten freier Märkte.

62 Beispielsweise Konsum, Produktion, Beschäftigung.

63 Zu dem Einzug neoliberaler Lehren in die Gesetzgebung und Rechtsprechung siehe die Ausführungen von: *Siems*, Der Neoliberalismus als Modell für die Gesetzgebung?, ZRP 2002, 170 ff.

klassischen Theorie aufgegeben und der ökonomische Neoklassizismus in der Finanz-, Wirtschafts- und Kapitalmarktpolitik verankert.[64]

C. Das europäische Währungssystem

I. Abgrenzung

Ein europäisches Währungssystem wurde innerhalb des durch das IWF-Übereinkommen festgelegten Rahmens des internationalen Währungssystems geschaffen (vgl. insbesondere Art. IV Abschnitt 2 lit. b (ii) IWF-Übereinkommen 1978). Ziel des europäischen Währungssystems war eine den europäischen Raum umfassende Währungsintegration. Die Währungsintegration umfasste in einem weiten Begriffsverständnis währungspolitische[65] Zusammenschlüsse aller europäischen Staaten – ausgenommen der im Warschauer Pakt und im Rat für gegenseitige Wirtschaftshilfe zusammengeschlossen Staaten – und umfasst in einem engen Begriffsverständnis den wirtschafts- und insbesondere währungspolitischen Integrationsprozess der Europäischen Union und deren Mitgliedstaaten.[66]

II. Die Schritte zur währungspolitischen Zusammenarbeit in Europa

1. Die Organisation für Europäische Wirtschaftliche Zusammenarbeit

Nach dem Ende des Zweiten Weltkrieges stand eine einheitliche europäische Währungsordnung zur Diskussion.[67] Als Ergebnis dieser Diskussion wurde im Jahr 1948 die Organisation for European Economic Co-Operation („OEEC“) gegründet. Aufgabe der OEEC war insbesondere die möglichst wirkungsvolle Verteilung und Nutzung der amerikanischen Wirtschafts- und Finanzhilfe im Rahmen des Europäischen Wiederaufbauplans (sogenannter Marshall-Plan).[68]

---

64 *Demmler*, Einführung in die Volkswirtschaftslehre, S.665 ff.; zu der Entwicklung am Beispiel des Börsenmarkts: *Vollmer*, Deregulierung durch Marktsegementierung, S. 609–620 in Lessmann (Hrsg.), FS-Lukes.

65 Unter dem Begriff der Währungspolitik wird die Gesamtheit aller staatlichen Maßnahmen einschließlich solcher der Zentralbank zur Regelung des Geldumlaufs im Inneren und der monetären Außenwirtschaftsbeziehungen verstanden (*Büschgen*, Das kleine Bank-Lexikon, Stichwort „Währungspolitik“).

66 Ausführlicher: *Selmayr*, Das Recht der Wirtschafts- und Währungsunion, Erster Band: Die Vergemeinschaftung der Währung, S. 195 ff.

67 Eine Darstellung der in der Literatur geführten Diskussion gibt: *Möhlenbeck*, Die Problematik einer einheitlichen europäischen Währungsordnung.

68 Die OECD wurde am 11. April 1948 von achtzehn europäischen Ländern gegründet, um ein gemeinsames Konzept zum wirtschaftlichen Wiederaufbau und zur Zusammenarbeit zu erarbeiten und umzusetzen. Primäres Ziel war es, die europäischen Länder in den Entscheidungsprozess über die Verwendung der Gelder aus dem sogenannten Marshall-Plan (European Recovery Program) einzubinden.

Daneben war es Aufgabe der OEEC, die für eine Neueingliederung in einen liberalisierten Welthandel zumindest notwendige Konvertibilität der Teilnehmerwährungen zu anderem Währungen außerhalb der Teilnehmer herzustellen. Im Jahr 1950 unterzeichneten die Teilnehmerstaaten der OEEC[69] das „Abkommen über die Gründung einer Europäischen Zahlungsunion“[70], das auf die Gründung eines multilateralen Abrechnungs- und Verrechnungssystems bezweckte, mit dem ab dem Jahr 1954 zwischenstaatliche Zahlungen ohne die Inanspruchnahme von Devisen erfolgen konnten (sogenanntes Clearing), wobei die für den Ausgleich der Zahlungen genutzte gemeinsame Verrechnungseinheit dem Wert der jeweiligen nationalen Währung in US-Dollar entsprach.[71] Die wirtschaftlich bedeutendsten Staaten der OEEC führten bis zum Jahr 1958 die Ausländerkonvertibilität ihrer Währungen ein. Damit war das Ziel des OEEC und damit der Europäischen Zahlungsunion erreicht.[72]

Als Nachfolgeabkommen des Abkommens über die Gründung einer Europäischen Zahlungsunion trat 1958 das „Europäische Währungsabkommen“ in Kraft.[73] Ziel des Europäischen Währungsabkommens war die Sicherung eines reibungslosen Zahlungsverkehrs zwischen den Mitgliedstaaten hinsichtlich bereits konvertibler und noch nicht konvertibler Währungen.[74] Die OEEC wurde im September 1961 in die Organisation for Economic Co-operation and Development (*Organisation für wirtschaftliche Zusammenarbeit und Entwicklung*, „OECD“) überführt.[75] Satzungsgemäße Ziele der OECD waren gemäß Art. I des Gründungsübereinkommens zur Organisation für wirtschaftliche Zusammenarbeit und Entwicklung (i) zu einer optimalen Wirtschaftsentwicklung und einem steigenden Lebensstandard in ihren Mitgliedstaaten beizutragen, (ii) in ihren

69 Österreich, Belgien, Dänemark, Frankreich, Griechenland, Island, Irland, Italien, Luxemburg, die Niederlande, Norwegen, Portugal, Schweden, die Schweiz, die Türkei, das Vereinigte Königreich, West-Deutschland (ursprünglich durch die Amerikanische und Britische Besatzungszone und die Französische Besatzungszone repräsentiert). Die Anglo-Amerikanische Zone des Freien Territoriums Triest war ebenfalls bis zu seinem teilweisen Übergang in italienische Souveränität Teil der OEEC.

70 BGBl. II 1951, S. 31 ff. Die Europäische Zahlungsunion löste mit Inkrafttreten die bilateralen Abkommen der unmittelbaren Nachkriegszeit sowie drei Verrechnungsabkommen der OEEC-Teilnehmerstaaten ab (*Galahn*, Die Deutsche Bundesbank im Prozess der europäischen Währungsintegration, S. 15).

71 *Galahn*, Die Deutsche Bundesbank im Prozess der europäischen Währungsintegration, S. 15; *Hahn*, Das Geld im Recht der parlamentarischen Diplomatie, S. 24 ff.

72 *Deutsche Bundesbank*, Monatsbericht Januar 1959, S. 3 ff.

73 BGBl. II 1959, S. 293 ff.

74 *Bundesministerium für Wirtschaft* (Hrsg.), Der Europäische Wirtschaftsrat OEEC, Handbuch 1959, Bad Godesberg 1959, S. 45.

75 Gründungsstaaten der OECD sind Belgien, Dänemark, Deutschland, Frankreich, Griechenland, Irland, Island, Italien, Japan, Kanada, Luxemburg, Niederlande, Norwegen, Österreich, Portugal, Schweden, Schweiz, Spanien, Türkei, das Vereinigte Königreich und die Vereinigten Staaten.

Mitgliedsländern und den Entwicklungsländern das Wirtschaftswachstum zu fördern und (iii) eine Ausweitung des Welthandels zu begünstigen.[76]

Das Europäische Währungsabkommen wurde 1972 im Zusammenhang mit der Rückzahlung des Kapitalanteils der USA aufgelöst, woraufhin die Zentralbanken der Mitgliedstaaten des Europäischen Währungsabkommens das „Abkommen über eine Wechselkursgarantie" schlossen, das 1979 beendet wurde.[77]

2. *Der Vertrag zur Gründung der Europäischen Wirtschaftsgemeinschaft*

Der Vertrag zur Gründung der Europäischen Wirtschaftsgemeinschaft (nachfolgend ist der Vertrag und Normen des Vertrags mit „EWG" bezeichnet) zum 1. Januar 1958 geschlossen.[78] Aufgabe des Zusammenschlusses europäischer Staaten in einer Europäischen Wirtschaftsgemeinschaft war die Förderung der gemeinsamen Wirtschaftspolitik im Rahmen eines Integrationsprozesses.[79] Für die Wirtschaftspolitik der Mitgliedstaaten bestand gemäß Art. 104 EWG die Verpflichtung, einen hohen Beschäftigungsstand zu wahren, ein stabiles Preisniveau, das Gleichgewicht der Gesamtzahlungsbilanz zu sichern und das Vertrauen in die mitgliedstaatliche Währung aufrechtzuerhalten. Wesentliche Einschränkungen des geld- und währungspolitischen Handlungsspielraums der Mitgliedstaaten oder die Übertragung geld- und währungspolitischer Kompetenzen an europäische Institutionen waren im EWG-Vertrag nicht vorgesehen.[80]

---

76 Art. 1 der Convention on the Organisation for Economic Co-operation and Development vom 14. Dezember 1960. Die sehr allgemeine Zielsetzung in Art. 1 erlaubt es der OECD, sehr flexibel auf neue Fragen zu reagieren.

77 *Galahn*, Die Deutsche Bundesbank im Prozess der europäischen Währungsintegration, S. 16; *Deutsche Bundesbank*, Geschäftsbericht 1958, S. 45 und S. 50; Annex I des Interimberichts des EWA-Direktoriums vom 18. März 1971, Document Nr. C (71) 48.

78 EWG-Vertrag in der Fassung vom 25. März 1957, abgedruckt in: BGBl. II 1957, S. 753 ff.

79 Vgl. Art. 2 EWG: „[…] durch die Errichtung eines Gemeinsamen Marktes und die schrittweise Annäherung der Wirtschaftspolitik der Mitgliedstaaten eine harmonische Entwicklung des Wirtschaftslebens innerhalb der Gemeinschaft, eine beständige und ausgewogene Wirtschaftsausweitung und eine größere Stabilität, eine beschleunigte Hebung der Lebenshaltung und engere Beziehungen zwischen den Staaten zu fördern".

80 Den Mitgliedschaft fehlte die Bereitschaft, weitere nationalstaatliche monetäre Rechte an multilaterale Organisationen abzugeben (*Galahn*, Die Deutsche Bundesbank im Prozess der europäischen Währungsintegration, S. 17 m.w.N.).

a. Geld- und währungsrechtliche Bestimmungen des EWG-Vertrags

Geld- und währungsrechtliche Bestimmungen des EWG-Vertrags fanden sich unter Titel II „Die Wirtschaftspolitik".[81]

aa. Regelungen zur Zahlungsbilanz

Gemäß Art. 107 Abs. 1 EWG sollte jeder Mitgliedstaat seine Wechselkurspolitik „als eine Angelegenheit von gemeinsamem Interesse betrachten". Die Mitgliedstaaten waren nach Art. 106 Abs. 1 EWG verpflichtet, den Transfer von Kapitalbeträgen und Arbeitsentgelten zumindest im Rahmen der liberalisierten Grundfreiheiten zu gestatten, darüber hinaus „soweit ihre Wirtschaftslage im allgemeinen und der Stand ihrer Zahlungsbilanz im besonderen dies zulassen". Bei der schwerwiegenden Verfälschung von Wettbewerbsbedingungen aufgrund von mitgliedstaatlichen Wechselkursänderungen, die nicht in gemeinsamem Interesse standen, konnte die Kommission nach Art. 107 Abs. 2 EWG die betroffenen Mitgliedstaaten ermächtigen, bestimmte Abwehrmechanismen zu ergreifen, die jedoch im Ermessen des Mitgliedstaats standen.

bb. Regelungen zum Kapitalverkehr

Art. 67 bis 73 EWG enthielten Sonderbestimmungen über den Kapital- und Zahlungsverkehr, die dem Rat der Europäischen Union („Rat")[82] gemäß Art. 69, 70 Abs. 1 EWG den Erlass von Richtlinien zur Beseitigung von Kapitalverkehrsbeschränkungen und zur Koordinierung der mitgliedstaatlichen Devisenpolitik erlaubten. Die Kapitalverkehrsbeschränkungen waren allerdings nur insoweit zu beseitigen, wie sie für das Funktionieren des Gemeinsamen Marktes notwendig waren (vgl. Art. 67 Abs. 1 EWG). Sofern Kapitalbewegungen zu Funktionsstörungen des Kapitalmarkts eines Mitgliedstaats führten, konnten gemäß Art. 73 Abs. 2 EWG Mitgliedstaaten „aus Gründen der Geheimhaltung oder Dringlichkeit" eigenständig notwendige Schutzmaßnahmen ergreifen.

---

81 *Burgard*, Währungsrecht und Währungspolitik in der EG in Hahn (Hrsg.), Integration und Kooperation im europäischen Währungssystem, S. 42 ff.; *Kohler/Schlaeger*, Wirtschafts- und Währungsunion für Europa, S. 19; *Rometsch*, Monetäre Integration, S. 24; *Willgerodt*, Wege und Irrwege zur europäischen Währungsunion, S. 42; *Galahn*, Die Deutsche Bundesbank im Prozess der europäischen Währungsintegration, S. 18 f.

82 Der Rat der Europäischen Union wird im Vertragstext grundsätzlich als Rat bezeichnet. Der Rat bildet das wichtigste Entscheidungsorgan der Europäischen Union. Insbesondere nimmt der Rat zusammen mit dem Europäischen Parlament Gesetzgebungsvollmachten innerhalb der EU wahr. Der Rat setzt sich zusammen aus Vertretern der Mitgliedstaaten auf Ministerebene, die regelmäßig zusammentreten. Weiterführend: *Bieber* in Bieber/Epiney/Haag, Die Europäische Union, § 4, Rn. 43 ff.

b. Die wesentlichen Institutionen

aa. Der Beratende Währungsausschuss

Der EWG-Vertrag enthielt in Art. 104 bis 109 Bestimmungen über die Zahlungsbilanz. Art. 105 Abs. 1 EWG verpflichtete die Mitgliedstaaten zur Koordinierung ihrer Währungspolitik durch die Einrichtung von Verwaltungsstellen in den jeweiligen Zentralbanken. Zur Förderung der mitgliedschaftlichen Integration und Koordination wurde gemäß Art. 105 Abs. 2 EWG ein „Beratender Währungsausschuss" auf Gemeinschaftsebene eingerichtet.[83]

bb. Der Ausschuss der Zentralbankpräsidenten

Im Jahr 1962 stellte die Kommission in ihrem „Memorandum zum Aktionsprogramm der Gemeinschaft für die zweite Stufe"[84] fest, dass der EWG wegen fehlender Regelungen im Zusammenhang mit einer gemeinsamen Währungspolitik eine Lücke aufwies, die auszufüllen sei.[85] Auf Beschluss des Rates vom 8. Mai 1964 wurde daraufhin der „Ausschuss der Zentralbankpräsidenten" eingesetzt.[86] Der Ausschuss war mit den Präsidenten der Zentralbanken der Mitgliedstaaten und dem Generaldirektor des Luxemburgischen Währungsinstituts besetzt, die zur Berücksichtigung der Ziele der Gemeinschaft angehalten waren.[87]

Die Aufgabe des Ausschusses der Zentralbankpräsidenten bestand zunächst in der Beratung allgemeiner Grundsätze der Politik der Zentralbank, der Kreditpolitik, des Geld- und Devisenmarkts sowie im Informationsaustausch über geplante nationale Zentralbankmaßnahmen. Die wichtige Rolle in der währungspolitischen Zusammenarbeit der Mitgliedstaaten verdeutlichte die Erweiterung seiner Aufgaben durch den Beschluss 90/142/EWG des Rates[88] nach Beginn der ersten Stufe der Wirtschafts- und Währungsunion am 1. Juli 1990. Die erweiterten Aufgabenfelder des Ausschusses der Zentralbankpräsidenten umfassten unter anderem die Durchführung von Konsultationen zu und die Verbesserung der Koordination zwischen der jeweiligen Geldpolitik der Mitgliedstaaten mit dem Ziel, eine Preisstabilität zu erreichen. Der Ausschuss der Zentralbankpräsidenten war in diesem Zusammenhang im Voraus zu Fragen nationaler geldpolitischer

---

83 *Galahn*, Die Deutsche Bundesbank im Prozess der europäischen Währungsintegration, S. 17; *Harbrecht*, Europa auf dem Wege zur Wirtschafts- und Währungsunion, S. 43; *Smits* in Groeben/Thiesing/Ehlermann, Art. 105 EG, Rn. 61

84 *EWG-Kommission*, Memorandum über das Aktionsprogramm der Gemeinschaft für die zweite Stufe, Brüssel 24. Oktober 1962, Brüssel 1962.

85 Ziffer 130 des Aktionsprogramms.

86 Beschluss 64/300/EWG des Rates vom 8. Mai 1964, ABl. EG Nr. 77 vom 21. Mai 1964, S. 1206 f.

87 Art. 3 Abs. 3a des Beschlusses 90/142/EWG des Rates.

88 Beschluss 90/142/EWG des Rates, ABl. EG Nr. L 78 vom 24. März 1990, S. 25 f.

Maßnahmen anzuhören und konnte gegenüber dem Rat und den nationalen Regierungen unverbindliche Stellungnahmen abgeben.[89]

c. *Der Werner-Bericht*

Die Mitgliedstaaten der Europäischen Wirtschaftsgemeinschaft vertieften ihre Zusammenarbeit auf dem Gebiet der Währungspolitik auf Grundlage der EWG.[90] Eine wichtige Weiterentwicklung der Wirtschafts- und Währungsunion bildete insbesondere der sogenannte Werner-Bericht.[91] Dabei handelte es sich um einen Bericht einer vom Rat beauftragten Arbeitsgruppe unter dem Vorsitz des damaligen luxemburgischen Ministerpräsidenten und Finanzministers Pierre Werner. Aufgabe der Arbeitsgruppe war es, einen Stufenplan für die Errichtung einer Wirtschafts- und Währungsunion innerhalb der Europäischen Gemeinschaft auszuarbeiten.

Der Werner-Bericht beinhaltete ein Konzept zur Verwirklichung der Wirtschaft- und Währungsunion in drei Stufen.[92] Die Schaffung einer Währungsunion sollte mit ausreichenden Konvergenzfortschritten und einer Vereinheitlichung der mitgliedstaatlichen Wirtschaftspolitiken verbunden sein.[93] Die erste Stufe bildete ein abgestimmtes Vorgehen der nationalen Zentralbanken, um die Währungen innerhalb schmaler Bandbreiten zu halten.[94] Bei Erfolg sollte auf der zweiten Stufe ein „Europäischer Fonds für währungspolitische Zusammenarbeit" eingesetzt werden, um einen kurz- und mittelfristigen Währungsbeistand zu leisten. Auf der dritten Stufe sollte ein gemeinsames Zentralbankensystem geschaffen werden. Die Gemeinschaft ergriff zur Umsetzung dieses Plans insbesondere institutionelle Maßnahmen.[95] Sie gründete den Europäischen Wechselkursverbund und errichtete den Europäischen Fonds für Währungspolitische Zusammenarbeit[96], der die Vorgängerinstitution der späteren Europäischen Zentral-

89 Art. 3 Abs. 2 ff. des Beschlusses 90/142/EWG des Rates.

90 *Vollmer*, Geld- und Währungspolitik, S. 239.

91 Bericht an Rat und Kommission über die stufenweise Verwirklichung der Wirtschafts- und Währungsunion in der Gemeinschaft vom 8. Oktober 1970 („Werner Bericht"), abgedruckt in: Bulletin der Europäischen Gemeinschaften, 1970, Sonderbeilage 11/1970, S. 2–33.

92 *Cezanne*, Monetäre Integration in der Europäischen Gemeinschaft – Ein Überblick über Theorien, Pläne und Maßnahmen in Scharrer/Wessels (Hrsg.), Das Europäische Währungssystem, S. 16 ff.; *Everling*, Die Entwicklung der Europäischen Gemeinschaft zur Wirtschafts- und Währungsunion in NJW 1971, S. 1481 ff.

93 Abschnitt IV des Werner Berichts.

94 Abschnitt V des Werner Berichts.

95 *Krägenau/Wetter*, Europäische Wirtschafts- und Währungsunion: Vom Werner-Plan zum Vertrag von Maastricht, S. 10 ff.

96 Verordnung (EWG) Nr. 907/73 des Rates vom 3. April 1973 zur Errichtung eines Europäischen Fonds für währungspolitische Zusammenarbeit, abgedruckt in: ABl. EG Nr. L 89 vom 5. April 1973, S. 2 ff.

bank darstellte.[97] Durch den Werner-Bericht wurde die Grundlage für ein gemeinsames Zentralbankensystem geschaffen. Aus dieser Grundlage heraus entwickelte sich eine gemeinsame Wirtschafts- und Währungspolitik der Gemeinschaft.[98]

3. *Das Europäische Währungssystem*

a. *Die Regelungen des Europäischen Währungsabkommens*

Am 13. März 1979 wurde das Europäische Währungssystem („EWS") insbesondere durch Abschluss des Europäischen Währungsabkommens (EWA) errichtet.[99] Das EWS stellt den Nachfolger des Europäischen Wechselkursverbundes dar und sollte die Mitgliedstaaten der Europäischen Gemeinschaft zu einem gemeinsamen Währungsverbund vereinigen. Ziel des EWS war die Schaffung einer stabilen Währungszone innerhalb Europas.[100] Das EWS beruhte auf einer

97 *Krägenau/Wetter*, Europäische Wirtschafts- und Währungsunion: Vom Werner-Plan zum Vertrag von Maastricht, S. 11.

98 Trotzdem scheiterte das Ziel der Gemeinschaft, auf Grundlage des Werner-Berichtes eine Wirtschafts- und Währungsunion zu gründen. Zu den Gründen: *Krägenau/Wetter*, Europäische Wirtschafts- und Währungsunion: Vom Werner-Plan zum Vertrag von Maastricht, S. 11 ff.

99 Der Europäische Rat beschloss das Europäische Währungssystem am 4./5. Dezember 1978. Vorausgegangen waren die Veröfentlichungen von *Leo Tindemans* (Bericht über die Europäische Union vom 29. Dezember 1975, abgedruckt in: Europa-Archiv 1976, D 53 ff.) und *Roy Jenkins* (Rede des Präsidenten der Kommission der Europäischen Gemeinschaften, Roy Jenkins in Florenz am 27. Oktober 1977 im Rahmen einer Jean-Monnet-Vorlesung, abgedruckt in: Europa-Archiv 1978 D 1 ff.), die beide neue Schritte zur Errichtung einer Wirtschafts- und Währungsunion forderten. Aufgrund dieser Forderungen legten die Staats- und Regierungschefs der Mitgliedstaaten der Europäischen Gemeinschaft am 6./7. Juli 1978 ein „System für eine engere währungspolitische Zusammenarbeit" fest (abgedruckt in: Europa-Archiv 1978, D 458, 462).

100 *Vollmer*, Geld- und Währungspolitik, S. 242.

Vielzahl von Rechtsakten[101] und wurde im Vertrag über die Europäische Union in der Fassung vom 7. Februar 1992 (Vertrag von Maastricht) im Wesentlichen in Art. 109g und 109j Abs. 1, dritter Spiegelstrich EWG, verankert. Die währungspolitische Zusammenarbeit in den ersten beiden Jahrzehnten des Integrationsprozesses konzentrierte und beschränkte sich auf mitgliedstaatliche Zahlungsbilanzen.[102]

b. Der Wechselkursmechanismus I

Das Kernelement des Europäischen Währungssystems bildete die europäische Währungseinheit ECU.[103] Die ECU war eine virtuelle Einheit, die sich als Währungskorb der verschiedenen europäischen Währungen zusammensetzt, und stellte kein gesetzliches Zahlungsmittel dar.[104] Als Verrechnungswährung wurde die ECU als Zahlungsinstrument zwischen den Zentralbanken der Mitgliedstaaten und als Rechnungseinheit im Haushaltsplan der Europäischen Gemeinschaft verwendet. Die ECU übte prinzipiell die gleiche Funktion aus wie das Gold oder der US-Dollar im früheren Festkurssystem des Internationalen Währungsfonds. Aus den nationalen Währungen im Verhältnis zu der ECU errechneten sich die Wechselkurse der EWS-Währungen zueinander. Die Schwankungsbreite der EWS-Währungen zueinander wurde auf maximal +/- 2,25 % festgelegt. Aus dieser Festlegung folgte, dass sich der Marktwert der ECU in der jeweiligen EWS-Währung nur innerhalb eines gewissen Wertes um seinen jeweiligen ECU-Wechselkursbewegen konnte. Die jeweilige Höhe des Marktwertes einer Währung in ECU gab die Position im Verhältnis zu der Gesamtheit der anderen

---

101 Grundlage des EWS ist die Verordnung (EWG) 2181/78 vom 18. Dezember 1978, ABlEG Nr. L 379, S. 2 vom 30. Dezember 1978. Weitere Rechtsakte: Verordnung (EWG) Nr. 3180/78 des Rates vom 28. Dezember 1978 zur Änderung des Wertes der vom EFWZ verwendeten Rechnungseinheit; Verordnung (EWG) Nr. 3181/78 des Rates vom 28. Dezember 1978 über das EWS; Abkommen zwischen den Zentralbanken der Mitgliedstaaten der EWG vom 13. März 1979 über die Funktionsweise des EWS; Beschluss des Verwaltungsrates des EFWZ vom 13. März 1979 über die technische Abwicklung des Abkommens der Zentralbanken des EWG über das Wechselkurssystem (Nr. 12/79); Entscheidung 78/1041/EWG des Rates vom 21. Dezember 1978 zur Änderung des Entscheidung 71/143/EWG über die Einführung eines Mechanismus für den mittelfristigen finanziellen Beistand; Akte der EG-Zentralbanken vom 13. März 1979 über den kurzfristigen Währungsbeistand; Beschluss des Verwaltungsrates des EFWZ vom 13. März 1979 zur Änderung des kurzfristigen Währungsbeistandes (Nr. 13/79).

102 *Scharrer/Wessel*, Die nächste Stufe des Europäischen Währungssystems (EWS) - Aufgaben und Optionen in Integration, 1/1982, S. 19.

103 ECU ist die Abkürzung für European Currency Unit.

104 Nach dem ehemaligen Art. 109g Abs. 1 des Vertrags zur Gründung der Europäischen Gemeinschaft waren die bei der Berechnung bewerteten Mitgliedstaaten abschließend. Bei der Erweiterung der Europäischen Union durch die zum 1. Januar 1995 neu hinzugekommenen Mitgliedstaaten Österreich, Finnland und Schweden blieben diese daher bei der Währungskorbberechnung unbeachtet.

Währungen der EWS-Mitgliedstaaten an. Das prozentuale Verhältnis dieser Relation stellte den sogenannten Abweichindikator der jeweiligen Währung dar.[105] Zusammengefasst kamen der ECU damit im Wesentlichen vier Funktionen zu: (i) Bezugsgröße für den Wechselkursmechanismus, (ii) Messgröße für den Abweichindikator, (iii) Rechengröße für Forderungen und Verbindlichkeiten aus Finanzierungsoperationen und (iv) Zahlungsmittel und Reserveinstrument zwischen den gemeinschaftlichen Währungsbehörden.[106]

c. *Der Delors-Bericht*

1987 wurde die Errichtung einer Europäischen Zentralbank geprüft, die die gemeinsame Währung ECU verwalten soll. In diesem Zusammenhang wurde ein Ausschuss unter dem Vorsitz des Kommissionspräsidenten Jacques Delors eingerichtet, dessen Aufgabe die Herausarbeitung konkreter Schritte auf dem Weg zu einer Wirtschafts- und Währungsunion war.[107] Der Delors-Ausschuss legte am 17. April 1989 seinen Bericht zur Wirtschafts- und Währungsunion in der Europäischen Union vor.[108] Darin waren drei Phasen zur Schaffung einer Wirtschafts- und Währungsunion vorgesehen.

Während der ersten Phase sollten die Mitgliedstaaten eine stärkere Annäherung der volkswirtschaftlichen Ergebnisse durch verstärkte Koordinierung der Wirtschafts- und Währungspolitik in dem bestehenden institutionellen Rahmen anstreben. In der zweiten Phase sah der Delors-Bericht die Errichtung der grundlegenden Organe und Strukturen der Wirtschafts- und Währungsunion vor. Diese Stufe sollte zu kollektiven Entscheidungen führen, wobei die endgültige politische Verantwortung jedoch bei nationalen Instanzen verbleibe. Zentrales Element dieser Phase war die Schaffung eines Europäischen Zentralbanksystems, dessen Aufgabe die Wegbereitung für eine auf Phase drei angesiedelte und von dem Europäischen Zentralbanksystem unabhängige Geldpolitik sein sollte. In der dritten Phase sollte die Wirtschafts- und Währungsunion durch die weitgehende Übertragung der nationalen wirtschaftlichen und monetären Kompetenzen auf Gemeinschaftsorgane vollzogen werden. Für diese Phase war auch eine gemeinsame Währung angestrebt.[109]

Den Eintritt in die erste Phase zur Wirtschafts- und Währungsunion beschloss der Europäische Rat im Juni 1989. Gemäß des Vorschlags des Delors-Ausschusses sollte die erste Phase am 1. Juli 1990 beginnen. In Regierungskon-

---

105 *Fischer-Erlach*, Handel und Kursbildung am Devisenmarkt, S. 177 ff.

106 Weiterführend: *Galahn*, Die Deutsche Bundesbank im Prozess der europäischen Währungsintegration, S. 38–43.

107 *Hahn*, Währungsrecht, § 14 I. 1. a, S. 191 Rn. 2.

108 Bericht zur Wirtschafts- und Währungsunion in der EG, vorgelegt vom Ausschuss zur Prüfung der Wirtschafts- und Währungsunion am 12. April 1989 („Delors-Bericht"), abgedruckt in: Europa-Archiv 1989, D 283 ff.

109 Bericht zur Wirtschafts- und Währungsunion in der EG, vorgelegt vom Ausschuss zur Prüfung der Wirtschafts- und Währungsunion am 17. April 1989, abgedruckt in: Europa-Archiv 1989, D 283, 298.

ferenzen wurden die Grundzüge des Vertrags über die Europäische Gemeinschaft im Jahr 1991 umrissen. Insbesondere wurden die institutionellen und funktionellen Regelungen zu einem System europäischer Zentralbanken konkretisiert. Eine gemeinsame Wirtschaftspolitik blieb jedoch im Wesentlichen auf eine Koordinierung auf gemeinschaftlicher Ebene beschränkt. Mit dieser Beschränkung der gemeinsamen Wirtschaftspolitik wurde der wirtschaftspolitische und währungspolitische Gleichlauf voneinander getrennt.[110]

4. *Der Vertrag zur Gründung der Europäischen Gemeinschaft und der Vertrag über die Arbeitsweise der Europäischen Union*

a. *Einführung*

Am 7. Februar 1992 unterzeichneten die zuständigen Minister der Mitgliedstaaten der Europäischen Gemeinschaft den Vertrag über die Europäische Union (nachfolgend werden der Vertrag und Normen des Vertrags über die Europäische Union mit „EU" bezeichnet)[111] in Maastricht. Durch diesen Vertrag wurde die Europäische Union gegründet, deren Grundlage die (bereits bestehenden) Europäischen Gemeinschaften und die (neu hinzugefügten) „Politiken und Formen der Zusammenarbeit" (Art. 1 Abs. 3 EU)[112] darstellen. In den Titeln II bis IV enthält der Vertrag über die Europäische Union wesentliche Änderungen der Verträge der Europäischen Gemeinschaften, die seit Inkrafttreten des Vertrags über die Europäische Union als Vertrag zur Gründung der Europäischen Gemeinschaft (nachfolgend wird der Vertrag und Normen des Vertrags über die Europäische Gemeinschaft mit „EG" bezeichnet) bezeichnet werden. Neben der Erweiterung der Ziele und Aufgaben der Gemeinschaft[113] wurde unter anderem in den Art. 98 ff. EG die stufenweise Einführung einer Wirtschafts- und Währungsunion geregelt.

Die Gemeinschaftsverträge wurden zuletzt durch den Vertrag von Lissabon vom 13. Dezember 2007[114] geändert, der am 1. Dezember 2009 in Kraft trat. Durch diese Vertragsänderung wurden die bisherigen Verträge über die Europä-

---

110 *Galahn*, Die Deutsche Bundesbank im Prozess der europäischen Währungsintegration, S. 57.

111 ABl. EG Nr. C 191 vom 29. Juli 1992. Der Vertrag ist Bestandteil der Schlussakte, die am 7. Februar 1992 unterzeichnet wurden und den Vertrag über die Europäische Union, Protokolle und Erklärungen enthalten. In Kraft getreten am 1. November 1993 gemäß Bekanntmachung vom 19. Oktober 1993, BGBl. II 1993, 1947.

112 Bei diesen Politiken und Formen der Zusammenarbeit handelt es sich um die in Art. 11 ff. EUV dargelegte Gemeinsame Außen- und Sicherheitspolitik (GASP) und um die Zusammenarbeit im Bereich der Justiz- und Innenpolitik gemäß Art. 29 EUV.

113 Vgl. Art. 2, 3 und 4 EG.

114 Vertrag über die Arbeitsweise der Europäischen Union in der Fassung der Bekanntmachung vom 9. Mai 2008, ABl. Nr. C 115 S. 47, zuletzt geändert durch Art. 2 Vertrag von Lissabon vom 13. Dezember 2007 (ABl. Nr. C 306 S. 1, ber. ABl. 2008 Nr. C 111 S. 56 und ABl. 2009 Nr. C 290 S. 1).

ische Union und die Europäische Gemeinschaft durch den Vertrag über die Europäische Union (nachfolgend wird der Vertrag und Normen des Vertrags über die Europäische Union mit „EUV" bezeichnet) und den Vertrag über die Arbeitsweise der Europäischen Union (nachfolgend wird der Vertrag und Normen des Vertrags über die Europäische Union mit „AEUV" bezeichnet, der EUV und der AEUV zusammen auch die „Verträge") ersetzt. Mit dieser Vertragsänderung erhielten unter anderem die inhaltlich aus den bisherigen Verträgen übernommenen Artikel eine neue Nummerierung.

b. Das Ziel der Errichtung einer gemeinsamen Währungs- und Wirtschaftspolitik

Gemäß Art. 2 EG zählte die Errichtung einer Wirtschafts- und Währungsunion zu den Aufgaben der Europäischen Gemeinschaft. Diese Aufgabe umfasste nach Art. 4 Abs. 1 EG zum einen die Einführung einer Wirtschaftspolitik, beruhend auf der Koordination der nationalen Politiken der Mitgliedstaaten und der Vereinbarung gemeinsamer Ziele und zum anderen nach Art. 4 Abs. 2 EG die „unwiderrufliche Festlegung" der Wechselkurse zwischen den Währungen der Mitgliedstaaten. Die unwiderrufliche Festlegung der Wechselkurse soll dabei im Hinblick auf die Einführung einer einheitlichen Währung sowie durch die Festlegung und Durchführung einer einheitlichen Geld- und Wechselkurspolitik bestimmt werden.[115] Ein zentraler Punkt des Vertrags über die Europäische Union war gemäß Art. 4, 8 EG ferner die Errichtung einer Wirtschafts- und Währungsunion durch ein Europäisches System der Zentralbanken („ESZB") und eine Europäische Zentralbank („EZB"). Die in Art. 4 EG festgelegten Aufgaben hatte die Gemeinschaft „nach Maßgabe dieses Vertrags und der darin vorgesehenen Zeitfolge" wahrzunehmen. Nach den Änderungen der Verträge durch den Vertrag von Lissabon bestimmt Art. 3 Abs. 4 EUV, dass die Errichtung einer Wirtschafts- und Währungsunion, deren Währung der Euro ist, Ziel der Europäischen Union ist.

Die zur Durchsetzung und Wahrnehmung dieser Aufgaben insoweit maßgeblichen vertraglichen Bestimmungen sind grundsätzlich in den Art. 119 ff. AEUV unter Titel VIII – „Die Wirtschafts- und Währungspolitik" – zu finden. Die unter diesem Titel zusammengefassten Regelungen sind in vier Kapitel unterteilt. Inhalt des ersten Kapitels ist die Wirtschaftspolitik der Europäischen Union (Art. 120-126 AEUV). Im zweiten Kapitel ist die Währungspolitik der Europäischen Union geregelt (Art. 127-133 AEUV). Es folgen institutionelle Bestimmungen im dritten und vierten Kapitel (Art. 134-138 AEUV) und Übergangsbestimmungen im fünften Kapitel (Art. 139-144 AEUV). Die Vorschriften zur Wirtschafts- und Währungspolitik werden durch Protokolle ergänzt.

---

115 Art. 4 Abs. 2 EG.

c. *Die Durchführung des Drei-Stufen-Plans*

Gemäß den Ausführungen des Delors-Berichts sollte die Wirtschafts- und Währungsunion in drei Stufen vollzogen werden.

Auf der Grundlage der Einheitlichen Europäischen Akte („EEA“) von 1987 und von zwei Entscheidungen des Rates[116] begann am 1. Juli 1990 die Realisierung der ersten Stufe der Wirtschafts- und Währungsunion. Die erste Stufe zielte insbesondere auf die Herstellung der Konvergenz der mitgliedstaatlichen Politiken und der Zusammenarbeit der nationalen Zentralbanken ab.[117] Mit dem Inkrafttreten des Vertrags zur Gründung der Europäischen Gemeinschaft am 1. November 1993[118] (nachfolgend werden Normen dieses Vertrags mit „EG“ gekennzeichnet) wurde die erste Stufe europäisches Primärrecht. Durch das Primärrecht wurden die Rechtsgrundlagen für die zweite und dritte Phase geschaffen. Die Kompetenz der währungspolitischen Entscheidungen verblieb während der ersten Stufe bei den Mitgliedstaaten.[119]

Der Beginn der zweiten Stufe war vertraglich auf den 1. Januar 1994 festgelegt. Gemäß ex-Art. 116 EG wurde das Europäische Währungsinstitut („EWI“) als Vorgängerinstitution der Europäischen Zentralbank gegründet. Das EWI ersetzte den Ausschuss der Zentralbankpräsidenten und den Europäischen Fonds für währungspolitische Zusammenarbeit. Verwaltung und Leitung des EWI erfolgten durch einen Rat, der aus einem Präsidenten und den Präsidenten der nationalen Zentralbanken bestand.[120] Der Rat des EWI übernahm die Koordinierung der Geldpolitik der Mitgliedstaaten und sollte gemäß ex-Art. 109f Abs. 3 EG in Verbindung mit Art. 4.2 EWI-Satzung für seine Nachfolgeinstitution, die Europäische Zentralbank, Instrumente und Verfahren entwickeln, die auf dritter Stufe für eine einheitliche europäische Geldpolitik notwendig sind. Zur Durchführung dieser Aufgaben war der Rat des EWI von Weisungen anderer Organe unabhängig (Art. 8 EWI-Satzung), Kompetenzen und Befugnisse auf dem Ge-

---

116 Zu den Ratsbeschlüssen und technischen Vorbereitungen der Wirtschafts- und Währungsunion: *Bruggmann*, Die EG auf dem Weg zur Wirtschafts- und Währungsunion in Außenwirtschaft 1993, S. 279, 285 ff.

117 Zur Entwicklung der wirtschaftspolitischen Koordinierung zwischen den Mitgliedstaaten: *Nettesheim* in Oppermann/Classen/Nettesheim, Europarecht, § 18, Rn. 16 ff.; *Schulze-Steinen*, Rechtsfragen zur Wirtschaftsunion, S. 51 ff.

118 ABlEG Nr. C 191, S. 1 ff. vom 29. Juli 1992 = BGBl. II 1992, 1253, in Kraft getreten am 1. November 1993 gemäß Bekanntmachung vom 19. Oktober 1993, BGBl. II 1993, 1947.

119 *Potacs*, Nationale Zentralbanken in der Wirtschafts- und Währungsunion, Europarecht 1993, 23, 25 f.; a.A.: *Grundmann*, Nationales Währungsrecht und EG-Kapitalverkehrsfreiheit, Europäisches Wirtschafts- und Steuerrecht 1990, 214, 216, der die Mitgliedstaaten durch Richtlinie 88/361/EWG (4. Kapitalmarktrichtlinie) zur Einhaltung eines Verhältnismäßigkeitsprinzips verpflichtet sieht. Dadurch sei die Verpflichtung zur Haltung von Mindestreserven nicht mehr ausschließlich der Kompetenz der Mitgliedstaaten unterworfen.

120 Art. 9.2 EWI-Satzung. Zur Entwicklung: *Hahn*, Währungsrecht, S. 174 ff.

biet der Geldpolitik standen dem Rat jedoch nicht zu. Zur Erfüllung seiner Aufgaben standen dem Rat gemäß ex-Art. 109f Abs. 5, 6 und 8 EG rechtlich unverbindliche Empfehlungen und Stellungnahmen zur Verfügung.[121] Die Währungspolitik verblieb auch auf der zweiten Stufe weiterhin in nationaler Kompetenz. Für die Errichtung einer gemeinsamen Wirtschafts- und Währungsunion waren insbesondere die vier durch Art. 121 Abs. 1 des Vertrags zur Gründung der Europäischen Gemeinschaft[122] in Verbindung mit dem Protokoll über die Konvergenzkriterien nach Artikel 121 EG (nun Art. 140 Abs. 1 AEUV in Verbindung mit dem Protokoll über die Konvergenzkriterien[123]) festgelegten Konvergenzkriterien[124] von entscheidender Bedeutung. Um an der dritten Stufe der Wirtschafts- und Währungsunion teilnehmen zu können, musste jeder Mitgliedstaat diese Konvergenzkriterien einhalten.[125] Mitgliedstaaten war es zudem verboten, den Kapital- und Zahlungsverkehr zwischen den Mitgliedstaaten zu beschränken oder übermäßige öffentliche Defizite durch eine entsprechende Geldpolitik zu finanzieren.[126] Die nationalen Zentralbanken wurden auf dieser Stufe – sofern nicht bereits geschehen – unabhängig von der nationalen Politik; entsprechende Bestimmungen innerhalb der Verträge dienten insoweit nur zur Vorbereitung der dritten Stufe der Wirtschafts- und Währungsunion (vgl. etwa Art. 109e EG). Die geldpolitische Verantwortung verblieb auch auf der zweiten Stufe bei den Mitgliedstaaten.[127]

Die dritte Stufe war vertraglich auf den 1. Januar 1999 festgelegt. Eingeleitet wurde diese letzte Stufe insbesondere durch zwei Dokumente: das „Grünbuch über die praktischen Fragen des Übergangs zur einheitlichen Währung"[128] der Kommission (Mai 1995) und der Bericht des EWI über den Übergang zur ein-

---

121 Weiterführend: *Potacs*, Nationale Zentralbanken in der Wirtschafts- und Währungsunion, Europarecht 1993, 23, 27.

122 Normen des Vertrags zur Gründung der Europäischen Gemeinschaft werden im Folgenden mit „EG" bezeichnet.

123 ABl. Nr. C 191, S. 86; EU-Dok.-Nr. 1 1992 M/PRO/CC/00.

124 Dazu eine detailliertere Darstellung in dem Abschnitt *„e. Der Wechselkursmechanismus II"* auf Seite 37 dieser Arbeit.

125 Gemäß Art. 140 Abs. 1 AEUV sind Kommission und Europäische Zentralbank („EZB") verpflichtet, mindestens einmal alle zwei Jahre oder auf Antrag eines Mitgliedstaats, für den eine Ausnahmeregelung gilt, dem Rat im Form sogenannter Konvergenzberichte zu berichten, inwieweit der betreffende Mitgliedstaat bei der Verwirklichung der Wirtschafts- und Währungsunion seinen Verpflichtungen bereits nachgekommen ist.

126 *Häde*, Die Europäische Wirtschafts- und Währungsunion in EuZW 1992, 171 f.

127 *Bruggmann*, Die EG auf dem Weg zur Wirtschafts- und Währungsunion in Außenwirtschaft 1993, S. 279, 299 f.

128 Grünbuch der Kommission vom 31. Mai 1995 über die praktischen Fragen des Übergangs zur einheitlichen Währung (KOM(1995) 333 endg.), nicht im Amtsblatt veröffentlicht.

heitlichen Währung[129] (November 1995). Beide Dokumente bildeten die Grundlage für die Erstellung eines Szenarios zur Einführung einer gemeinsamen Währung, das der Europäische Rat[130] im Dezember 1995 beschloss.[131] Dieses Szenario sollte einer höheren Transparenz und Glaubwürdigkeit dienen und die Unumkehrbarkeit des Prozesses zur Einführung einer gemeinsamen Währung unterstreichen. Der vom Europäischen Rat beschlossene Zeitplan strukturierte einerseits die Abfolge der für den Eintritt in die dritte Stufe der Wirtschafts- und Währungsunion am 1. Januar 1999 erforderlichen Rechtsetzungsakte und bildete andererseits die zur Einführung der Euro-Banknoten und -Münzen notwendigen Maßnahmen ab.[132] Mit Errichtung der Europäischen Zentralbank wurde das EWI gemäß ex-Art. 109 Abs. 1, 2 EG in Verbindung mit Art. 23.1 EWI-Satzung aufgelöst.

d. Das Europäische System der Zentralbanken und die Europäische Zentralbank

aa. Organisation des ESZB

Nach dem Vertrag über die Europäische Union stellt das Europäische System der Zentralbanken („ESZB“) eine wesentliche Institution dar. Gemäß Art. 282 Abs. 1 AEUV, Art. 1 Abs. 1 Satz 1 des Protokolls über die Satzung des ESZB und der Europäischen Zentralbank (Normen dieser Satzung werden mit „EZB-Satzung“ bezeichnet) besteht das ESZB aus der EZB und den nationalen Zentralbanken der Mitgliedstaaten.[133] Geleitet wird das ESZB gemäß Art. 282 Abs. 2 AEUV, Art. 129 Abs. 1 AEUV und Art. 8 EZB-Satzung von den Beschlussorganen der EZB, nämlich dem Rat der Europäischen Zentralbank („EZB-Rat“) und dem Direktorium.

Der EZB-Rat ist das wichtigste Beschlussorgan des ESZB. Er besteht gemäß Art. 283 Abs. 1 AEUV, Art. 10 Abs. 1 EZB-Satzung aus den Mitgliedern des Direktoriums der EZB und den Präsidenten der nationalen Zentralbanken der Mitgliedstaaten, deren Währung der Euro ist. Wesentliche Aufgabe des EZB-

---

129 Titel des Berichts: European Monetary Institut, The Changeover to the Single Currency.

130 Der Europäische Rat ist das oberste politische Entscheidungsgremium der Europäischen Union.

131 Das Szenario ist den Schlussfolgerungen des Vorsitzes des Europäischen Rates als Anhang I beigefügt, ABlEG Nr. C 22, S. 2 ff. vom 26. Januar 1996.

132 Für einen historischen Überblick: *Marauhn/Weiss*, The European Central Bank as regulator and as institutional actor, S. 1209–223, 210 ff. m.w.N. in Grote/Marauhn (Hrsg.), The Regulation of International Financial Markets. Perspectives for Reform.

133 Ungeachtet ihrer durch den Vertrag von Maastricht vorgeschriebenen Unabhängigkeit bleiben die nationalen Zentralbanken nationale Einrichtungen der Mitgliedstaaten. Zusammen mit der EZB, die als gemeinsames Institut der nationalen Zentralbanken geschaffen wurde, stellen die nationalen Zentralbanken „integrale Bestandteile“ des ESZB dar (siehe Art. 14.3 EZB-Satzung).

Rates ist die Festlegung der Geldpolitik der Gemeinschaft. Der EZB-Rat erlässt die zur Erfüllung der dem ESZB übertragenen Aufgaben erforderlichen Leitlinien und Beschlüsse, indem er gemäß Art. 12.1 EZB-Satzung insbesondere geldpolitische Zwischenziele und Leitzinssätze bestimmt. Außerdem entscheidet der EZB-Rat gemäß Art. 6 in Verbindung mit Art. 12.5 EZB-Satzung über Fragen der internationalen Zusammenarbeit und beschließt gemäß Art. 12.3 EZB-Satzung die Geschäftsordnungen der EZB und ihrer Beschlussorgane. Die Aufgabe des Direktoriums der EZB liegt gemäß Art. 11.6 EZB-Satzung in der Führung der laufenden Geschäfte der EZB. Es besteht gemäß Art. 283 Abs. 2 lit. a AEUV, 11.1 EZB-Satzung aus dem Präsidenten und dem Vizepräsidenten der EZB sowie vier weiteren Mitgliedern. Das Direktorium der EZB vollzieht die vom EZB-Rat festgelegte Geldpolitik gemäß Art. 12.1 Satz 3 EZB-Satzung und bereitet unter anderem die Sitzungen des EZB-Rates vor (Art. 12.2 EZB-Satzung). Die Mitglieder des Direktoriums der EZB unterliegen nach Art. 130 Satz 1 AEUV bei der Führung ihres Amtes keiner Weisung von Unionsorganen oder Mitgliedstaaten.

bb. Rechtstellung und institutionelle Unabhängigkeit des ESZB und der EZB

Das Europäische System der Zentralbanken besitzt keine Rechtspersönlichkeit.[134] Art. 282 Abs. 3 Satz 1 AEUV stattet lediglich die EZB, nicht aber das ESZB mit Rechtspersönlichkeit aus.[135] Nach Inkrafttreten des Vertrags über die Arbeitsweise der Europäischen Union wird der EZB gemäß Art. 13 Abs. 2 AEUV eine Organstellung zugewiesen, wobei gleichzeitig ihre Rechtspersönlichkeit gemäß Art. 282 Abs. 3 Satz 1 AEUV erhalten bleibt.[136] Bei der Wahrnehmung der ihr durch die Verträge und die EZB-Satzung übertragenen Befugnisse, Aufgaben und Pflichten ist die EZB gemäß Art. 130 AEUV, Art. 7 EZB-Satzung unabhängig[137] und im Gegensatz zu den übrigen Organen der Europäischen Gemeinschaft gemäß Art. 282 Abs. 3 Satz 1 AEUV, Art. 9.1 EZB-

---

134 *Wegener/Häde* in Calliess/Ruffert, Art. 282 AEUV, Rn. 2 m.w.N.

135 Das System steht im Sinne eines übergeordneten Begriffs für die EZB und die nationalen Zentralbanken (vgl. Art. 107 Abs. 1 EG). Durch die Verwendung dieses übergeordneten Begriffs verdeutlicht der EG-Vertrag die rechtlichen Beziehungen dieser Institutionen miteinander auf dritter Stufe zur Wirtschafts- und Währungsunion.

136 Dazu insbesondere und mit jeweils weiteren Nachweisen: *Streinz*, Europarecht, Rn. 402; *derselbe* in Streinz/Ohler/Herrmann (Hrsg.), Vertrag von Lissabon, S. 84 ff.; *Nettesheim* in Oppermann/Classen/Nettesheim, Europarecht, § 19 Rn. 16 ff.

137 Weiterführend zur Unabhängigkeit der EZB: *Bleckmann*, Der Vertrag über die Europäische Union in Deutsches Verwaltungsblatt 1992, S. 335, 341; *Seidel*, Probleme der Verfassung der Europäischen Gemeinschaft als Wirtschafts- und Währungsunion in FS-Börner, S. 417, 427 f.

Satzung rechtsfähig.[138] Damit stellt die EZB eine selbstständige Institution der Europäischen Union mit eigener Rechtspersönlichkeit dar.[139] Durch die Zuweisung einer Rechtspersönlichkeit gemäß Art. 282 Abs. 3 AEUV in Verbindung mit Art. 9.1 ESZB-Satzung erhält die EZB innerhalb der Organe der Europäischen Union eine besondere Stellung, da Organe üblicherweise keine eigene Rechtspersönlichkeit besitzen.[140] Im Schrifttum war die Einordnung der Rechtsnatur der EZB vor Inkrafttreten des Vertrags von Lissabon und der Klarstellung ihrer besonderen Stellung durch die Verknüpfung von Art. 13 Abs. 1 EUV mit Art. 282 Abs. 3 Satz 1 AEUV durchaus umstritten[141] und die Europäische Zentralbank selbst sah sich als Institution *sui generis*[142]. Nach überwiegend im Schrifttum vertretener Ansicht nahm die EZB im institutionellen System der

---

138 *Hilf*, Die Organisationsstruktur der Europäischen Gemeinschaften, S. 42; *Nettesheim* in Oppermann/Classen/Nettesheim, Europarecht, § 19 Rn. 20; *Seidel*, Probleme der Verfassung der Europäischen Gemeinschaft als Wirtschafts- und Währungsunion in FS-Börner, S. 417, 428.

139 *Streinz* in Streinz/Ohler/Herrmann (Hrsg.), Vertrag von Lissabon, S. 84 ff.; *Nettesheim* in Oppermann/Classen/Nettesheim, Europarecht, § 19 Rn. 16 („*eine in der Europäischen Union eingegliederte unabhängige Sondereinrichtung mit spezifischen Befugnissen*").

140 *Kempen* in Streinz, EUV/AEUV, Art. 282 AEUV, Rn. 6 m.w.N.

141 Zur damaligen Rechtslage etwa: *Zilioni/Selmayr*, The External Relations of the Euro Area: Legal Aspects in CMLR 1999, 273, 285 f.; *Zilioni/Selmayr*, The European Central Bank: An Independent Specialized Organization of Community Law in CMLR 2000, 591 ff. („*unabhängige, spezialisierte Organisation des Gemeinschaftsrechts*"); *Selmayr*, Die Wirtschafts- und Währungsunion als Rechtsgemeinschaft, in Archiv für öffentliches Recht 1999, 357, 373 („*Teil der durch die Gründungsverträge geschaffenen Rechtsgemeinschaft, allerdings ohne in das Institutionsgefüge der Gemeinschaft eingeordnet [zu sein]*"); Schütz, Die Legitimation der Europäischen Zentralbank zur Rechtsetzung in Europarecht 2001, S. 291, 292 („*Gemeinschaftsinstitution besonderer Art"); Smulders* in Groeben/Thiesing/Ehlermann, Art. 106 EG Rn. 29 („*unabhängige Institution sui generis"*); *Hahn*, Der Vertrag von Maastricht als völkerrechtliche Übereinkunft und Verfassung, S. 41 und 56 f. („*eigenständiger Handlungsträger der Union*").

142 *Europäische Zentralbank* (Hrsg.), Die Europäische Zentralbank – Geschichte, Rolle und Aufgaben, S. 169; *Marauhn/Weiss*, The European Central Bank as regulator and as institutional actor, S. 209–223, 214 m.w.N. in Grote/Marauhn (Hrsg.), The Regulation of International Financial Markets. Perspectives for Reform.

Gemeinschaft eine organähnliche Stellung ein[143], was durch die Ergänzung der Aufzählung der Unionsorgane in Art. 13 EUV im Zusammenhang mit dem Vertrag von Lissabon bestätigt wurde.

Das ESZB lässt sich als eine zweistufig organisierte Institution darstellen. Auf einer oberen Ebene beschließen die Mitglieder des Direktoriums der EZB und die Präsidenten der nationalen Zentralbanken der Mitgliedstaaten (der EZB-Rat) über Ausgestaltung und Richtung der Geldpolitik. Auf einer unteren Ebene setzen die einzelnen nationalen Zentralbanken die geldpolitischen Beschlüsse um. Dabei wirkt die EZB als Ausführungsorgan für die geldpolitischen Beschlüsse des ESZB und als Aufsichtsorgan gegenüber den einzelnen nationalen Zentralbanken. Diese Konstruktion erklärt sich daraus, dass die Geldpolitik dem ESZB als einer Einrichtung überantwortet wurde, die Rechtsakte und Geschäfte wie eine klassische Zentralbank wahrnimmt, sie mangels Rechtsfähigkeit jedoch nicht durchsetzen kann. Daher musste die EZB als Institution errichtet werden, die die Aufgaben einer klassischen Zentralbank auch durchsetzen kann. Die EZB kann daher gemäß Art. 132 AEUV *„zur Erfüllung der dem ESZB übertragenen Aufgaben"* Verordnungen und Beschlüsse erlassen sowie Empfehlungen und Stellungnahmen abgeben.

bb. Autonomie der EZB

Die EZB verfügt aufgrund ihrer besonderen Stellung innerhalb der Organisationsstruktur der Europäischen Union, die ihr institutionelle Unabhängigkeit gewährt[144], über weitreichende Personal-, Finanz- und Haftungsautonomie. Beschäftigungsbedingungen des Personals der EZB werden nach Art. 36.1 EZB-Satzung durch den EZB-Rat auf Vorschlag des Direktoriums der EZB festgelegt.[145]

Die Finanzautonomie der EZB verdeutlicht sich in Art. 28.1 EZB-Satzung. Höhe und Form des einzuzahlenden Kapitals bestimmt der EZB-Rat (Art. 28.3 EZB-Satzung). Zeichner und Inhaber des Kapitals sind die nationalen Zentralbanken (Art. 28.2 EZB-Satzung). Der EZB-Rat entscheidet auch über die Ver-

143 *Streinz*, Europarecht, 7. Auflage, Rn. 402; *derselbe* in Streinz/Ohler/Herrmann (Hrsg.), Vertrag von Lissabon, S. 84 ff.; *Häde* in Calliess/Ruffert, Art. 107 EG, 3. Auflage, 2007, Rn. 5; *Amtenbrink/De Haan*, The European Central Bank: An independent specialized organization of Community law – a comment in CMLR 2002, 65 ff.; *Dutzler*, Institutional Framework of the EMU – Is the ECB a Fourth Pillar?, S. 3–35, 30 f. in Breuss/Fink/Griller (Hrsg.), Institutional, Legal and Economic Aspects of EMU; *Torrent*, Whom is the European Central Bank of?, CMLR 1999, 1229, 1231 ff.; *Smits*, The European Central Bank: Institutional Aspects in International Comparative Law Quarterly 1996, 319, 327.

144 *Gaitanides*, Das Recht der Europäischen Zentralbank, S. 16; *Geiger*, Das Währungsrecht im Binnenmarkt, S. 55.

145 Dadurch können Beschäftigungsverhältnisse der EZB auch durch privatrechtliche Verträge geregelt werden und müssen nicht dem Personalstatut der Europäischen Gemeinschaft unterfallen.

teilung der monetären Einkünfte der nationalen Zentralbanken (Art. 32 EZB-Satzung), über einzufordernde Währungsreserven (Art. 30.1, 30.4 EZB-Satzung) sowie über die Verteilung der Nettogewinne und Verluste der EZB (Art. 33 EZB-Satzung). Die Haftungsautonomie der EZB ergibt sich aus Art. 35.3 EZB-Satzung. Danach unterliegt die EZB der vollen Haftungsregelung des Art. 340 AEUV. Art. 340 Abs. 3 AEUV enthält eine ausdrückliche besondere Haftungsregelung für die EZB und ihre Bediensteten, wonach die EZB für Schäden nach den in den Rechtsordnungen der Mitgliedstaaten anerkannten allgemeinen Rechtsgrundsätzen haftet.[146]

e. Der Wechselkursmechanismus II

Der sogenannte Wechselkursmechanismus II („WKM II") trat am 1. Januar 1999 mit Erreichen der dritten Stufe der Europäischen Wirtschafts- und Währungsunion in Kraft. Der WKM II löste den Wechselkursmechanismus I („WKM I") des Europäischen Währungssystems ab, das bis zur Einführung des Euro die Währungsbeziehungen innerhalb der Europäischen Gemeinschaft regelte. Während der WKM I als Festkurssystem konzipiert war, in dem die Währungen der Mitgliedstaaten der Europäischen Union innerhalb festgelegter Bandbreiten schwanken durften,[147] regelt der WKM II die Anbindung der Währungen der nicht zum Euro-Währungsgebiet gehörenden Mitgliedstaaten an den Euro. Die Einrichtung eines solchen Wechselkurssystems zwischen dem Euro und den Währungen der nicht zum Euro-Währungsgebiet gehörenden Mitgliedstaaten verhindert, dass der europäische Binnenmarkt durch übermäßige Schwankungen der nominalen Wechselkurse der Währungen oder durch eine nicht nur kurzfristige Verzerrung ihrer realen Wechselkurse beeinträchtigt wird. Auch sollte es den Mitgliedstaaten, die den Euro nicht von Beginn an einführten, weiterhin möglich sein, ein stützendes Wechselkurssystem verwenden zu können. Die Anbindung der Währung der nicht zum Euro-Währungsgebiet gehörenden Mitgliedstaaten an den Euro durch den WKM II soll zudem die für den späteren Beitritt zum Eurogebiet erforderliche Konvergenz ermöglichen.

Rechtlich ruht der WKM II auf zwei Säulen: Die erste Säule bildet die „Entschließung des Europäischen Rates über die Einführung eines Wechselkursmechanismus in der dritten Stufe der Wirtschafts- und Währungsunion" vom 16. Juni 1997 dar.[148] Die Entschließung des Rates beinhaltet die Grundsätze und Ziele sowie die grundlegenden Strukturelemente des Systems. Die zweite Säule bildet das Abkommen vom 29. April 2004 zwischen der Europäischen Zentralbank und den nationalen Zentralbanken der am 1. Mai 2004 nicht dem Euro-Währungsgebiet angehörenden Mitgliedstaaten.[149]

146 *Ruffert* in Calliess/Ruffert, Art. 340 AEUV, Rn. 34.

147 Für eine umfangreiche Darstellungen des EWS: *Deutsche Bundesbank*, Das Europäische Währungssystem, Monatsbericht März 1979, S. 11 ff.

148 ABl. Nr. C 236 vom 2. August 1997, S. 5.

149 ABl. Nr. C 135 vom 13. Mai 2004 und ABl. Nr. C 345 vom 13. November 1998, S. 6.

Gemäß Art. 140 Abs. 1 AEUV in Verbindung mit dem Protokoll über die Konvergenzkriterien[150] wurden vier Konvergenzkriterien festgelegt:[151] (i) ein hoher Grad an Preisstabilität[152], (ii) eine öffentliche Haushaltslage ohne übermäßiges Defizit, (iii) die mindestens zweijährige Einhaltung der normalen Bandbreiten des EWS und (iv) ein bestimmtes Niveau der langfristigen Zinssätze. Das Kriterium der Preisstabilität bedeutet gemäß Art. 1 des Protokolls über die Konvergenzkriterien, dass ein Mitgliedstaat eine anhaltende Preisstabilität und eine während des letzten Jahres vor der Prüfung gemessene durchschnittliche Inflationsrate aufweisen muss, die um nicht mehr als 1,5 Prozentpunkte über der Inflationsrate jener maximal drei Mitgliedstaaten liegt, die auf dem Gebiet der Preisstabilität das beste Ergebnis erzielt haben. Das Kriterium der öffentlichen Haushaltslage bedeutet gemäß Art. 2 des Protokolls über die Konvergenzkriterien, dass zum Zeitpunkt der Prüfung kein Beschluss des Rates nach Art. 104 Abs. 6 EG (nun Art. 126 Abs. 6 AEUV) vorliegt, wonach in dem betreffenden Mitgliedstaat ein übermäßiges Defizit besteht.[153] Das Kriterium der Teilnahme am Wechselkursmechanismus des Europäischen Währungssystems bedeutet gemäß Art. 3 des Protokolls über die Konvergenzkriterien, dass ein Mitgliedstaat die im Rahmen des Wechselkursmechanismus des Europäischen Wirtschaftssystems vorgesehenen normalen Bandbreiten zumindest in den letzten zwei Jahren vor der Prüfung ohne starke Spannungen eingehalten haben muss. Das Konvergenzkriterium der Zinssätze bedeutet gemäß Art. 4 des Protokolls über die Konvergenzkriterien, dass im Verlauf von einem Jahr vor der Prüfung in einem Mitgliedstaat der durchschnittliche langfristige Nominalzinssatz um nicht mehr als zwei Prozentpunkte über dem entsprechenden Zinssatz in jenen maximal drei Mitgliedstaaten liegt, die auf dem Gebiet der Preisstabilität das beste Ergebnis erzielt haben. Statistische Daten, die für die Berechnung der vier Konvergenzkriterien erforderlich sind, werden von der Europäischen Kommission zur Verfügung gestellt.[154]

---

150 ABl. Nr. C 191, S. 86; EU-Dok.-Nr. 1 1992 M/PRO/CC/00.

151 *Häde*, Zur Rechtmäßigkeit der Entscheidungen über die Europäische Wirtschafts- und Währungsunion in JZ 1998, 1088 ff. m.w.N. Zu den Konvergenzkriterien: Konvergenzbericht 2010 der Europäischen Kommission gemäß Art. 140 Abs. 1 AEUV: *European Commission*, Report from the Commission – Convergence Report 2010, COM(2010) 238.

152 Für die Berechnung der Inflationsrate als Messgröße für die Preisstabilität erließ der Rat die Verordnung 2495/95 vom 23. Oktober 1995 über harmonisierte Verbraucherpreisindizes, ABlEG Nr. L 257, S. 1 ff. vom 27. Oktober 1995. Weiterführend: *Palm*, Preisstabilität in der Europäischen Wirtschafts- und Währungsunion, S. 99 ff.

153 Ein Defizit im Sinne des Art. 126 Abs. 6 AEUV stellt gemäß der Legaldefinition aus Art. 2 des Protokolls über das Verfahren bei einem übermäßigen Defizit vom 7. Februar 1992, ABl. Nr. C 191 S. 84, das Finanzierungsdefizit im Sinne des Europäischen Systems volkswirtschaftlicher Gesamtrechnungen dar.

154 Art. 5 des Protokolls über die Konvergenzkriterien vom 7. Februar 1992, ABl. Nr. C 191, S. 85.

D. Resümee

Ziel der europäischen Bestrebungen war und ist die Errichtung einer Wirtschafts- und Währungsunion innerhalb des Rahmens des internationalen Währungssystems. Das Hinarbeiten auf dieses Ziel wurde durch die Übertragung von nationalen wirtschafts- und währungspolitischen Aufgaben auf europäische Institutionen erreicht. Kompetenzen für die Wahrnehmung der Wirtschafts- und die Währungspolitik wurden dabei getrennt. Während die Wirtschaftspolitik im Ergebnis weiterhin von den Mitgliedstaaten der Europäischen Union bestimmt bleibt, ist die Wahrnehmung der Währungspolitik auf das Europäische System der Zentralbanken übergegangen.

§ 3 Die Finanz- und Devisenmarktmechanismen

A. Gleichgewichtstheorie der vollständigen Konkurrenz und Effizienz der Märkte

Zu der Bestimmung des Marktpreises auf einem freien Markt zieht *Adam Smith* in seiner Theorie des Gleichgewichtspreises die Begriffe des Monopols und des freien Markts heran und untersucht die Preisbildung auf Märkten beider Marktformen. *Smiths* Argumentationskette geht von der These aus, dass für jedes Gut ein natürlicher Preis und ein Marktpreis existiert. Der natürliche Preis ist der Preis der Produktionskosten, bei dem die Aufwendungen für die Produktionsfaktoren Arbeit, Kapital und Boden gedeckt werden. Der Marktpreis ist der Preis, den ein Gut durch das Zusammenspiel von Angebot und Nachfrage auf einem Markt erzielt. Nach *Smith* bewirkt dieses Zusammenspiel auf den Märkten, dass sich die Preise eines Gutes bei freiem Wettbewerb einander angleichen. Der Idealzustand eines Markts ist demnach eine Situation, in der die Menge des Angebots der Nachfragemenge entspricht.[155]

Wettbewerb ist nach in der Volkswirtschaftslehre vorherrschender Auffassung das systemkonstitutive Prinzip der Marktwirtschaft. Ein freier Markt definiert sich durch die Unpersönlichkeit der Beziehungen der Wirtschaftssubjekte zueinander.[156] *Milton Friedman* vergleicht dieses Prinzip mit einem Bauern, der auf dem freien Markt seinen Weizen anbietet: So empfinde der Bauer sich nicht als persönlicher Rivale seines Nachbarn, und er fühle sich auch nicht durch ihn bedroht, obgleich sein Nachbar ja in der Tat sein Konkurrent sei. Kein Wettbewerber könne die Bedingungen festsetzen, zu denen Andere Zugang zu Waren oder Arbeitsplätzen haben. Preise seien allerdings als vom Markt bestimmte Größe akzeptiert, und kein Individuum sei imstande, mehr als einen äußerst ge-

155 *Smith*, Der Wohlstand der Nationen, S. 60 ff. Weiterführend und wissenschaftlich begründend: *Breyer*, Mikroökonomik, S. 71 ff., 75.

156 *Friedman*, Kapitalismus und Freiheit, S. 149; *Breyer*, Mikroökonomik, S. 86 ff.

ringen Einfluss auf das Preisniveau auszuüben, obgleich die Gesamtheit der Wettbewerber auf dem freien Markt aufgrund der Wirkung ihrer Einzelaktionen das Preisniveau bestimme.[157]

Der natürliche Preis eines Gutes ist nach *Smith* dann tief, wenn er auf einem Markt unter freiem Wettbewerb zustande kommt, da es regelmäßig mehr Käufer - und weniger Verkäufer - gibt, je niedriger der Preis ist und mehr Anbieter - und weniger Nachfrager -, je höher der Preis ist. Aus dieser Annahme bildet der Preis die gleichgewichtsbildende Variable. Der natürliche Preis, der zum Marktgleichgewicht führt, wird als Gleichgewichtspreis bezeichnet. Der Preis eines Gutes kann jedoch dann weit über dem natürlichen Preis liegen, wenn auf dem Markt kein freier Wettbewerb herrscht. In Abgrenzung zum freien Wettbewerb zieht *Smith* den Vergleich zum Monopol: Ein Monopolist versorgt demnach den Markt ständig mangelhaft und befriedigt die effektive Nachfrage nie ganz, sodass er seine Ware über dem natürlichen Preis verkaufen kann.[158] In der Konsequenz seiner Argumentation führt ein Monopolverhalten auf einem Markt zu Wohlfahrtsverlusten. *Smith* stellt als wettbewerbspolitische Forderung die grundsätzliche Zulassung und Förderung freien Wettbewerbs auf den Märkten, um die individuelle Freiheit der Wirtschaftssubjekte und die bestmögliche Versorgung der Bevölkerung eines Landes mit Gütern zu gewährleisten.

Smiths Gleichgewichtstheorie der vollständigen Konkurrenz ist zentraler Ausgangspunkt der neoklassischen Lehre. Die Theorie geht unter anderem davon aus, dass Angebot und Nachfrage von einer Vielzahl von Marktteilnehmer ausgehen, die als Einzelne keinen Einfluss auf den Marktpreis besitzen, und der Marktzugang für jeden Teilnehmer ohne rechtliche und faktische Zugangsbeschränkung sein muss; außerdem müssen der Markt völlig transparent und die Produktionsfaktoren völlig mobil sein. Der Preisbildungsprozess muss frei von Einflüssen des Staates oder sonstiger Machtgebilde (zum Beispiel Kartelle) sein. Ferner müssen Anbieter und Nachfrager ihre Entscheidungen auf einer gänzlich rationalen Basis treffen.[159]

Ein Markt ist in diesem Sinne nur dann effizient, wenn der Preis für einen Vermögenswert alle verfügbaren Informationen über Fundamentaldaten, die diesen Preis beeinflussen, widerspiegelt.[160] Ein Preis kann sich unter diesen Voraussetzungen nur dann ändern, wenn neue Informationen bekannt werden, die vorher nicht durch die Marktteilnehmer antizipiert werden konnten. Historische Betrachtungen des Preis- und Kursverlaufes können aus diesem Grund zu keiner Aussage über zukünftige Entwicklungen führen. Auch eine Beobachtung des

---

157 *Friedman*, Kapitalismus und Freiheit, S. 149; *Breyer*, Mikroökonomik, S. 90 ff.

158 *Smith*, Der Wohlstand der Nationen, S. 423.

159 *Hewel* in Neubäumer, Volkswirtschaftslehre, S. 17; *Breyer*, Mikroökonomik, S. 90 ff.

160 Die Arbeit orientiert sich am Effizienzbegriff der fundamentalen Bewertung, vgl. *Kirman*, The behaviour of the foreign exchange market, S. 286–293. Zu den unterschiedlichen Begriffen der Markteffizienz siehe: *Hafner*, The free movement of capital in the European Union, S. 141–150, 141 f. in Grote/Marauhn (Hrsg.), The Regulation of International Financial Markets. Perspectives for Reform.

Verhaltens anderer Marktteilnehmer kann unter diesen Annahmen ebenfalls keine Aussage über die Entwicklung des zukünftigen Preises geben.

B. Kritik an der Gleichgewichtstheorie und Marktineffizienz

Die statischen Prämissen der Gleichgewichtstheorie der vollständigen Konkurrenz treffen in vielen realen Märkten nicht zu. Einzelne Käufer oder Verkäufer verfügen über genügend Marktmacht oder besitzen einen Informationsvorsprung gegenüber anderen Marktteilnehmern, um den Preis zu ihren Gunsten zu beeinflussen.[161]

In der Literatur ist anerkannt, dass Märkte in der Realität meist ineffizient sind.[162] Als Grund für die Ineffizienz der Kapitalmärkte wird unter anderem eine unvollständige Konkurrenz angeführt. Es herrsche kein freier Wettbewerb. Dies zeige sich an der Verschiedenheit der Gestaltung des Angebots, der Zinssätze und Vertragsbedingungen gleicher Produkte.[163] Diskutiert wird ebenfalls die Existenz von Transaktionskosten als Hinweis auf eine Marktunvollkommenheit. Auf den Märkten existieren verschiedene Kosten, wie zum Beispiel Kosten für Informationen (zum Beispiel für Recherchen), Verhandlungen, Entscheidungen oder für die Durchsetzung vertraglich vereinbarter Leistungen.[164] Die Existenz von Transaktionskosten hat einen wesentlichen negativen Einfluss auf die Marktvollkommenheit und wirkt sich auf die Ausgestaltung von Institutionen und Produkten auf dem Markt aus.[165] Darüber hinaus wird auch auf die Existenz sogenannter *noise trader* hingewiesen, die auf der Grundlage von Fehlinformationen wie technischen Analysen oder Marktgerüchten handeln. Das Verhalten der *noise trader* kann Preise beeinflussen und dazu führen, dass Preise von ihrer eigentlich auf fundamentale Werte zu stützenden Preisbildung abweichen. Dieses Verhalten kann zur Steigerung der Volatilität der Preise und zur Erhöhung

161 Kritik erfährt *Smith* bereits im Jahr 1926 durch: *Sraffa*, The Laws of Return under Competetive Conditions in The Economic Journal, S. 535–550.

162 *Kiefer*, The Security Transactions Tax: An Overview of the Issues in Tax Notes, S. 885–901; *Summers/Summers*, The case for a Securities Transaction Excise Tax in Tax Notes, Arlington 1990, S. 879–884; *Hewel* in Neubäumer, Volkswirtschaftslehre, S. 18.

163 *Dixit/Stiglitz* gründen darauf die Theorie der monopolistischen Konkurrenz: Durch Produktdifferenzierung verfügen Anbieter über gewisse Spielräume, innerhalb derer sie, ähnlich einem Monopol, Preis oder Menge festlegen können (*Dixit/Stiglitz*, Monopolistic Competition and Optimum Product Diversity in American Economic Review, Vol. 67, S. 297–308).

164 *Richter*, Geldtheorie, S. 72 f.

165 Siehe dazu die Ausführungen in dem Abschnitt „*B. Kritik an der Gleichgewichtstheorie und Marktineffizienz*“ auf Seite 41 dieser Arbeit.

des Risikos auf dem Markt führen.[166] Auf mögliche Ursachen derartiger Marktunvollkommenheiten und auf deren Begründungsansätze wie eine asymmetrische Informationsverteilung oder ein Fehlverhalten von Marktteilnehmern soll im Folgenden kurz eingegangen werden.

I. Spekulationsblasen

Die Theorie der Spekulationsblase geht davon aus, dass Wirtschaftssubjekte dazu neigen, systematisch gleiche Fehler zu begehen, wie psychologisch-empirische Untersuchungen zeigen.[167] Beispielsweise können Marktteilnehmer ihre Entscheidung, eine Transaktion zu tätigen, von der Bewertung verschiedener Aspekte für die Kursentwicklung abhängig machen – zum Beispiel einer Betrachtung der Vergangenheitsentwicklung und der Erwartung eines ähnlichen Verlaufs. *Gärtner* stellt fest, dass eine Spekulationsblase nur dann aus einem Gleichgewicht des Markts entstehen könne, wenn Marktteilnehmer Erwartungen bilden, die den Prognosen ihres eigenen, subjektiven und möglicherweise völlig falschen Modells widersprächen.[168] Marktteilnehmer, die ihre Transaktionen auf der Basis rational nicht nachvollziehbarer Entscheidungen durchführen, treffen auf dem Markt mit solchen Teilnehmern zusammen, die ihre Geschäfte auf der Basis rational nachvollziehbarer Entscheidungen tätigen. Gleichen sich die auf Grundlage von rational nicht nachvollziehbaren Entscheidungen getätigten Transaktionen auf dem Markt nicht aus, kann dies zu einer Abweichung von den Ergebnissen der Marktentwicklung bei durchweg rationalen Erwartungen und auf dieser Grundlage getätigten Transaktionen kommen. Eine derartige Entwicklung kann eine Spekulationsblase hervorrufen[169], deren plötzlicher Zusammenfall (und damit auch der Zusammenfall der Entwicklung, die aufgrund eines rational nicht nachvollziehbaren Verhaltens gründete) ähnlich abrupt erfolgt wie

---

166 *De Long/Shleifer/Summers/Waldmann*, The Economic Consequences of Noise Traders in NBER Working Paper No. 2395, National Bureau of Economic Research 1987; *De Long/Shleifer/Summers/Waldmann*, Noise Trader Risk in Financial Markets in Journal of Political Economy 1998, 703–738; *Dow/Gorton*, Noise Traders in NBER Working Paper No. 12256, National Bureau of Economic Research 2006; *Heun*, Finanzmarktsimulation mit Multiagentensystemen, S. 104 ff. m.w.N.; *Sester*, Zur Interpretation der Kapitalmarkteffizienz in Kapitalmarktgesetzen, Finanzmarktrichtlinien und – standards, ZGR 2009, 310, 325 ff.; Shliefer/Summers, The Noise Trader Approach to Finance in Journal of Economic Perspectives Vol. 4, 1990, S. 19–33.

167 *Blanchard/Illing*, Makroökonomie, S. 452; *Shliefer/Summers*, The Noise Trader Approach to Finance in Journal of Economic Perspectives Vol. 4, 1990, S. 19, 23 m.w.N.

168 *Gärtner*, How bubbles are born and burst in the foreign exchanges in Jahrbücher für Nationalökonomie und Statistik 218 (1999), Nr. 3/4, S. 294–308.

169 *Allen/Gale*, Bubbles and Crises in The Economic Journal, 110 (January 2000), S. 236–255; Claassen, Monetäre Außenwirtschaftslehre, S. 74 ff.; *Gärtner*, How bubbles are born and burst in the foreign exchanges in Jahrbücher für Nationalökonomie und Statistik 218 (1999), Nr. 3/4, S. 294–308.

das Platzen einer Seifenblase.[170] Zu den Folgen siehe die Ausführungen in dem Abschnitt „*2. Destabilisierende Spekulationen*“ auf Seite 53 dieser Arbeit.

II. Asymmetrische Informationsverteilung

Ein weiterer Grund für ein Marktversagen kann in der asymmetrischen Verteilung von Informationen zwischen den Marktteilnehmern liegen.[171] Angebot und Nachfrage auf einem Markt sind davon abhängig, wie Marktteilnehmer zukünftige Entwicklungen einschätzen. Sehen Marktteilnehmer beispielsweise Ertragschancen in ihrer Unternehmung, werden sie sich um Kapitalaufnahme für eine Ertrag versprechende Anlage in ihrem Unternehmen bemühen.[172] Die Verfügbarkeit und der Zugang zu Informationen ist daher eine wesentliche Voraussetzung für eine realistische Einschätzung zukünftiger Ereignisse und Vorgänge. Nach dem auf Hama zurückgehenden Konzept der Markteffizienz ist ein Markt effizient, wenn die Preise zu jeder Zeit die verfügbaren Informationen vollständig widerspiegeln. Voraussetzung ist ferner, dass weder Transaktions- noch Informationskosten existieren.[173] Verfügbare Informationen können bei Vorliegen dieser Voraussetzungen nicht zum Erzielen eines überdurchschnittlichen Gewinns genutzt werden, da sich diese Informationen in einem effizienten Markt auf die Preisbildung (bereits) ausgewirkt haben. Nach der sogenannten Agenturtheorie (Principal Agent-Theorie)[174] werden drei Grundtypen asymmetrischer Informationen unterschieden, die nachfolgend kurz dargestellt werden.

1. Negative Auslese

Voraussetzung für eine sogenannte negative Auslese (*adverse selection*) ist eine Informationsasymmetrie zwischen den Vertragspartnern.[175] Die eine Vertragspartei, zum Beispiel ein Käufer, kann die Eigenschaften der anderen Vertragspartei, zum Beispiel eines Verkäufers, vor Vertragsschluss nicht oder zumindest nicht vollständig erkennen. Erst nach Geschäftsabschluss ist ihm dies möglich.

---

170 Ausführlicher dazu: *Felsenheimer*, Die Einführung einer flexiblen Transaktionssteuer zur Verhinderung von Finanzkrisen, S. 138 ff.; *Blanchard/Illing*, Makroökonomie, S. 460 ff.

171 Die nachfolgende Darstellung zur asymmetrischen Informationsverteilung gründet auf: *Demmler*, Grundlagen der Mikroökonomie, S. 217 ff. m.w.N.

172 *Spremann/Gantenbein*, Kapitalmärkte, S. 57. Zu beachten ist, dass die Renditeerwartung des Eigenkapitals dabei höher als die erwartete Zinsentwicklung des aufzunehmenden Fremdkapitals ist.

173 *Hama*, Efficient Capital Markets: A Review of Theory and Empirical Work in The Journal of Finance, Vol. 25, No. 2, S. 383–423.

174 *Alschian/Demsetz*, Production, Information Cost and Economic Organisation in American Economic Review, Vol. 62 (1972), S. 777–795; *Demmler*, Grundlagen der Mikroökonomie, S. 233 ff. m.w.N.

175 *Demmler*, Grundlagen der Mikroökonomie, S. 217 ff. m.w.N.; *Akerlof*, The Market for „Lemons“: Quality Uncertainty and the Market Mechansims in Quarterly Journal of Economics, Vol. 84 (3), 1970, S. 488–500.

Die versteckten Eigenschaften (*hidden characteristics*) führen unter Umständen dazu, dass eine Vertragspartei unerwünschte und für diese nachteilige Risiken kontrahiert.

So besteht eine Informationsasymmetrie zum Beispiel bei dem Handel von Aktien verschiedener Beteiligungsgesellschaften. Der Anbieter von entsprechenden Aktien kennt in der Regel die Qualität des Beteiligungsportfolios der Gesellschaft, der Käufer kann die Qualität jedoch in der Regel nur abschätzen. Auf einem Aktienmarkt werden sowohl Aktien von Gesellschaften mit qualitativ gutem als auch qualitativ schlechtem Beteiligungsportfolio angeboten. Die Information über die Qualität der Beteiligungsportfolien ist allerdings asymmetrisch verteilt. Nur der Verkäufer kennt die Qualität der Beteiligungsportfolien. Der Käufer kann in der Regel keinen Unterschied zwischen der Qualität der Beteiligungsportfolien feststellen und wird einen Erwartungswert für die Qualität bilden, der zwischen der Erwartung einer guten und einer schlechten Qualität des jeweiligen Beteiligungsportfolios liegt (ein Mittelwert). Der Käufer ist bereit, einen Preis für die Aktien einer Beteiligungsgesellschaft zu zahlen, der diesem qualitativen Mittelwert entspricht. Daraus folgt, dass ein Käufer in der Regel nur einen niedrigeren Preis zu zahlen bereit ist, als die Aktien einer Gesellschaft mit einem qualitativ guten Beteiligungsportfolio tatsächlich an Wert besitzt; es folgt daraus aber auch, dass ein Käufer regelmäßig einen höheren Preis für die Aktien einer Gesellschaft mit qualitativ schlechtem Beteiligungsportfolio zu zahlen bereit ist.

2. Moralisches Risiko

Nach Vertragsschluss und während Vertragserfüllung auftretende Informationsasymmetrien werden unter dem Grundtyp der versteckten Maßnahmen (*hidden action*) und der versteckten Informationen (*hidden information*) gefasst. Unter dem Begriff der versteckten Maßnahmen wird ein Sachverhalt verstanden, in dem eine Vertragspartei verdeckte Spielräume besitzt und die andere Vertragspartei Handlungen ihres Vertragspartners nicht oder nicht vollständig beobachten kann.[176] Unter dem Begriff der versteckten Informationen wird ein Sachverhalt verstanden, in dem eine Vertragspartei zwar die Handlungen der anderen Vertragspartei beobachten, deren Qualität aber zum Beispiel aufgrund mangelnder Fachkenntnis nicht einschätzen kann.[177] Die eine Vertragspartei kann in beiden Fällen auch nach Vertragserfüllung nicht beurteilen, ob das Ergebnis durch qualifizierte Anstrengungen der anderen Vertragspartei erreicht wurde oder in welchem Maße Andere (zum Beispiel Einflüsse von außen) den Sachverhalt beeinflusst haben. Dieses Unwissen kann eine Vertragspartei opportunistisch aus-

---

176 Beispiele sind Arbeitsverhältnisse oder der Besuch einer Werkstatt für Reparatur- und Instandsetzungsarbeiten.

177 Beispiele sind Patient-Arzt-Beziehungen oder Verkäufer.

nutzen, ohne nachträglich entlarvt zu werden, was als moralisches Risiko (*moral hazard*) bezeichnet wird.[178]

3. Versteckte Absicht

Voraussetzung einer Informationsasymmetrie in Form einer versteckten Absicht (*hidden intention*) ist, dass eine Vertragspartei *ex ante* die Absichten der anderen Vertragspartei nicht kennt. Tätigt die eine Vertragspartei irreversible Transaktionen, kommt sie in ein Abhängigkeitsverhältnis zur anderen Vertragspartei. Die Vertragspartei besitzt damit nach Vertragsschluss keine Möglichkeit, die andere Vertragspartei zu einem von ihm erwünschten Verhalten zu bewegen. Die eine Vertragspartei kann dies dazu ausnutzen, um sich selbst einen Vorteil auf Kosten der anderen Vertragspartei zu verschaffen. Als Beispiel kann eine Anlageentscheidung herangezogen werden, die eine Person auf Empfehlung eines Beraters hin tätigt, der Einfluss auf die Entwicklung zu haben vorgibt: Mit dem Kauf oder dem Verkauf des Anlageobjektes tätigt die Vertragspartei eine irreversible Investition. Danach ist die eine Vertragspartei auf die andere Vertragspartei angewiesen, dass diese ihren Einfluss in gewünschter Weise ausübt und sich die Anlage in gewünschter Weise rentabel zeigt.

C. Marktmechanismen des Devisenmarkts

Nachfolgend sollen zunächst die Marktmechanismen am Devisenkassamarkt und am Devisenterminmarkt dargestellt werden, bevor die Kritik an der Gleichgewichtstheorie der vollständigen Konkurrenz dargestellt wird und einzelne Gründe für die Existenz von Krisen auf Finanz- und Währungsmärkten dargestellt werden.

I. Marktmechanismus am Devisenkassamarkt

1. Der Kassamarkt

Devisenkassamarkt ist die Bezeichnung für ein Marktsegment, auf dem Devisen sofort mit maximal zweitägiger Valuta gehandelt werden.[179] Das vereinbarte Devisenkassageschäft muss also innerhalb von zwei Arbeitstagen nach dem Verpflichtungsgeschäft erfüllt werden. Der Devisenkäufer erhält den Fremdwäh-

---

178 *Demmler*, Grundlagen der Mikroökonomie, S. 229 ff. m.w.N.; *Schmidt*, The Behavioral Economics of Foreign Exchange Markets: A Psychological View on Human Expectation Formation in Foreign Exchange Markets; *Felsenheimer*, Die Einführung einer flexiblen Transaktionssteuer zur Verhinderung von Finanzkrisen, S. 143 f.

179 *Jahrmann*, Außenhandel, S. 327.

rungsbetrag daher am zweiten Tag[180] nach Abschluss des Verpflichtungsgeschäftes gutgeschrieben und wird mit dem Inlandswährungsbetrag belastet.[181]

2. *Devisengeschäfte auf Kassamärkten*

a. *Allgemeines*

Die Währungskurse auf dem Kassamarkt sind abhängig von der Marktlage, der Absicht der Händler oder von der erwarteten Entwicklung der Währung; im Interbankenhandel sind die Händler Banken. Diese Entwicklung ist stark abhängig von der wirtschaftlichen Lage des Landes. Nachrichten, die Einfluss auf die künftige Wechselkursentwicklung haben, werden in der An- oder Verkaufsentscheidung berücksichtigt.

Der Ankauf einer Währung erfolgt zum sogenannten Briefkurs, der Verkauf einer Währung zum sogenannten Geldkurs. Als Briefkurs wird der niedrigste aller Preise verstanden, zu dem der sogenannte Market Maker[182] (Marktpfleger oder Marktmacher) bereit ist, einem Kunden das Wertpapier, das dieser kaufen möchte, zu überlassen. Geldkurs ist der höchste aller Preise, den der Market Maker zu zahlen bereit ist, wenn ein Kunde ihm ein Wertpapier verkaufen will. Zwischen den beiden Kursen liegt eine Differenz, die durch Faktoren wie die jeweilige Währung, den Risikozuschlag oder die Marge für das Geschäft bestimmt wird. Diese wird auch als *spread* bezeichnet.[183] Die Bereitstellung des Geldes erfolgt über Clearingstellen, die die Weiterleitung des Geldes übernehmen und sich über die Geschäfte finanzieren. Je höher die Liquidität eines Markts ist, desto geringer ist das Risiko der Marktteilnehmer.[184] Die Größe des Kassamarkts steht daher für die Risikohöhe und Effektivität des Markts.

b. *Devisenarbitrage*

Hauptsächlich werden auf dem Devisenkassamarkt Arbitragegeschäfte getätigt. Arbitrage bedeutet, durch gleichzeitige oder zeitlich sehr eng verbundene Kauf- und Verkaufsgeschäfte für eine Angleichung des Preises identischer oder gleichartiger Vermögenswerte zu sorgen. Dies kann etwa durch die Ausnutzung

---

180 Der Zeitraum ist bestimmt durch technisch bedingte Abwicklungsverzögerungen und bei kalendarisch bestimmten Zeitpunkten durch jeweils von einander abweichende internationale Ortszeiten bestimmt (*Büschgen*, Das kleine Bank-Lexikon, Stichwort „Devisenkassamarkt").

181 *Fischer-Erlach*, Handel und Kursbildung am Devisenmarkt, S. 58 ff.

182 Der Market Maker sichert durch den An- und Verkauf die Marktliquidität, wobei er sich verpflichten muss, stets transaktionsbereit zu sein sowie stets einen Kurs zu stellen.

183 *Spremann/Gantenbein*, Zinsen, Anleihen, Kredite, S. 29.

184 Zu der Erfordernis von Liquidität auch den Beschluss des Verwaltungsgerichts Frankfurt am Main vom 1. Juni 2006, Az. 1 G 919/06 über die Nichtberücksichtigung bei der Skontrenverteilung an der Frankfurter Wertpapierbörse.

von Preis- oder Kursunterschieden geschehen.[185] Arbitragemöglichkeiten bestehen nicht lange, da es stets Arbitragehändler gibt, die versuchen, aus Arbitrage möglichst viel Gewinn zu erzielen. Das Prinzip von Angebot und Nachfrage gleicht Preisunterschiede auf dem Markt durch die Arbitragegeschäfte der Marktteilnehmer sehr schnell wieder aus. Denn nach dem ökonomischen Gesetz des einen Preises muss ein Wirtschaftsgut überall zum gleichen Preis gehandelt werden, wenn die Preise für dieses Wirtschaftsgut in derselben Währung ausgedrückt werden. Sollten die Preise voneinander abweichen, kaufen die Marktteilnehmer das Wirtschaftsgut dort, wo der Preis für das Wirtschaftsgut am günstigsten ist, und verkaufen es dort, wo der Preis für dieses Wirtschaftsgut am höchsten ist. Dieser Prozess wird so lange wiederholt, bis mit Arbitragegeschäften kein relevanter Gewinn mehr erzielt werden kann und die Preise für das Wirtschaftsgut in einer Währung überall nahezu angeglichen sind. Unterschiede in der Bewertung der Märkte für ein identisches Gut werden durch Arbitrage schnell ausgeglichen.

Arbitragegeschäfte treten zum Beispiel in den folgenden Arten auf:[186]

Räumliche Arbitrage. Sollten für ein identisches Wirtschaftsgut an verschiedenen Orten unterschiedliche Preise festgestellt werden, also beispielsweise der Euro im Handel an der Börse in New York und der Börse in London verschiedene Tauschkurse gegen den US-Dollar besitzen, kaufen die Marktsubjekte an der für sie jeweils günstigeren Börse den Euro und verkaufen ihn sofort an der Börse wieder, an der der Kurs des Euro höher steht.

Ertragsarbitrage. Als Ertragsarbitrage wird ein Investment bezeichnet, welches durch zwei Vermögensanlagen mit gleichen Risikoeigenschaften, aber unterschiedlichen Ertragsraten gekennzeichnet ist. Beispielsweise können Marktsubjekte einen Kredit in Euro zu günstigen Konditionen auf einem Markt aufnehmen, und diesen Betrag auf einem anderen Markt zu für sie günstigere (weil besser verzinsten) Konditionen als Darlehen weitergeben.

Dreiecks-Arbitrage. Möglich ist auch eine Dreiecks-Arbitrage, bei der drei Anlagegüter existieren, deren Preise zueinander inkongruent sind. Ist der Tauschkurs des Euro zum US-Dollar beispielsweise inkongruent zum Tauschkurs des US-Dollars zum Yen, können Marktteilnehmer Arbitrage betreiben, indem sie durch das erste Tauschgeschäft eine Währung erhalten, die bei einem Tausch in eine zweite Währung durch die Inkongruenz der Tauschkurse in die Ursprungswährung getauscht werden kann.

---

185 Dazu: *Barro/Grilli*, Makroökonomie - europäische Perspektive, S. 335; *Blanchard/Illing*, Makroökonomie, S. 436.

186 Die nachfolgenden Ausführungen sind an *Jahrmann*, Außenhandel, S. 334 ff. angelehnt.

II. Marktmechanismus am Devisenterminmarkt

1. Der Terminmarkt

Dem Devisenkassamarkt steht der Devisenterminmarkt gegenüber. Auf dem Terminmarkt werden Termingeschäfte abgeschlossen. Devisentermingeschäfte sind Geschäfte, bei denen das schuldrechtlich abgeschlossene Geschäft als Kauf oder Verkauf von Devisen (Verpflichtungsgeschäft) erst zu einem späteren Zeitpunkt (mehr als zwei Tage) durch Lieferung oder Erwerb erfüllt wird (Erfüllungsgeschäft).[187] Das Termingeschäft besteht aus einem Vertrag, bei dem sich beide Vertragsparteien verpflichten, eine bestimmte Menge (Kontraktvolumen) eines für Termingeschäfte geeigneten Objekts (*Underlying*) zu einem im Voraus festgelegten Preis zu kaufen oder zu verkaufen. Lieferung und Zahlung erfolgen zu einem bei Vertragsschluss vereinbarten Termin (Fälligkeitstermin).[188]

Bei Optionsgeschäften sind zwei Arten zu unterscheiden. Bei der Kaufoption erlangt der Erwerber das Recht, vom Verkäufer der Option jederzeit innerhalb einer bestimmten festgelegten Frist die Lieferung einer bestimmten Anzahl zum Optionshandel zugelassener Papiere zu einem im Voraus vereinbarten Preis (Basispreis) zu verlangen. Bei der Verkaufsoption erlangt der Erwerber das Recht, vom Verkäufer der Option jederzeit innerhalb einer bestimmten festgelegten Frist die Abnahme einer bestimmten Anzahl von Papieren zu einem im Voraus vereinbarten Preis zu verlangen. Der Optionserwerber hat das Wahlrecht, die Option auszuüben oder verfallen zu lassen.[189]

2. Devisengeschäfte auf Terminmärkten

Devisentermingeschäfte dienen hauptsächlich der Reduzierung von Risiken im Zusammenhang mit dem Handel von Waren (z. B. Risiken im Zusammenhang mit Schulden in Fremdwährung und zeitlich großen Abständen bei der Vereinbarung von Zahlungszielen).[190] Eine wichtige Funktion der Devisengeschäfte auf Terminmärkten besteht daher in der Wechselkurssicherung (dem sogenann-

187 *Jahrmann*, Außenhandel, S. 327; *Rudolf* in Kümpel/Wittig (Hrsg.), Bank- und Kapitalmarktrecht, Rn. 19.167 ff.; *Fischer-Erlach*, Handel und Kursbildung am Devisenmarkt, S. 58 ff.

188 *Büschgen*, Das kleine Bank-Lexikon, Stichwort „Termingeschäft".

189 Dazu die Ausführungen von *Süßmann* in Geibel/Süßmann (Hrsg.), Wertpapiererwerbs- und Übernahmegesetz, § 31, Rn. 66 ff.

190 *Rudolf* in Kümpel/Wittig (Hrsg.), Bank- und Kapitalmarktrecht, Rz. 19.168 m.w.N.; *Jahrmann*, Außenhandel, S. 337; *Büschgen*, Internationales Finanzmanagement, S. 103 f.

ten Hedging), die es Außenhandelsunternehmen ermöglicht, aufgrund der getätigten Termingeschäfte eine sichere Kalkulationsgrundlage abzubilden.[191]

Bei Devisentermin- und Devisenkassageschäften werden zivilrechtlich nach überwiegend vertretener Auffassung ein Rechtskauf im Sinne von § 453 BGB und ein Fixgeschäft im Sinne von § 376 HGB getätigt: Eine Forderung auf Leistung einer Fremdwährung wird gegen Zahlung in einer anderen Währung gekauft.[192]

III. Die Marktsubjekte

Nach *Kenen*[193] kann der Devisenmarkt grundsätzlich in den sogenannten Großhandelsmarkt und den sogenannten Einzelhandelsmarkt aufgeteilt werden. Auf dem Großhandelsmarkt wickeln Devisenhändler der Banken untereinander ihre Transaktionen ab. Auf dem Einzelhandelsmarkt wickeln Devisenhändlern und ihre Kunden (insbesondere Portfoliomanager und Unternehmer) ihre Geschäfte ab.

Anbieter und Nachfrager am Devisenmarkt sind hauptsächlich Geschäfts- und Investmentbanken auf dem Großhandelsmarkt.[194] Die Geschäfts- und Investmentbanken betreiben den Devisenhandel als Kommissionsgeschäft für Kunden oder als Eigengeschäft auf eigene Rechnung. Geschäftsbanken wickeln für Kunden die überwiegende Anzahl internationaler Zahlungen ab und führen für diese Spekulations- sowie Arbitrage- und Anlagegeschäfte aus. Als Eigengeschäft führen Geschäftsbanken Arbitrage- und Spekulationsgeschäfte mit der Absicht der Gewinnerzielung durch. Institutionelle Investoren wie Investmentfonds, Pensionsfonds und Versicherungen bilden eine weitere Gruppe von Marktteilnehmern. Die Bedeutung der institutionellen Investoren für die Devisenmärkte ist mit fortschreitender Aufhebung der Beschränkungen des Kapitalverkehrs stark gewachsen. *Wisskirchen* legt dar, dass nur ein Teil der Devisenmarkttransaktionen institutioneller Investoren in Zusammenhang mit einer Transaktion auf dem Kapitalmarkt im engen Sinne steht (beispielsweise der Devisenbeschaffung für den Kauf eines ausländischen Wertpapiers).[195] Eine weitere Marktteilnehmergruppe stellen Nichtbanken dar, deren Tätigkeiten auf dem Devisenmarkt wie bei den Eigentätigkeiten der Geschäftsbanken auf Motiven der Erwirtschaftung von Arbitrage- und Spekulationsgewinnen sowie der Abwicklung ihres grenzüberschreitenden Zahlungsverkehrs beruhen. Neben Geschäftsbanken be-

---

191 *Rudolf* in Kümpel/Wittig (Hrsg.), Bank- und Kapitalmarktrecht, Rz. 19.168 m.w.N. Eine Übersicht über die Handelsinstrumente am Devisenterminmarkt liefert *Jahrmann*, Außenhandel, S. 348 ff. Über die Rechtsnatur von Währungsderivaten, insbesondere der Swapgeschäfte, wird ausführlicher eingegangen von: *Krämer*, Finanzswaps und Swapderivate in der Bankpraxis, Berlin 1999.

192 *Rudolf* in Kümpel/Wittig (Hrsg.), Bank- und Kapitalmarktrecht, Rz. 19.171 m.w.N.

193 *Kenen*, The Feasibility of Taxing Foreign Exchange Transactions in Grunberg/Kaul/ul Haq (Hrsg.), The Tobin Tax: Coping with Financial Volatility, S. 109–128.

194 *Wisskirchen*, Devisenhandel als Bankgeschäft: Economics und Erfolgsfaktoren, S.26.

195 *Wisskirchen*, Devisenhandel als Bankgeschäft: Economics und Erfolgsfaktoren, S. 29.

gleiten Zentralbanken den Devisenmarkt als Bewertungsinstanz der von ihnen bereitgestellten Währung (sogenannte innere Geldwertstabilität). Art und Umfang der Aktivitäten der Zentralbanken auf dem Devisenmarkt stehen in Abhängigkeit zu dem geld- und währungspolitischen Rahmen sowie den rechtlichen Kompetenzen der Zentralbank.[196] Weitere Marktteilnehmer sind zum Beispiel supranationale Institutionen wie die Bank für internationalen Zahlungsausgleich und der Internationale Währungsfonds; diese Institutionen treten als Kontrahent auf dem Devisenmarkt entweder auf der nachfragenden Seite oder der anbietenden Seite auf, um einen reibungslosen Ablauf des grenzüberschreitenden Zahlungsverkehrs sicherzustellen.[197]

IV. Weltweite Umsätze am Devisenmarkt

1. Liquidität

Die Liquidität der Devisen lässt sich nach der Höhe der weltweiten Währungsreserven der Zentralbanken bewerten. Diese Reserven stiegen in den letzten Jahrzehnten kontinuierlich an. Gemäß offiziellen Angaben verfügten Zentralbanken weltweit zum vierten Quartal des Jahres 2002 über ein Devisenguthaben im Gegenwert von rund 2.408 Mrd. US-Dollar. Dieses Devisenguthaben stieg nach vorläufiger Angabe zum vierten Quartal des Jahres 2011 auf rund 10.197 Mrd. US-Dollar.[198] Die nachstehende Tabelle gibt einen Überblick der Entwicklung der weltweiten Währungsreserven.

Entwicklung der weltweiten Währungsreserven (2002-2011)

	Jahr*									
	2002	**2003**	**2004**	**2005**	**2006**	**2007**	**2008**	**2009**	**2010**	**2011**
Währungsreserven (in Mrd. US-Dollar)	2.408	3.025	3.748	4.320	5.253	6.702	7.341	8.166	9.262	10.197**

* Jeweils 4. Quartal.
** Zahl vorläufig.

Quelle: International Monetary Fund - Statistics Department, COFER database and International Financial Statistics, Stand: 30. März 2012 (Anmerkung: Zahlen durch Verfasser gerundet).

2. Mobilität

Neben dem enormen Anstieg der Liquidität nahm auch die Mobilität der Währungen zu. Die Öffnung der internationalen Finanzmärkte und die Zunahme der

---

196 *Wisskirchen*, Devisenhandel als Bankgeschäft: Economics und Erfolgsfaktoren, S. 24.

197 Zu einer Steuerbefreiung dieser Steuersubjekte siehe die Ausführungen in dem Abschnitt „*VI. Steuerbefreiungen*“ auf Seite 99 dieser Arbeit.

198 *International Monetary Fund* - Statistics Department, COFER database and International Financial Statistics, Stand: 31. März 2010.

Liquidität der Devisen erschlossen den Devisenhandel für eine Vielzahl von institutionellen und privaten Händlern. Technologische Entwicklungen vereinfachten und beschleunigten den Handel ebenfalls. Dies führte zu einem Anstieg der Anzahl und des Volumens von Devisentransaktionen, wie in der nachstehenden Tabelle dargestellt. So stieg der durchschnittliche tägliche Devisenumsatz beispielsweise von 880 Mrd. US-Dollar im April des Jahres 1992 auf 1.650 Mrd. US-Dollar im April des Jahres 1998 und stieg nach einem Rückgang auf 1.505 Mrd. US-Dollar im April des Jahres 2001 auf 3.981 Mrd. US-Dollar im April des Jahrs 2010.[199]

Entwicklung des weltweiten Devisenhandels (1992-2010)

	Jahr*						
	1992	**1995**	**1998**	**2001**	**2004**	**2007**	**2010**
Umsatz (in Mrd. US-Dollar)	880	1.150	1.650	1.505	2.040	3.370	3.981

* Täglicher Durchschnitt im April des jeweiligen Jahres.

Quelle: Bank for International Settlements, Triennial Central Bank Survey - Foreign exchange and derivatives market activity in 2007, December 2007, S. 4 (Turnover at April 2007 exchange rates; Angaben entnommen für die Jahre 1992-1998); *Bank for International Settlements,* Triennial Central Bank Survey - Foreign exchange and derivatives market activity in 2010, December 2010, S. 7 (Turnover at April 2010 exchange rates; Angaben entnommen für die Jahre 2001-2010).

D. Finanz- und Währungskrisen

I. Allgemeines

Ein stabiler Wechselkurs ist nach dem oben Angeführten für die Wirtschaft, die Entwicklung und den Wohlstand eines Landes von Bedeutung und somit ein währungspolitisches Ziel eines jeden Landes. Erreicht wird dieses Ziel unter anderem durch ein stabiles Finanzsystem. Nach *Crockett* erfordert ein stabiles Finanzsystem,

„(i) that the key institutions in the financial system are stable, in that there is a high degree of confidence that they can continue to meet their obligations without interruption or outside assistance; and (ii) that the markets are stable, in that participants can confidently transact in

199 *Bank for International Settlements,* Triennial Central Bank Survey - Foreign exchange and derivatives market activity in 2007, December 2007, S. 4 (Turnover at April 2007 exchange rates; Angaben entnommen für die Jahre 1992-1998); *Bank for International Settlements,* Triennial Central Bank Survey - Foreign exchange and derivatives market activity in 2010, December 2010, S. 7 (Turnover at April 2010 exchange rates; Angaben entnommen für die Jahre 2001-2010).

them at prices that reflect fundamental forces and that do not vary substantially over short periods when there have been no changes in fundamentals“[200].

Finanzmärkte versagen somit aus volkswirtschaftlicher Sichtweise insbesondere dann, wenn die Marktpreise keine Fundamentaldaten widerspiegeln und innerhalb kurzer Perioden wesentlich voneinander abweichen, ohne dass sich Fundamentaldaten ändern. *Mishkin* definiert den Begriff enger und stellt eine Finanzkrise dar als

„disruption to financial markets in which adverse selection and moral hazard become much more worse, so that financial markets are unable to efficiently channel funds to those who have the most productive investment opportunities“.[201]

II. Spekulative Anlageentscheidungen

Das von *Tobin* erklärte Ziel einer Devisentransaktionssteuer ist das Zurückdrängen von Devisengeschäften, die auf Grundlage von spekulativen Anlageentscheidungen getätigt werden.[202] *Tobin* sieht diese Anlagen als Hauptursache für Krisen auf Devisenmärkten. Im Schrifttum werden weitere Ursachen von Devisenmarktkrisen angeführt.[203]

Grundsätzlich kaufen und verkaufen Marktteilnehmer Güter, um ihr Portfolio optimal unter Betrachtung von Ertrag und Risiko zu gestalten. Jedoch können Marktteilnehmer auch durch bewusste Akzeptanz eines Risikos ein Renditeziel anstreben. Diese durch Gewinnstreben motivierte Ausnutzung erwarteter zeitlicher Preisunterschiede eines Gutes auf einem bestimmten Markt wird auch als Spekulation bezeichnet.[204] Der erwartete Gewinn resultiert nicht wie bei der Arbitrage aus dem Ausnutzen der Spanne zwischen Geldkurs und Briefkurs, sondern aus der zukünftigen, erwarteten Veränderung der Wechselkurse.

Spekulationen im engeren Sinn liegen dann vor, wenn ein Gut einzig und allein mit der Absicht gekauft beziehungsweise verkauft wird, um es zu einem späteren Zeitpunkt wieder gewinnbringend zu verkaufen beziehungsweise zu kaufen. Spekulative Transaktionen werden ausschließlich in der Erwartung kurzfristiger Preisschwankungen vorgenommen. Die Schwankungen der Devisenpreise auf dem Markt bezeichnet man als Volatilität. Volatilität ist ein statis-

---

200 *Crockett*, Why is financial stability a goal of public policy? in Economic Review - Federal Reserve Bank of Kansas City, Quarter IV, 1997, S. 5–22.

201 *Mishkin*, Anatomy of a Financial Crisis in Journal of Evolutionary Economics, 2, (1992), S. 115, 117 f. m.w.N.

202 *Tobin*, A Proposal for International Monetary Reform, Eastern Economic Journal, Eastern Economic Association, Vol. 4 (3–4), Jul/Oct 1978, S. 153, 154.

203 Die Arbeit von Hott zur portfoliotheoretischen Betrachtung von Herdenverhalten und Ansteckungseffekten als Ursachen von Finanzkrisen deckt eine Betrachtung weiterer Ursachen zur Entstehung von Finanzkrisen ab: *Hott*, Finanzkrisen: eine portfoliotheoretische Betrachtung von Herdenverhalten und Ansteckungseffekten als Ursachen von Finanzkrisen.

204 *Woll*, Wirtschaftslexikon, S. 680.

tisches Maß, das den Schwankungsbereich eines Zufallsprozesses über einen bestimmten Zeitraum definiert.[205] Mit dieser Annahme lässt sich dann die Wahrscheinlichkeit bestimmen, mit der sich eine Währung innerhalb einer bestimmten Bandbreite bewegt. Eine hohe Volatilität lässt auf hohe zukünftige Preisunterschiede schließen, was wiederum hohe Gewinne verspricht. Allerdings kann eine zukünftige Entwicklung nie mit Sicherheit vorhergesagt werden, wodurch eine Spekulation immer mit Risiko verbunden ist.

Anlageentscheidungen lassen sich demnach in spekulative und nichtspekulative Anlageentscheidungen unterteilen. Die aus einer spekulativen Entscheidung stammenden Anlagen werden in zwei verschiedene Arten unterteilt: stabilisierende Spekulationen und destabilisierende Spekulationen.

1. Stabilisierende Spekulationen

Aschinger stellt fest, dass Spekulationen in liquiden Märkten durch eine Vielzahl von Teilnehmern und eine hohe Preisvariabilität erleichtert werden. Spekulative Geschäfte seien daher vor allem in Finanzmärkten mit einer Mehrheit an standardisierten Produkten und geringen Transaktionskosten zu beobachten. Das Verhalten der Spekulanten führe aufgrund von Informationsvorsprung und Risikoübernahme zu einer Unterstützung der Marktmechanismen und damit zu Preisstabilisierung und Liquiditätssteigerung. Spekulationen könnten daher im Normalfall als preis- und marktstabilisierend bezeichnet werden.[206]

2. Destabilisierende Spekulationen

Allerdings können Spekulationen unter bestimmten Umständen auch preis- und marktdestabilisierend wirken. Ursache für eine destabilisierende Spekulation kann beispielsweise eine Marktfehleinschätzung, ein irrationales Verhalten oder eine Fehlinformation sein.[207] Wie *Aschinger* ausführt, kann bei destabilisierenden Spekulationen die Nachfrage nach einem bestimmten Produkt auch durch einen starken Zustrom von Spekulanten, die sich der Masse der Spekulanten anschließen, künstlich erhöht werden. Dies hätte dann zur Folge, dass die Preissteigerung unter bestimmten Umständen auch über einen gewissen Zeitbereich anhalten könnte, ohne dass diesem Angebot Kontrahenten gegenüberstünden. Sofern zahlreiche dieser Spekulanten auftreten, spiegelten die Preise nicht mehr Fundamentalwerte wieder. Dies führe zu einer Spekulationsblase, die eine destabilisierende Wirkung auf den Markt besitzt. Durch das teilweise sehr hohe Volumen an eingesetztem Kapital kann eine große Anzahl an Transaktionen in

---

205 *Woll*, Wirtschaftslexikon, S. 770.

206 *Aschinger*, Die Tobin Steuer: eine Möglichkeit zur Eindämmung der destabilisierenden Spekulation?, Hamburger Jahrbuch für Wirtschafts- und Gesellschaftspolitik, Nr. 43, 268, 271.

207 *Aschinger*, Die Tobin Steuer: eine Möglichkeit zur Eindämmung der destabilisierenden Spekulation?, Hamburger Jahrbuch für Wirtschafts- und Gesellschaftspolitik, Nr. 43, S. 268, 272.

einem kurzen Zeitraum zu einem erheblichen Wertverlust der betroffenen Währung führen, was insbesondere für die Volkswirtschaft des betroffenen Landes eine Gefahr darstellen kann.[208] Um einer Beeinträchtigung der Markteffizienz durch destabilisierende Spekulationen und die Bildung von Spekulationsblasen entgegenzuwirken, könnte eine Regulierung in einem solchen Fall sinnvoll erscheinen.[209]

III. Liberalisierung des Finanzmarkts als Indikator für Währungskrisen

In den Studien von *Frankel/Rose* und *Eichengreen/Rose/Wyplosz* wird dargelegt, dass bei einem Vergleich der Finanz- und Währungskrisen gegen Ende des 20. Jahrhunderts durchaus Ähnlichkeiten zu beobachten sind.[210] So folgen Währungskrisen typischerweise überbewerteten Tauschraten, einem schnellen Anwachsen der Inlandskredite und einem Leistungsbilanzdefizit. Die Preise fallen dabei nicht zu Beginn der Krise, sondern befinden sich zu diesem Zeitpunkt auf einem hohen Niveau, während sie in der Krise selbst rapide fallen. In den Studien wurde nach Analyse der Krisen in Lateinamerika während der 80er Jahre des letzten Jahrhunderts, in Europa Anfang der 90er und in Asien 1997 dargelegt, dass ein wesentlicher Indikator für Währungskrisen der Liberalisierungsgrad des Finanzmarkts scheint. Das Merkmal dieser Krisen war ein starker Anstieg des Kapitalzuflusses, welcher einen Anstieg von Währungsrisiken und eine erhöhte Volatilität zur Folge hatte. Auch wurde aufgezeigt, dass sich Krisen auf andere strukturähnliche Länder ausweiten können.[211]

Nach Schätzungen der Bank für Internationalen Zahlungsausgleich stehen nur 5 % der weltweiten Devisentransaktionen in direktem Zusammenhang mit Zahlungen im Dienstleistungs- und Warenhandel.[212] Der Hauptanteil in Höhe von 95 % der Transaktionen dient der Absicherung von Währungsrisiken, aber auch der Arbitrage. Etwa 80 % der täglichen Devisenumsätze sind Anlagen mit einer Laufzeit von maximal sieben Tagen, bei denen Kursschwankungen für Arbitragegeschäfte und Spekulationen genutzt werden.[213] Genaue Angaben, wie

---

208 *Aschinger*, Die Tobin Steuer: eine Möglichkeit zur Eindämmung der destabilisierenden Spekulation?, Hamburger Jahrbuch für Wirtschafts- und Gesellschaftspolitik, Nr. 43, S. 268, 274.

209 Für eine detailliertere Darstellung der möglichen Implikationen: *Jetin/Denys*, Ready for Implementation - Technical and Legal Aspects of a Currency Transaction Tax and Its Implementation in the EU, S. 26 ff.

210 *Eichengreen/Rose/Wyplosz*, Contagious Currency Crises in NBER Working Paper No. 5681, 1996; *Frankel/Rose*, Currency crashes in emerging markets: an empirical treatment in Journal of International Economics, Elsevier, Vol. 41 (3–4), S. 351–366.

211 *Eichengreen/Rose/Wyplosz*, Contagious Currency Crises in NBER Working Paper No. 5681, 1996

212 *Europäisches Parlament*, Die Durchführbarkeit einer internationalen Tobin-Steuer, S. 5.

213 *Wahl/Waldow*, Devisenumsatzsteuer – ein Konzept mit Zukunft. Möglichkeiten und Grenzen der Stabilisierung der Finanzmärkte durch eine Tobin-Steuer, S. 6.

hoch der Anteil der Transaktionen auf dem Devisenmarkt ist, der auf einem spekulativen Anlagehintergrund beruht, sind aufgrund technischer und analytischer Schwierigkeiten nicht möglich.[214]

IV. Erklärungsansätze der Wirtschaftswissenschaften

Die vorangehenden Ausführungen zeigen, dass sich der Kapitalverkehr mit kurzfristigem Anlagehorizont insbesondere durch eine hohe Mobilität und ein erhöhtes Volatilitätsrisiko darstellt, was eine potenzielle Gefahr für die Stabilität einer Währung bedeutet.[215] Ob sich diese Gefahr auch in Form einer Währungskrise realisiert, versuchen Währungstheoretiker mit verschiedenen Erklärungsansätzen zu begründen, die nachfolgend kurz dargestellt werden.[216]

1. Fundamentalökonomisch orientierter Erklärungsansatz

Die verfolgte nationale Wirtschaftspolitik korreliert nicht mit dem fixierten Wechselkurs – zum Beispiel verursacht durch eine expansive Geld- und Fiskalpolitik. Der Wechselkurs spiegelt keine realen volkswirtschaftlichen Entwicklungen wider und steht im Gegensatz zu dem (eigentlichen) Gegenwert der Devisen. Dieser Gegensatz verleitet Spekulanten zu einer (spekulativen) Anlageentscheidung auf Veränderungen des Wechselkursverhältnisses, da diese steigende oder fallende Kurse erwarten.

2. Erwartungsorientierter Erklärungsansatz

Trotz eines Wechselkurses, der mit den volkswirtschaftlichen Fundamentaldaten übereinstimmt, wird die Glaubwürdigkeit der bisher konsistenten Wirtschaftspolitik eines Landes angezweifelt. Dies kann beispielsweise durch Fehlentwicklungen in anderen, strukturähnlichen Ländern geschehen. Die Marktteilnehmer erwarten eine Abwertung und spekulieren auf diese. Damit steigt die Gefahr einer Währungskrise. Je höher die Erwartungen, desto größer die Kosten zur Verteidigung der Wechselkurse für die Regierung.

---

214 *International Monetary Fonds*, Report on the Measurement of International Capital Flows, Washington D.C., September 1992.

215 Dazu auch die Ausführungen und Argumentationen von *Nunnekamp* zum Verhältnis von Liberalisierung und Regulierung: *Nunnekamp*, Liberalisation and regulation of international capital flows: where the opposites meet, S. 259–276 m.w.N. in Grote/Marauhn (Hrsg.), The Regulation of International Financial Markets. Perspectives for Reform.

216 Die nachfolgenden Erklärungsansätzen sind an *Hemmer* in Hemmer, Wirtschaftsprobleme der Entwicklungsländer, S. 507 f. m.w.N. angelehnt. Siehe auch die umfassenderen Darstellungen von *Felsenheimer* in: *Felsenheimer*, Die Einführung einer flexiblen Transaktionssteuer zur Verhinderung von Finanzkrisen, S. 72 ff. und insbesondere S. 89 ff.

3. *Mikroökonomischer Erklärungsansatz*

Die Binnenkonjunktur eines Landes wird durch institutionelle Defizite im Bankensektor aufstrebender Volkswirtschaften belebt. Diese Defizite können aus einer risikoreichen Kreditvergabe im Inland und aus kurzfristigen Kapitalzuflüssen aus dem Ausland, bei denen das Länderrisiko unterschätzt wird, resultieren. Dabei kommt es zu einem kreditfinanzierten Boom der Konsumgüterindustrie sowie zu Spekulationsblasen am Aktienmarkt und in der Bauwirtschaft. Das Platzen der Spekulationsblase führt zu Einbrüchen auf Aktienmärkten und einem Sinken von Immobilienpreisen. Dies bewirkt wiederum einen Vertrauensverlust ausländischer Investoren, die ihr Kapital vom nationalen Markt abziehen. Infolgedessen kommt es zu einem massiven Vertrauensverlust gegenüber dem fixierten Wechselkurs.

E. Vorschläge zur Verhinderung von Krisen

I. *Allgemeines*

Die nominalen und realen Wechselkurse gewichtiger Weltwährungen weisen seit dem Ende der 70er Jahre des 20. Jahrhunderts starke Schwankungen auf. Zur Stabilisierung der Wechselkurse und zur Eindämmung der Volatilität sowie zur Erhöhung der Stabilität des internationalen Finanzsystems sind verschiedene Vorschläge gemacht worden.[217] Die Vorschläge[218] können grundsätzlich in ordnungsrechtliche Instrumente und Maßnahmen sowie in marktwirtschaftliche Maßnahmen untergliedert werden.[219] Instrumente des Ordnungsrechts sind Gebote, Auflagen, Verbote, Empfehlungen und aktive staatliche Maßnahmen der Planung, Aufsicht und Sicherung.[220] Marktwirtschaftliche Maßnahmen lenken in der Regel die Entscheidung des Marktteilnehmers in Richtung des politisch erwünschten Verhaltens.[221] Marktwirtschaftlichen Maßnahmen zur Verhinderung

---

217 Eine Übersicht zu verschiedenen Vorschlägen zur Stabilisierung der Wechselkurse und Kritik findet sich in: *Willms*, Internationale Währungspolitik, S. 175 ff.; siehe auch die Darstellung von *Jetin/Denys*, Ready for Implementation - Technical and Legal Aspects of a Currency Transaction Tax and Its Implementation in the EU, S. 36 ff.

218 Allerdings sind die Maßnahmen zur Regulierung der Märkte auch durchaus kritisch zu betrachten. Dazu inbesondere die argumentative Betrachtung bei: *Cohen*, Monetary Governance and Capital Mobility in Historical Perspective in Grote/Marauhn (Hrsg.), The Regulation of International Financial Markets: Perspectives for Reform, S. 41 ff.; *Grote/Marauhn*, Conclusions and agenda for further research, S. 316–331 in Grote/Marauhn (Hrsg.), The regulation of Inernational Financial Markets. Perspectives for Reform.

219 Zur Steuerung von Verhalten: *Bergfeld*, Lenkungsabgaben im Europäischen Finanzrecht, S. 21 ff.

220 *Lang* in Tipke/Lang, Steuerrecht, § 8 Rn. 112.

221 *Bergfeld*, Lenkungsabgaben im Europäischen Finanzrecht, S. 28; *Lang* in Tipke/Lang, Steuerrecht, § 8 Rn. 113.

von Krisen auf Devisenmärkten sind insbesondere Abgaben, Steuern und sonstige Gebühren und Beiträge.[222]

Ordnungsrecht und Abgabenrecht stehen in einem engen Verhältnis. Abgabenrechtlich kann allerdings ein Verbot einer Handlung[223] nicht erreicht werden, da eine Steuer mit erdrosselnder Wirkung – aus deutscher Sicht – verfassungsrechtlich nicht möglich ist.[224] Marktwirtschaftliche Maßnahmen werden regelmäßig dort angewendet, wo Maßnahmen des Ordnungsrechts ein konkretes Verhalten der Marktteilnehmer nicht vorschreiben sollen oder können.[225]

II. Ordnungsrechtliche Instrumente

Unter den Vorschlägen zur Verhinderung von Krisen auf dem Finanz- und Devisenmarkt finden sich beispielsweise Vorschläge, starke Wechselkursschwankungen durch die Definition und das Einhalten von Zielzonen zu begrenzen[226] oder die Geldmengenpolitik der Zentralbanken und Länder weltweit zu koordinieren[227]. Unter anderem wird auch eine Stärkung der Bankenaufsicht durch die Einführung einheitlicher Mindeststandards zur Regulierung befürwortet.[228]

---

222 *Lang* in Tipke/Lang, Steuerrecht, § 8 Rn. 113 m.w.N. zu Umweltsteuern.

223 Zum Beispiel durch einen Steuersatz, der die besteuerte Handlung unter wirtschaftlichen Gesichtspunkten durch die Besteuerung unwirtschaftlich werden lässt.

224 BVerfGE 16, 147, 161; *Lang* in Tipke/Lang, § 4 Rn. 213 f. m.w.N.

225 *Lang* in Tipke/Lang, Steuerrecht, § 8 Rn. 116.

226 *Krugmann*, Target Zones and Exchange Rate Dynamics in The Quarterly Journal of Economics, Vol. 106, No. 3. (August 1991), S. 669–682; *Williamson/Miller*, Targets and Indicators: A Blueprint for the International Coordination of Economic Policy in Policy Analyses in International Economics, No. 22, Institute for International Economics, Washington D.C., September 1987. Ausführlicher zu dem Vorschlag der EInführung von Kapitalkontrollen; *Felsenheimer*, Die Einführung einer flexiblen Transaktionssteuer zur Verhinderung von Finanzkrisen, S. 168 ff.

227 *McKinnon*, Currency Substitution and Instability in the World Dollar Standard in The American Economic Review, Vol. 72, No. 3 (June 1982), S. 320–333; *derselbe*, An international standard for monetary stabilization in Policy Analyses in International Economics No. 8, Institute for International Economics, Washington, D.C. 1984. Kritisch dazu *Dornbusch*: Dornbusch, Doubts About the McKinnon Standard in The Journal of Economic Perspectives, Vol. 2, No. 1 (Winter 1988), S. 105–112.

228 Eine Übersicht zu den Reformvorschlägen der internationalen Finanzarchitektur: *Eichengreen*, Towards a New International Financial Architecture, A Practical Post-Asia Agenda, Institut for International Economics, Washington D.C. 1999; *Frenkel/Menkhoff*, Stabile Weltfinanzen? Die Debatte um eine neue internationale Finanzarchitektur; *Frenkel/Menkhoff*, Neue internationale Finanzarchitektur: Defizite und Handlungsoptionen in Perspektiven der Wirtschaftspolitik, Vol. 1 (2000), S. 259, S. 259–280. Zur Diskussion einer neuen Weltwährungsordnung: Beiträge von *Ohr/Issing/Thießen*, Wirtschaftspolitisches Forum, Brauchen wir eine neue Weltwährungsordnung? in Zeitschrift für Wirtschaftspolitik, Jahrgang 45, Heft 3/1996, S. 304–315, 316–322 und 323–337.

III. Marktwirtschaftliche Instrumente

1. Allgemeines

Die Beschränkung des Kapitalverkehrs durch marktwirtschaftliche Maßnahmen des Abgabenrechts stellt neben den ordnungsrechtlichen Instrumenten ein oft diskutiertes Mittel zum Zweck der Stabilisierung des internationalen Finanzsystems dar.[229] Zu erwähnen sind an dieser Stelle unter anderem der marktorientierte Vorschläge zur Beruhigung des Wechselkurses wie die Deregulierung durch Marktsegmentierung[230], Zinsausgleichssteuer und Dualkurssysteme, auf die jedoch in dieser Arbeit nicht näher eingegangen werden soll.[231] Als Kapitalverkehrsbeschränkungen werden außerdem meist Transaktionssteuern[232] und die Verpflichtung zu unverzinslichen Einlagen[233] genannt.[234]

229 *Bird/Rajan*, Would International Currency Taxation and Currency Stabilisation in Developing Countries? in Journal of Development Studies, Volume 37, Issue 3, February 2001, S. 21–38; eine Übersicht von marktorientierten Reformvorschlägen findet sich bei: *Frenkel/Menkhoff*, Stabile Weltfinanzen? Eine Debatte um eine neue internationale Finanzarchitektur, S. 21 ff.

230 *Vollmer*, Deregulierung durch Marktsegementierung, S. 609–620 in Lessmann (Hrsg.), FS-Lukes.

231 Dazu die Darstellungen von: *Dornbusch*, Flexible Exchange Rates and Excess Capital Mobility in Brookings Papers on Economic Activity, Vol. 1, (1986), pp. 209, 224 f.; *Kamppeter*, Kapital- und Devisenmärkte als Herausforderung der Wirtschaftspolitik, S. 178 ff.; *Menkhoff/Michaelis*, Steuern zur Begrenzung unerwünschter Währungsspekulation in Außenwirtschaft, 50. Jahrgang, Vol. III, Zürich 1995, S. 443–462.

232 *Eichengreen/Tobin/Wyplosz*, Two Cases for Sand in the Wheels of International Finance in The Economic Journal, Vol. 105, No. 428 (1995), S. 162, 162 ff.; *Jeanne*, Would a Tobin Tax Have Saved the EMS? in Scandinavian Journal of Economics, 1996, Vol. 98, Issue 4, S. 503–520; *Tobin*, A Currency Transaction Tax. Why and How in Economic Systems merged with Journal of International and Comparative Economics, Vol. 20 (1996), No. 2–3, S. 85 ff.

233 *Eichengreen/Wyplosz*, The Unstable EMS, Brooking Papers on Economic Activity, Vol. 24 (1993), No. 1, S. 51 ff.

234 Beide Arten der Kapitalverkehrsbeschränkungen wurden von einzelnen Ländern bereits eingeführt. Dazu: *Bird/Rajan*, Would International Currency Taxation and Currency Stabilisation in Developing Countries? in Journal of Development Studies, Volume 37, Issue 3, February 2001, S. 21 ff. und die Beiträge in *Ul Haq/Kaul/Grunberg*, The Tobin Tax: Coping with Financial Volatility. Eine Gegenüberstellung liefern: *Menkhoff/Michaelis*, Steuern zur Begrenzung unerwünschter Währungsspekulation in Außenwirtschaft, 50. Jahrgang, Vol. III, Zürich 1995, S. 443–462.

2. *Die Devisentransaktionssteuer*

Gegenstand der Untersuchung ist die Idee einer Besteuerung von Devisentransaktionen. Diese ist hauptsächlich auf James Tobin zurückzuführen.[235] *Tobin* trat im Jahr 1972 erstmals für eine weltweite Besteuerung von Devisentransaktionen ein.[236] Mit der Devisentransaktionssteuer wollte *Tobin* „etwas Sand in die Räder der überaus effizienten internationalen Devisenmärkte streuen".[237] Kernelement der Überlegungen *Tobins* war die empirisch nachgewiesene Aussage[238], dass ein hohes Volumen an Transaktionen auf dem Devisenmarkt zu erheblichen negativen Auswirkungen für die betreffenden Volkswirtschaften führen kann. Eine Devisentransaktionssteuer hätte die Eigenschaft, kurzfristige Anlagen in Devisen gegenüber längerfristigen Anlagen stärker zu belasten. Die Steuer führt zu einer „künstlichen" Erhöhung der Transaktionskosten, die insbesondere eine Anlage mit kurzfristigem Anlagehorizont unattraktiver erscheinen lässt.[239] Durch diese Wirkung der Steuer könnten diejenigen Anleger, die durch spekulative Anlagen Devisenmärkte destabilisieren, von ihrer Anlageentscheidung abgebracht werden.[240] Die Idee einer Besteuerung von Transaktionen zur Eindämmung spekulativer Kapitalbewegungen geht auf ein Modell von *John Maynard Keynes* zurück, der die kontraproduktiven Wirkungen bestimmter volatiler Geldströme auf den realgüterwirtschaftlichen Bereich thematisierte und einen möglichen Lösungsansatz präsentierte.[241]

Im Schrifttum wird der Devisentransaktionssteuer mitunter zugestanden, dass sie durchaus ein marktkonformes, wenn auch ein sehr radikales, Instrument zur

---

235 *Tobin*, A Proposal for International Monetary Reform, Eastern Economic Journal, Eastern Economic Association, Vol. 4 (3–4), Jul/Oct 1978, S. 153 ff.; *derselbe*, A Currency Transaction Tax. Why and How in Economic Systems merged with Journal of International and Comparative Economics, Vol. 20 (1996), No. 2–3, S. 85–90.

236 *Tobin*, The New Economics One Decade Older in The Eliot Janeway Lectures on Historical Economics in Honour of Joseph Schumpeter 1972, Princeton 1974, S. 88 ff.

237 *Tobin*, A Proposal for International Monetary Reform in Eastern Economic Journal, Vol. 4, 1978, Nr. 3–4, S. 153–159, 154.

238 *Ljungqvist*, Destabilizing exchange rate speculation: a counterexample to Milton Friedman in Papers 525 (1992), Stockholm - International Economic Studies.

239 Siehe dazu auch die beispielhafte Berechnung von Steuersätzen in dem Abschnitt „*V. Steuersatz*" auf Seite 93 dieser Arbeit. Zusammenfassend: *Felsenheimer*, Die Einführung einer flexiblen Transaktionssteuer zur Verhinderung von Finanzkrisen, S. 187 ff.

240 Die Tobin-Steuer ist Gegenstand zahlreicher wirtschaftswissenschaftlicher Untersuchungen. Dazu etwa die Untersuchung der Auswirkungen der Steuer auf noise-traders: *Kaiser/Chmura/Pitz*, The Tobin Tax - A Game-Theoretical and an Experimental Approach, July 19, 2007; *Grunberg/Kaul/ul Haq* (Hrsg.), The Tobin Tax - Coping with Financial Volatility.

241 *Keynes*, Allgemeine Theorie der Beschäftigung, der Zinsen und des Geldes, deutsche Fassung von Wäger, S. 133 ff.; Dazu auch: *Kamppeter*, Kapital- und Devisenmärkte als Herausforderung der Wirtschaftspolitik, S. 162 ff.

Regulierung internationaler Kapitalströme darstellt.[242] Die Steuer sei insbesondere deswegen marktkonform, da sie weder den Preismechanismus der internationalen Finanzmärkte außer Kraft setze, noch könne sie politische Entscheidungsträger in die Lage versetzen, den „richtigen“ Wechselkurs oder die „richtige“ Höhe der Kapitalbewegungen zu kennen, damit politische Ziele durch eine Steuer zu instrumentalisieren und den Markt so zu beeinflussen.[243]

3. Die ökonomische Kritik an der Devisentransaktionssteuer

Eine weitergehende kritische Auseinandersetzung mit der Idee einer Devisentransaktionssteuer unter wirtschaftswissenschaftlichen Gesichtspunkten soll nicht vorgenommen werden, jedoch wird nachfolgend kurz auf einige kritische Anmerkungen zu der Devisentransaktionssteuer eingegangen werden, um die im Schrifttum vielfach geäußerten Zweifel am Erfolg einer Devisentransaktionssteuer zu thematisieren. Denn die These *Tobins*, dass spekulative Anlagen mit kurzfristigem Anlagecharakter volkswirtschaftlich unerwünscht seien, kann durchaus infrage gestellt werden. Außerdem wird auch grundsätzliche Kritik an der Devisentransaktionssteuer geübt.[244] So hält *Milton Friedman* die Gleichsetzung von Spekulation und Destabilisation für falsch. Denn die Aussage, Spekulationen seien grundsätzlich destabilisierend, führe in logischer Folge im Ergebnis dazu, dass Spekulanten stets Geld verdienen. Jedoch seien Spekulationen nur dann destabilisierend, wenn Spekulanten bei niedrigen Preisen verkaufen und bei hohen Preisen kaufen können. Im Ergebnis kann dies daher gerade nicht dazu führen, dass Spekulanten Gewinne aus Devisengeschäften erhalten.[245] *McKinnon* widerlegt in einer Analyse verschiedener Konstellationen der Aus-

---

242 Vereinzelt wird eine Transaktionsteuer wie die Tobin-Tax auch als der radikalster Ansatz bezeichnet, internationale Kapitalflüsse zu regulieren (*Hafner*, The free movement of capital in the European Union, S. 141–150, 142 in Grote/Marauhn (Hrsg.), The Regulation of International Financial Markets. Perspectives for Reform).

243 *Menkhoff/Michaelis*, Steuern zur Begrenzung unerwünschter Währungsspekulation in Außenwirtschaft, 50. Jahrgang, Vol. III, Zürich 1995, S. 443, 456. Dieser Ansicht schließt sich *Dornbusch* an, der der Tobin-Steuer zuerkennt, dass sie „*in the best tradition of the Chicago School*“ steht (*Dornbusch*, European International Economic Policy Issues in European Parliament, Directorate General for Research, Economic Interpendence – New Policy Challenges, Working Paper Nr. 7, Brüssel 1993, S. 77).

244 *Garber/Taylor*, Sand in the Wheels of Foreign Exchange Markets: A Sceptical Note in Economic Journal, Vol. 105 (1995), Issue 428 (January), S. 173-180; *Kulessa*, Die Tobinsteuer zwischen Lenkungs- und Finanzierungsfunktion in Wirtschaftsdienst – Zeitschrift für Wirtschaftspolitik, S. 95, 101 m.w.N.; *Westerhoff/Dieci*, The effectiveness of Keynes-Tobin transaction taxes when heterogeneous agents can trade in different markets: A behavioral finance approach in Journal of Economic Dynamics and Control, Volume 30, Issue 2, February 2006, S. 293–322; *Felsenheimer*, Die Einführung einer flexiblen Transaktionssteuer zur Verhinderung von Finanzkrisen, S. 189 ff.

245 *Friedman*, The Case for Flexible Exchange Rates in Essays in Positive Economics, S. 157–203.

wirkung von Spekulationen auf instabile flexible Wechselkurssysteme, dass Spekulationen grundsätzlich eine destabilisierende Wirkung besäßen. Nach den Untersuchungen *McKinnons* können Spekulationen auch eine stabilisierende Wirkung auf instabile flexible Wechselkurssysteme entfalten.[246]

Untersuchungen zeigen zudem, dass eine Devisentransaktionssteuer die Volatilität der Devisenmärkte verstärken kann.[247] *Davidson* legt dar, dass die Auswirkung einer Devisentransaktionssteuer auf stabilisierende Spekulationen zu einer Erhöhung der Kosten der Entscheidungsrücknahme und damit zu einer Erhöhung der Risikoprämie führen könnte. Angesichts dessen würden die Anleger in einem Abwärts- oder Aufwärtstrend länger warten, also den Preisverfall oder Preisanstieg länger wirken lassen, bevor sie zu kaufen beziehungsweise verkaufen bereit seien. Dies könne erheblich zur Erhöhung der Volatilität beitragen, sollten Spekulationen tatsächlich in der Mehrheit stabilisierenden Charakter besitzen.[248] Die Ergebnisse aus anderen Studien belegen, dass Wechselkursanpassungen zur wirtschaftspolitischen Tagesordnung von Entwicklungsländern gehören, ohne dass sich daraus größere Wachstumsrisiken ergeben.[249] *Hemmer* verweist auf die Studien von *Dollar*, der auf der Grundlage einer 95 Länder umfassenden Analyse feststellte, dass eine höhere Wechselkursvolatilität das Wirtschaftswachstum von Ländern mit hohem Einkommen verlangsamt, aber auf Länder mit niedrigem und mittlerem Einkommen keinen signifikanten Einfluss besitzt.[250]

Auch eine pauschale Gleichsetzung von kurzfristigen Kapitalströmen mit Spekulationsgeschäften verbietet sich nach überwiegend vertretener Auffassung, da zu Devisentransaktionen mit kurzfristigem Anlagecharakter auch

---

246 *McKinnon*, The J-Curve, Stabilizing Speculation, and Capital Constraints on Foreign Exchange Dealers, S. 101–127 in Bigman/Taya (Hrsg.), Floating Exchange Rates and the State of World Trade Payments.

247 *Aliber/Chowdhry/Yan*, Some Evidence That a Tobin Tax on Foreign Exchange Transactions May Increase Volatility in European Finance Review, Vol. 7 (2003), No. 3, S. 481, 488. Ausführlicher: *Haberer*, Regulierung internationaler Finanzmärkte durch Transaktionssteuern: die Wirkung einer Tobin-Steuer auf Handelsvolumen und Wechselkursvolatilität.

248 *Davidson*, Are Grains of Sand in the Wheels of International Finance Sufficient to Do the Job When Boulders Are Often Required? in Economic Journal, Royal Economic Society, Vol. 107 (1997), S. 671–686; *Erturk*, Why the Tobin Tax Can Be Stabilizing (December 2002). Levy Economics Institute Working Paper No. 366, S. 1; *Hau*, The Role of Transaction Costs for Financial Volatility: Evidence from the Paris Bourse in Journal of the European Economic Association, Vol. 4 (2006), Issue 4, S. 862–890. *Menkhoff* und *Michaelis* weisen darauf hin, dass die Tobinsteuer ausserdem zu einem schnelleren wachsen und platzen von Spekulationsblasen beitragen könnte (*Menkhoff/Michaelis*, Ist die Tobin-Steuertatsächlich „tot"? in Jahrbuch für Wirtschaftswissenschaften, 46. Jahrgang, 1995, S. 45).

249 *Hemmer*, Wirtschaftsprobleme der Entwicklungsländer, S. 507.

250 *Hemmer*, Wirtschaftsprobleme der Entwicklungsländer, S. 507.

Arbitragegeschäfte zählen,[251] die realwirtschaftlich existenzielle Absicherung gegen Wechselkursrisiken und die Reallokation von Ersparnissen, die in Pensions- und Versicherungsfonds angelegt sind. Ein effizientes Arbeiten dieser Fonds ist ein wesentliches Kriterium für die volkswirtschaftlich sinnvolle Bildung von Kapital.[252]

251 Zur Darstellung siehe die Ausführungen in dem Abschnitt *„b. Devisenarbitrage“* auf Seite 47 dieser Arbeit.

252 *Kulessa*, Die Tobinsteuer zwischen Lenkungs- und Finanzierungsfunktion in Wirtschaftsdienst – Zeitschrift für Wirtschaftspolitik, S. 95, 102; *Schrader*, Devisenumsatzsteuer: Scheitern programmiert in Deutsche Bank Research Bulletin vom 26. Juni 1995, S. 24 ff.

Kapitel 3

Darstellung einer Devisentransaktionssteuer in Europa

§ 1 Anwendungsbereich

A. Betrachtung einer räumlich begrenzten Einführung

I. Allgemeines

Der territoriale Anwendungsbereich der Devisentransaktionssteuer ist gemäß des Ansatzpunkts dieser Arbeit europäisch. Danach könnte die Devisentransaktionssteuer grundsätzlich auch Anwendung in den sogenannten abhängigen und assoziierten Gebieten von Mitgliedstaaten der Europäischen Union im Sinne des Art. 198 f. AEUV finden. Die nachfolgenden Ausführungen der Darstellung einer Devisentransaktionssteuer können jedoch grundsätzlich auch in einem internationalen Zusammenhang genutzt werden.

Eine Einführung der Devisentransaktionssteuer in einem regional begrenzten Raum wie der Europäischen Union und die Beschränkung auf eine oder wenige Währungen ist nur dann erwägenswert, wenn innerhalb des von der Steuer erfassten Gebietes und der betroffenen Währungen eine international wahrnehmbare Marktkonzentration erreicht wird. Das Erreichen eines bestimmten Maßes an Marktkonzentration ist insbesondere erforderlich, um die wirtschaftliche Grundlage und den bezweckten politischen Erfolg einer Steuer einzuschätzen.

Grundsätzlich ist davon auszugehen, dass Marktteilnehmer zur Vermeidung der Besteuerung ihres Verhaltens auf andere Produkte, Märkte oder Territorien ausweichen.[1] Dieses Ausweichverhalten sollte insbesondere bei nicht wesentlichen Marktkonzentrationen ausgeprägter sein als bei hohen Marktkonzentrationen, weshalb im Folgenden die Konzentrationen des Devisenmarkts auf Währungspaare und Handelsplätze in einem internationalen Zusammenhang mit besonderer Berücksichtigung des europäischen Devisenmarkts untersucht werden.[2]

---

1 Dazu auch weitere Nachweise in dem Abschnitt „*B. Resümee*" auf Seite 68 dieser Arbeit.

2 Siehe dazu auch die Darstellung von: *Jetin/Denys*, Ready for Implementation - Technical and Legal Aspects of a Currency Transaction Tax and Its Implementation in the EU, S. 61 ff.

II. Konzentration auf Währungen

Bei einer Analyse der auf dem Devisenmarkt gehandelten Währungen zeigt sich, dass sich der Devisenhandel auf wenige Währungen konzentriert.[3] So wird aus einer Erhebung der Bank for International Settlements deutlich, dass die zehn meist gehandelten Währungen im April des Jahres 2010 im Tagesdurchschnitt einen Anteil von 90,7 % des Gesamtvolumens an Devisentransaktionen besaßen.[4] Die Daten zeigen, dass der US-Dollar im April des Jahres 2010 mit rund 42,5 % die am häufigsten gehandelte Währung ist. Es folgen Euro (rund 19,6 %), Yen (rund 9,5 %) und britisches Pfund (rund 6,5 %). Schweizer Franken, kanadischer und australischer Dollar, schwedische Kronen, Hongkong Dollar und neuseeländischer Dollar summieren sich auf einen Anteil von rund 12,8 %. Es zeigt sich auch, dass die Anteile der Währungen am gesamten Währungshandel über die letzten zehn Jahre im Wesentlichen stabil sind. Aus der im Triennial Central Bank Survey des Jahres 2010 der Bank for International Settlements enthaltenen Darstellung ergibt sich zudem die Verteilung des Devisenhandels auf Währungen von Ländern, die auf dem europäischen Kontinent liegen. Danach sind die Währungen der Mitgliedstaaten der Europäischen Union mit der Währung Euro, Großbritannien, die Schweiz, Schweden, Norwegen, Dänemark, Polen und Rumänien mit einem Anteil in Höhe von rund 32 % am weltweiten Devisenhandel beteiligt.

Die nachstehende Tabelle der zehn meist gehandelten Währungen verdeutlicht die Aufteilung und deren verhältnismäßige Stabilität über einen Zeitraum von sieben Jahren.

---

3 Die nachfolgende Anlayse ist an die Darstellung von *Spahn*, Zur Durchführbarkeit einer Devisentransaktionssteuer, S. 29 ff. angelehnt.

4 *Bank for International Settlements*, Triennial Central Bank Survey - Foreign exchange and derivatives market activity in 2010, December 2010, S. 12. Da jeweils zwei Währungen bei Transaktionen auf dem Devisenmarkt beteiligt sind, beträgt die prozentuale Summe der Auswertungen der Bank for International Settlement aufgrund dieser doppelten Zählung insgesamt 200 Prozent. Die Daten wurden vom Verfasser auf einer Wert von hundert Prozent angepasst.

Verteilung der Transaktionen auf Währungen (2001-2010)

Währung (nach ISO 4217)	Jahr*			
	2001	2004	2007	2010
USD	45,2	44,4	43,2	42,5
EUR	18,8	18,5	18,5	19,6
JPY	11,4	10,1	8,3	9,5
GBP	6,6	8,5	7,5	6,5
CHF	3,1	3,0	3,4	3,8
AUD	2,1	3,0	3,4	3,2
CAD	2,3	2,1	2,1	2,7
SEK	1,3	1,2	1,4	1,2
HKD	1,2	1,0	1,4	1,1
NOK	0,8	0,7	1,1	0,8

* Prozentwerte der Tagesdurchschnitte im April des jeweiligen Jahres.

Quelle: Triennial Central Bank Survey - Foreign exchange and derivatives market activity in 2007, December 2007, S. 11; *Bank for International Settlements*, Triennial Central Bank Survey - Foreign exchange and derivatives market activity in 2010, December 2010, S. 12 (Daten durch Verfasser verändert: Da jeweils zwei Währungen bei Transaktionen auf dem Devisenmarkt beteiligt sind, beträgt die prozentuale Summe der Auswertungen der Bank for International Settlement aufgrund dieser doppelten Zählung insgesamt 200 %. Für die oben dargestellte Tabelle wurden die Daten vom Verfasser auf 100 % berechnet).

Die Europäische Zentralbank stellte im Juli 2009 fest, dass der Euro in denjenigen Staaten eine vorherrschende Rolle in internationalen und nationalen Transaktionen besitzt, die über eine enge geografische oder institutionelle Verbindung zu den Staaten mit der Währung Euro verfügen. Dies trifft insbesondere auf die Mitgliedstaaten der Europäischen Union ohne die Währung Euro, die Mehrzahl der derzeitigen und potenziellen Beitrittskandidaten zur Europäischen Union und einige andere Staaten in Nähe der Europäischen Union zu. Im internationalen Handel stieg der bereits hohe Anteil des Euro in der Abrechnung und Rechnungsstellung der Mitgliedstaaten der Europäischen Union ohne Währung Euro und der Beitrittskandidaten weiter an.[5] Ferner stellte die Europäische Zentralbank fest, dass sich der Euro als zweitwichtigste Währung der Welt hinter dem US-Dollar fest etabliert hat und in einigen Drittstaaten sogar als Parallelwährung verwendet wird.[6]

III. Konzentration auf Handelsplätze

Aus der Betrachtung der Konzentration des Devisenhandels auf die weltweiten Handelsplätze wird ebenfalls deutlich, dass Devisentransaktionen auf einige we-

5 *European Central Bank*, The international role of the Euro, Juli 2009, S. 13.
6 *European Central Bank*, The international role of the Euro, Juli 2009, S. 48.

nige Länder konzentriert sind.[7] So steht der Handelsplatz Großbritannien mit über einem Drittel (37 %) des Anteils an den weltweiten Devisenmarkttransaktionen an der Spitze der Handelsplätze. Es folgen die USA (18 %), die Schweiz (5 %), Japan (6 %) und Singapur (5 %). Hongkong, Australien, Frankreich, Deutschland und Dänemark besitzen einen Anteil zwischen 2 % und 5 % am Anteil der Devisenmarkttransaktionen. Anhand der umfassenden Darstellung im Triennial Central Bank Survey der Bank for International Settlement zeigt sich zudem, dass die dort aufgelisteten vierundzwanzig Mitgliedstaaten der Europäischen Union 49 % des Devisenhandels vereinen.[8]

Verteilung der Transaktionen nach Handelsplätzen (2001-2010)

Land des Handelsplatzes	**Jahr***			
	2001	**2004**	**2007**	**2010**
Großbritannien	32	32	35	37
USA	16	19	17	18
Schweiz	4	3	6	5
Japan	9	8	6	6
Singapur	6	5	6	5
Hongkong	4	4	4	5
Australien	3	4	4	4
Frankreich	3	3	3	3
Deutschland	5	5	2	2
Dänemark	1	2	2	2

* Prozentwerte der Tagesdurchschnitte im April des jeweiligen Jahres.

Quelle: Bank for International Settlements, Triennial Central Bank Survey - Foreign exchange and derivatives market activity in 2010, December 2010, S. 19.

IV. Erklärungsansätze für die Konzentration

Der Vergleich der Konzentration des Devisenhandels auf Währungen und Handelsplätze zeigt, dass grundsätzlich nur geringe Gemeinsamkeiten zwischen den prozentualen Anteilen der einzelnen nationalen Währungen und der Handelsplätze bestehen. So häufte Großbritannien im April des Jahres 2010 mit 37 % den höchsten Anteil des internationalen Devisenhandels an, doch ist das britische Pfund nur mit einem Anteil in Höhe von 6,5 % an vierter Stelle der internationalen Devisentransaktionen beteiligt. Der zweitgrößte Devisenhandelsplatz, die USA, auf den im April des Jahres 2010 18 % der internationalen Devisengeschäfte entfielen, stellt auch auf Währungsseite ein wesentliches Gewicht dar; so ist der US-Dollar bei 42,5 % aller Devisentransaktionen im April des Jahres 2010 die am meisten beteiligte Währung. Zu erwähnen ist, dass – obwohl der

7 Die nachfolgende Anlayse ist an die Darstellung bei *Spahn*, Zur Durchführbarkeit einer Devisentransaktionssteuer, S. 29 ff. angelehnt.

8 *Bank for International Settlement*, Triennial Central Bank Survey - Foreign exchange and derivatives market activity in 2007, December 2007, S. 6 f.

Euro mit 19,6 % als Währung wesentlich am Devisenhandel beteiligt ist –, Staaten mit der Währung Euro keine wesentlichen Handelsplätze sind. Erst an achter Stelle der wesentlichen Devisenhandelsplätze liegt Frankreich (3 %), gefolgt von Deutschland (2 %) und Dänemark (2 %) zu finden.[9]

Spahn erklärt, dass die Handelsinstrumente auf den internationalen Devisenmärkten in der Regel identisch sind und daher hauptsächlich technologische Gründe für eine Konzentration des Devisenhandels auf wenige Handelsplätze sprechen. An Handelsplätzen sei zu beobachten, dass die Durchschnittskosten für die Abwicklung von Transaktionen geringer seien, je höher die Transaktionsvolumina an diesem Handelsplatz sind. Dadurch bilde sich eine auf den Handel in einer bestimmten Region konzentrierte, monopolitische Stellung des Handelsplatzes. Diese Region ist nicht durch Nationalstaatsgrenzen einzugrenzen, sondern bestimmt sich durch die Entscheidungen der Marktteilnehmer.[10]

Wird der Devisenhandel auf den Handelsplätzen zeitlich betrachtet, lässt sich ein scheinbar sehr unregelmäßiger Handel feststellen. So werden im durchschnittlichen Tageszyklus elektronischer Kontrakte der Jahre 1992 bis 1993 im Wesentlichen zwei Handelsspitzen beobachtet: eine Handelsspitze gegen 8.30 Uhr Greenwich Mean Time (GMT) und eine Handelsspitze gegen 13.30 Uhr GMT. Zwischen diesen beiden Spitzen bewegt sich die Zahl elektronischer Kontrakte auf einem hohen Niveau, während die elektronischen Kontrakte nach 13.30 Uhr GMT und 8.30 Uhr GMT auf ein Minimum abfallen.[11] Wird dieser scheinbar unregelmäßige Handel allerdings mit den Aktivitätszyklen des Devisenmarkts und dessen Konzentration auf verschiedene Handelsplätze in Verbindung gebracht, zeigt sich, dass sich der Handel auf in Tokio, London und New York zeitlich überschneidet bzw. ineinander übergeht. *Spahn* schließt daraus, dass sich der globale Devisenhandel in drei Zeitzonen mit jeweils einem eigenen regionalen Handelszentrum, das eine monopolitische Stellung innerhalb einer bestimmten Region innehat, unterteilen lässt. In Europa stellt dieses Handelszentrum London, auf dem amerikanischen Kontinent New York und im asiatisch-pazifischen Raum Tokio dar.[12]

B. Resümee

Es existiert eine Konzentration auf wenige Handelsplätze und Währungen. Hervorzuheben ist hierbei insbesondere, dass in den vierundzwanzig Staaten der Europäischen Union (insbesondere Großbritannien, Frankreich, Deutschland und Dänemark) und der Schweiz im April des Jahres 2010 durchschnittlich rund

9 *Bank for International Settlements*, Triennial Central Bank Survey - Foreign exchange and derivatives market activity in 2010, December 2010, S. 19.

10 *Spahn*, Zur Durchführbarkeit einer Devisentransaktionssteuer, S. 52.

11 *Spahn*, Zur Durchführbarkeit einer Devisentransaktionssteuer, S. 44.

12 *Spahn*, Zur Durchführung einer internationalen Devisentransaktionssteuer, S. 31 f.

54 % des internationalen Devisenhandels abgewickelt wurden.[13] Die Darstellung der Konzentrationen anhand von empirischen Daten lässt damit eine Besteuerung von Devisentransaktionen innerhalb Europas grundsätzlich sinnvoll erscheinen.

Auch in der Literatur wird eine (zunächst) auf Europa beschränkte Einführung der Devisentransaktionssteuer vereinzelt als sinnvoll erachtet. *Tobin* erklärte in diesem Zusammenhang, dass er bereits über Möglichkeit einer lediglich regional begrenzten Einführung nachgedacht habe. Er glaube, dass eine Einführung der Steuer in zwanzig Ländern zufriedenstellend verlaufen könnte. Dabei sei es jedoch die Teilnahme der wesentlichsten Finanzzentren wichtig.[14] Für die Möglichkeit einer Einführung der Steuer auf dem Gebiet der Europäischen Union tritt *Patomäki* ein: Es sei unwahrscheinlich, dass Banken den Währungshandel nur aufgrund einer Steuer mit niedrigem Steuersatz[15] aufgeben würden; er erwartet keine ernsthafte Gefährdung der Profitabilität des Devisenhandels für die Banken, da der Devisenhandel auf dem Gebiet der Europäischen Union trotz der Steuer weiterhin fortgeführt wird.[16] Die Idee einer Devisentransaktionssteuer auf dem Gebiet der Europäischen Union wird auch von *Spahn* aufgegriffen. Allerdings will *Spahn* aufgrund des hohen Anteils des Finanzplatzes Schweiz am internationalen Devisenhandel die Devisentransaktionssteuer auch in der Schweiz einführen.[17]

Ein räumlich begrenzter Anwendungsbereich einer Devisentransaktionssteuer auf dem Gebiet der Europäischen Union oder gegebenenfalls auch mit einer Erweiterung um den Schweizer Finanzmarkt könnte daher grundsätzlich aus Sicht der Marktkonzentration als ökonomisch sinnvoll erachtet werden. Im Schrifttum wird jedoch darauf hingewiesen, dass eine hohe Wahrscheinlichkeit für räumliche Ausweichreaktionen der Marktteilnehmer besteht.[18] Denn das Kapital auf

---

13 *Bank for International Settlement*, Triennial Central Bank Survey - Foreign exchange and derivatives market activity in 2010, December 2010, S. 19.

14 *Patomäki*, The Tobin Tax: How to make it real, S. 49, der aus einem Interview der französischen Zeitung „Le Monde“ mit James Tobin am 17. November 1998 zitiert.

15 *Patomäki* geht in diesem Fall von der Einführung einer DTS mit einem Steuersatz in Höhe von 0,05 % aus.

16 *Patomäki*, The Tobin Tax: How to make it real, S. 50.

17 *Spahn*, Zur Durchführbarkeit einer Devisentransaktionssteuer, S. 45.

18 Dies ist allerdings umstritten. Zur Gegenansicht: *Menkhoff/Michaelis*, Steuern zur Begrenzung unerwünschter Währungsspekulation in Außenwirtschaft, 50. Jahrgang, Vol. III, Zürich 1995, S. 443, 454.

dem Devisenmarkt kann angesichts der niedrigen Raumüberwindungskosten[19] für Geldkapital auf den heutigen Kapitalmärkten auf Finanzmärkte ausweichen, an denen die Marktteilnehmer keine Transaktionssteuer zahlen müssen.[20] Sollte die Devisentransaktionssteuer auf dem Gebiet der Europäischen Union eingeführt werden, ist es erforderlich, dass die Europäische Union mit bestimmten Drittstaaten, insbesondere der Schweiz, Gespräche aufnimmt, um sich für die Implementierung adäquater Maßnahmen in diesen Drittstaaten einzusetzen.[21] Die Mitgliedstaaten der Europäischen Union sollten sich außerdem verpflichten, auf die Implementierung der Devisentransaktionssteuer in den abhängigen und assoziierten Gebieten der jeweiligen Mitgliedstaaten wie beispielsweise den Kanalinseln, der Isle of Man, Gibraltar, Madeira und den Überseegebieten wie den britischen Jungferninseln oder den Bermudainseln hinzuwirken. Durch die Einbindung von Drittstaaten wie der abhängigen und assoziierten Gebiete der Europäischen Union in den Anwendungsbereich der Devisentransaktionssteuer kann verhindert werden, dass die Devisentransaktionssteuer durch Auslagerung der besteuerungspflichtigen natürlichen oder juristischen Person außerhalb des territorialen Anwendungsbereichs der Devisentransaktionssteuer umgangen wird.

§ 2 Die steuerrechtliche Einordnung

A. Allgemeines

Nachfolgend soll die Devisentransaktionssteuer aus steuerrechtlicher Sicht in ihren Grundzügen dargestellt werden. Diese Darstellung dient als Grundlage für die nachfolgende Untersuchung zu einer Steuerharmonisierung auf Ebene der Europäischen Union. Die Devisentransaktionssteuer ist im steuerrechtlichen Zusammenhang des europarechtlichen Begriffsverständnisses einzuordnen.[22]

---

19 Unter Raumüberwindungskosten werden Transportkosten, Kommunikations- und Informationskosten aber auch Marktzugangsbeschränkungen o.ä. verstanden. In diesem Zusammenhang sind insbesondere schnell fortschreitende Entwicklungen neuer Technologien wie das Internet zu nennen. Durch das Sinken der Raumüberwindungskosten erhöht sich die Mobilität des Produktionsfaktors Kapital. Daraus folgt, dass Standortentscheidungen regional unabhängig und damit global getroffen werden können. Siehe auch die umfassende analytische Darstellung der Raumwirtschaftstheorie in: Schöler, Raumwirtschaftstheorie.

20 *Lane/Lizondo/Mathieson/Goldstein/Rojas-Suárez/Folkerts-Landau*, Determinants ans Systematic Consequences of International Capital Flows in IMF Occasional Paper Nr. 77, S. 37; *Schrader*, Devisenumsatzsteuer: Scheitern programmiert in Deutsche Bank Research Bulletin vom 26. Juni 1995, S. 21 f.

21 *Spahn*, Zur Durchführbarkeit einer Devisentransaktionssteuer, S. 45 ff.

22 Eine umfangreiche Darstellung des unionsrechtlichen Steuerbegriffs findet sich bei: *Kreibohm*, Der Begriff der Steuer im Europäischen Gemeinschaftsrecht, S. 69 ff.

Aufgrund der fehlenden Definition im primären und sekundären Unionsrecht ergibt sich der europäische Steuerbegriff aus der ständigen Rechtsprechung des Europäischen Gerichtshofs („EuGH").[23] Danach ist die Qualifizierung als Steuer nach Unionsrecht in Abgrenzung zu Abgabe oder Gebühr nach den objektiven Merkmalen der Steuer unabhängig von ihrer Qualifizierung im nationalen Recht vorzunehmen.[24] Ein Rückgriff auf steuerrechtliche Begriffe aus mitgliedstaatlichen Rechtssystemen verbietet sich daher. Nach *Kreibohm* kann trotz der durch den EuGH vorgegebenen Steuerqualifikation nach objektiven Merkmalen davon ausgegangen werden, dass die im Unionsrecht und in der europäischen Rechtsprechung verwendeten Steuerbegriffe weitgehend dem deutschen Steuerbegriff entsprechen.[25] Eine genauere Untersuchung des europäischen Steuerbegriffs soll im Folgenden an der jeweils angebrachten Stelle stattfinden. Zum gegenwärtigen Zeitpunkt soll eine Arbeitsdefinition nach dem deutschen Steuerbegriff genügen. Der deutsche juristische Begriff von Steuern sind gemäß ihrer Legaldefinition in § 3 Abs. 1 der deutschen Abgabenordnung:

> „Geldleistungen, die nicht eine Gegenleistung für eine besondere Leistung darstellen und von einem öffentlich-rechtlichen Gemeinwesen zur Erzielung von Einnahmen allen auferlegt werden, bei denen der Tatbestand zutrifft, an den das Gesetz die Leistungspflicht knüpft; die Erzielung von Einnahmen kann Nebenzweck sein."

Nach der Rechtsprechung des EuGH sind Abgaben, also neben Steuern auch Beiträge, Gebühren oder Sonderabgaben, grundsätzlich dann als „Steuer" zu qualifizieren, wenn sie „zumindest teilweise dem Staat für die Bestreitung öffentlicher Kosten zufließen".[26] Somit besteht der Zweck einer Steuer auch in einem europäischen Verständnis im Erzielen von Einnahmen, um die Kosten der

---

23 EuGH, Rs. 295/84, *Rousseau Wilmot*, Slg. 1985, 3759; EuGH, Rs. C–200/90, *Dansk Denkavit*, Slg. 1992, I–2217; EuGH, verb. Rs. C–197/94 und C–252/94, *Société Bautiaa*, Slg. 1996, I–505, Rn. 39; EuGH, verb. Rs. C–283/06 und C–312/06, *Kögáz*, Slg. 2007, I–08463, Rn. 23 ff.

24 EuGH, verb. Rs. C–197/94 und C–252/94, *Société Bautiaa*, Slg. 1996, I–505, Rn. 39; EuGH, verb. Rs. C–283/06 und C–312/06, *Kögáz*, Slg. 2007, I–08463, Rn. 34 ff. Siehe auch: *Weber-Grellet*, Europäisches Steuerrecht, S. 1.

25 *Kreibohm*, Der Begriff der Steuer im Europäischen Gemeinschaftsrecht, S. 242 f. *Kreibohm* weist darauf hin, dass „ein" beziehungsweise „der" gemeinschaftsrechtliche Steuerbegriff nicht existiert. Überwiegend werde jedoch ein einheitlicher Steuerbegriff verwendet und hinreichen typisiert. Der gemeinschaftsrechtliche Steuerbegriff sei weiter als der deutsche Steuerbegriff, jedoch enger als der deutsche und gemeinschaftsrechtliche Begriff der Abgabe.

26 EuGH, Rs. C–264/00, *Gründerzentrum*, Slg. 2002, I–3333, Rn. 27; EuGH, Rs. C–165/03, *Längst*, Slg. 2005, I–5637, Rn. 37; EuGH, Rs. C–193/04, *Organon Portuguesa*, Slg. 2006, I–7271, Rn. 17; EuGH, Rs. C–466/03, *Reiss*, Slg. 2007, I–05357, Rn. 18.

öffentlichen Verwaltung zu finanzieren.[27] Weitere Ausführungen zum europäischen Steuerbegriff, insbesondere zum Begriff der indirekten Steuern, finden sich in dem Abschnitt „*I. Der Anwendungsbereich des Art. 113 AEUV*“ auf Seite 133 dieser Arbeit.

B. Steuerpolitische Zielsetzung und Steuerzweck

Die in Steuergesetzen enthaltenen Normen verfolgen unterschiedliche Motivationen und verschiedene Prinzipien.[28] In der steuerrechtlichen Literatur werden vornehmlich zwei Normzwecke unterschieden, die mit einer Steuer verfolgt werden können.[29] Normzwecke in diesem Sinn sind der Fiskalzweck und der Sozialzweck. Dabei kann mit einem Steuergesetz oder einer Steuernorm auch mehr als ein Normzweck verfolgt werden.[30]

I. Fiskalzweck

1. Definition

Die Erhebung von Steuern ist eine grundsätzliche Voraussetzung für jede Staatstätigkeit.[31] Mit einer Steuer verfolgt der Staat insbesondere das Ziel, Einnahmen zu erzielen, um beispielsweise allgemeine Ausgaben im Zusammenhang mit der öffentlichen Verwaltung zu finanzieren. Steuern dienen allgemein in ihrer primären Funktion der Deckung des Finanzbedarfs der öffentlichen Haushalte.[32]

---

27 Dazu die Rechtsrechung des EuGH, der zwischen Abgaben, die die allgemeinen Ausgaben der öffentlichen Hand decken sollen, und Beiträgen unterscheidet, die der Finanzierung eines Sozialversicherungssystems dienen: EuGH, Rs. 23/68, *Klomp*, Slg. 1969, 43, Rn. 20; EuGH, Rs. C–191/94, *AGF Belgium*, Slg. 1996, I–1859, Rn. 12. Kritisch dazu: Verbundene Schlussanträge *Generalanwalt La Pergola* vom 7. September 1999, Rs. C–34/98 und C–169/98, *Kommission/Französische Republik*, Slg. 2000, I–00995, Rn. 20 f.

28 *Homburg*, Allgemeine Steuerlehre, S. 5; *Lang* in Tipke/Lang, Steuerrecht, § 4 Rn. 19.

29 *Homburg*, Allgemeine Steuerlehre, S. 5 m.w.N.; *Lang* in Tipke/Lang, Steuerrecht, § 4 Rn. 19 ff. Zudem wird auf den Umverteilungszweck und den Vereinfachungszweck als weitere Normzwecke hingewiesen (*Homburg*, Allgemeine Steuerlehre, S. 7).

30 *Lang* in Tipke/Lang, Steuerrecht, § 4 Rn. 19.

31 So betrug die staatliche Einnahmequote in Deutschland im Jahr 2009 44,4%; die Abgabenquote im Jahr 2009 betrug 40,6% des deutschen Bruttoinlandprodukts (BIP) (*Bundesministerium der Finanzen*, Monatsbericht des BMF, Februar 2010, S. 40).

32 *Neumark*, Grundsätze gerechter und ökonomisch rationaler Steuerpolitik, S. 29, der „*die Beschaffung von Mitteln zur nachhaltigen Deckung der zu finanzierenden öffentlichen Ausgaben*“ als vorrangiges Ziel der Steuerpolitik nennt. Als Nebenwirkung kann eine Fiskalzwecknorm auch wirtschaftliche oder soziale Auswirkungen haben. Diese Nebenwirkungen sind jedoch eine Folge und nicht ein Zweck der Steuer (*Lang* in Tipke/Lang, Steuerrecht, § 4 Rn. 20).

Steuernormen, die den Zweck der Erzielung von Einnahmen verfolgen, sprechen den Fiskalzweck einer Steuer an.

2. *Der Fiskalzweck der Devisentransaktionssteuer*

Die Besteuerung von Devisentransaktionen führt – je nach Höhe des Steuersatzes – zu einem erheblichen Steueraufkommen. Nach Schätzungen von *Schmidt* sind bei einem weltweiten Umsatzvolumen auf dem Devisenmarkt von 700 Mrd. US-Dollar pro Börsentag und einem Steuersatz von 0,1 % Steuereinnahmen in Höhe von 54 Mrd. US-Dollar jährlich zu erwarten.[33] Nach einer Schätzung von Felix belaufen sich die weltweiten jährlichen Steuereinnahmen bei einem Steuersatz in Höhe von 0,5 % auf circa 450 Mrd. US-Dollar.[34] *Spahn* schätzt – bei Betrachtung einer Einführung auf dem Gebiet der Europäischen Union und der Schweiz – dass ein Steuersatz von einem Basispunkt ein Steueraufkommen von jährlich ungefähr 17 bis 20 Mrd. Euro erwarten lässt.[35] Weitere Schätzungen über die Höhe des Steueraufkommens sind abhängig von verschiedenen Variablen, wie der Höhe des Steuersatzes, der Steuerelastizität der Devisenumsätze oder dem Anlegerverhalten und differieren daher.[36]

Das Steueraufkommen aus der Devisentransaktionssteuer könnte eine mögliche Alternative zu den bisherigen Einnahmequellen großer internationaler Organisationen wie den Vereinten Nationen, der Weltbank oder des Internationalen Währungsfonds darstellen.[37] So wurde in dem Human Development Report 1994 des United Nations Program for Development (UNPD) der Vereinten Nationen für eine entwicklungspolitische Verwendung der Gelder plädiert.[38] *Weber-Grellet* verweist in diesem Zusammenhang auf die Möglichkeit einer Finan-

33 *Patterson/Galliano*, The feasibility of an International Tobin Tax in European Parliament - Directorate-General for Research - Working Papers; ECON 118 EN, S. 18.

34 *Felix*, The Tobin Tax Proposal: Background, Issues and Prospects in Washington University Department of Economics, UNDP Working Paper No. 191, S. 2 ff.

35 *Spahn*, Zur Durchführbarkeit einer Devisentransaktionssteuer, S. 69: Dabei seien Transaktionen nicht berücksichtigt, die das britische Pfund und den Schweizer Franken als Gegenpart haben.

36 Dazu insbesondere die Ausführungen in dem Abschnitt „*V. Steuersatz*" auf Seite 93 dieser Arbeit. Beispiele möglicher Einflussfaktoren finden sich bei *Spahn*, Zur Durchführbarkeit einer Devisentransaktionssteuer, S. 32 ff. und zu möglichen Reaktionen auf die Einführung einer Devisentransaktionssteuer siehe S. 126 ff. Siehe auch: *Weber-Grellet*, Europäisches Steuerrecht, S. 25; *Jetin/Denys*, Ready for Implementation - Technical and Legal Aspects of a Currency Transaction Tax and Its Implementation in the EU, S. 130 ff.

37 *Tobin*, A proposal for International Monetary Reform in Eastern Economic Journal 4, S. 153, 159.

38 *United Nations Development Programme* (Hrsg.), Human Development Report 1994 – New Dimensions of Human Security, Oxford University Press, New York 1994, S. 9.

zierung der Europäischen Union durch eine Tobin-Steuer.[39] Auch könnten die Steuern zur Finanzierung der öffentlichen Haushalte eine neue Finanzierungsquelle erschließen.[40]

II. Sozialzweck

1. Definition

Mit einer Steuernorm kann neben dem Zweck der Erzielung von Einnahmen auch ein Sozialzweck verfolgt werden.[41] Sozialzwecknormen verfolgen einen regulativen, dirigistischen oder interventionistischen Lenkungszweck und sind meist sozialpolitisch, wirtschaftspolitisch oder kulturpolitisch motiviert.[42] Unterschieden werden Sozialzwecknormen in Lenkungs- und Umverteilungsnormen.[43] Lenkungsnormen zielen darauf ab, wünschenswerte Verhaltensweisen der Steuersubjekte durch Steuervergünstigungen zu „belohnen" und unerwünschte Verhaltensweisen durch eine Besteuerung zu „bestrafen". Umverteilungsnormen verfolgen das Ziel einer „Korrektur des Wohlstandes" durch die „Umverteilung im Interesse des sozialen Ausgleichs".[44]

2. Der Lenkungszweck der Devisentransaktionssteuer

Mit der Einführung einer Devisentransaktionssteuer wollte *Tobin* „etwas Sand in die Räder" der überaus effizienten internationalen Devisenmärkte werfen.[45] Er bezweckte mit der Steuer eine Reduzierung von Häufigkeit und Höhe der Wechselkursschwankungen, die aus destabilisierenden, kurzfristigen Devisentransaktionen resultieren.

---

39 *Weber-Grellet*, Europäisches Steuerrecht, S. 25.

40 Der Vorschlag, die Einnahmen aus einer Devisentransaktionssteuer zu Finanzierungszwecken zu nutzen, wurde Mitte der 90er Jahre des 20. Jahrhunderts diskutiert. Ein Sammelband mit Beiträgen spiegelt die Diskussion um die Verwendung des Steueraufkommens zur Finanzierung der Vereinten Nationen wieder: *Grunberg/Kaul/ul Haq* (Hrsg.), The Tobin Tax – Coping with Financial Volatility. Der Vorschlag wurde allerdings aufgrund zahlreicher Einwände fallen gelassen.

41 Die Formulierung in § 3 Abs. 1 Satz 1 AO lautet: „*die Erzielung von Einnahmen kann Nebenzweck sein*". Damit kann der Fiskalzweck der Steuer neben einem Lenkungs- oder Sozialzweck stehen. Siehe dazu auch die Ausführungen von *Pahlke* in Pahlke/Koenig (Hrsg.), Abgabenordnung, § 3 AO, Rn. 24 f.

42 *Jachmann*, Leistungsfähigkeitsprinzip und Umverteilung in StuW 1998, S. 293, 294; *Lang* in Tipke/Lang, Steuerrecht, § 4 Rn. 21.

43 *Lang* in Tipke/Lang, Steuerrecht, § 4 Rn. 21 m.w.N.

44 *Lang* in Tipke/Lang, Steuerrecht, § 4 Rn. 21.

45 *Tobin*, A Proposal for Monetary Reform in Eastern Economic Journal, Volume 4, S. 153, 154. Allerdings schlägt Tobin zunächst eine Beschränkung der Steuer auf Transaktionen am Kassamarkt vor.

Das nachfolgende Beispiel soll die Wirkungsweise der Steuer verdeutlichen:[46] Angenommen, ein Investor verfügt über 1 Mio. Euro mit einem Gegenwert von 1,1 Mio. US-Dollar. Sollte der Kurs des US-Dollars nun gegenüber dem Euro innerhalb einer Woche auf Parität steigen, könnte dieser Marktteilnehmer nun 1,1 Mio. US-Dollar für 1,1 Mio. Euro eintauschen. Der Gewinn dieses Investors – sollte er diesen realisieren – beträgt damit 100.000 Euro (abzüglich der auf diese Transaktion anfallenden Steuern und Transaktionskosten). Sollte auf den Bruttogewinn in Höhe von 100.000 Euro eine Devisentransaktionssteuer anfallen, so hätte der Investor bei einem Steuersatz von 0,5 % bei dem Kauf der US-Dollar 5.000 Euro zu zahlen, bei dem anschließenden Tausch der US-Dollar in Euro 5.500 US-Dollar, zu dem angenommenen paritätischen Kurs also 5.500 Euro. Die Devisentransaktionssteuer mit einem Steuersatz von 0,5 % entspräche also effektiv 10,5 % des erzielten Gewinns.[47]

Zudem könnte die Steuer so konstruiert werden, dass die relative steuerliche Belastung mit zunehmender Haltedauer der Devisen sinkt. Dies führt dazu, dass die Transaktionskosten für Investoren mit kurzfristigem Anlagehorizont deutlich erhöht werden. Je länger die Devisen zwischen den Devisengeschäften gehalten werden, desto geringer fällt die steuerliche Belastung aus.[48] Eine tabellarische Übersicht und weitergehende Untersuchung dieses Mechanismus sind in dem Abschnitt „*V. Steuersatz*" auf Seite 92 dieser Arbeit angeführt.

Als Folge dieser Besteuerung wird die Attraktivität von Anlagen mit langfristiger Haltedauer gesteigert und die Attraktivität von Anlagen mit kurzfristiger Haltedauer (und häufiger Frequenz) gemindert. Damit wird das Verhalten der Investoren gelenkt.[49] Nebenbei soll der Einfluss von Einschätzungen von Investoren über das kurzfristige Verhalten anderer Investoren bei kurzfristigen Anlagen begrenzt werden[50], um eine höhere Bewertung ökonomischer Fundamentaldaten als Investitionsgrundlage zu erreichen. Investoren sollten sich nach *Kulessa* nicht auf irrationale Anlageentscheidungen, wie Marktstimmungen oder unsichere Informationen verlassen, sondern ihre Investition auf rationalen Überlegungen begründen.[51]

---

46 Dieses Beispiel ist angelehnt an: *Europäisches Parlament*, Die Durchführbarkeit einer internationalen Tobin-Steuer, S. 13.

47 Nähere Ausführungen zur Höhe des Steuersatzes finden sich in dem Abschnitt „*V. Steuersatz*" auf Seite 93 dieser Arbeit.

48 *Kommission Internationale Finanzmärkte*, Bericht der Kommission Internationale Finanzmärkte von SPD-Parteivorstand und SPD Bundestagsfraktion, Bundesparteitag Nürnberg 19. bis 22. November 2001, S. 50.

49 *Summers/Summers*, The case for a Securities Transaction Excise Tax in Tax Notes 1990, S. 879–884, die darlegen, dass eine Devisentransaktionssteuer mit sehr niedrigem Steuersatz das destabilisierende Verhalten der noise trader verhindern könne.

50 *Eichengreen/Tobin/Wyplotz*, Two Cases for Sand in the Wheels of International Finance in The Economic Journal, Vol. 105, No. 428 (1995), S. 162, 165.

51 *Kulessa*, Die Tobinsteuer zwischen Lenkungs- und Finanzierungsfunktion in Wirtschaftsdienst – Zeitschrift für Wirtschaftspolitik, S. 95, 96.

Eine Reduzierung des Anteils an Transaktionen mit kurzfristigem und damit wohl meist eher spekulativem Anlagehintergrund ist nach Ansicht von Tobin auch volkswirtschaftlich sinnvoll, da durch die mittlerweile übermäßige Expansion des mit Finanzmarktspekulationen befassten Sektors Produktionsfaktoren volkswirtschaftlich ineffizient gebunden seien.[52] Die Devisentransaktionssteuer verfolgt somit einen Lenkungszweck, wobei vereinzelt die Besteuerung von Devisentransaktionsbesteuerung darüber hinaus auch als gerechtere Verteilung der Steuerlast angesehen wird.[53] Eine international erhobene Tobin-Steuer führe zu einer Belastung von aufgrund ihrer Mobilität in einem nationalen Kontext nur sehr schwer zu besteuernden Kapitaltransaktionen.[54] Angesprochen wird im Schrifttum auch ein Umverteilungseffekt aus wohlhabenden Industriestaaten in Entwicklungs- und Schwellenländer, sollten die Einnahmen internationalen Organisationen zugutekommen. Denn ein Großteil des Steueraufkommens würde in wohlhabenden Industrieländern erhoben werden. In diesem Fall könnte das Steueraufkommen Projekten in Schwellen- und Entwicklungsländern zugeteilt werden.[55] Mithin kann auch ein Umverteilungszweck der Steuer erkannt werden.

III. Erörterung und Stellungnahme

Die Ausführungen zu den Normzwecken der Devisentransaktionssteuer zeigen, dass sowohl Fiskal- als auch Lenkungszwecke verfolgt werden. Mit dem Lenkungszweck der Devisentransaktionssteuer wird die Eindämmung von kurzfristigen, destabilisierenden Devisentransaktionen beabsichtigt, gleichzeitig jedoch auch die Erzielung von Steuererträgen.[56] Das mit der Devisentransaktionssteuer verfolgte Ziel lag wohl ursprünglich in ihrem Lenkungszweck, dessen Erfolg jedoch von der Höhe des Steuersatzes abhängig ist; zudem ist in der aktuelleren Diskussion der Finanzierungszweck der Devisentransaktionssteuer in den Vordergrund getreten.[57]

---

52 *Tobin*, On the Efficiency of the Financial System in Lloyds Bank Review, Juli 1984, S. 1, 14.

53 *Janus*, Die Tobin-Steuer: Kann sie eine rennende Herde stoppen? in Bender/Hemmer (Hrsg.), Entwicklungsländer im Zeitalter der Globalisierung, S. 142.

54 *Kulessa*, Die Tobinsteuer zwischen Lenkungs- und Finanzierungsfunktion in Wirtschaftsdienst – Zeitschrift für Wirtschaftspolitik, S. 95–104; *Grunberg/Kaul/ul Haq* (Hrsg.), The Tobin Tax: Coping with Financial Volatility.

55 *Kulessa*, Die Tobinsteuer zwischen Lenkungs- und Finanzierungsfunktion in Wirtschaftsdienst – Zeitschrift für Wirtschaftspolitik, S. 95, 99.

56 Die Devisentransaktionssteuer soll die Volatilität der Wechselkurse reduzieren. In der Literatur wird jedoch auf die Möglichkeit einer volatilitätsverstärkende Wirkung der Devisentransaktionssteuer hingewiesen: siehe etwa *Aliber/Chowdhry/Yan*, Some Evidence That a Tobin Tax on Foreign Exchange Transactions May Increase Volatility in European Finance Review, Vol. 7 (2003), No. 3, S. 481–510.

57 Vgl. unter anderem die kurze historische Darstellung des Diskussionsverlaufs in dem Abschnitt „*§ 1 Einführung in die Thematik*“ auf Seite 1 dieser Arbeit.

Tobin selbst äußerte sich positiv gegenüber einem möglichen Nutzen des Steueraufkommens aus einer Devisentransaktionssteuer zu Finanzierungszwecken. Er stellt aber auch klar, dass das Steueraufkommen lediglich einen Nebeneffekt darstellen soll und der Sozialzweck der Steuer im Vordergrund stehe.[58] Sollte die Devisentransaktionssteuer allerdings ihren Lenkungszweck erfüllen, also unerwünschte Devisentransaktionen eindämmen oder verhindern, würde die Steuer wenig und im Idealfall kein Aufkommen generieren. Dies steht aber in einem Widerspruch zu dem ebenfalls erwünschten Zweck der Devisentransaktionssteuer, eine bedeutende Einnahmequelle zu erschließen. Nennenswerte Steuereinnahmen fielen also nur dann an, wenn ein wesentlicher Lenkungserfolg ausbliebe und vor diesem Hintergrund nur ein niedriger Steuersatz erhoben würde, der dann jedoch den eigentlich im Vordergrund stehenden Lenkungszweck fraglich erscheinen lässt. Denn bei einem niedrigen Steuersatz dient die Tobin-Steuer ausschließlich der fiskalischen Zwecksetzung und nicht, wie ursprünglich von *Tobin* konzipiert, überwiegend ihrem Lenkungszweck.[59] Auch der Wissenschaftliche Beirat beim Bundesministerium für wirtschaftliche Zusammenarbeit und Entwicklung (BMZ) stellt fest, dass die Devisentransaktionssteuer bei einem zu gering gewählten Steuersatz ausschließlich einem Fiskalzweck diene.[60] Dies führt zu Zielkonflikten der Steuernormzwecke.[61]

Eine klare Abgrenzung zwischen Steuernormen, in Normen, die einem Sozialzweck verfolgen, und Normen, die einen Fiskalzweck verfolgen, ist schwierig und überwiegend nicht eindeutig möglich. Denn Abgaben, die ausschließlich mit einem Lenkungszweck erhoben werden und/oder wirtschaftspolitische Zwecke verfolgen, dienen, sobald sie erhoben werden, regelmäßig auch Finanzierungszwecken.[62] Damit werden klare Trennlinien zwischen Steuern als finanzierenden Abgaben und lenkenden Abgaben mit dem Zeitpunkt ihrer Erhebung un-

58 *Menkhoff/Michaelis*, Ist die Tobin-Steuer tatsächlich „tot"? in Jahrbuch für Wirtschaftswissenschaften, 46. Jahrgang, 1995, S. 46; *Tobin*, A Currency Transaction Tax. Why and How in Economic Systems merged with Journal of International and Comparative Economics, Vol. 20 (1996), No. 2–3, S. 85, 89.

59 Dazu insbesondere die Ausführungen in dem Abschnitt „*b. Der Lenkungszweck der Devisentransaktionssteuer*" auf Seite 74 dieser Arbeit sowie: *Tobin*, A Currency Transactions Tax. Why and How in Economic Systems merged with Journal of International and Comparative Economics, Vol. 20 (1996), No. 2–3, S. 85, 89.

60 Stellungnahme des Wissenschaftlichen Beirats beim BMZ zur Studie von *Spahn*, Zur Durchführbarkeit einer Devisentransaktionssteuer in Bundesministerium für wirtschaftliche Zusammenarbeit und Entwicklung (Hrsg.), BMZ Spezial, S. 8 und S. 12. Diese Stellungsnahme richtet sich allerdings auf die von Spahn dargestellte Tobin-Steuer-Komponente, dazu: *Spahn*, Zur Durchführbarkeit einer Devisentransaktionssteuer, S. 44.

61 Auf die Zielkonflikte einer Steuer, die auf ein Unterlassen gerichtet sind, weist auch *Homburg* hin: je deutlicher der Lenkungszweck erreicht wird, desto geringer das Steueraufkommen (*Homburg*, Allgemeine Steuerlehre, S. 5).

62 *Frenz*, Europäisches Umweltrecht, S. 36, Rn. 110.

scharf.[63] Die in Deutschland erhobene sogenannte Ökosteuer[64] soll beispielsweise unter anderem dem Zweck dienen, über eine Erhöhung der Mineralölsteuer eine Stabilisierung der Lohnnebenkosten zu gewährleisten. Damit steht ihre Finanzierungsfunktion im Vordergrund, obwohl die Ökosteuer wohl ursprünglich als reine Lenkungssteuer zu charakterisieren war. Grundsätzlich ist festzuhalten, dass im Zusammenhang mit Lenkungsabgaben faktisch immer auch zugleich Finanzierungszwecke verfolgt werden, da sie mit ihrer Erhebung in die Haushaltsplanung einbezogen werden und der Finanzierung staatlicher Aufgaben dienen.[65]

Als Steuern mit ausschließlichem Lenkungscharakter sind jedoch sogenannte Erdrosslungssteuern denkbar, das heißt Steuern, bei denen die Finanzfunktion der Abgabenerhebung in eine Verwaltungsfunktion mit Verbotscharakter umschlägt.[66] Nach allgemein in Deutschland vorherrschender Auffassung sind Erdrosslungssteuern unzulässig.[67]

C. Steuertatbestand

I. Das Steuerrechtsverhältnis

Das Steuerrechtsverhältnis besteht aus dem Steuerschuldverhältnis (materielles Steuerrecht) und dem Steuerverfahrensverhältnis (formelles Steuerrecht).[68] Das Steuerschuldverhältnis beinhaltet unter anderem eine Benennung der Geldleistungsansprüche, die bei der Geltendmachung des Steueranspruchs in Betracht kommen.[69] Der Steueranspruch entsteht bei Verwirklichung des gesetzlichen Steuertatbestands, an den die Leistungspflicht anknüpft.[70] Die den Steueranspruch begründenden Tatbestandsmerkmale ergeben sich aus dem sogenannten

---

63 *Creifelds*, Rechtswörterbuch, Stichwort „Abgaben".

64 Gesetz zum Einstieg in eine ökologische Steuerreform vom 24. März 1999 (BGBl. I S. 378, 2000 I S. 147).

65 In einem Zusammenhang zu umweltbezogenen Lenkungsabgaben: *Gawel*, CO2-basierte Kfz-Steuer – eine Klimaschutzsteuer? in Zeitschrift für Umweltrecht 2001, S. 3, 3.

66 *Lang* in Tipke/Lang, Steuerrecht, § 4 Rn. 213.

67 BVerfGE 16, 147, 161; *Lang* in Tipke/Lang, Steuerrecht, § 4 Rn. 213 m.w.N.

68 *Lang* in Tipke/Lang, Steuerrecht, § 6 Rn. 1.

69 *Lang* in Tipke/Lang, Steuerrecht, § 6 Rn. 2.

70 So etwa im deutschen Recht in § 38 Abgabenordnung normiert; *Lang* in Tipke/Lang, Steuerrecht, § 7 Rn. 11.

Steuertatbestand.[71] Aufgrund der im Zusammenhang mit der Devisentransaktionssteuer veröffentlichten umfangreichen wirtschaftswissenschaftlichen Literatur[72] beschränkt sich die nachfolgende Darstellung des Steuertatbestandes der Devisentransaktionssteuer auf die für die Untersuchung wesentlichen Tatbestandsmerkmale, die das Entstehen des Steueranspruchs begründen:[73] Steuerobjekt, Steuersubjekt, Steuerbemessungsgrundlage, Steuersatz und Steuerbefreiungen.[74]

II. Steuerobjekt

1. Definition

Das Steuerobjekt verkörpert das zu besteuernde Gut, das der Gesetzgeber zur Besteuerung identifiziert und rechtlich erfasst hat, mit anderen Worten bezeichnet das Steuerobjekt den Steuergegenstand.[75] Das Steuerobjekt kann allgemein an Vorgänge (zum Beispiel an der Erzielung von Einkommen, Schenkung, Umsatz), an körperliche Gegenstände (zum Beispiel an Vermögen, Grundbesitz, Verbrauchsgüter wie Mineralöle, Tabak, Bier) oder an Handlungen (zum Beispiel an das Halten eines Kraftfahrzeuges oder die Benutzung von Spielautomaten) anknüpfen.[76]

---

71 *Lang* erklärt, dass Steuertatbestände durchweg überaus kompliziert seien und sich aus zahlreichen positiven (steuerbegründenden, steuererhöhenden) und negativen (steuermindernden) Elementen zusammensetzen. Während sich der strafrechtliche Tatbestand meist in einem oder wenigen Paragraphen ausdrücken lasse, benötige das Steuerrecht für einen Tatbestand durchweg ein ganzes Gesetz (Beispiele: Einkommensteuergesetz, Umsatzsteuergesetz), siehe: *Lang* in Tipke/Lang, Steuerrecht, §7 Rn. 17 f.

72 Etwa: *Grunberg/Kaul/ul Haq* (Hrsg.), The Tobin Tax: Coping with Financial Volatility; *Wahl/Waldow*, Tobin Steuer. Kapital braucht Kontrolle, Hamburg 2002; *Spahn*, Zur Durchführbarkeit einer Devisentransaktionssteuer, Bonn 2002; *Buch/Heinrich/Pierdzioch*, Globalisierung der Finanzmärkte: freier Kapitalverkehr oder Tobin-Steuer?, Kiel 2001; *Felsenheimer*, Die Einführung einer flexiblen Transaktionssteuer zur Verhinderung von Finanzkrisen, Hamburg 2001; *Chesnais*, Tobin or not Tobin, Konstanz 2001; *Patomäki*, Democratizing Globalization: The Leverage of the Tobin Tax, London 2001.

73 Weiterführend zu den Tatbestandsmerkmalen: *Lang* in Tipke/Lang, Steuerrecht, §7 Rn. 17 ff.; *Birk*, Steuerrecht, Rn. 101.

74 Weiterführend wird in diesem Zusammenhang auf den Diskussionsentwurf einer Devisentransaktionssteuer aus dem Jahr 2002 von *Patomäki* und *Denys* hingewiesen: *Patomäki/Denys*, Treaty on Global Currency Transaction Tax. Die nachfolgenden Darstellungen sind von diesem Entwurf jedoch weitestgehend unabhängig.

75 *Birk*, Steuerrecht, Rn. 102; *Lang* in Tipke/Lang, Steuerrecht, §7 Rn. 23.

76 *Lang* in Tipke/Lang, Steuerrecht, §7 Rn. 24.

2. Bestimmung des Steuerobjektes

a. Diskussionsstand

aa. Besteuerung der Transaktionen auf den Kassamärkten

Kenen erörtert die Frage der Besteuerung von Transaktionen am Devisenmarkt und stellt dabei zunächst auf die Transaktion ab, die grundsätzlich in drei voneinander zu unterscheidende Abschnitte unterteilt werden können.[77] Diese Abschnitte können jeweils an verschiedenen Orten getätigt werden, die nachfolgend kurz dargestellt werden:[78]

(1.) Eine Devisentransaktion wird unter der Beteiligung von zwei Händlern getätigt, sie sich nicht notwendigerweise in der gleichen Jurisdiktion aufhalten müssen. So können sich beide Vertragspartner entweder in Frankfurt aufhalten, oder der Vertrag kann zwischen Händlern in Frankfurt und New York zustande kommen. Bei Abschluss des Geschäftes vereinbart jedoch jeder Vertragspartner mindestens die *essentialii negotii*, das heißt den notwendigen Vertragsinhalt, wie die Höhe des jeweils gehandelten Währungswertes, den Ort des Handelsgeschäftes (etwa der Börse) sowie die Art und Weise, in der die Devisentransaktion abgerechnet werden soll.[79] Wird die Besteuerung der Devisentransaktion an diesen Transaktionsabschnitt angeknüpft, so knüpft die Steuer an die Handlung des Vertragsschlusses an.

(2.) Der jeweilige Händler wird die Devisentransaktion nach Abschluss des Vertrags zur Buchung an die Geschäftsstelle seiner jeweiligen Bank oder Finanzinstitution weiterleiten. Der Ort der Buchung muss dabei jedoch nicht gleich dem Ort des Vertragsschlusses sein, da es je nach Bank oder Finanzinstitution unterschiedliche organisatorische Gestaltungen gibt.[80] Sollte der Ort der Buchung steuerrelevant sein, wäre die Ausstellung des Vertrags oder die Verbuchung durch die Buchungsstelle (Backoffice), das heißt diejenige Abteilung in Banken, Kreditinstituten oder Industrieunternehmen, die mit der Dokumentation und der Durchführung der durch den Handel abgeschlossenen Transaktionen beschäftigt ist, für die Bestimmung des Steuersubjekts relevant.

---

77 *Kenen*, The Feasibility of Taxing Foreign Exchange Transactions in Grunberg/Kaul/ul Haq (Hrsg.), The Tobin Tax: Coping with Financial Volatility, S. 109–128.

78 Die nachfolgende Darstellung ist angelehnt an: *Kenen*, The Feasibility of Taxing Foreign Exchange Transactions in Grunberg/Kaul/ul Haq (Hrsg.), The Tobin Tax: Coping with Financial Volatility, S. 109–128.

79 *Kenen*, The Feasibility of Taxing Foreign Exchange Transactions in Grunberg/Kaul/ul Haq (Hrsg.), The Tobin Tax: Coping with Financial Volatility, S. 109–128, 112 m.w.N.

80 *Spahn* verweist darauf, dass die Buchführung von Devisenmarktgeschäften regelmäßig in elektronischer Form geschehe und die verschiedenen Desks mit der Backoffice über Netzwerke verbunden seien. Dabei bestehe eine Tendenz zur vollständigen Konzentration aller Buchungsvorgänge auf einer Plattform (so wickele etwa Citycorps ihre weltweiten Devisengeschäfte integriert über eine Plattform in London ab), dennoch biete diese Konzentration keinen Vorteil für die Erhebung der Steuer, da die Buchungen genauso gut in New York abgewickelt werden könnten (*Spahn*, Zur Durchführbarkeit einer Devisentransaktionssteuer, S. 48, Fußnote 3).

(3.) Bei Fälligkeit der Zahlung aus der Devisentransaktion werden die jeweiligen Beträge zwischen den Vertragsparteien verbucht. So wird beispielsweise bei einer Devisentransaktion von US-Dollar in Euro zwischen zwei Banken in New York die Währung US-Dollar in den Büchern der New York Federal Reserve Bank abgebucht und anschließend zu dem entsprechenden Buchungskonto der Europäischen Zentralbank transferiert.[81] Auf der Abrechnungsseite sind damit grundsätzlich aufgrund der zwei beteiligten Währungen auch zwei verschiedene Abrechnungsorte beteiligt. Erfolgt die Besteuerung der Devisentransaktion mit der zeitlichen Erfassung der Abwicklung des Geschäfts oder der Zahlung, so ist die rechtliche Erfüllung des Transaktionsvertrags Gegenstand der Besteuerung.

Kenen befürwortet eine Anknüpfung an den Ort des Vertragsschlusses. Denn gegen den Ort der Vertragsdokumentation oder der Buchung spreche, dass diese Tätigkeit an keinen speziellen Ort gebunden ist[82] und sich am für den Marktteilnehmer kostengünstigsten Ort richten wird. Trotzdem bietet der Ort der Vertragsausfertigung oder der Verbuchung durch die Backoffice eine Möglichkeit, den Vorgang möglichst eindeutig zu erfassen. So verweist beispielsweise *Spahn* darauf, dass im außerbörslich ausgeübten Devisenhandel und hierbei insbesondere beim offenen Makeln, bei dem Händler am Telefon oft mehrere Geschäfte gleichzeitig tätigen, leicht zu Missverständnissen kommen könne, die die Backoffice gegebenenfalls anhand von Tonbandaufzeichnungen der Gespräche zu klären habe.[83] Gegen die Anknüpfung der Steuer an den Ort der Abwicklung oder Zahlung spricht, dass in der Praxis Devisenumsätze vor ihrer Einstellung in ein offizielles Abrechnungssystem regelmäßig erst netto gestellt werden, das heißt, die sich während eines Tages ergebenden Forderungen und Verbindlichkeiten in verschiedenen Währungen werden laufend innerhalb der jeweiligen Bank oder Finanzinstitution miteinander verrechnet (sogenanntes Inhouse Clearing). Damit ergibt sich der Nettosaldo zum Ende des Handelstags. Erst zu diesem Zeitpunkt werden offene Positionen in ein Abrechnungs- oder Zahlungssystem eingegeben.[84]

bb. Besteuerung der Transaktionen auf den Terminmärkten

Die Besteuerung von Devisentermingeschäften stellt sich aufgrund des zeitlichen Auseinanderfallens von Verpflichtungs- und Verfügungsgeschäft insbe-

---

81 *Kenen*, The Feasibility of Taxing Foreign Exchange Transactions in Grunberg/Kaul/ul Haq (Hrsg.), The Tobin Tax: Coping with Financial Volatility, S. 109–128, 112 m.w.N.

82 *Kenen*, The Feasibility of Taxing Foreign Exchange Transactions in Grunberg/Kaul/ul Haq (Hrsg.), The Tobin Tax: Coping with Financial Volatility, S. 109–128, 112.

83 *Spahn*, Zur Durchführbarkeit einer Devisentransaktionssteuer, S. 48, Fußnote 4.

84 *Kenen*, The Feasibility of Taxing Foreign Exchange Transactions, in Grunberg/Kaul/ul Haq (Hrsg.), The Tobin Tax: Coping with Financial Volatility, S. 109–128, 112; zur weiteren Erläuterung dieser Argumentation: *Spahn*, Zur Durchführbarkeit einer Devisentransaktionssteuer, S. 48.

sondere durch den späteren Zahlungszeitpunkt komplexer dar.[85] Durch das zeitliche Auseinanderfallen ergeben sich zwei mögliche Ansatzpunkte für eine Besteuerung, nämlich die Besteuerung bei Abschluss des Verpflichtungsgeschäftes oder zum Zeitpunkt der Erfüllung. Die Anknüpfung an den Zeitpunkt des Vertragsschlusses führt allerdings zu einer Belastung der Vertragsparteien vor dem Zeitpunkt der eigentlichen Transaktion. Ein Marktteilnehmer, der ein solches Geschäft zu Absicherungszwecken schließt, könnte dadurch benachteiligt werden, da er die Zahlung der Steuer einschließlich darauf anfallenden Zinsen vor dem Zeitpunkt des Geldtransfers finanzieren muss. Durch die Anknüpfung an den Zeitpunkt des Vertragsschlusses wird damit möglicherweise insbesondere der Außenhandel benachteiligt. *König* weist im Zusammenhang mit dieser Problematik auf die Möglichkeit der Verwendung des Barwertes des Termingeschäftes als Bemessungsgrundlage hin, um die relativ zum Kassamarkt stärkere Belastung des Terminmarkts durch die Besteuerung bei Vertragsschluss mit dem Kassamarktsteuersatz zu verhindern. Allerdings sieht auch *König* erhebliche Umsetzungsprobleme, da sich die relevanten Zinssätze täglich ändern können und der Faktor dadurch täglich durch entsprechende Stellen angepasst werden müsse.[86]

Eine Anknüpfung an das Fälligkeitsdatum des Devisentermingeschäftes und damit eine spätere Steuererhebung ermöglicht es Investoren, ohne die oben beschriebenen negativen Effekte auf dem Devisenterminmarkt teilzunehmen. Kritisch zu sehen ist jedoch die geringere Liquiditätsbeanspruchung durch die spätere Steuererhebung, da Investoren und auch Spekulanten die Kosten bereits in ihre Entscheidung mit einbeziehen, was das Risiko ihrer Tätigkeit aufgrund des erst in der Zukunft liegenden Faktors erhöht. Nachteilig ist zudem, dass die Steuereinnahmen später anfallen. Allerdings entfiele auch die tägliche Anpassung des Diskontierungsfaktors, was zu einer eindeutigeren Bemessungsgrundlage führe.[87]

Beide Varianten ermöglichen eine gleichmäßige Belastung von Transaktionen auf dem Devisenkassamarkt und dem Devisenterminmarkt. Während die Kosten der Verwaltung bei der Anknüpfung an den Fälligkeitszeitpunkt geringer sein werden, besitzt die Besteuerung des Devisentermingeschäftes bei Vertragsschluss den Vorteil, dass sie gegenüber Spekulanten effektiver sein könnte, was zu einer Verstärkung der Lenkungswirkung führen könnte.

cc. Vergleich mit Regelungen der Börsenumsatzsteuer

Eine Darstellung wesentlicher Merkmale des Steuertatbestands der Devisentransaktionssteuer könnte sich aus einem Vergleich mit der ehemaligen deut-

85 Die nachfolgende Darstellung ist an *König*, Devisentransaktionssteuer und Wechselkursverlauf, S. 172 ff. angelehnt.

86 *König*, Devisentransaktionssteuer und Wechselkursverlauf, S. 172 f.

87 *König*, Devisentransaktionssteuer und Wechselkursverlauf, S. 172.

schen Börsenumsatzsteuer ergeben.[88] Die Börsenumsatzsteuer war bis zum 1. Januar 1991 Teil des Kapitalverkehrsteuergesetzes (KVStG)[89] und ging aus der preußischen Stempelsteuer hervor, die das Stempeln von Urkunden erfasste und diese einem nach dem Gegenwert des beurkundeten Vorgangs prozentualen Steuersätzen unterwarf.[90] Zweck der Kapitalverkehrsteuern war die „Besteuerung von Vorgängen des Kapitalverkehrs im Inland, soweit es sich um die Zusammenballung und Bewegung des unpersönlichen (anonymen) Kapitals handelte.“[91] Die Börsenumsatzsteuer knüpfte an den Abschluss von Anschaffungsgeschäften über Wertpapiere an, wenn die Geschäfte im Inland oder unter Beteiligung wenigstens eines Inländers im Ausland abgeschlossen wurden (vgl. § 17 KVStG). Steuerobjekt war das schuldrechtliche Verpflichtungsgeschäft, das die Verpflichtung zur (dinglichen) Übereignung der Wertpapiere begründete.[92] Der schuldrechtliche Vertrag war nur dann steuerrelevant, wenn er rechtswirksam abgeschlossen war und der Übereignungsverpflichtung des Verkäufers eine Abnahmeverpflichtung des Käufers im Sinne des § 433 Abs. 2 BGB gegenüberstand.[93] Wurde dem Investor aus einem schuldrechtlichen Vertrag ein Wahlrecht zugesichert, knüpfte eine Steuerpflicht an die Ausübung des Wahlrechts an.[94] Der schuldrechtliche Vertrag musste durch Willenserklärung der Vertragsparteien geschlossen worden sein, womit Rechtsvorgänge kraft Gesetzes oder auf-

---

88 Durch das Gesetz zur Verbesserung der Rahmenbedingungen der Finanzmärkte (Finanzmarktförderungsgesetz) vom 22. Februar 1990 (BGBl. I 1990, 266).

89 Kapitalverkehrsteuergesetz in der Fassung vom 17. November 1972, BGBl. I, S. 2129 ff., geändert durch Gesetz vom 11. Mai 1976 (BGBl. I, S. 1184), Steueränderungsgesetz 1977 vom 16. August 1977 (BGBl. I, S. 1586), Steuerbereinigungsgesetz 1986 vom 19. Dezember 1985 (BGBl. I, S. 2436) und Gesetz über das Baugesetzbuch vom 8. Dezember 1986 (BGBl. I, S. 2191). Weiterführend: *Stern*, Abbau der Kapitalverkehrsteuern, S. 9 f.; *Fecht*, Steuern auf den Kapital- und Zahlungsverkehr in Andel/Haller/Neumark (Hrsg.), Handbuch der Finanzwissenschaft, S. 888.

90 Die Börsenumsatzsteuer geht auf das deutsche Reichsstempelgesetz von 1881 zurück. Mit der Reichsstempelsteuer wurde der Abschluss verschiedener Geschäfte im Sinne einer Verkehrssteuer durch das Stempeln der Dokumente besteuert. Die deutsche Umsatzsteuer wurde 1916 als „Warenstempel“, die Grunderwerbssteuer 1909 als Reichsstempelabgabe erhoben (Gesetz über den Warenumsatzstempel vom 26. Juni 1916; Reichsstempelgesetz von 1909). Auch in anderen Ländern wurden und werden Stempel- und Registrierungsabgaben erhoben (für Frankreich: Les Impôts en France No 900 ff.; Code Général des Impôts, Art. 634 ff.; für die Schweiz: Bundesgesetz über die Stempelabgaben vom 4. Oktober 1917, 22. Dezember 1927, 24. Juni 1937).

91 *Endriss*, Grundriß des Steuerrechts II, S. 91.

92 Nach § 17 Abs. 1 in Verbindung mit Art. 18 Abs. 1 KVStG war der Abschluss von Anschaffungsgeschäften, also von entgeltlichen Verträgen, steuerpflichtig. Siehe dazu: *Brönner*, Kommentar zum Kapitalverkehrsteuergesetz, S. 121 f., 126.

93 Ein Andienungsrecht war bis zu seiner Ausübung und dem Abschluss des Kaufvertrags steuerfrei.

94 *Brönner/Kamprad*, Kommentar zum Kapitalverkehrsteuergesetz, S. 163 mit Verweis auf: RFH vom 16. Mai 1929, Band 25, S. 142.

grund hoheitlichen Akts steuertatbestandlich nicht erfasst wurden.[95] Optionsgeschäfte wurden mit der Ausübung des Wahlrechts besteuert.[96]

b. Zwischenergebnis

Aus der steuerpolitischen Zielsetzung heraus, durch die Devisentransaktionssteuer Spekulationen zu verhindern, erscheint es sinnvoll, als Anknüpfungspunkt für die Besteuerung auf den Kassa- und Terminmärkten den Zeitpunkt des Vertragsschlusses des Verpflichtungsgeschäfts zu nehmen. Grundsätzlich sollte aufgrund der oben geführten Überlegungen jede Transaktion erfasst werden, die Währungstransaktionen zwischen Mitgliedstaaten der Europäischen Union und Nicht-Mitgliedstaaten beinhaltet. Eine Beschränkung der Besteuerung auf alle Devisentransaktionen am Kassamarkt greift zu kurz, da die alleinige Besteuerung des Kassamarkts zu einer höheren Aktivität der Anleger in unbesteuerten Finanzinstrumenten des Terminmarkts führen könnte.[97] Nach der wohl überwiegend im Schrittum vertretenen Auffassung sollte eine Devisentransaktionssteuer grundsätzlich alle Transaktionen auf den Kassa- und Terminmärkten erfassen, insbesondere, um Umgehungsmöglichkeiten zu verhindern.[98]

Grundsätzliche Kritik erfährt die Anknüpfung an den schuldrechtlichen Vertrag eines Devisengeschäfts unter anderem durch *Garber* und *Taylor*, die auf die Umgehungsmöglichkeit durch zwischengeschaltete Instrumente hinweisen:

„Definiert man den Devisenumtausch als Umtausch einer Bankeinlage gegen eine andere in einer anderen Währung, so wird das Bruttogeschäft hiermit praktisch zum Erliegen kommen, und es erfolgt eine Verlagerung zu Schatzwechsel-Swap-Geschäften in Währungen mit (am gleichen Tag) liquiden Schatzwechselmärkten. Die erworbenen Schatzwechsel werden sofort

95 *Brönner/Kamprad*, Kommentar zum Kapitalverkehrsteuergesetz, S. 166.

96 *Brönner/Kamprad*, Kommentar zum Kapitalverkehrsteuergesetz, S. 175 m.w.N.

97 *Deutsche Bundesbank*, Grenzüberschreitender Kapitalverkehr und die Rolle des Internationalen Währungsfonds, Monatsbericht Juli 2001. Einer derartigen Betrachtung steht allerdings die Analyse von *Griffith-Jones* entgegen, der anhand von Untersuchungen bei der Erhebung einer Wertpapiertransaktionsteuer in Großbritannien feststellt, dass trotz einer Befreiung von Umsätzen der Futures und einer Besteuerung von Optionsgeschäften bei Optionsausübung keine Anzeichen von Ausweichreaktionen auf diese Derivate nachzuweisen sind. Dies zeige, dass die Möglichkeit eines Ausweichens auf Derivate kein Hindernis auf dem Weg zur Einführung einer Steuer auf Finanztransaktionen sei (*Janus*, Die Tobin-Steuer: Kann sie eine rennende Herde stoppen? in Bender/Hemmer (Hrsg.), Entwicklungsländer im Zeitalter der Globalisierung, S. 144). Siehe dazu insbesondere auch die Ausführungen in dem Abschnitt *„IV. Steuerbemessungsgrundlage“* auf Seite 91 dieser Arbeit.

98 *Kommission Internationale Finanzmärkte*, Bericht der Kommission Internationale Finanzmärkte von SPD-Parteivorstand und SPD Bundestagsfraktion, Bundesparteitag Nürnberg 19. bis 22. November 2001, S. 50; *Kulessa*, Die Tobinsteuer zwischen Lenkungs- und Finanzierungsfunktion, Wirtschaftsdienst – Zeitschrift für Wirtschaftspolitik, S. 95, 96; *Tobin*, Sand ins Räderwerk der Devisenspekulationen in Neue Züricher Zeitung vom 11. Oktober 1988, Nr. 237, S. 35.

wieder gegen Einlagen verkauft. Der Devisenmarkt wird sich auf diese Handelsform verlagern, es werden keine Steuern gezahlt, und die Spekulation bleibt unberührt".[99]

Die Autoren verweisen in diesem Zusammenhang auf die schnelle Anpassungsfähigkeit der auf dem Devisenmarkt gehandelten Produkte. Dieser Kritik kann durch Einbeziehung weiterer Steuerobjekte entgegengetreten werden. Durch ständig wachsende Möglichkeiten, technische Neuerungen, Strukturen und Verhältnisse in zivilrechtliche Verträge zu fassen, ist es jedoch auf einem Markt mit globalem Wettbewerb nicht möglich, jedes innovative Produkt bereits vorab steuerlich zu erfassen.[100] Denn „rechtliche Innovation unterliegt regelmäßig nicht der Besteuerung"[101]. Rechtliche Innovationen können vielmehr als grundgesetzlich geschütztes Freiheitsrecht eines Investors gewertet werden. Dies führt allerdings auch dazu, dass der Gesetzgeber relevante Finanzinstrumente gegebenenfalls bei entsprechender Indikation durch Gesetzesänderungen nachträglich erfasst. Der Abschluss des schuldrechtlichen Vertrags stellt das Steuerobjekt dar.

3. Technische Machbarkeit einer Devisentransaktionserfassung

Bei der Erfassung von Devisentransaktionen stellt sich die Frage der technischen Machbarkeit einer Transaktionserfassung. *Spahn* ist der Auffassung, dass durch zentralisierte Abwicklungssysteme eine automatische Erfassung, Kontrolle und Erhebung aller Devisentransaktionen bereits im Raum der Europäischen Union möglich sei.[102] *Schmidt* weist bei einer Betrachtung der internationalen Abrechnungssysteme darauf hin, dass die jeweiligen nationalen Systeme durchaus zusammengefasst werden könnten und die Steuer somit bei Abrechnung der Transaktionen erhoben werden könnte. Er verweist darauf, dass im Jahr 1990 die wichtigsten Zentralbanken in dem „Bank of International Settlement Committee on Interbank Netting Schemes of the Central Banks of the Group of Ten Countries" Regeln festgelegt haben, die den Devisenhandel zwischen Finanzinstitutionen regeln sollen. Finanzinstitutionen, die nicht diesen Regeln entsprächen, sollte es nicht möglich sein, an dem Handel teilzunehmen.[103] Zudem werde regelmäßig bei der Abwicklung der Handelsgeschäften ein von den Zentralbanken eingeführtes elektronisches Clearingsystem, die „Society for Worldwide Interbank Financial Telecommunications" (SWIFT) genutzt, das an-

---

99 *Garber/Taylor*, Sand in the Wheels of Foreign Exchange Markets: A Sceptical Note in Economic Journal, Vol. 105 (1995), Issue 428 (January), S. 173 - zitiert nach: *Europäisches Parlament*, Die Durchführbarkeit einer internationalen Tobin-Steuer, S. 17.

100 Zum Vertrauensschutz im Steuerrecht und zu den Erfordernissen an Bestimmtheit und Klarheit eines Steuertatbestands: *Spindler*, Vertrauensschutz im Steuerrecht, DNotZ 2007, S. 105 ff.; BVerfG, Entscheidung vom 12.10.2010 - 2 BvL 59/06, Rn. 34.

101 *Paschen*, Steuerumgehung im nationalen und internationalen Steuerrecht, S. 17.

102 *Spahn*, Zur Durchführbarkeit einer Devisentransaktionssteuer, S. 53–62.

103 *Schmidt*, A Feasible Foreign Exchange Transaction Tax, S. 3.

fallende Transaktionskosten berechnet und sie den Handelsgeschäften zuordnet. SWIFT wird von einer privaten Gesellschaft in Brüssel betrieben und umfasste im Jahr 2010 die Abwicklung von Handelsgeschäften mit 9.389 Teilnehmern in 209 Ländern.[104] SWIFT könnte als zentralisiertes Abrechnungssystem die Erhebung und Abrechnung der Steuer mit geringem Aufwand übernehmen.[105]

Es kann somit zusammengefasst werden, dass eine automatisierte Erhebung und Abrechnung der Steuer über ein zentralisiertes Abrechnungssystem technisch durchaus möglich ist. Dies gilt für eine Devisentransaktionssteuer auf dem Gebiet der Europäischen Union und mit den genannten Einschränkungen auch in einem internationalen Zusammenhang.

4. *Steuertypologische Einordnung*

Die Devisentransaktionssteuer knüpft an den Abschluss eines schuldrechtlichen Vertrags an, der einen Vorgang des Eigentumsgebrauchs darstellt.[106] Steuern auf den Eigentumsgebrauch werden insbesondere differenziert in Verkehrsteuern, die auf die Teilnahme am Rechts- und Wirtschaftsverkehr erhoben werden[107], Verbrauchsteuern, die auf den Verbrauch von Gütern erhoben werden[108] und Besitzsteuern, die auf den Besitz von Vermögenswerten erhoben werden[109]. Nachfolgend soll die Devisentransaktionssteuer zwischen den Verbrauchs- und Verkehrsteuern abgegrenzt werden. Verbrauchsteuern sind Steuern, die regelmäßig beim Hersteller, ausnahmsweise beim Händler und generell nicht beim Endverbraucher erhoben werden.[110] Verbrauchsteuern werden im Zusammenhang mit einer Wertschöpfung erhoben. Verkehrsteuern knüpfen dagegen an Rechtsakte oder Realakte an, mit denen eine Wertschöpfung einhergehen kann.[111] Aus erhebungstechnischen Gründen knüpfen Verbrauchsteuern oft an einen Rechts- oder Realakt an. Zur klaren Abgrenzung der Steuer ist aus diesem Grund das Auftreten des sogenannten Cascading-Effektes (auch Kumulationseffekt genannt) zu untersuchen. Ein derartiger Kumulationseffekt tritt nur bei Verkehrsteuern auf, da bei mehrfacher Erfüllung des Steuertatbestandes auch

104 Society for Worldwide Interbank Financial Telecommunication (SWIFT), SWIFT in Figures, April 2010.

105 Zu einer genaueren Analyse der Erhebungsmethoden und Abrechnungsmöglichkeiten einer Devisentransaktionssteuer: *Schmidt*, A Feasible Foreign Exchange Transaction Tax, S. 4 ff.

106 Für einen allgemeinen Überblick und die nachstehenden Ausführungen: *Birk*, Steuerrecht, Rn. 85 ff.

107 In Deutschland zum Beispiel Umsatzsteuer, Grunderwerbsteuer, Versicherungsteuer.

108 In Deutschland zum Beispiel Mineralölsteuer, Stromsteuer, Tabaksteuer.

109 Die Besitzsteuern unterteilen sich in Ertragsteuern, die auf einen Vermögenszuwachs erhoben werden (zum Beispiel Einkommensteuer, Körperschaftsteuer, Gewerbesteuer) und Substanzsteuern, die auf das Innehaben von Vermögensgegenständen erhoben werden (zum Beispiel Grundsteuer, Vermögensteuer).

110 *Birk*, Steuerrecht, Rn. 99 ff.

111 *Homburg*, Allgemeine Steuerlehre, S. 12 f.

eine mehrfache Steuerbelastung auftritt.[112] Die Frage, ob mit dem Vertrag über eine Devisentransaktion auch eine Wertschöpfung einhergehen kann, kann an dieser Stelle offenbleiben, da bei einer mehrfachen Erfüllung des Tatbestandes einer Devisentransaktionssteuer jeweils eine Steuerbelastung auftritt und die Devisentransaktionssteuer aus diesem Grund steuertypologisch als Verkehrsteuer einzuordnen ist.

5. Resümee

Anknüpfungspunkt einer Devisentransaktionssteuer soll nach den voranstehenden Ausführungen der schuldrechtliche Vertrag über eine Devisentransaktion sein. Die Devisentransaktionssteuer soll dabei an jeden schuldrechtlichen Vertrag anknüpfen, der zu einem Devisenumsatz führt. Die Steuererhebung findet bei jedem rechtswirksamen Vertragsschluss statt. Aufgrund der Tatsache, dass bei einer mehrfachen Erfüllung des Tatbestandes jeweils eine Steuerbelastung auftritt, stellt die Devisentransaktionssteuer steuertypologisch eine Verkehrsteuer dar.

III. Steuersubjekt

1. Definition

Das Steuersubjekt ist das Rechtssubjekt eines Steuergesetzes, dem ein Steuerobjekt und die damit verbundene Steuerschuld zugerechnet wird. Mit anderen Worten bezeichnet das Steuersubjekt den Steuerschuldner.[113] Steuerschuldner können alle Gebilde sein, die wirtschaftlich leistungsfähig sind, das heißt, die etwas erwirtschaften und/oder über Wirtschaftsgüter verfügen (Einzelpersonen, Personen- und Kapitalgesellschaft, Unternehmen beliebiger Rechtsform etc.).[114] Aus völkerrechtlicher Sicht ist es jedem Staat erlaubt, die Abgabepflicht neben eigenen Staatsangehörigen im Inland auch auf Ausländer im Inland und eigene Staatsangehörige im Ausland zu erstrecken. Eine Ausnahme bestimmter Steuerschuldner von der Rechtsfolge des Steuertatbestands wird als subjektive oder persönliche Steuerbefreiung bezeichnet.[115]

2. Bestimmung des Steuersubjektes

a. Diskussionsstand

aa. Ansichten im Schrifttum

Steuerschuldner einer Devisentransaktionssteuer soll nach in der Literatur überwiegend vertretener Ansicht grundsätzlich jeder Marktteilnehmer sein, der eine

---

112 *Homburg*, Allgemeine Steuerlehre, S. 13 ff.

113 *Birk*, Steuerrecht, Rn. 101; *Lang* in Tipke/Lang, Steuerrecht, §7 Rn. 22.

114 *Lang* in Tipke/Lang, Steuerrecht, §7 Rn. 22.

115 *Birk*, Steuerrecht, Rn. 101; *Lang* in Tipke/Lang, Steuerrecht, §7 Rn. 22.

Transaktion auf dem Devisenmarkt tätigt.[116] Dies umfasst nach den Ausführungen in dem Abschnitt *„II. Steuerobjekt"* auf Seite 78 dieser Arbeit sowohl Transaktionen auf dem Devisenkassamarkt als auch Transaktionen auf dem Devisenterminmarkt. In einem völkerrechtlichen Rahmen kann eine Devisentransaktionssteuer allerdings nur bestimmte Parteien des Devisengeschäftes treffen: Inländer, die ein Devisengeschäft tätigen und Ausländer, die im Inland geschäftstätig sind.

bb. Anknüpfung an das Bestimmungs- oder Ursprungsland

Der Anknüpfung an den konkreten Abschnitt der Transaktion, in dem sich die Transaktion gerade befindet, ist das Problem immanent, dass Globalisierung, Deregulierung und technologischer Wandel bestimmte Arten von Geschäften in quantitativer und struktureller Hinsicht grundsätzlich vom Ort ihrer Erbringung unabhängig gemacht haben. Bei der Durchführung eines Devisengeschäfts durch institutionelle Marktteilnehmer handelt es sich um eine Dienstleistung[117], die grundsätzlich nicht an einen bestimmten Ort gebunden ist[118].

Ob ein Tatbestand der Steuerpflicht unterliegt oder nicht, ist nach dem Ort der Anknüpfung zu entscheiden. Hierzu werden grundsätzlich zwei Besteuerungsprinzipien diskutiert: das Ursprungsland- und das Bestimmungslandprinzip.[119] Unter dem Ursprungslandprinzip erfolgt eine Besteuerung ausschließlich im Ursprungsland, wobei das Bestimmungsland auf eine Besteuerung verzichtet. Unter dem Bestimmungslandprinzip erfolgt eine Besteuerung des Steuerobjekts ausschließlich im Bestimmungsland. Das Steuerobjekt wird hierbei im Ursprungsland von der Steuer ausgenommen und unterliegt der Besteuerung im Bestimmungsland. In einem europäischen Zusammenhang (Binnenmarkt) bedeutet das Ursprungslandprinzip, dass eine Dienstleistung, die nach den Rechtsvorschriften eines Mitgliedstaats der Europäischen Union ordnungsgemäß erbracht wird, prinzipiell innerhalb des gesamten Binnenmarkts erbracht werden darf.[120]

---

116 *Kommission Internationale Finanzmärkte*, Bericht der Kommission Internationale Finanzmärkte von SPD-Parteivorstand und SPD Bundestagsfraktion, Bundesparteitag Nürnberg 19. bis 22. November 2001, S. 50. *Patomäki/Denys*, Treaty on Global Currency Transaction Tax, Art. 7 § 1 des Diskussionsentwurfs.

117 Dazu die Ausführungen in dem Abschnitt *„2. Dienstleistungsbegriff"* auf Seite 201 dieser Arbeit. Siehe auch: EuGH, Rs. C–172/96, First National Bank of Chicago, Slg. 1998, I–4387, Rn. 69.

118 Siehe dazu auch die Ausführungen in dem Abschnitt *„§ 3 Die Finanz- und Devisenmarktmechanismen"* auf Seite 39 dieser Arbeit.

119 *Endres*, Steuerliche Aspekte der europäischen Integration in Recht der Internationalen Wirtschaft 1994, 572 ff.; *Europäische Kommission*, Ein Gemeinsames Mehrwertsteuersystem – ein Programm für den Binnenmarkt, KOM (96) 328 endg.; *Laule*, Die Harmonisierung des europäischen Steuerrechts in Internationales Steuerrecht 2001, 297, 304 f.; *Stumpf* in Schwarze, Art. 93 EG, Rn. 22 ff.

120 *Stumpf* in Schwarze, Art. 93 EG, Rn. 22.

Grundsätzlich sollten alle Dienstleistungen an dem Ort besteuert werden, an dem der tatsächliche Verbrauch erfolgt, das heißt an dem Ort, in welchem die Dienstleistung in Anspruch genommen wird. Dienstleistungen an steuerpflichtige Unternehmer sollten dort besteuert werden, wo der Empfänger der Dienstleistung ansässig ist. Dienstleistungen an nicht steuerpflichtige Nicht-Unternehmer sollten dort besteuert werden, wo der Erbringer der Dienstleistung ansässig ist.[121] Dienstleistungen, die ein Unternehmen für ein anderes Unternehmen erbringt, sollten dort besteuert werden, wo der Empfänger der Dienstleistung ansässig ist.[122]

cc. Vergleich mit Regelungen der Börsenumsatzsteuer

Ein Vergleich lässt sich auch hier mit der Börsenumsatzsteuer ziehen. Durch den Vergleich soll insbesondere die mögliche steuerrechtliche Behandlung von Marktteilnehmern aus Ländern mit Devisentransaktionssteuer und Marktteilnehmern aus Ländern ohne Devisentransaktionssteuer dargestellt werden.

Voraussetzung der Börsenumsatzsteuer war, dass die Anschaffungsgeschäfte im Inland oder unter Beteiligung wenigstens eines Inländers im Ausland abgeschlossen wurden.[123] Wie oben erläutert, war der Besteuerungsgegenstand zum einen der Abschluss von Anschaffungsgeschäften im Inland (sogenannte Inlandsgeschäfte); gleichgültig, ob die Vertragspartner Inländer[124] oder Ausländer waren. Zum anderen waren auch Geschäfte, die im Ausland geschlossen wurden (sogenannte Auslandsgeschäfte) Gegenstand der Börsenumsatzsteuer, wenn mindestens ein Inländer Vertragspartei war.

Zur Erfüllung des Tatbestands eines Inlandsgeschäfts wurde bei der Börsenumsatzsteuer auf den Ort des Geschäftsabschlusses durch die Annahme des Angebots im Sinne des § 145 BGB abgestellt. Erfolgte die Annahme im Inland, galt das Geschäft als Inlandsgeschäft. Dabei genügte es, wenn ein Vertreter den Vertrag im Namen der vertretenen Vertragspartei im Inland abschloss. Das ding-

---

121 Vgl. dazu auch den 3., 4. und 5. Erwägungsgrund des Entwurfs einer Richtlinie des Rates zur Änderung der Richtlinie 2006/112/EG bezüglich des Ortes der Dienstleitung, 16238/1/07 REV 1. Die Regelungen betreffen zwar die Umsatzbesteuerung von Dienstleistungen, doch werden durch die Änderung der Bestimmungen über den Ort der Erbringung von Dienstleistungen gleichere Wettbewerbsbedingungen für Unternehmen geschaffen, die insbesondere Dienstleistungen aus der Ferne erbringen. Damit werden Sachverhalte erfasst, bei denen sich Unternehmen in Ländern mit niedrigeren Umsatzsteuersätzen niedergelassen haben. Bei der Untersuchung der Devisentransaktionssteuer ist eine deratige steuertechnisch bedingte Abwandungerung ebenfalls zu erwarten und könnte durch eine gleichlaufende Regelung unterbunden werden.

122 Eine Darstellung der von der Devisentransaktionssteuer zu erfassenden Sachverhalte findet sich im nachfolgenden Abschnitt.

123 Vgl. § 17 Abs. 1 und 2 KVStG.

124 Inländer im Sinne des Börsenumsatzgesetzes waren Personen, die ihren Wohnsitz, ihren gewöhnlichen Aufenthalt, eine gewerbliche Niederlassung oder eine ständige Vertretung im Inland hatte (vgl. § 17 Abs. 2 KVStG).

liche Verfügungsgeschäft stellte keinen Anknüpfungspunkt für die Besteuerung dar. Das Verpflichtungsgeschäft musste rechtswirksam abgeschlossen worden sein.[125]

Zur Erfüllung des Tatbestands eines Auslandsgeschäfts wurde bei der Börsenumsatzsteuer auf die Annahme des Angebots im Ausland abgestellt. War ein Vertragspartner Inländer, wurde das steuerpflichtige Auslandsgeschäft mit dem halben Steuersatz besteuert.[126] Ein Geschäft, welches im Ausland ohne Beteiligung eines Inländers getätigt wurde, war steuerfrei. Mit dieser Differenzierung im Börsenumsatzsteuergesetz wurden jedoch Umgehungsmöglichkeiten geschaffen. So war zum Beispiel ein Geschäft, bei dem ein Inländer seine Wertpapiere im Ausland über einen Vertreter in seinem Namen an einen Ausländer oder ausländischen Vertreter eines Inländers veräußert, von der Besteuerung ausgenommen.[127]

b. Resümee

Eine Devisentransaktionssteuer erfasst nach den voranstehenden Ausführungen verschiedene Sachverhalte, die nachfolgend kurz dargestellt werden. Konstellationen, die steuerlich erfasst werden, können einen Inlands- und Auslandsbezug haben:

Inlandsgeschäfte. Die Devisentransaktionsbesteuerung kommt zur Anwendung, wenn der maßgebliche Besteuerungsgegenstand – der schuldrechtliche Vertrag – in einem Mitgliedstaat der Europäischen Union geschlossen wird.

Auslandsgeschäfte. Die Devisentransaktionsbesteuerung kommt zur Anwendung, wenn mindestens ein Inländer oder Unternehmen mit Sitz oder Niederlassung auf dem Gebiet der Europäischen Union Vertragspartei des schuldrechtlichen Vertrags ist.

Reine Auslandsgeschäfte. Die Devisentransaktionsbesteuerung kommt nicht zur Anwendung, wenn der schuldrechtliche Vertrag außerhalb der Europäischen Union geschlossen wird und kein Inländer oder Unternehmen mit Sitz oder Niederlassung auf dem Gebiet der Europäischen Union Vertragspartei des schuldrechtlichen Vertrags ist.

IV. Steuerbemessungsgrundlage

1. Definition

Die Bemessungsgrundlage ist der Teil des Steuertatbestandes, der das Steuerobjekt als Ganzes quantifiziert.[128] Unterschieden werden Steuerbemessungsgrundlagen, die an den Wert des Merkmals eines Steuerobjektes anknüpfen (Wert,

---

125 *Brönner/Kamprad*, Kommentar zum Kapitalverkehrsteuergesetz, S. 157.

126 Vgl. § 24 Abs. 2 KVStG.

127 *Brönner/Kamprad*, Kommentar zum Kapitalverkehrsteuergesetz, S. 157.

128 *Birk*, Steuerrecht, Rn. 102; *Lang* in Tipke/Lang, Steuerrecht, §7 Rn. 31.

Entgelt, Gegenleistung etc.), und Bemessungsgrundlagen, die an quantitative Eigenschaften anknüpfen (Stückzahl, Menge, Gewicht etc.).[129]

2. Bestimmung der Steuerbemessungsgrundlage

Bemessungsgrundlage der Devisentransaktionssteuer soll nach allgemeiner Ansicht der Nominalwert der jeweiligen Transaktion sein.[130] Das Nominalwertprinzip wird in den meisten Ländern als Bemessungsgrundlage der Einkommensteuern genutzt und gilt für alle Einkunftsarten.[131] So stellt das Nominalwertprinzip nach Auffassung des BVerfG in einem System einer modernen Volkswirtschaft ein tragendes Ordnungsprinzip der Währungsordnung und Wirtschaftspolitik dar.[132] Der Gegensatz zum Nominalwertprinzip stellt das Realwertprinzip dar, das eine Anwendung von Indexwerten zur Folge hätte. Eine derartige Indexbindung in Steuergesetzen wird jedoch in ihrem Grundsatz als währungspolitisch bedenklich und unerwünscht angesehen, zudem erleichtert das Nennwertprinzip eine eindeutige und einfache Bestimmung der Steuerpflicht im Einzelfall.[133]

Zur Konkretisierung der Bemessungsgrundlage kann ein Vergleich mit der Börsenumsatzsteuer und den hierbei für die Devisentransaktionssteuer relevanten Regelungen bemüht werden. So wurde die Börsenumsatzsteuer regelmäßig vom vereinbarten Preis als einem zahlenmäßig bestimmten Geldbetrag berechnet. Fehlte ein solcher, wurde der mittlere Börsen- oder Marktpreis des jeweiligen Papiers herangezogen. Sollte auch dieser nicht bestimmbar sein, der höchstmögliche Wert des Gegenstandes.[134] Für die Bemessungsgrundlage der Devisentransaktionssteuer bedeutet dies, dass der Betrag herangezogen werden soll, der als Nominalwert der jeweiligen Devisentransaktion bleibt. Dabei ergeben sich verschiedene Ansatzpunkte, wie Barpreis, mittlerer Börsen- und Marktpreis oder der höchstmögliche Wert des Gegenstands, die nachfolgend kurz untersucht werden sollen.[135]

---

129 *Lang* in Tipke/Lang, Steuerrecht, §7 Rn. 32.

130 *Kommission Internationale Finanzmärkte*, Bericht der Kommission Internationale Finanzmärkte von SPD-Parteivorstand und SPD Bundestagsfraktion, Bundesparteitag Nürnberg 19. bis 22. November 2001, S. 49.

131 Die Verfassungsmäßigkeit dieses Prinzips wird in Deutschland in ständiger Rechtsprechung bestätigt: BVerfG, BStBl II 79, 308; BFH, Az. III R 100/75, BStBl II 78, 259; BFH, Az. VIII R 95/72, BStBl II 74, 572, 577. Dazu auch: *Andel*, Einkommensteuer in Andel/Haller/Neumark (Hrsg.), Handbuch der Finanzwissenschaft, S. 331, 360.

132 BVerfGE 50, 57, 92 m.w.N.

133 *Lang* in Tipke/Lang, Steuerrecht, §9 Rn. 56; BVerfG, NJW 1979, 1151, 1154 m.w.N.; BVerwGE 41, 1, 5; BGH, NJW 1973, 1599.

134 Vgl. § 23 KVStG.

135 Die nachfolgenden Ausführungen und die jeweils aufgeführte Rechtsprechung beziehen sich im Wesentlichen auf die Regelungen der historischen Börsenumsatzsteuer.

a. Barpreis

Unter dem vereinbarten Preis wird die Gesamtheit der vereinbarten Gegenleistung begriffen.[136] Werden neben dem Barpreis weitere in Geld bestimmbare Gegenleistungen erbracht, so bilden deren Geldwerte neben der Barzahlung als Teil der Gegenleistung die Steuerbemessungsgrundlage.[137] Kosten, die in Zusammenhang mit dem Geschäftsabschluss entstehen (wie etwa Kosten für Telekommunikation, Provisionen oder Courtage), sind dem Preis nicht hinzuzurechnen.[138]

Beim Abschluss von Optionsgeschäften stellt der Basispreis der Option (Nominalbetrag ohne Optionsprämie) die Bemessungsgrundlage dar. Mit diesem Ansatz ist es möglich, die Bemessungsgrundlage eindeutig und für den Steuerpflichtigen nachvollziehbar zu gestalten und zudem die Verwaltungskosten für die Steuererhebung niedrig zu halten. Außerdem beschränkt dieser Ansatz die Motivation zur Schöpfung von Finanzinstrumenten, die durch entsprechende Ausgestaltung von Preis- oder Wertdifferenzen der Option darauf abzielen, die Bemessungsgrundlage der Besteuerung zu reduzieren.[139]

b. Der mittlere Börsen- und Marktpreis

Sofern kein Barpreis vereinbart ist, dient der mittlere Börsen- oder Marktpreis am Tag des Geschäftsabschlusses als Bemessungsgrundlage für die Berechnung der Steuer. Der mittlere Börsenpreis ist der Einheitskurs, d. h. der Kurs, der im Rahmen der Einheitsnotierung im amtlichen Handel einmal börsentäglich festgestellt wird. Bei fortlaufender Notierung, d. h. bei ständiger Notierung der Kurse, der jeweils zeitlich in Betracht kommende Kurs. Marktpreis ist der am Börsenplatz notierte Kurs des abgeschlossenen Geschäfts. Der mittlere Börsen- oder Marktpreis dient vor allem bei Tausch- oder Leihgeschäften der Feststellung einer Bemessungsgrundlage.[140]

c. Der höchstmögliche Wert des Gegenstandes

Der höchstmögliche Wert des Gegenstandes dient dann als Bemessungsgrundlage, wenn einem Vertragspartner aus dem schuldrechtlichen Vertrag ein Wahl-

---

136 BFH, Urteil vom 8. Mai 1974, BStBl. 1974 II, S. 470.

137 So der BFH, Urteil vom 8. Mai 1974, BStBl. 1974 II, S. 470. In früherer Rechtsprechung sah der BFH allerdings nur den Barpreis als vereinbarten Preis im Sinne von § 23 KVStG an. Dazu: BFG, Urteil vom 26. Februar 2958, BStBl. 1958 III, S. 204.

138 Für die Börsenumsatzsteuer: *Brönner/Kamprad*, Kommentar zum Kapitalverkehrsteuer-gesetz, S. 207.

139 Für die Börsenumsatzsteuer: *Brönner/Kamprad*, Kommentar zum Kapitalverkehrsteuer-gesetz, S. 208.

140 Für die Börsenumsatzsteuer: *Brönner/Kamprad*, Kommentar zum Kapitalverkehrsteuer-gesetz, S. 207 f.

recht zwischen verschiedenen steuerpflichtigen Devisen zusteht.[141] Ein solches Geschäft ist mit Abschluss steuerpflichtig und bezieht sich auf den jeweils höheren Preis der jeweiligen steuerpflichtigen Devisen als Bemessungsgrundlage.[142]

3. Resümee

Grundsätzlich wird der Nominalwert des jeweiligen Devisengeschäfts als Bemessungsgrundlage für die Devisentransaktionssteuer präferiert. Für die Transaktionsbesteuerung ist es dabei nach Ansicht des EuGH nicht erforderlich,

> „dass der Steuerpflichtige, der die Gegenstände liefert oder die Dienstleistung erbringt, oder die andere an der Transaktion beteiligte Partei den genauen Betrag der Gegenleistung kennt, der als Besteuerungsgrundlage dient [...]. Daher ist es ohne Bedeutung, dass die Parteien bei Abschluss des Geschäfts die Grundlage, auf der die Mehrwertsteuer festgesetzt wird, nicht kennen und dem Empfänger der erbrachten Dienstleistung diese Grundlage auch später unbekannt bleibt.“[143]

Im Hinblick auf die Bemessungsgrundlage für die Devisentransaktionssteuer stellt der Nominalwert eines Devisengeschäfts den Nennwert der Geldschuld aus dem Geschäft ohne Rücksicht auf den realen Wert der Schuld bei Entstehung und Rückzahlung dar, womit die Unterschiede auf Kassa- und Terminmärkten berücksichtigt werden.

V. Steuersatz

1. Definition

Der Steuersatz ist diejenige Größe, aus der sich der Steuerbetrag in Bezug auf die Steuerbemessungsgrundlage ergibt. Der Steuersatz kann einen bestimmten Geldbetrag, der auf eine bestimmte Größe der Bemessungsgrundlage bezogen ist, oder einen Prozentsatz darstellen.[144] Der Steuertarif beschreibt die Höhe des Steuersatzes und die Berechnung der Steuer, indem der Steuertarif für die Steuer eine vollständige und eindeutige Zuordnung von Bemessungsgrundlage (X) und Steuerbeträgen (T) über eine Steuerbetragsfunktion T=T(X) beschreibt. Ein Steuertarif kann proportional (gleichbleibender Steuersatz), progressiv (mit wachsender Bemessungsgrundlage steigender Steuersatz) oder regressiv (mit wachsender Bemessungsgrundlage fallender Steuersatz) sein.[145]

---

141 Gleiches gilt für ein Recht über die Bestimmung des Umfangs der Leistung innerhalb gewisser Grenzen.

142 Für die Börsenumsatzsteuer: *Brönner/Kamprad*, Kommentar zum Kapitalverkehrsteuergesetz, S. 207 f.

143 EuGH, Rs. C–172/96, *First National Bank of Chicago*, Slg. 1998, I–4387, Rn. 49 mit Verweis auf EuGH, Rs. C–288/94, *Argos Distributors*, Slg. 1996, I–5311, Rn. 21 f.

144 *Birk*, Steuerrecht, Rn. 105–109; *Lang* in Tipke/Lang, Steuerrecht, §7 Rn. 33.

145 *Lang* in Tipke/Lang, Steuerrecht, §7 Rn. 33.

2. *Bestimmung des Steuersatzes*

a. *Einführung*

Im Zusammenhang mit der Bestimmung der Höhe des Steuersatzes können grundsätzlich zwei Ansätze herangezogen werden, die insbesondere bei Lenkungssteuern oder Steuern, mit denen ursprünglich eine lenkende Wirkung beabsichtigt wurde, angewandt werden.

Nach einem Ansatz sollen das Aufkommen aus der Steuer die Kosten der durch das steuerpflichtige Verhalten verursachten Beeinträchtigung widerspiegeln (sogenannte Pigou-Steuer). Als Folge würde der Steuerpflichtige entweder das steuerpflichtige Verhalten unterlassen oder/und die aus seiner Beeinträchtigung entstehenden Kosten mit seinen Kosten abwägen, die ihn zu dem Verhalten bewegen. An diesem Ansatz wird kritisiert, dass der Schaden, der dem Finanzmarkt und der Wohlfahrt durch eine unerwünschte Spekulation entsteht, kaum mit einem bestimmten Wert errechnet oder diesem angenähert werden kann. Auch geht der Ansatz von einer Kompensierbarkeit der Beeinträchtigung aus, was bei irreversiblen Beeinträchtigungen nicht möglich ist.[146]

Ein weiterer Ansatz legt für die Bemessung der Höhe des Steuersatzes den Standard-Preis-Ansatz zugrunde. Nach dem Standard-Preis-Ansatz wird die Höhe des Steuersatzes den politischen Vorgaben an die mit der Steuer beabsichtigte Lenkungswirkung angepasst. Damit bemisst sich die tatsächliche Höhe des Steuersatzes nach der Höhe der Preiselastizität, das heißt nach der „künstlichen" Verteuerung, die durch die Steuer erzielt werden muss, um den Steuerpflichtigen in das gewünschte Verhalten zu lenken.[147] Nachfolgend soll der Standard-Preis-Ansatz im Rahmen der von *Tobin* vorgeschlagenen Devisentransaktionssteuer sowie der von *Kamppeter* und *Spahn* diskutierten Variante dieser Steuer erläutert werden.

b. *Diskussionsstand zur Höhe des Steuersatzes*

Im Zusammenhang mit der Darstellung des Diskussionsstands zur Höhe des Steuersatzes der Devisentransaktionssteuer sollen exemplarisch Gruppen gebildet werden, unter die entsprechende Diskussionsbeiträge zusammengefasst werden.

---

146 *Lang* in Tipke/Lang, Steuerrecht, § 8 Rn. 119 m.w.N.; *Pigou*, The Economics of Welfare, 1929, S. 174 ff. Zu umweltbezogenen Lenkungssteuern: *Gawel*, CO 2-basierte Kfz-Steuer – eine Klimaschutzsteuer? in Zeitschrift für Umweltrecht 2010, S. 3, 4; *Unnerstall*, Anforderungen an die Kostendeckung in der Trinkwasserversorgung nach der EU-Wasserrahmenrichtlinie, NVwZ 2006, S. 528, 529.

147 *Lang* in Tipke/Lang, Steuerrecht, § 8 Rn. 119 m.w.N. Im Zusammenhang mit sogenannten Ökosteuern: *Baumol/Oates*, The Use of Standards and Prices for Protection of the Environment in The Swedish Journal of Economics, Vol. 73, No. 1, Environmental Economics (March 1971), S. 42 ff.; *Frank*, Ökonomische und politische Beurteilung von Öko-Steuern, StuW 1990, 217, 218.

aa. Steuersatz einer Steuer im Sinne von Tobin

Die durch die Einführung einer Devisentransaktionssteuer verursachte Steuerlast soll nach der Ansicht von *Tobin* bei kurzen Halteperioden erheblich zunehmen, bei langen Halteperioden abnehmen. Während *Tobin* im Jahr 1972 noch einen Steuersatz in Höhe von 1 % forderte[148], reduzierte er seine Forderung im Jahr 1995 auf 0,5 %[149]. In den Diskussionen um den Steuersatz der Tobin-Steuer werden vereinzelt auch 0,01 % bis 0,05 % angesprochen.[150] Die Europäische Kommission merkte im Oktober 2010 an, dass eine Devisentransaktionssteuer zugunsten ihrer Finanzierungsfunktion einen Steuersatz in Höhe von 0,005 % aufweisen sollte, um ihre Auswirkungen auf das Marktverhalten äußerst gering zu halten und lediglich Steueraufkommen zu generieren.[151] Im Durchschnitt bewegen sich die im Schrifttum geäußerten Forderungen zur Höhe des Steuersatzes der Devisentransaktionssteuer zwischen 0,1 % und 0,25 %. Nach Auffassung von *König*, dessen Forderung innerhalb dieses Durchschnitts liegt, ist ein höherer Steuersatz aufgrund der starken relativen Belastung angesichts der sehr kurzfristigen Transaktionen unnötig und aufgrund der mit der Höhe des Steuersatzes steigenden Belastung des Außenhandels nicht sinnvoll.[152]

Im Zusammenhang mit der Berechnung des effektiven Steuersatzes einer Tobin-Steuer wird der progressive Charakter der Tobin-Steuer deutlich.[153] *Eichengreen* und *Wyplosz* verdeutlichen dies mit der Berechnung des effektiven Steuersatzes pro Jahr nach Anzahl der Transaktionen auf Basis von kumulativen Sätzen mit folgender Formel: $1+R = (1+(2T/100))^P$, wobei R = effektiver Jahressteuersatz; T = (Transaktions-)Steuersatz auf eine einfache Transaktion; P = Anzahl der Transaktionen pro Jahr.[154] Auf Grundlage dieser Formel ergibt sich der effektive Steuersatz pro Jahr nach Halteperioden bei unterschiedlichen Nominalsteuersätzen, der in der nachstehenden Tabelle zu entnehmen ist.

---

148 *Tobin*, A Proposal for International Monetary Reform in The Eastern Economic Journal Vol. 4, S. 153, 155.

149 *Eichengreen/Tobin/Wyplotz*, Two Cases for Sand in the Wheels of International Finance in The Economic Journal, Vol. 105, No. 428 (1995), S. 162, 164.

150 *Stadler/Pock*, Tobin-Tax light: Chancen und Risiken einer Devisentransaktionsbesteuerung in Europa in Hödl (Hrsg.), Aspekte einer europäischen Wirtschaftsordnung, S. 121 ff. (Steuersatz: 0,01 %); *Patomäki*, The Tobin Tax: How to make it real, S. 86 f. (Steuersatz: 0,05 %).

151 *Europäische Kommission*, Taxation of the Financial Sector, Staff Working Document, SEC(2010), 1166, S. 10 mit Verweisen auf: Report of the Committee of Experts to the Taskforce on International Financial Transactions and Development, Report 2010, Globalizing Solidarity: The Case for Financial Levies, Paris, June 2010, S. 19.

152 *König*, Devisenumsatzsteuer und Wechselkursverlauf, S. 15.

153 Zu der progressiven Struktur der Devisentransaktionssteuer: *Schrader*, Devisenumsatzsteuer: Scheitern programmiert in Deutsche Bank Research Bulletin vom 26. Juni 1995, S. 20.

154 *Eichengreen/Wyplosz*, The Unstable EMS in Brooking Papers on Economic Activity, Vol. 24 (1993), No. 1, S. 51, 120.

Effektiver Steuersatz pro Jahr nach Halteperiode

Steuersatz (in %)	Effektiver Jahressteuersatz nach Halteperioden* (in %)				
	Ein Handelstag	Eine Woche	Ein Monat	Ein Jahr	Zehn Jahre
0,10	55	6,2	2,4	0,2	0,02
0,25	199	16,0	6,1	0,5	0,05
0,50	792	35,0	13,0	1,0	0,10
1,00	7.700	81,0	27,0	2,0	0,20

* Grundlage der Berechnung bilden 220 Handelstage pro Jahr bei 30 Handelswochen.

Quelle: Eichengreen/Wyplosz, „The unstable EMS“, S. 120.

Die Tobin-Steuer verteuert durch ihren progressiven Charakter die Anlage in kurzfristige Handelsinstrumente. Durch diesen Effekt sind Anleger für die Erzielung eines Gewinns zu einer längeren Haltedauer gezwungen; allerdings kann bei entsprechend hoher Volatilität auch innerhalb einer kurzen Haltedauer Gewinn erzielt werden.[155]

cc. Steuersatz einer Steuer im Sinne von Kamppeter

Möglich ist auch eine Differenzierung der Steuer nach den an der Transaktion beteiligten Markteilnehmern. Als Begründung für diese Differenzierung nach Markteilnehmern zieht *Kamppeter* einerseits den der Spekulation zugrunde liegenden Zeithorizont und andererseits die Erwartung der Markteilnehmer an die Höhe der Wechselkursveränderung innerhalb dieses Zeitraums heran.[156] So tätigen Devisenhändler ihre Geschäfte untereinander mit einem Anlagehorizont von wenigen Minuten bis einer Woche regelmäßig innerhalb einer Schwankungsbreite der Wechselkurse zwischen 0,3 % und 0,9 %. Der Anlagehorizont von Geschäften zwischen Devisenhändlern und anderen Marktteilnehmern liegt im Bereich zwischen einer Woche und einem Jahr. Nach den Untersuchungen von *Kamppeter* genügt zur Verringerung unerwünschter Spekulation durch Devisenhändler ein proportionaler Steuersatz in Höhe von 0,5 %, um keine unnötige Beeinträchtigung für erwünschte Arbitragegeschäfte auf dem Devisenmarkt darzustellen. Für die übrigen Devisengeschäfte zwischen Devisenhändlern und anderen Marktteilnehmern ist nach *König* ein Steuersatz in Höhe von 5 % bis 10 % erforderlich, um bei langfristig eintretenden Wechselkursveränderungen von bis zu 20 % unerwünschte Spekulationen zu verringern.[157] Nach diesem Ansatz liegt die Höhe des Steuersatzes bei Geschäften von Devisenhändlern untereinander

155 Zu einer umfangreicheren Anylse: *Schmidt*, The currency transaction tax: rate and revenue estimates, New York 2008.

156 *Kamppeter*, Kapital- und Devisenmärkte als Herausforderung der Wirtschaftspolitik, S. 179 ff.

157 *König*, Devisenumsatzsteuer und Wechselkursverlauf, S. 16.

bei circa 0,5 %, bei Geschäften von Devisenhändlern mit sonstigen Marktteilnehmern bei 5 % bis 10 %.

dd. Steuersatz einer Steuer im Sinne von Spahn

Im Laufe der Diskussionen um eine Devisentransaktionssteuer wurden einige Modifikationen des Vorschlags von *Tobin* veröffentlicht.[158] Erwähnenswert ist insbesondere ein Vorschlag von *Paul Bernd Spahn*, der auch als Two-Tier-Tax bezeichnet wird.[159]

Die Struktur der Two-Tier-Tax steht auf zwei Säulen. Die erste Säule besteht aus einer normalen Transaktionssteuer mit niedrigem Steuersatz, während die zweite Säule aus einem zusätzlichen Strafzuschlag auf Gewinne aus Transaktionen mit kurzfristigem Anlagehorizont besteht. Nach *Spahns* Ansicht dient ein niedriger Steuersatz der permanenten Erzielung von Steuereinnahmen bei möglichst minimaler Beeinträchtigung der Markteffizienz, während die zweite Säule – der Strafzuschlag – nur im Zusammenhang mit besonderen Umständen, etwa im Rahmen von erheblichen Wechselkursschwankungen zum Tragen käme. Nach *Spahns* Schätzungen lässt ein Steuersatz von einem Basispunkt ein permanentes Steueraufkommen von jährlich ungefähr 17 bis 20 Mrd. Euro für das Gebiet der Europäischen Union einschließlich der Schweiz erwarten, wobei Transaktionen nicht berücksichtigt seien, die das britische Pfund und den Schweizer Franken als Gegenpart haben. Ein solch niedriger Steuersatz bietet nach *Spahns* Auffassung einerseits kaum Anreiz für Ausweichreaktionen.[160] Mit der Two-Tier-Tax versucht *Spahn* das grundsätzliche Problem, dass die Tobin-Steuer nicht zwischen stabilisierenden und destabilisierenden Spekulationen unterscheidet, zu lösen. Wechselkursschwankungen sollen durch die Two-Tier-Tax innerhalb bestimmter Bandbreiten möglich sein, ohne dass eine „Bestrafung" der Marktteilnehmer stattfindet. Erst wenn der Wechselkurs eine proportional um den Zielkurs liegende Bandbreite verlässt, soll der Strafzuschlag erhoben werden.[161] Der Strafzuschlag, von *Spahn* als „Exchange Rate Normalization Duty" (ERND) bezeichnet, ist das lenkende Element der Two-Tier-Tax. Mit dem Strafzuschlag werden die Transaktionskosten der Marktteilnehmer höher, je weiter sich der Wechselkurs außerhalb der festgelegten Bandbreiten vom Zielkurs entfernt. Der Steuersatz außerhalb der festgelegten Bandbreite soll nach Spahns Ansicht zwischen 50 % und 100 % liegen.[162]

---

158 *Felsenheimer*, Die Einführung einer flexiblen Transaktionssteuer zur Verhinderung von Finanzkrisen, S. 193 ff. m.w.N.

159 *Spahn*, Zur Durchführbarkeit einer Devisentransaktionssteuer, S. 1 ff.; mit kritischen Anmerkungen: *Frenkel/Langhammer*, Tobin Steuer: Neue Vorschläge entkräften nicht alte Einwände in Wirtschaftsdienst, Volume 82, 2002, Issue 9, S. 548 ff.; *Jetin/Denys*, Ready for Implementation - Technical and Legal Aspects of a Currency Transaction Tax and Its Implementation in the EU, S. 46 ff.

160 *Spahn*, Zur Durchführbarkeit einer Devisentransaktionssteuer, S. 69.

161 *Spahn*, Zur Durchführbarkeit einer Devisentransaktionssteuer, S. 22.

162 *Spahn*, Zur Durchführbarkeit einer Devisentransaktionssteuer, S. 23 ff.

Bei Betrachtung der Besonderheiten der Two-Tier-Tax fällt zunächst der Vorteil auf, dass bei einem niedrigen Basissteuersatz und in Zeiten „normaler“ Wechselkursschwankungen eine wesentliche Ausweichreaktion der Marktteilnehmer ausbleiben könnte, da erhebliche Strafzuschläge erst bei Überschreiten festgelegter Bandbreiten erhoben werden.[163] Doch auch dieser Variation der Tobin-Steuer können die bereits genannten Argumente gegen das Grundkonzept der Tobin-Steuer entgegengehalten werden.[164] Insbesondere könnte die Kombination aus einer Tobin-Steuer und einem zusätzlichen Strafzuschlag Zielkonflikte auslösen. Sollte der Gesetzgeber an hohen Steuereinnahmen interessiert sein, wird er den Steuersatz möglichst hoch wählen und die erlaubte Schwankungsbreite möglichst breit definieren, sodass der Strafzuschlag nur in Ausnahmefällen erhoben wird und Devisentransaktionen verhindert. Sollte der Gesetzgeber dagegen eine Einschränkung der Wechselkursschwankungen beabsichtigen, dürfte die erlaubte Schwankungsbreite vergleichsweise eng definiert werden, was jedoch zu niedrigen Steuereinnahmen führen könnte, da der Steuersatz niedrig gewählt werden sollte, um ein Abwandern der Marktteilnehmer zu verhindern. Dieser Interessenkonflikt kann dazu führen, dass der Gesetzgeber den Steuersatz auf die Maximierung der erzielbaren Einnahmen ausrichtet (fiskalpolitische Motivation), anstatt die Höhe des Steuersatzes im Rahmen einer ökonomisch sinnvollen Schwankungsbreite festzulegen (wirtschaftspolitische Motivation im Zusammenhang mit der Lenkungswirkung).

c. *Resümee*

Als Ergebnis über die Diskussion des Steuersatzes der Devisentransaktionssteuer ist festzuhalten, dass durch die Bestimmung der Höhe des Steuersatzes der Zielkonflikt zwischen Lenkungszweck und Finanzierungszweck der Devisentransaktionssteuer gelöst werden kann.

Sollte ein Steuersatz zwischen 0,1 % und 0,25 % festgelegt werden, wie dies mehrheitlich im Schrifttum vertreten wird, könnte dies mit einer hohen Wahrscheinlichkeit zu räumlichen Ausweichreaktionen der Steuersubjekte führen. Nach *Patomäki* erscheint die Wahrscheinlichkeit räumlicher Ausweichreaktionen erst bei einem Steuersatz von 0,05 % gering.[165] Wird der Auffassung der Europäische Kommission aus Oktober 2010 gefolgt, tritt die Finanzierungsfunktion der Devisentransaktionssteuer vollständig in den Vordergrund und ihre so-

163 *Spahn*, Zur Durchführbarkeit einer Devisentransaktionssteuer, S. 47 ff.

164 Anstelle vieler: *Stotsky*, Why a two-tier Tobin tax won't work in International Monetary Fund, Finance & Development, Vol. 33 (1996), No. 2, S. 28 f.

165 *Patomäki*, The Tobin Tax: How to make it real, S. 86 f.

zial- und währungspolitische Motivation zeigt sich bei einem Steuersatz von 0,005 % äußerst gering.[166]

Der Zielkonflikt zwischen Lenkungszweck und Finanzierungszweck der Devisentransaktionssteuer wurde ursprünglich vor dem Hintergrund diskutiert, dass das Unterbinden von volkswirtschaftlich unerwünschten Transaktionen auf dem Devisenmarkt das Ziel der Steuer darstellt und der Steuer hauptsächlich eine Lenkungswirkung zukommen sollte. In der Literatur der jüngeren Vergangenheit wird die Generierung von Steueraufkommen für die öffentliche Hand und damit der Finanzierungszweck der Steuer in den Vordergrund gestellt. Am Beispiel der sogenannten Ökosteuern, bei denen trotz ihres Charakters als originäre Lenkungssteuern faktisch ihre Finanzierungsfunktion im Vordergrund steht, lässt sich eine mögliche legislative Bewältigung dieses Zielkonflikts nachvollziehen.[167] Der Steuersatz der Devisentransaktionssteuer sollte so gewählt werden, dass er einen doppelten Nutzen der Devisentransaktionssteuer, nämlich sowohl zur Lenkung des Marktverhaltens als auch zur Finanzierung der öffentlichen Hand, möglichst angemessen berücksichtigt und dabei gleichzeitig räumliche Ausweichreaktionen der Steuersubjekte nicht übermäßig provoziert. Für das Erreichen dieser Vorgaben erscheint ein Steuersatz von 0,01 % bis 0,1 % geeignet.

VI. Steuerbefreiungen

1. Definition

Steuerbefreiungen und Steuervergünstigungen sind spezielle steuerliche Ausnahmeregelungen, die für die öffentliche Hand zu Steuermindereinnahmen führen. Sie zählen zu den Sozialzwecknormen, da durch sie ein sozialer oder wirtschaftlicher Lenkungszweck verfolgt wird.[168]

---

166 *Europäische Kommission*, Taxation of the Financial Sector, Staff Working Document, SEC(2010), 1166, S. 10 („It is designed to be as a pure revenue raiser.") mit Verweisen auf: Report of the Committee of Experts to the Taskforce on International Financial Transactions and Development, Report 2010, Globalizing Solidarity: The Case for Financial Levies, Paris, June 2010, S. 19.

167 Zu den Öko- und Energiesteuern: *Seiler*, Steuer- und Sozialrecht als Ort sozialpolitischer Gestaltung in Neue Zeitschrift für Sozialrecht 2007, S. 617, 620; *Jarass*, Die neuen Regelungen zur Biokraftstoffquote in Zeitschrift für Umweltrecht 2007, S. 518, 522.

168 *Lang* in *Tipke/Lang*, Steuerrecht, §7 Rn. 39. *Lang* stellt zu der Beurteilung von Steuervergünstigungen bei Fiskalzwecknormen, die das Leistungsfähigkeitsprinzip ausführen, fest, dass diese grundsätzlich keine Steuervergünstigungen enthalten. Dies sei auch dann der Fall, wenn Ausgaben, die die Leistungsfähigkeit mindern, zum Abzug von der Bemessungsgrundlage zugelassen werden (*Lang* in *Tipke/Lang*, Steuerrecht, §4 Rn. 25).

2. *Bestimmung von Steuerbefreiungen und Steuervergünstigungen*

a. *Zentralbanken, Regierungen und andere Handelsteilnehmer*

Im Schrifttum wird teilweise vertreten, dass Zentralbanken, internationale Organisationen, Marktteilnehmer mit hoheitlichem Auftrag und verschiedene andere Kreditinstitute[169] sowie als Handelsteilnehmer zugelassene Unternehmen, Börsenhändler und Skontroführer[170] von der Steuer befreit werden sollen.[171] Eine Steuerbefreiung dieser Steuersubjekte gründet auf der These, dass diese Marktteilnehmer keine Transaktionen mit destabilisierender Wirkung tätigen.[172]

b. *Devisengeschäfte, die Devisenhändler untereinander tätigen*

Auch wird in der Literatur die Auffassung vertreten, dass Devisentransaktionen von Devisenhändlern untereinander wie auch das Interbankengeschäft eine Steuervergünstigung oder Steuerbefreiung erfahren soll, da ein Handel zwischen diesen Steuersubjekten vorwiegend aus Gründen der Arbitrage oder Absicherung und weniger aus spekulativen Gründen getätigt wird.[173] Die Besteuerung von Devisengeschäften, die Devisenhändler untereinander tätigen oder im Interbankenhandel getätigt werden, kann zu einer Kostenerhöhung im Bankensektor führen. Diese Kostenerhöhung könnte zu einer Preissteigerung der Produkte führen, was wiederum negative Auswirkung auf den realwirtschaftlichen Sektor haben könnte.[174]

Eine Steuerbefreiung oder Steuervergünstigung von Geschäften der Devisenhändler untereinander und des Interbankengeschäfts wird nach herrschender An-

---

169 Vgl. dazu auch den Ausnahmenkatalog in § 2 KWG, wo auch neben der Deutschen Bundesbank und der Kreditanstalt für Wiederaufbau auch die Sozialversicherungsträger und die Bundesagentur für Arbeit aufgeführt werden. Der Katalog kann jedoch nicht uneingeschränkt als Ausnahmeregelung für die Befreiung von Institutionen herangezogen werden.

170 Vgl. dazu die Definition in § 1 Börsenordnung der Frankfurter Wertpapierbörse in der Fassung vom 8. März 2010.

171 *Kommission Internationale Finanzmärkte*, Bericht der Kommission Internationale Finanzmärkte von SPD-Parteivorstand und SPD Bundestagsfraktion, Bundesparteitag Nürnberg 19. bis 22. November 2001, S. 50. Siehe auch die Differenzierung von Händlergeschäften, Kundengeschäften und Privatgeschäften in § 20 KVStG.

172 Dazu insbesondere die Ausführungen in dem Abschnitt *„III. Die Marktsubjekte"* auf Seite 49 dieser Arbeit.

173 *Schrader*, Devisenumsatzsteuer: Scheitern programmiert in Deutsche Bank Research Bulletin vom 26. Juni 1995, S. 25; *derselbe*, Kapital- und Devisenmärkte als Herausforderung der Wirtschaftspolitik, Kapitel E 1.b).

174 *Kulessa*, Die Tobinsteuer zwischen Lenkungs- und Finanzierungsfunktion in Wirtschaftsdienst – Zeitschrift für Wirtschaftspolitik, S. 95, 102.

sicht kritisch gesehen und abgelehnt.[175] Kritisiert wird unter anderem, dass Steuersubjekte, die nicht zu dem Kreis der steuerbegünstigten Devisenhändler zählen, durch Finanzinnovationen ebenfalls eine Steuerbefreiung oder Steuervergünstigung erhalten könnten.[176] Zudem wird kritisiert, dass diese Steuersubjekte keine Effizienzvorteile begründen.[177] Auch sprechen Abgrenzungs- und Kontrollprobleme gegen eine Steuerbefreiung oder Steuervergünstigung.[178]

c. *Transaktionen mit langfristigem Anlagehorizont*

Die oben angeführten Untersuchungen legen dar, dass eine Devisentransaktionssteuer bei Betrachtung von Transaktionen mit kurzfristigem Anlagehorizont nicht zwischen destabilisierenden und stabilisierenden Transaktionen unterscheiden kann. Die Devisentransaktionssteuer trifft mit anderen Worten sowohl die wirtschaftspolitisch erwünschten, als auch die wirtschaftspolitisch unerwünschten Devisentransaktionen.

Spahn äußert sich, dass lediglich Kassa- und Termingeschäfte bis zu einer Laufzeit von einem Monat oder einem standardisierten Äquivalent[179] der Steuer unterworfen sein sollten.[180] Auch wird argumentiert, dass aufgrund des zur Vermeidung einer durch die Steuerbefreiung möglichen Steuerumgehung hohen Verwaltungsaufwandes nicht gerechtfertigt sei.[181] Die Begründung einer Steuerbefreiung oder Steuervergünstigung von Instrumenten mit kurzfristigem Anlagehorizont könnte problematisch sein, da nach den Untersuchungen von *Eichengreen* und *Wyplosz* sowie *Kamppeter* die Besteuerung von Instrumenten mit

---

175 *Griffith-Jones*, Institutional Arrangements for a Tax on International Currency Transactions in Grunberg/Kaul/ul Haq (Hrsg.), The Tobin Tax -Coping with financial volatility, S. 143–158; *Kulessa*, Die Tobinsteuer zwischen Lenkungs- und Finanzierungsfunktion in Wirtschaftsdienst – Zeitschrift für Wirtschaftspolitik, S. 95, 97; *Spahn*, The Tobin Tax and Exchange Rate Stability in Finance and Development, Vol. 33, No. 2 (June 1996), S. 24 ff.; *Stotsky*, Why a two-tier Tobin tax won't work in International Monetary Fund, Finance & Development, Vol. 33 (1996), No. 2, S. 28 f.

176 *Menkhoff/Michaelis*, Ist die Tobin-Steuer tatsächlich „tot“? in: Jahrbuch für Wirtschaftswissenschaften, 46. Jahrgang, 1995, S. 47.

177 *Shome/Stotsky*, Financial Transactions Taxes in Tax Notes International, (January 2, 1996), 96 TNI 1–17; *Spahn*, International Financial Flows and Transactions Taxes in Survey and Options (June 1995), IMF Working Paper, Vol. 60, S. 1, 19 ff.; *Stotsky*, Why a two-tier Tobin tax won't work in International Monetary Fund, Finance & Development, Vol. 33 (1996), No. 2, S. 28 f.

178 *Menkhoff/Michaelis*, Ist die Tobin-Steuer tatsächlich „tot“? in Jahrbuch für Wirtschaftswissenschaften, 46. Jahrgang, 1995, S. 47.

179 *Spahn* versucht mit dem Heranziehen eines Äquivalents zu verhindern, dass Standardkontrakte statt üblich auf einen Monat zu Zwecken der Steuerumgehung auf einen Monat plus einen Tag festgelegt werden (*Spahn*, Zur Durchführbarkeit einer Devisentransaktionssteuer, S. 97, Fn. 75).

180 *Spahn*, Zur Durchführbarkeit einer Devisentransaktionssteuer, S. 97.

181 *Menkhoff/Michaelis*, Ist die Tobin-Steuer tatsächlich „tot“? in Jahrbuch für Wirtschaftswissenschaften, 46. Jahrgang, 1995, S. 47.

langfristigem Anlagehorizont bei entsprechend geringem Steuersatz lediglich zu geringfügigen Wohlfahrtsverlusten führt.[182] Jedoch besteht das Risiko, dass Anleger bei einer Besteuerung der Instrumente mit kurzfristigem Anlagehorizont auf Instrumente mit langfristigem Anlagehorizont, gegebenenfalls durch Investition in derivative Instrumente, ausweichen. Ferner wird eine Steuerbefreiung von Außenhandelstransaktionen als wirtschaftspolitisch sinnvoll angesehen. Dies führt jedoch zu verwaltungstechnischen Umsetzungsschwierigkeiten, da jede Devisentransaktion beantragt und kontrolliert werden müsste. Rückerstattungs- und Anrechnungsverfahren einer Devisentransaktionssteuer auf andere Steuerschulden der am Außenhandel beteiligten Unternehmen wurden im Schrifttum diskutiert. Vorgeschlagen wurde in diesem Zusammenhang eine Vorlage von Zolldokumenten und Belegen.[183]

3. *Resümee*

Die Darstellung und Diskussion bestimmte Gruppen und Institutionen sowie bestimmter Transaktionen, die Ausnahmen einer Besteuerung erfahren sollten, zeigt, dass teilweise erhebliche Argumente für eine Steuerbefreiung oder Steuervergünstigung dieser Steuersubjekte oder Steuergegenstände sprechen. Die Entscheidung, ob Steuerbefreiungs- oder Steuervergünstigungstatbestände aufgenommen werden, ist in Abhängigkeit von der politischen Motivation zu sehen, da sie für die öffentliche Hand zu Steuermindereinnahmen führen und durch sie ein sozialer oder wirtschaftlicher Lenkungszweck verfolgt wird.

D. Rechtfertigung

Bei der Steuergesetzgebung ist die Legislative in einem Rechtsstaat an rechtsstaatliche Grundprinzipien gebunden. Die Notwendigkeit einer Rechtfertigung von Steuern ergibt sich zum Beispiel aus der Erkenntnis, dass das von dem einzelnen Bürger erwirtschaftete Einkommen auch sein (grundgesetzlich geschütztes) Eigentum darstellt. Die Besteuerung stellt einen Eingriff in das Eigentum dar, der einer ausdrücklichen Legitimation bedarf.[184] Neben der Frage der Legalität einer Steuer, also deren Gesetzlichkeit, untersucht die Steuerrechtferti-

182 *Eichengreen/Wyplosz*, The Unstable EMS in Brooking Papers on Economic Activity, Vol. 24 (1993), No. 1, S. 51 ff.; *Kamppeter*, Kapital- und Devisenmärkte als Herausforderung der Wirtschaftspolitik, S. 180 f.

183 *Kamppeter*, Kapital- und Devisenmärkte als Herausforderung der Wirtschaftspolitik, S. 181; *König*, Devisenumsatzsteuer und Wechselkursverlauf, S. 15; *Schempp*, Integrativer Rückschritt mit Tücken: Überlegungen zu einem Vorschlag von James Tobin in Jahrbücher für Nationalökonomie und Statistik, Band 209, 1992, S. 231, 238.

184 *Homburg*, Allgemeine Steuerlehre, S. 195 ff.; *Tipke*, Die Steuerrechtsordnung, Band I, S. 569.

gungslehre auch die Legitimität einer Steuer, also deren Rechtmäßigkeit oder Gerechtigkeit.[185]

Die Analyse einer gesetzlichen Grundlage für die Implementierung der Devisentransaktionssteuer (also deren Legalität) erfolgt in dem Abschnitt *„§ 2 Rechtsetzungskompetenzen“* auf Seite 117 dieser Arbeit. Neben einer gesetzlichen Grundlage ist die Steuernorm auch zu rechtfertigen. Die Rechtfertigung einer Steuernorm erfolgt insbesondere durch Prinzipien der Sachgerechtigkeit. Es bedarf der gesonderten Rechtfertigung der Steuernorm, da mit einer Steuernorm verfolgten Zwecke nicht als Rechtfertigung ausreichen.[186]

Zur Rechtfertigung einer Steuer werden verschiedene theoretische Ansätze herangezogen, von denen im Folgenden zwei Theorien näher betrachtet werden. Zu beachten ist bei der theoretischen Analyse der Rechtfertigung der Steuernorm allgemein, dass die Sachlogik des Steuerrechts grundsätzlich auf ökonomischen Sachgesetzlichkeiten beruht.[187]

Nach einem steuersystematischen Ansatz ist eine Steuer gerechtfertigt, wenn sie in dem steuerlichen Gesamtsystem zu einer gleichmäßigen Austeilung der Steuerlasten führt. *Lang* führt dazu aus, dass die ökonomische Rationalität ein bedeutender Faktor der Sachgerechtigkeit ist, da ökonomisch irrationale Besteuerungsformen meist auch ungerechte seien.[188] Dieser Ansatz wird von der wohlfahrtsökonomischen Besteuerungstheorie verfolgt, auf der die Theorie der optimalen Besteuerung fußt. Die Theorie der optimalen Besteuerung analysiert unter anderem die allokative Effizienz der Steuersysteme mit dem Ziel, gesamtwirtschaftliche Wohlfahrtsverluste aufgrund steuerbedingter Fehlallokation zu minimieren.[189]

Nach einem rechtsstaatlichen Ansatz, das heißt unter dem Gesichtspunkt der Verwirklichung materieller Rechtsstaatlichkeit im Steuerrecht,[190] ist eine Steuer unter anderem nach dem Gerechtigkeitspostulat zu rechtfertigen, das insbesondere durch das Prinzip der persönlich-individuellen Leistungsfähigkeit konkreti-

---

185 *Tipke*, Die Steuerrechtsordnung, Band I, S. 569 ff. Siehe auch: *BVerfG* (BVerfGE 84, 239, 269), dass der in der Besteuerung liegende „Eingriff in die Vermögens- und Rechtsphäre des Steuerpflichtigen [...] seine Rechtfertigung [...] auch und gerade aus der Gleichheit der Lastenzuteilung [gewinnt]“.

186 *Homburg*, Allgemeine Steuerlehre, S. 195 f.; *Tipke*, Die Steuerrechtsordnung, Band I, S. 569. Zwar stellt der Belastungsgrund für alle Steuern der staatliche Finanzbedarf dar (vgl. § 3 Abs.1 Satz 1 AO), doch darf dieser Finanzbedarf im Rechtsstaat nicht beliebig gedeckt werden (*Tipke*, Die Steuerrechtsordnung, Band I, S. 578). *Kirchhof* vertritt dagegen zum Beispiel die Ansicht, dass der Normzweck einer einzelnen Steuer selbst einen Rechtfertigungsgrund für die Erhebung der jeweiligen Steuer darstellt (*Kirchhof*, Besteuerung im Verfassungsstaat, S. 10).

187 *Lang* in Tipke/Lang, Steuerrecht, § 1 Rn. 42.

188 *Lang* in Tipke/Lang, Steuerrecht, § 4 Rn. 10 m.w.N.

189 *Heiles*, Die Umsatzsteuer in der Europäischen Union: Steuerwettbewerb oder Steuerharmonisierung, S. 124 m.w.N.; *Homburg*, Allgemeine Steuerlehre, S. 211 ff.

190 *Schmidt*, Grundprobleme der Besteuerung in Andel/Haller/Neumark (Hrsg.), Handbuch der Finanzwissenschaft, S. 128 ff.

siert wird.[191] Das Leistungsfähigkeitsprinzip ruht auf dem Grundsatz der Steuergerechtigkeit, wonach die Steuerlasten auf die Steuerpflichtigen im Verhältnis der wirtschaftlichen Leistungsfähigkeit verteilt werden.[192]

Grundsätzlich besitzt der Gesetzgeber im Bereich des Steuerrechts einen weiten Entscheidungsspielraum.[193] Das Erfordernis einer Steuerrechtfertigung führt dazu, dass das steuerliche Gestaltungsermessen des Gesetzgebers begrenzt wird.[194] Der Entscheidungsspielraum des Gesetzgebers wird insbesondere durch das Gebot der Ausrichtung der Steuerlast am Prinzip der finanziellen Leistungsfähigkeit und durch das Gebot der Folgerichtigkeit begrenzt.[195] Neben der verfassungsrechtlich gebotenen steuerlichen Belastungsgleichheit[196] muss bei der Gestaltung des Steuertatbestands die vom Gesetzgeber getroffene Belastungsentscheidung folgerichtig umgesetzt werden; Ausnahmen bedürfen eines besonderen sachlichen Grundes.[197] Die Steuerrechtfertigung geht dabei über den Ansatz des verfassungsrechtlich Zulässigen hinaus.[198]

I. Steuersystematischer Ansatz

Eine aus steuerlicher Sicht betrachtete Rechtfertigung der Devisentransaktionssteuer kann zunächst auf Grundlage der Theorie der optimalen Besteuerung er-

---

191 Zwar stellt der Belastungsgrund für alle Steuern der Finanzbedarf des Staates dar (vgl. § 3 Abs. 1 AO: „Steuern dienen den öffentlich-rechtlichen Gemeinwesen zur Erzielung von Einnahmen"), doch darf dieser Finanzbedarf im Rechtstaat nicht beliebig gedeckt werden (*Tipke*, Die Steuerrechtsordnung, Band I, S. 578). BVerfGE 84, 239, 269: der in der Besteuerung liegende „Eingriff in die Vermögens- und Rechtsphäre des Steuerpflichtigen gewinnt seine Rechtfertigung […] auch und gerade aus der Gleichheit der Lastenzuteilung". A.A. *Kirchhof*, der die Auffassung vertritt, dass der Belastungsgrund selbst einen Rechtfertigungsgrund darstellt (*Kirchhof*, Besteuerung im Verfassungsstaat, S. 10).

192 *Lang* in Tipke/Lang, Steuerrecht, § 4 Rn. 81 mit Verweisen auf die ständige Rechtsprechung des Bundesverfassungsgerichts. Dazu auch: BVerfG 1 BvL 10/02, BStBl. II 2007, 192/201 f. m.w.N. Zur allgemeinen Anerkennung des Leistungsfähigkeitsprinzip in der Steuerwissenschaft: *Birk*, Das Leistungsfähigkeitsprinzip als Maßstab der Steuernormen, S. 6 ff.; *Kirchhof*, Der verfassungsrechtliche Auftrag zur Besteuerung nach der Leistungsfähigkeit, StuW 1985, S. 319 ff.; *Tipke*, Die Steuerrechtsordnung, Band I, S. 488 ff. Zur historischen Begründung: *Hahn*, Der Einfluss von Thomas von Aquin auf die Besteuerung der wirtschaftlichen Leistungsfähigkeit, StuW 2004, S. 167 ff.

193 BVerfGE 117, 1, 30; 120, 1, 29; 122, 210, 230; 123, 1, 19.

194 *Tipke*, Die Steuerrechtsordnung, Band II, S. 576.

195 BVerfGE 116, 164, 180; 117, 1, 30; 122, 210, 230 f.

196 BVerfGE 116, 164, 180; 122, 210, 231.

197 BVerfGE 116, 164, 180 f.; 117, 1, 31; 120, 1, 29; 123, 1, 19.

198 Insbesondere, um ein richterliches Korrektiv gegenüber eventuellen „Gerechtigkeitslücken" des Gesetzgebers zu ermöglichen: *Lang* in Tipke/Lang, Steuerrecht, § 4 Rn. 62.

folgen. Nachfolgend soll daher die Devisentransaktionssteuer auf deren Optimum untersucht werden.

1. Theorie der optimalen Besteuerung

Auf *Adam Smith* gehen vier klassische Steuermaximen zurück, die im Rahmen der Theorie der optimalen Besteuerung oder Optimalsteuertheorie auch in modernen Steuersystemen bei jeder Steuer zu beachten sind. Im Sinne der Optimalsteuertheorie ist eine Steuer dann optimal, wenn sie gerecht, ergiebig, unmerklich und praktikabel ist.[199]

Eine Steuernorm ist im Sinne der Optimalsteuertheorie gerecht, wenn sie nach dem rechtstaatlichen Grundsatz der Steuergleichheit insbesondere eine gleichmäßige Besteuerung nach der wirtschaftlichen Leistungsfähigkeit beinhaltet und effizient in einem ökonomischen Verständnis ist, d. h., wenn das Steuersystem die effiziente Allokation der Ressourcen nicht behindert.[200] Die Steuernorm ist im Sinne der Optimalsteuertheorie ergiebig, wenn sie regelmäßig der Einnahmeerzielung dient.[201] Unmerklich sind Steuernormen, wenn das Steuersubjekt insbesondere die Steuerbelastung selbst nicht oder nur geringfügig bemerkt. Als unmerklich in diesem Sinne gelten vor allem indirekte Steuern, die vom Steuerschuldner auf den Steuerträger (und damit auf den Preis) abgewälzt werden.[202] Die Praktikabilität einer Steuernorm bestimmt sich insbesondere nach ihrer rechtsstaatlichen Bestimmtheit und der Klarheit ihrer Formulierung sowie der Einfachheit der Steuernorm.[203] Grundsätzlich ist eine Steuer dann abzulehnen, wenn sie das Steuersystem übermäßig durch Verluste in den Bereichen Wohlfahrt und Effizienz verzerrt. Derartige Verzerrungen sind im Rahmen einer Gesamtbetrachtung des Steuersystems zu untersuchen; problematisch ist dabei unter anderem die Erfassung von möglicherweise auftretenden mehrdimensionalen Auswirkungen.[204]

2. Untersuchung des Steueroptimums

Bisher existieren keine Erfahrungswerte mit einer Devisentransaktionssteuer. Daher können keine unmittelbaren empirischen Erkenntnisse verwendet werden,

---

199 *Smith*, Der Wohlstand der Nationen, S. 703 ff. Dazu auch: *Lang* in Tipke/Lang, Steuerrecht, §8 Rn. 4 f.; *Neumark*, Grundsätze gerechter und ökonomisch rationaler Steuerpolitik, S. 195 ff., 303 ff.; *Birk*, Steuerrecht, Rn. 39; *Stiglitz/Schönfelder*, Finanzwissenschaft, S. 408 ff.; *Tipke*, Die Steuerrechtsordnung, Band II, S. 543 f.

200 *Homburg*, Allgemeine Steuerlehre, S. 141 ff.; *Lang* in Tipke/Lang, Steuerrecht, §8 Rn. 7 f. m.w.N.; *Lang* in Tipke/Lang, Steuerrecht, §1 Rn. 45 m.w.N.

201 *Lang* in Tipke/Lang, Steuerrecht, §8 Rn. 9 f. m.w.N.

202 *Lang* in Tipke/Lang, Steuerrecht, §8 Rn. 11 m.w.N.

203 *Lang* in Tipke/Lang, Steuerrecht, §8 Rn. 12 f. m.w.N. Ein weiteres Merkmal der Prakikabilität einer Steuer ist ein günstiges Verhältnis zwischen Verwaltungsaufwand und Steueraufkommen.

204 *Heiles*, Die Umsatzsteuer in der Europäischen Union: Steuerwettbewerb oder Steuerharmonisierung, S. 124 m.w.N.

um die Devisentransaktionssteuer im Rahmen der Optimalsteuertheorie zu untersuchen. Möglich ist jedoch eine Untersuchung des Steueroptimums auf Grundlage eines theoretischen Ansatzes sowie das Heranziehen von Ergebnissen aus empirischen Untersuchungen, die bei Transaktionssteuern auf Kapitalmärkten – wie der deutschen Börsenumsatzsteuer – durchgeführt wurden (siehe dazu die Ausführungen in dem Abschnitt „*cc. Vergleich mit Regelungen der Börsenumsatzsteuer*“ auf Seite 81 dieser Arbeit).

a. Theoretischer Ansatz

Sandmo zieht zur Untersuchung des Steueroptimums markttheoretische Ansätze heran, die bei Portfoliobesteuerungen im Zusammenhang mit Sparentscheidungen volkswirtschaftlicher Haushalte getroffen werden.[205] Obwohl eine Devisentransaktionssteuer nicht direkt mit einer Besteuerung von Portfolios vergleichbar ist, kann die Entscheidung, Devisen zur Anlage oder Absicherung zu erwerben, einer Portfolioentscheidung gleichgestellt werden. Denn im Fall einer Portfolioentscheidung versucht der volkswirtschaftliche Haushalt, ein optimales Portfolio aus riskanten Anlagen oder Investitionen und einer Absicherung dieser zusammenzustellen, um im Ergebnis ein Portfolio mit minimiertem Risiko zu erhalten. Dabei wird grundsätzlich eine vorher festgelegte Renditeerwartung in die Entwicklung des Portfolios gelegt. *Sandmo* stellt fest, dass der Ertrag grundsätzlich aus dem Teil des Portfolios generiert wird, der die riskanten Anlagen oder Investitionen enthält. Die Absicherung durch Anlagen und Investitionen mit geringem oder keinem Risiko generiert grundsätzlich keinen Ertrag, dient aber dazu, das Risiko zu mindern. Dieselbe Überlegung wird ein ökonomischer Haushalt vornehmen, der sich zur Absicherung einer Anlage oder Investition oder Spekulation für ein Devisengeschäft entscheidet.

Wird *Sandmos* Modell gefolgt, kann eine Devisentransaktionssteuer zwei mögliche Effekte hervorrufen: Zum einen kann eine Besteuerung von Devisentransaktionen bewirken, dass zur Absicherung riskanter Anlagen oder Investitionen weniger Währungsgeschäfte getätigt werden. Damit reagiert die Nachfrage nach der Absicherung relativ elastisch. Der Haushalt wird bei gleicher Renditeerwartung ein höheres Risiko tragen müssen. Damit erzeugt die Devisentransaktionssteuer ineffiziente Portfolios. Möglich ist aber auch, dass der Haushalt nicht auf eine Risikominimierung verzichtet. Damit reagiert die Nachfrage nach der Absicherung relativ unelastisch. Diese Überlegung hat zur Folge, dass die Erhöhung der Transaktionskosten durch die Devisentransaktionssteuer zu einer Verteuerung der Absicherung führt und der Haushalt dadurch veranlasst ist, den Anteil der riskanten Anlagen im Portfolio zu reduzieren.

Sollte die Nachfrage nach der Absicherung relativ elastisch sein und in der Folge ineffiziente Portfolios erzeugen, entspricht die Devisentransaktionssteuer keiner Optimalsteuer und ist aus diesem Grund anzulehnen. Reagiert die Nach-

---

205 *Sandmo*, The Effects of Taxation on Savings and Risk Taking in Auerbach/Feldstein (Hrsg.), Handbook of Public Economics, S. 265, 293 ff.

frage nach der Absicherung jedoch relativ unelastisch und führt die Devisentransaktionssteuer so zu einer Reduktion riskanter Anlagen im Portfolio, kann sie einer Optimalsteuer nahekommen und ist prinzipiell zu empfehlen.[206]

Nach der Erkenntnis von *Haberer*, der in einer theoretischen Analyse den Einfluss einer Transaktionssteuer auf die Nachfrage untersucht, führt die Transaktionssteuer zu einer steuerbedingten Nachfragesenkung und damit zu einer Verringerung des Markttransaktionsvolumens sowie zu ineffizienten Portfolien der Marktteilnehmer.[207]

b. Empirische Untersuchungen

Die theoretische Analyse des Steueroptimums einer Transaktionssteuer kann möglicherweise nach Auswertung empirischer Daten zu einem Ergebnis finden. *König* untersuchte den Einfluss der deutschen Börsenumsatzsteuer auf den Deutschen Aktienindex („DAX").[208] Dazu zog er die Renditen des DAX vor der Ankündigung der geplanten Abschaffung der Börsenumsatzsteuer durch den Deutschen Bundestag am 15. Dezember 1989 heran und verglich die Daten mit den Renditen nach dem letzten Tag der Steuererhebung am 21. Dezember 1990.[209] Durch diesen Vergleich stellte *König* fest, dass keine eindeutige Aussage über den Effekt der Abschaffung der Börsenumsatzsteuer auf die Renditen des DAX gemacht werden kann. Im Ergebnis schließt er aus dieser Beobachtung, dass die geringe Höhe des Steuersatzes von maximal 0,25 % der Börsenumsatzsteuer einen vernachlässigbaren Einfluss auf die Anlegerentscheidungen der Marktteilnehmer bei Investitionen im DAX hatte.[210] *König* gewinnt zudem eine weitere Erkenntnis: Bei Untersuchung der zwischen 1984 bis 1991 in Schweden erhobenen Steuer auf Aktientransaktionen, festverzinsliche Wertpapiere und Derivative Instrumente stellt er fest, dass bei einer nationalen Einführung von Wertpapiertransaktionssteuern das absolute Handelsvolumen zurückgeht. Das Handelsvolumen wird von sogenannten Offshore-Märkten übernommen, sofern diese zur Verfügung stehen und vergleichbare Güter anbieten.[211] Ferner sind die Ergebnisse einer Untersuchung von *Hakkio* hinzuzuziehen, der die Auswirkungen des Börsencrashs vom Oktober 1987 auf Länder mit und ohne Transaktionssteuer betrachtete.[212] Dabei stellte *Hakkio* fest, dass in Ländern

---

206 *Sandmo*, Bridging the Tax-Expenditure Gap: Green Taxes and the Marginal Cost of Funds in CESifo Working Paper Series No. 579 (October 2001), S. 19.

207 *Haberer*, Regulierung internationaler Finanzmärkte durch Transaktionssteuern: die Wirkung einer Tobin-Steuer auf Handelsvolumen und Wechselkursvolatilität, S. 76 f.

208 Zur deutschen Börsenumsatzsteuer und der geschichtlichen Entwicklung siehe auch die Ausführungen in dem Abschnitt *„cc. Vergleich mit Regelungen der Börsenumsatzsteuer"* auf Seite 82 dieser Arbeit.

209 *König*, Devisenumsatzsteuer und Wechselkursverlauf, S. 202 ff., 164 ff.

210 *König*, Devisenumsatzsteuer und Wechselkursverlauf, S. 206.

211 *König*, Devisenumsatzsteuer und Wechselkursverlauf, S. 210 f.

212 *Hakkio*, Should we throw sand in the gears of financial markets? in Economic Review, Federal Reserve Bank of Kansas City, Issue Q II, S. 17–30.

mit Transaktionssteuern keine geringeren Kursrückgänge festzustellen waren, als in Ländern ohne Transaktionssteuern.[213]

c. Zwischenergebnis

Die Untersuchungen von *König* und *Hakkio* liefern eine Antwort auf die Frage, ob eine Devisentransaktionssteuer relativ elastisch oder relativ unelastisch wirkt. Auch zeigt die Analyse von *Haberer*, dass das Handelsvolumen auf dem Devisenmarkt durch die Devisentransaktionssteuer wohl sinken wird. Gleichzeitig wird jedoch zu beobachten sein, dass das Handelsvolumen auf Märkten oder durch Konstruktionen, die die Steuerpflichtigkeit der Devisentransaktionen umgehen, zunehmen wird.[214] Dadurch wäre die Wirkung der Devisentransaktionssteuer relativ unelastisch.[215] Mit jeder Maßnahme, die derartige Steuerumgehungen verhindert, würde die Wirkung der Devisentransaktionssteuer jedoch zunehmend elastischer. Die theoretische Analyse von *Haberer* wäre damit in Bezug auf die Reduzierung des Marktvolumens empirisch bestätigt. Auf Grundlage der Untersuchungen von *Hakkio* kann außerdem eine weitere Aussage getroffen werden: Eine Transaktionssteuer erzielt keine oder nur eine sehr geringe Lenkungswirkung.[216] Denn selbst in Krisen zeigen sich die Märkte in Ländern mit Transaktionssteuern nicht weniger volatil.[217]

Kritiker der Devisentransaktionssteuer argumentieren zudem, dass in einer Ökonomie unvollkommener Märkte die Übernahme von Risiken bei wirtschaftlichen Aktivitäten zur optimalen Absicherung der Risiken sei. So seien auch Devisentransaktionen zur Absicherung von Risiken für die gesamtwirtschaftliche Effizienz unbedingt vorteilhaft. Eine Besteuerung von Devisentransaktionen führt zu einer Verzerrung der Gesamtwirtschaft durch eine suboptimale Absicherung. Eine Besteuerung von Devisentransaktionen ist nach dieser Auffassung

---

213 *Hakkio*, Should we throw sand in the gears of financial markets? in Economic Review, Federal Reserve Bank of Kansas City, Issue Q II, S. 17, 22 ff. Für den Börsenplatz London: *Dieter*, Nach den Finanzkrisen: die ordnungspolitische Gestaltung der Globalisierung, S. 19 f.

214 Dazu die Ausführungen in dem Abschnitt *„3. Die ökonomische Kritik an der Devisentransaktionssteuer“* auf Seite 61 dieser Arbeit.

215 *Campbell* und *Froot* zu den Auswirkungen einer Transaktionskostenerhöhung auf die Elastizität der Aktienmärkte in Schweden und Großbritannien: *Campbell/Froot*, International Experiences with Securities Transaction Taxes, International Experiences with Securities Transaction Taxes in NBER Working Paper No. 4587, December 1993, S. 27.

216 *DeRosa*, In Defense of Free Capital Markets, S. 183 ff.

217 Dies allerdings unter der Voraussetzung, dass der Steuersatz der Devisentransaktionssteuer vergleichbar mit dem Steuersatz der untersuchten Steuern ausfällt. Dabei ist anzumerken, dass die deutsche Börsenumsatzsteuer keinen Lenkungszweck, sondern lediglich einem Fiskalzweck diente (vgl. dazu auch die Ausführungen in dem Abschnitt *„cc. Vergleich mit Regelungen der Börsenumsatzsteuer“* auf Seite 89 dieser Arbeit).

abzulehnen und ungerechtfertigt.[218] Diese Auffassung lässt sich nach den oben dargestellten Untersuchungen zudem empirisch belegen; das nationale Marktvolumen wird durch die Einführung von Transaktionssteuern voraussichtlich sinken. Ein sinkendes Marktvolumen führt zu einer sinkenden Liquidität, die wiederum, wie bereits dargestellt, zu der Gefahr ineffizienter Märkte führt. Sollte zudem durch das Abschaffen von Steuerumgehungsmöglichkeiten den Anlegern die Möglichkeit genommen werden, auf andere Märkte auszuweichen, um das Risiko ihrer Anlagen zu minimieren, hätten Anleger, deren Devisentransaktionen durch eine Steuer verteuert würden, einen ökonomischen Nachteil gegenüber Anlegern, die ihr Portfolio ohne derartige Belastungen zusammenstellen.

Die Theorie der optimalen Besteuerung erfährt jedoch in einem sozialstaatlichen Ansatz der Besteuerung und gerade im Zusammenhang mit der Rechtfertigung von Sozialzwecknormen wie insbesondere Lenkungssteuern eine Einschränkung.[219] So steht dem Gesetzgeber nach Ansicht des BVerfG bei der Erschließung von Steuerquellen grundsätzlich eine weitreichende Gestaltungsbefugnis zu, die ihn insbesondere berechtigt, sich bei seinen Regelungen auch von finanzpolitischen, volkswirtschaftlichen oder sozialpolitischen Erwägungen leiten zu lassen.[220] Zur rechtfertigenden Begründung von Lenkungssteuern sind unter anderem sozialstaatliche Prinzipien anerkannt, die eine Abschichtung der Sozialzwecke von einer Besteuerung nach der Leistungsfähigkeit des Steuerpflichtigen erfordern[221]; erforderlich ist, dass der Lenkungszweck der Steuer „mit hinreichender Bestimmtheit tatbestandlich vorgezeichnet sein muss“[222].

Der mit der Devisentransaktionssteuer verfolgte Zweck besteht unter sozialpolitischen Gesichtspunkten hauptsächlich in der Eindämmung unerwünschten Verhaltens von Akteuren auf dem Devisenmarkt und damit der Verhinderung von Währungskrisen und den daraus resultierenden negativen Auswirkungen auf die Volkswirtschaft(en). Unter fiskalpolitischen Gesichtspunkten werden Steuereinnahmen erwartet, die jedoch in Abhängigkeit vom Steuersatz stehen. Ein niedrig gewählter Steuersatz würde primär einen Fiskalzweck und nur untergeordnet einen Lenkungszweck verfolgen, während bei steigendem Steuersatz der Lenkungszweck der Devisentransaktionssteuer in den Vordergrund tritt.[223] Ein Steuersatz von etwa 0,1 % (siehe auch die Ausführungen im Zusammenhang mit dem Steuersatz in dem Abschnitt „*V. Steuersatz*“ auf Seite 92 dieser Arbeit)

---

218 *König*, Devisenumsatzsteuer und Wechselkursverlauf, S. 100; *Haberer*, Regulierung internationaler Finanzmärkte durch Transaktionssteuern: die Wirkung einer Tobin-Steuer auf Handelsvolumen und Wechselkursvolatilität, S. 76 f.

219 *Lang* in Tipke/Lang, Steuerrecht, §8 Rn. 8 m.w.N.

220 BVerfGE 93, 121, 136.

221 *Lang* in Tipke/Lang, Steuerrecht, §4 Rn. 186, 21 m.w.N.; BVerfGE 93, 121 ff.

222 BVerfGE 93, 121, 148.

223 Daraus resultiert ein Zielkonflikt, da bei das Steueraufkommen aus der Devisentransaktionssteuer voraussichtlich umso niedriger ausfallen wird je höher der Steuersatz ist, was mit dem Lenkungszweck der Steuer auch verfolgt wird. Kritisch: *Lang* in Tipke/Lang, Steuerrecht, §8 Rn. 121 f. m.w.N.

dürfte den Lenkungszweck der Devisentransaktionssteuer noch hinreichend erklären. Somit ist die Devisentransaktionssteuer unter steuersystematischen Gesichtspunkten gerechtfertigt.

II. Rechtsstaatlicher Ansatz

Neben einer Rechtfertigung der Devisentransaktionssteuer unter einem steuersystematischen Untersuchungsansatz soll ferner eine Rechtfertigung der Steuer aus einem rechtsstaatlichen Untersuchungsansatz betrachtet werden, bei der die Verwirklichung materieller Rechtsstaatlichkeit im Steuerrecht untersucht wird.[224] Danach ist eine Steuer gerechtfertigt, wenn sie dem Prinzip der Leistungsfähigkeit entspricht.

1. Das Prinzip der Leistungsfähigkeit

Nach dem Prinzip der Leistungsfähigkeit ist eine Steuer gerechtfertigt, wenn die Steuerlast auf die Steuerpflichtigen im Verhältnis zu ihrer wirtschaftlichen Leistungsfähigkeit verteilt wird.[225] *Tipke* führt dazu aus, dass Steuern mit ihren Bemessungsgrundlagen an sachgerechte Prinzipien anknüpfen müssen, wodurch das steuerliche Gestaltungsermessen des Gesetzgebers begrenzt ist.[226] Als sachgerechtes Prinzip der Steueranknüpfung soll das Prinzip der Leistungsfähigkeit untersucht werden.[227]

2. Untersuchung der Leistungsfähigkeit

a. Der Lenkungszweck im Verhältnis zur Leistungsfähigkeit

Nach der oben dargestellten Problematik der Steuernormzwecke wird durch die Devisentransaktionssteuer neben dem Finanzierungszweck auch ein Lenkungs-

---

224 *Lang* in Tipke/Lang, Steuerrecht, §4 Rn. 60 ff., 85, 124 ff.

225 Das Leistungsfähigkeitsprinzip ist Primärgrundsatz des Steuerrechts und fundamentaler Vergleichsmaßstab für Fiskalzwecknormen. Dazu: *Birk*, Das Leistungsfähigkeitsprinzip als Maßstab der Steuernormen, S. 21 ff.; *Jachmann*, Leistungsfähigkeitsprinzip und Umverteilung, StuW 1998, S. 293, 293; *Kirchhof*, Der verfassungsrechtliche Auftrag zur Besteuerung nach der Leistungsfähigkeit, StuW 1985, S. 319 ff.; *Lang* in Tipke/Lang, Steuerrecht, § 4 Rn. 85; *Schmidt*, Grundprobleme der Besteuerung in Andel/Haller/Neumark (Hrsg.), Handbuch der Finanzwissenschaft, S. 141 ff.

226 *Tipke*, Die Steuerrechtsordnung, Band I, S. 576.

227 *Lang* in Tipke/Lang, Steuerrecht, §7 Rn. 24. Neben der Anknüpfung an die Leistungsfähigkeit kann auch das Prinzip der Äquivalenz als Begründung einer gerechten Besteuerung herangezogen werden (*Kulessa*, Die Tobinsteuer zwischen Lenkungs- und Finanzierungsfunktion in Wirtschaftsdienst – Zeitschrift für Wirtschaftspolitik, S. 95, 103 m.w.N.). Das Äquivalenzprinzip erfährt seine Berechtigung finanzwissenschaftlich in der Rechtfertigung von Gebühren, Beiträgen oder Erwerbseinnahmen des Staates. Da die Devisentransaktionssteuer jedoch keine derartige Art darstellt (vgl. die nachfolgenden Ausführungen in der Arbeit), sollen weitere Ausführungen zum Äquivalenzprinzip unterbleiben.

zweck verfolgt. Der Lenkungszweck ist die Konkretisierung der Absicht des Steuergesetzgebers, Steuerpflichtige zu einem beabsichtigten Verhalten zu bewegen. Im Fall der Devisentransaktionssteuer soll der Abschluss von Devisentransaktionen mit kurzfristigem, risikobehaftetem Charakter für den Anleger unattraktiver werden und der Anleger damit zu einem Unterlassen bewegt werden. Damit differenziert der Gesetzgeber bei der Zuteilung der Steuerlast nicht nach Kriterien der Leistungsfähigkeit, sondern nach der Bereitschaft des Steuerpflichtigen, dem beabsichtigten Verhalten zu folgen.[228] Lenkungsnormen bezwecken jedoch eine wirtschaftliche Lenkung oder soziale Gestaltung, nicht aber eine gerechte, gleichmäßige Verteilung der Steuerlast.[229] Aus diesem Blickwinkel betrachtet würden Lenkungssteuern allerdings regelmäßig nach dem Prinzip der Leistungsfähigkeit ungerechtfertigt sein, was die rechtsstaatliche Rechtfertigung aller Lenkungssteuer infrage stellen würde.[230]

In der Literatur wird aus diesem Grund die Ansicht vertreten, auf die Rechtfertigung einer Steuer nach dem Leistungsfähigkeitsprinzip zu verzichten, da das Prinzip der Leistungsfähigkeit zusammen mit weiteren Kriterien lediglich ein „finanzwissenschaftliches Postulat" bildet, das unter rechtlich unverbindlich ist.[231] Dieser Ansicht ist entgegenzusetzen, dass das Leistungsfähigkeitsprinzip nach überwiegend vertretener Ansicht ein Ausfluss des verfassungsrechtlichen Gleichheitssatzes (vgl. Art. 3 Abs. 1 GG) und damit ein „elementares Wesensgesetz des Steuerstaates"[232] ist.[233] In der steuerrechtlichen Literatur wird daher die Auffassung vertreten, dass dem Leistungsfähigkeitsprinzip ein Verfassungsrang zukommen soll. Dies wird damit begründet, dass die Berücksichtigung der Leistungsfähigkeit des Steuersubjekts grundlegend für die Steuergerechtigkeit

---

228 Zu der grundsätzlichen Problematik des Konflikts zwischen Lenkungssteuern und der Belastungsgleichheit: *Birk*, Steuerrecht, Rn. 176 ff.

229 *Tipke*, Die Steuerrechtsordnung, Band I, S. 337.

230 *Birk*, Steuerrecht, S. 12 ff. Mitunter sind Lenkungs- und Fiskalzweck eng miteinander verbunden, siehe etwa: *Weber-Grellet*, Lenkungssteuern im Rechtssystem in NJW 2001, S. 3657, 3660 f.

231 *Kruse*, Über die Gleichmäßigkeit der Besteuerung, StuW 1990, 322 f. der damit wohl eine isolierte Ansicht vertritt, wie *Gawel* feststellt: *Gawel*, Umweltlenkungssteuern und Leistungsfähigkeitsprinzip in StuW 1999, 374 (Fußnote 3); *Birk*, Steuerrecht, S. 51 ff. m.w.N.

232 *Jachmann*, Ökologie versus Leistungsfähigkeit – Gilt es neue Wege in der Steuerrechtfertigung zu gehen?, StuW 2000, S. 239, 239 m.w.N.

233 Zur Maßgeblichkeit des Leistungsfähigkeitsprinzips für alle Steuern: *Homburg*, Allgemeine Steuerlehre, S. 197 ff.; *Lang* in Tipke/Lang, Steuerrecht, § 4 Rn. 85 m.w.N. Zu dem Gleichheitssatz aus Art. 3 Abs. 1 des deutschen Grundgesetzes die Rechtsprechung des BVerfG: BVerfGE 84, 239, 268. Nach der Solange II-Rechtsprechung des Bundesverfassungsgerichts (BVerfGE 73, S. 339 ff.) gewähren die Grundrechte auf Ebene der Europäischen Gemeinschaft grundsätzlich den gleichen Schutzumfang wie im nationalen Recht. Somit ist auch auf europäischer Ebene von einem grundsätzlichen Vorhandensein des Leistungsfähigkeitsprinzips auszugehen (*Birk*, Steuerrecht, S. 51 ff m.w.N.).

sei und eine Berücksichtigung der in Einkommen, Vermögen oder Konsum zum Ausdruck kommenden wirtschaftlichen Leistungsfähigkeit des Steuersubjekts darstelle.[234] Das BVerfG fordert gleichfalls die Anwendung Grundsatzes der Besteuerung nach wirtschaftlicher Leistungsfähigkeit im Steuerrecht und zitiert Art. 134 der Weimarer Reichverfassung, nach der alle Staatsbürger ohne Unterschied „im Verhältnis ihrer Mittel zu allen öffentlichen Lasten nach Maßgabe der Gesetze“ beitragen.[235]

Das Besteuerungsobjekt der Devisentransaktionssteuer ist der schuldrechtliche Vertrag. Mit dem Vertragsschluss wird eine wirtschaftliche Aktivität des Devisenmarktteilnehmers offenkundig, die regelmäßig Ausdruck der wirtschaftlichen Leistungsfähigkeit des Marktteilnehmers ist. Daher ist grundsätzlich davon auszugehen, dass die Devisentransaktionssteuer wirtschaftlich aktive Marktteilnehmer erfasst werden. Mit der Anknüpfung an die wirtschaftliche Aktivität der Marktteilnehmer ist ein Bezug zu deren finanzieller Leistungsfähigkeit hergestellt.[236]

Der Lenkungszweck einer Sozialzwecknorm kann durch Ausgestaltungen des Tatbestandes erreicht werden, der im Einzelfall zu einer besonderen Belastungswirkung führt, dass über das Maß einer angemessenen steuerlichen Leistungsfähigkeitserfassung herausgeht.[237] So können Steuerpflichtige bereits durch andere Steuernormen wie etwa die Einkommensteuer angemessen im Sinne ihrer individuellen Leistungsfähigkeit besteuert werden. Durch die Vornahme eines Devisengeschäftes kann in diesem Fall nicht auf eine gesteigerte wirtschaftliche Leistungsfähigkeit des Wirtschaftssubjektes geschlossen werden, die eine über den Grundsatz der Leistungsfähigkeit hinausgehende Besteuerung rechtfertigt.[238] Das Leistungsfähigkeitsprinzip wird in einem solchen Fall durchbrochen und bedarf einer besonderen Rechtfertigung.[239] *Birk* führt dazu an, dass der Rechtfertigungsgrund im Rahmen einer abgestuften Prüfung der Steuernorm gegen die Verletzung des Leistungsfähigkeitsprinzips abgewogen werden und

234 *Birk*, Das Leistungsfähigkeitsprinzip als Maßstab der Steuernormen, S. 123 ff.; *Birk*, Zum Stand der Theoriediskussion in der Steuerrechtswissenschaft, StuW 1983, 293 ff.; *Lang* in Tipke/Lang, Steuerrecht, § 4 Rn. 83; *Birk*, Steuerrecht, S. 51 ff. m.w.N.

235 BVerfGE 61, 319, 351, BVerfGE 66, 214, 223; BVerfGE 82, 60, 86.

236 *Weber-Grellet*, Europäisches Steuerrecht, S. 25.

237 *Lang* in Tipke/Lang, Steuerrecht, § 4 Rn. 124.

238 *Kulessa*, Die Tobinsteuer zwischen Lenkungs- und Finanzierungsfunktion in Wirtschaftsdienst – Zeitschrift für Wirtschaftspolitik, S. 95, 103 m.w.N.: *Kulessa* anerkennt, dass es auch möglich sei, dass „die meisten der internationalen Kapitalströme heutzutage mehr mit Steuervermeidung und –hinterziehung zu tun haben als mit einem volkswirtschaftlich produktiven Transfer von Ressourcen“. Eine globale Devisentransaktionssteuer könnte nach *Kulessa* in diesem Fall durchaus ein behelfsmäßiges Instrument zur Besteuerung von Fluchtkapital – und damit ein Mittel darstellen, das an die Leistungsfähigkeit anknüpft.

239 *Lang* in Tipke/Lang, Steuerrecht, § 4 Rn. 125.

Gemeinwohlinteressen dienen muss.[240] Die Durchbrechung muss auf einem Gemeinwohlanliegen von hohem Rang beruhen; auf keinen Fall darf eine existenzgefährdende Steuerbelastung gerechtfertigt werden.[241] Verfassungsrechtlich lässt sich das Erfordernis eines Gemeinwohlanliegens von hohem Rang und damit die besondere Rechtfertigung des Lenkungsziels der Steuer zum Beispiel aus Art. 109 Abs. 2 GG (Herstellung des gesamtwirtschaftlichen Gleichgewichts) oder Art. 72 Abs. 2 GG (Herstellung gleichwertiger Lebensbedingungen durch die Förderung von Investitionen in den neuen Bundesländern) ableiten.[242]

Es ist allgemein anerkannt, dass das Steuerrecht ein legitimes Lenkungsinstrument der Wirtschafts- und Sozialpolitik darstellt und besondere wirtschaftliche und soziale Motive des Gesetzgebers grundsätzlich eine Durchbrechung des Leistungsfähigkeitsprinzips im Sinne des Gemeinwohls rechtfertigen.[243] Bei der Beurteilung, ob ein besonderer wirtschaftlicher Zweck mit einer Lenkungsnorm verfolgt wird und dieser die Durchbrechung des Leistungsfähigkeitsprinzips rechtfertigt, wird dem Gesetzgeber ein Beurteilungsspielraum zugestanden.[244] Die Belastungswirkung der Steuer erfordert zudem, dass der Gemeinwohlzweck für diesen Zweck erforderlich, geeignet und verhältnismäßig sein muss. So sind zur Verfolgung des Steuerzwecks ungeeignete Maßnahmen grundsätzlich nicht erforderlich.[245]

b. Die Geeignetheit der Devisentransaktionssteuer

Im Folgenden ist die Geeignetheit der Devisentransaktionssteuer im Verhältnis zu den mit ihr verfolgenden Zwecken zu untersuchen. *Tobin* beabsichtigte mit einer Besteuerung von Devisentransaktionen, „etwas Sand in die Räder der internationalen Devisenmärkte“[246] zu werfen. Destabilisierende Spekulationen sollten durch eine Devisentransaktionssteuer unterbunden werden. Die von ihm vorgeschlagene Steuer trifft daher jede Transaktion mit kurzfristigem Anlagehorizont und zwar ohne Beurteilung ihrer Funktion für den Markt. Im Schrifttum wird daher darauf hingewiesen, dass eines der grundsätzlichen Probleme einer Devisentransaktionssteuer darin besteht, dass diese nicht zwischen destabilisie-

---

240 *Birk*, Das Leistungsfähigkeitsprinzip als Maßstab der Steuernormen, S. 232 ff.; *Lang* in Tipke/Lang, Steuerrecht, §4 Rn. 125.

241 *Lang* in Tipke/Lang, Steuerrecht, §4 Rn. 126; *Tipke*, Die Steuerrechtsordnung, Band I, S. 337 ff.

242 *Birk*, Steuerrecht, Rn. 177.

243 BVerfG in BVerfGE 38, 61, 80 m.w.N.; *Tipke*, Die Steuerrechtsordnung, Band I, S. 337 f. m.w.N.

244 Zu der praktischen Umsetzung des Gemeinwohlkriteriums vgl. die Ausführungen von *Tipke*, der darauf hinweist, dass die Wirtschaftlenkung durch Steuernormen von vielen Ökonomen abgelehnt wird (*Tipke*, Die Steuerrechtsordnung, Band I, S. 341 m.w.N.).

245 *Tipke*, Die Steuerrechtsordnung, Band I, S. 342.

246 *Tobin*, A Proposal for International Monetary Reform in The Eastern Economic Journal Vol. 4, S. 153, 158.

renden und stabilisierenden Spekulationen unterscheidet.[247] Eine Unterbindung oder Reduzierung der destabilisierenden Transaktionen ist nicht möglich, ohne die stabilisierenden Transaktionen ebenfalls unattraktiv werden zu lassen.

Eine Steuer wird nach den Prinzipien der Finanzwissenschaft von denjenigen getragen, deren Preiselastizität relativ gering ist. Spekulanten sind Marktteilnehmer mit relativ hoher Preiselastizität.[248] Es kann daher schlussgefolgert werden, dass die Devisentransaktionssteuer insbesondere von den Außenhändlern (Exporteuren) getragen wird.[249] Dadurch steigt der Anreiz, Kurssicherungsgeschäfte einzugehen. Die Kurssicherungskosten werden dabei mit zunehmendem Steuersatz steigen. Dies wirkt sich wiederum auf die Güterimporte und Güterexporte aus und schließlich auf die internationale Arbeitsteilung sowie die Wohlfahrt der betroffenen Länder.[250] Außerdem besteht das Risiko, dass die Wirkung der Devisentransaktionssteuer nicht auf den Devisensektor begrenzt bleibt. Insbesondere kann die Einführung einer Abgabe die Einschätzung von Investoren über das Länderrisiko verändern. Negative Auswirkungen können dabei entstehen, wenn mit der Einführung einer Devisentransaktionssteuer eine restriktive Wirtschaftspolitik erwartet wird. Dies beeinträchtigt die Annahmen bezüglich des Zugangs zum heimischen Kapitalmarkt und der Liquidität der Finanzmärkte, was ausländische Direktinvestoren besonders betrifft.[251] Daraus könnten Wachstumseinbußen resultieren, die aufgrund des Wettbewerbsnachteils entstehen. Die indirekten Kosten könnten in einem solchen Fall höher einzuschätzen sein als die zu erwartenden Gewinne.[252]

---

247 *Janus*, Die Tobin-Steuer: Kann sie eine rennende Herde stoppen? in Bender/Hemmer (Hrsg.), Entwicklungsländer im Zeitalter der Globalisierung; *Spahn*, International Financial Flows and Transactions Taxes in Survey and Options (June 1995). IMF Working Paper, Vol. 60, S. 1, 14 f.

248 Stellungnahme des *Wissenschaftlichen Beirats beim BMZ* zur Studie von *Spahn*, Zur Durchführbarkeit einer Devisentransaktionssteuer in Bundesministerium für wirtschaftliche Zusammenarbeit und Entwicklung (Hrsg.), BMZ Spezial, S. 11.

249 *Brönner/Kamprad*, Kommentar zum Kapitalverkehrsgesetz, S. 215.

250 Stellungnahme des *Wissenschaftlichen Beirats beim BMZ* zur Studie von *Spahn*, Zur Durchführbarkeit einer Devisentransaktionssteuer in Bundesministerium für wirtschaftliche Zusammenarbeit und Entwicklung (Hrsg.), BMZ Spezial, Bonn 2002, S. 11.

251 Als Folge der Liquiditätsabnahme kann die Volatilität der Wechselkurse gegebenenfalls sogar zunehmen (*Reisen*, Tobin Tax: Could it Work?, OECD Observer, No. 231/232, S. 23 ff.).

252 Die Studie von Spahn zieht derartige Überlegungen nicht in Betracht. Auf ein Bestehen des Risikos aufmerksam macht die Stellungnahme des *Wissenschaftlichen Beirats beim BMZ* zur Studie von *Spahn*, Zur Durchführbarkeit einer Devisentransaktionssteuer in Bundesministerium für wirtschaftliche Zusammenarbeit und Entwicklung (Hrsg.), BMZ Spezial, Bonn 2002, S. 11.

c. Zwischenergebnis

In der wirtschaftswissenschaftlichen Literatur wird eine Devisentransaktionssteuer in Zusammenhang mit ihrer Wirkungsweise und den daraus resultierenden Kosten beziehungsweise dem Gewinn für eine Volkswirtschaft durchaus kritisch betrachtet. Nach den angeführten Untersuchungsergebnissen kann allerdings davon ausgegangen werden, dass die Devisentransaktionssteuer zu einer Verhinderung von Währungskrisen geeignet sein kann, wenn auch die zu erwartenden Kosten und sonstigen Nachteile in Abhängigkeit von der Höhe des Steuersatzes für die jeweiligen Volkswirtschaften erheblich sein können.

E. Resümee

Nach den Untersuchungen zur Rechtfertigung der Devisentransaktionssteuer kann als Ergebnis festgehalten werden, dass die Devisentransaktionssteuer unter Heranziehen eines steuersystematischen Ansatzes und sozialstaatlichen Erwägungen gerechtfertigt ist. Unter einem rechtsstaatlichen Ansatz ist die Devisentransaktionssteuer trotz ihrer volkswirtschaftlichen Nachteile und wesentlichen Kosten gerechtfertigt.

Kapitel 4

Kompetenzen der Europäischen Union

Nach der Konkretisierung und steuerlichen Erfassung der Devisentransaktionssteuer soll im Folgenden untersucht werden, welche Kompetenzen die Europäischen Union im Hinblick auf die Devisentransaktionssteuer besitzt. Insbesondere sollen Möglichkeiten und Grenzen der Einführung einer Devisentransaktionssteuer in der Europäischen Union aufgezeigt werden. Dazu soll zunächst eine überblickartige Darstellung der Ziele der Europäischen Union und der Rechtsquellen des Unionsrechts erfolgen. Daran schließt die Untersuchung einer möglichen Rechtsetzungskompetenz der Europäischen Union in Bezug auf eine Devisentransaktionssteuer an.

§ 1 Ziele der EU und Rechtsquellen des Unionsrechts

A. Ziele der Europäischen Union

Leitziele der Europäischen Union und damit zentrale Punkte europäischer Bestrebungen sind in Art. 3 EUV festgelegt. Zu diesen Leitzielen zählt zunächst die Förderung des Friedens, der Werte und des Wohlergehens der Völker der Europäischen Union (Art. 3 Abs. 1 EUV). Ein weiteres Leitziel ist die Errichtung eines Binnenmarkts, bei dem die Europäische Union auf die nachhaltige Entwicklung Europas auf der Grundlage eines ausgewogenen Wirtschaftswachstums und von Preisstabilität hinwirkt sowie eine im hohen Maße wettbewerbsfähige soziale Marktwirtschaft, die auf Vollbeschäftigung und sozialen Fortschritt abzielt (Art. 3 Abs. 3 Satz 1 und 2 EUV).[1]

Unter Binnenmarkt wird gemäß Art. 26 Abs. 2 AEUV ein Raum ohne Binnengrenzen verstanden, in dem der freie Verkehr von Waren, Personen, Dienstleistungen und Kapital gemäß den Bestimmungen der Verträge gewährleistet ist. Nach Rechtsprechung des EuGH stellt der Begriff eines Raums ohne Binnengrenzen ab „auf die Beseitigung aller Hemmnisse im innergemeinschaftlichen Handel mit dem Ziele der Verschmelzung der nationalen Märkte zu einem einheitlichen Markt, dessen Bedingungen denjenigen eines wirklichen Binnen-

1 Ausführlicher zu der Werteordnung der Europäischen Union: *Streinz* in Streinz/Ohler/Herrmann (Hrsg.), Vertrag von Lissabon, S. 79 ff. Zu den Kernelementen der Wirtschaftsverfassung: *Kellerhals*, Wirtschaftsrecht und europäische Integration, S. 283 ff.

markts möglichst nahe kommen."[2] Das Leitziel der Verwirklichung eines Binnenmarkts wird unionsrechtlich insbesondere durch Maßnahmen unterstützt, die die Europäische Union nach Maßgabe der Vertragsbestimmungen erlässt, um den Binnenmarkt zu verwirklichen und dessen Funktionieren zu gewährleisten (vgl. Art. 26 Abs. 1 AEUV).

B. Rechtsquellen des Unionsrechts

I. Primäres Unionsrecht

Primäres Unionsrecht besteht insbesondere aus dem Vertrag über die Europäische Union und dem Vertrag über die Arbeitsweise der Europäischen Union sowie den dazugehörigen Anhängen, Erklärungen und Protokollen. Außerdem zählen ungeschriebene allgemeine Rechtsgrundsätze sowie das Gewohnheitsrecht zu dem europäischen Primärrecht. Allgemeine Rechtsgrundsätze sind Rechtssätze, die in allen Mitgliedstaaten anerkannt sind. Zu den allgemeinen Rechtsgrundsätzen zählen unter anderem Grundsätze des Vertrauensschutzes und der Rechtssicherheit. Gleichrangig neben den Verträgen steht gemäß Art. 6 Abs. 1 EUV die Charta der Grundrechte der Europäischen Union.[3]

Das primäre Unionsrecht berechtigt und verpflichtet Mitgliedstaaten und Unionsorgane. Es kann auch Rechte und Pflichten für den Einzelnen begründen – und damit unmittelbar anwendbar sein –, wenn die Norm ausdrücklich den Einzelnen berechtigt oder verpflichtet oder wenn die Norm nach ständiger Rechtsprechung des EuGH (i) rechtlich vollkommen ist, also ohne weitere Konkretisierung und ohne weitere Umsetzungsakte anwendbar ist, (ii) hinreichend klar, vollständig und unbedingt abgefasst ist und (iii) eine konkrete Handlungs- oder Unterlassungspflicht für die Mitgliedstaaten beinhaltet.[4]

II. Sekundäres Unionsrecht

Sekundäres Unionsrecht besteht aus den durch die Organe der Europäischen Union nach Maßgabe des Primärrechts ergangenen Rechtsakten. Die Rechtsakte der Unionsorgane sind in Art. 288 Abs. 1 AEUV grundsätzlich abschließend

---

2 EuGH, Rs. 15/81, *Gaston Schul*, Slg. 1982, 1409, Rn. 33; siehe auch: EuGH, Rs. C–381/93, Kommission/Frankreich, Slg. 1994, I–5145, Rn. 14. Diese Rechtsprechung ist zu dem ehemaligen, in ex-Art. 2 EG verwendeten Begriff des „Gemeinsamen Markts" ergangen, der in Art. 3 EUV durch den Begriff „Binnenmarkt" ersetzt wurde.

3 *Schroeder* in Streinz, Art. 288 AEUV, Rn. 17 ff.

4 Eine Übersicht der Rechtsquellen der Europäischen Union bietet *Bleckmann*, Die Rechtsquellen des Europäischen Gemeinschaftsrechts in NVwZ 1993, S. 824–828 und *Lüdicke/Hummel*, Zum Primat des primären Gemeinschaftsrechts, Internationales Steuerrecht 2006, S. 694–698; *Schroeder* in Streinz, Art. 288 AEUV, Rn. 18 ff. Siehe auch die Bestätigung der Zulässigkeit dieser europäischen Rechtsfortbildung durch das BVerfG: BVerfGE 75, 223, 240 ff.

aufgezählt und bestehen aus Verordnungen, Richtlinien, Beschlüssen, Empfehlungen und Stellungnahmen. Des Weiteren werden die sogenannten ungekennzeichneten Rechtshandlungen zum sekundären Unionsrecht gezählt.[5] Verordnungen im Sinne des Art. 288 Abs. 2 AEUV sind in allen Teilen verbindlich und gelten unmittelbar in jedem Mitgliedstaat.[6] Richtlinien im Sinne des Art. 288 Abs. 3 EG sind hinsichtlich ihres Ziels für die Mitgliedstaaten, an die sie gerichtet sind, verbindlich. Gemäß Art. 288 Abs. 3 AEUV in Verbindung mit Art. 291 AEUV trifft die Mitgliedstaaten eine Pflicht zur ordnungsgemäßen Umsetzung innerhalb der regelmäßig in der Richtlinie genannten Frist.[7] Die Wahl von Form und Mittel, die durch die innerstaatlichen Stellen des Mitgliedstaates zur Erreichung des Ziels genutzt werden, sind diesen überlassen.[8] Beschlüsse im Sinne des Art. 288 Abs. 4 AEUV sind gegenüber den Adressaten verbindlich, an die die Beschlüsse gerichtet sind.[9] Empfehlungen und Stellungnahmen im Sinne des Art. 288 Abs. 5 AEUV stellen unverbindlich Handlungsformen der Organe der Europäischen Union dar.[10]

§ 2 Rechtsetzungskompetenzen

A. Allgemeines

I. Das Prinzip der begrenzten Einzelermächtigung

Für die Abgrenzung der Zuständigkeiten der Europäischen Union gilt grundsätzlich das Prinzip der begrenzten Einzelermächtigung aus Art. 5 Abs. 1 Satz 1 EUV. Gemäß des Prinzips der begrenzten Einzelermächtigung ist ein Rechtsetzungsakt der Europäischen Union nur innerhalb der Grenzen und Zuständigkei-

---

5 *Schroeder* in Streinz, Art. 288 AEUV, Rn. 23 ff.

6 *Ruffert* in Calliess/Ruffert, Art. 288 AEUV, Rn. 20.

7 Nach ganz herrschender Lehre und ständiger Rechtsprechung des EuGH können Richtlinien in bestimmten Fällen auch ohne mitgliedstaatliche Umsetzung unmittelbare Wirkung entfalten. Siehe dazu: EuGH, Rs. 9/70, *Grad/Finanzamt Traunstein*, Slg. 1970, 825, Rn. 10; EuGH, Rs. 152/84, *Marshall*, Slg. 1986, 723, Rn. 46 f; EuGH, Rs. C–431/92, *Kommission/Deutschland*, Slg. 1995, I–2189, Rn. 37 ff.; EuGH, verbundene Rs C–397/01 bis C–403/01, *Pfeiffer*, Slg. 2004, I–8835, Rn. 103; *Ramsauer* in AK-GG, Art. 19 Abs. 4, Rn. 68; *Ruffert* in Calliess/Ruffert, Art. 288 AEUV, Rn. 23 f.

8 *Ruffert* in Calliess/Ruffert, Art. 288 AEUV, Rn. 26 ff.; *Streinz*, Europarecht, Rn. 440.

9 *Ruffert* in Calliess/Ruffert, Art. 288 AEUV, Rn. 85 ff.

10 Jedoch haben nationale Gerichte der Mitgliedstaaten Empfehlungen und Stellungnahmen bei der Auslegung nationaler Rechtsvorschriften zu berücksichtigen: EuGH, Rs. C–322/88, *Grimaldi*, Slg. 1989, I–4407, Rn. 18; EuGH, Rs. C–207/01, *Altair Chimica*, Slg. 2003, I–8875, Rn. 41; EuGH, Rs. C–55/06, *Arcor*, Slg. 2008, I-2931, Rn. 94; *Ruffert* in Calliess/Ruffert, Art. 288 AEUV, Rn. 95.

ten möglich, die der Europäischen Union zur Verwirklichung der in den Verträgen niedergelegten Ziele von den Mitgliedstaaten übertragen worden sind (vgl. Art. 5 Abs. 2 EUV).[11] Zuständigkeiten, die der Europäischen Union vertraglich nicht übertragen wurden, verbleiben gemäß Art. 4 Abs. 1, Art. 5 AEUV bei den Mitgliedstaaten.

Der Europäischen Union steht zur Rechtsetzung das Instrument der Rechtsangleichung zur Verfügung. Ermächtigungen der Europäischen Union zur Rechtsangleichung finden sich zum Beispiel in der allgemeinen Kompetenz zur Rechtsangleichung nach Art. 114, 115 AEUV oder in den besonderen Harmonisierungskompetenzen im Bereich der Grundfreiheiten, wie der Niederlassungsfreiheit nach Art. 50 Abs. 2 lit. g AEUV.[12] Das Prinzip der begrenzten Einzelermächtigung aus Art. 5 Abs. 1 Satz 1 EUV gilt gemäß Art. 13 Abs. 2 EUV, Art. 2 Abs. 6 AEUV grundsätzlich auch für Maßnahmen der Organe der Europäischen Union zur Rechtsangleichung, da der Umfang der Zuständigkeiten und die Einzelheiten ihrer Ausübung sich aus den Bestimmungen der Verträge zu den einzelnen Bereichen ergeben.

Eine Zuständigkeit der Europäischen Union zur Erhebung von Steuern auf Ebene der Union ist nicht ausdrücklich in den Verträgen benannt (vgl. insbesondere Art. 2 ff. AEUV). Die Europäische Union verfügt grundsätzlich nicht über eigene Gesetzgebungskompetenzen auf dem Gebiet des Steuerrechts; eine europäische Finanzverfassung in den Verträgen, wie sie in Deutschland im Grundgesetz existiert, fehlt. In Art. 114 Abs. 2 AEUV wird sogar ausdrücklich festgestellt, dass die Europäische Union keine Zuständigkeit auf dem Gebiet der Steuern besitzt. Jedoch bestehen im Bereich des Zollrechts sowie in Randbereichen (wie Steuern auf die Bezüge der Bediensteten der Europäischen Union) Steuern auf Ebene der Union, die von der Europäischen Union autonom geregelt werden und deren Steuererlöse der Europäischen Union zukommen (vgl. Art. 310 Abs. 1 Satz 1 AEUV).[13] Kompetenzen im Zusammenhang mit steuerlichen Regelungen verbleiben grundsätzlich bei den Mitgliedstaaten, die ihre Abgabenhoheit durch die Verträge nicht aufgegeben haben.[14]

---

11 *Callies* in Calliess/Ruffert, Art. 5 EUV, Fn. 6 ff.; *Langguth* in Lenz/Borchardt, Art. 5 EUV, Rn. 2 f.

12 *Calliess* in Calliess/Ruffert, Art. 5 EUV, Rn. 13.

13 *Waldhoff* in Calliess/Ruffert, Art. 310 AEUV, Rn. 4.

14 *Bahlmann*, Zum Einfluss des Europarechts auf das nationale Steuerrecht, Europarecht 1985, S. 43, 44; *Birk*, Besteuerungsgleichheit in der Europäischen Union in Lehner (Hrsg.), Steuerrecht im Europäischen Binnenmarkt, S. 63, 68; *Ipsen*, Europäisches Gemeinschaftsrecht, S. 705; *Seiler*, Kompetenz- und verfahrensrechtliche Maßstäbe europäischer Umweltabgaben in Europarecht 2010, S. 67, 85 ff. m.w.N. Siehe auch: Schlussanträge *Generalanwalt Maduro* vom 6. Mai 2004, Rs. C–72/03, *Carbonati*, Slg. 2004, I–8027, Rn. 60 m.w.N. Eine Ausnahme bildet Art. 192 Abs. 2 lit. a AEUV (ex–175 Abs. 2 EG), der dem Rat die Kompetenz zuspricht, im Bereich der Umweltpolitik einstimmig Vorschriften überwiegend steuerlicher Art zu erlassen.

II. Gang der Untersuchung

Die Untersuchung steuerlicher Normen wird im Folgenden in zwei Komplexe unterteilt: Die Rechtsetzungskompetenz, also die Ermächtigung der Europäischen Union zum Erlass von steuertatbestandlichen Rechtsvorschriften[15] und die Ertrags- und Ertragsverwendungskompetenz, d. h. die Ermächtigung zur Bestimmung des Gläubigers des Steuerertrages[16] und der Verwendung des Steuerertrags[17].

Steuerliche Rechtsetzungskompetenzen und insbesondere Mittel der Steuerharmonisierung greifen in die „fiskalische Souveränität" der Mitgliedstaaten ein.[18] Zu untersuchen ist daher, wie die Europäische Union im Rahmen ihrer Zuständigkeiten und des Prinzips der begrenzten Einzelermächtigung in die Abgabenhoheit der Mitgliedstaaten eingreifen kann. Als Ermächtigungsnormen der Europäischen Union zum Erlass von steuertatbestandlichen Rechtsvorschriften kommen folgende Rechtsetzungskompetenzen in Betracht:

(1.) die Kompetenzen der Europäischen Union auf dem Gebiet der Währungs- und Wirtschaftspolitik nach Art. 119 bis 133 AEUV,

(2.) Art. 113 AEUV als Kompetenznorm zur Harmonisierung indirekter Steuern,

(3.) Maßnahmen für den Kapitalverkehr mit dritten Ländern nach Art. 64 Abs. 2 AEUV,

(4.) allgemeine Harmonisierungskompetenzen nach Art. 114 AEUV und Art. 115 AEUV,

(5.) die Kompetenz zur Finanzierung der Europäischen Union durch Eigenmittel nach Art. 311 AEUV und

(6.) Art. 352 Abs. 1 Satz 1 AEUV als sogenannte Abrundungskompetenz.

B. Währungs- und wirtschaftspolitische Kompetenzen

Regelungen zur Währungs- und Wirtschaftspolitik der Europäischen Union finden sich unter Titel VIII des Vertrags über die Arbeitsweise der Europäischen Union. Art. 119 AEUV legt die Grundsätze der europäischen Wirtschaftsverfassung dar, es folgen in Kapitel 1 (Art. 120 bis 126 AEUV) Normen, die die Wirtschaftspolitik der Europäischen Union betreffen. Kapitel 2 (Art. 127 bis 133 AEUV) beinhaltet Regelungen zur Währungspolitik der Europäischen Union. In Kapitel 3, welches die Art. 134 und 135 AEUV beinhaltet, finden sich institutionelle Bestimmungen. Kapitel 4 enthält in den Art. 136 bis 138 AEUV besondere Bestimmungen für die Mitgliedstaaten, deren Währung der Euro ist und Kapi-

15 *Lang* in Tipke/Lang, Steuerrecht, § 3 Rn. 31 ff.

16 *Lang* in Tipke/Lang, Steuerrecht, § 3 Rn. 57 ff.

17 Mit Erklärungen für das deutsche Steuersystem: *Lang* in Tipke/Lang, Steuerrecht, § 3 Rn. 57 ff.

18 *Waldhoff/Kahl* in Calliess/Ruffert, Art. 113 AEUV, Rn. 1 m.w.N.; *Wolffgang* in Lenz/Borchardt, Vorb. Art. 113 AEUV, Rn. 2.

tel 5 beinhaltet in den Art. 139 bis 144 AEUV Übergangsbestimmungen, die im Wesentlichen Mitgliedstaaten betreffen, die den Euro als gemeinsame Währung noch nicht eingeführt haben und sich im Übergang auf die dritte Stufe der Wirtschafts- und Währungsunion befinden (vgl. die Ausführungen in dem Abschnitt „*4. Der Vertrag zur Gründung der Europäischen Gemeinschaft und der Vertrag über die Arbeitsweise der Europäischen Union*“ auf Seite 29 dieser Arbeit).

I. Abgrenzung der Politiken

Zur Untersuchung und Identifizierung der konkreten Kompetenznorm bedarf es zunächst einer Abgrenzung der Begriffe Wirtschaftspolitik und Währungspolitik.

1. Abgrenzung der Wirtschaftspolitik von der Währungspolitik

Wirtschaftspolitische Regelungen finden sich in Titel VIII, Kapitel 1 des Vertrags über die Arbeitsweise der Europäischen Union. Unter dem Begriff der Wirtschaftspolitik des Art. 120 AEUV wird die „allgemeine, bereichsübergreifende Wirtschaftspolitik“ im Sinne von Art. 3 Abs. 3 Satz 2 AEUV, Art. 119 AEUV verstanden.[19] Gemäß des Wortlauts des Art. 119 Abs. 1 AEUV umfasst die Tätigkeit der Mitgliedstaaten und der Europäischen Union im Sinne des Art. 3 EUV die Einführung einer Wirtschaftspolitik, die „auf einer engen Koordinierung der Wirtschaftspolitik der Mitgliedstaaten, dem Binnenmarkt und der Festlegung gemeinsamer Ziele beruht und dem Grundsatz einer offenen Marktwirtschaft mit freiem Wettbewerb verpflichtet ist“. Der in Art. 119 Abs. 1 AEUV verwendete Wirtschaftspolitikbegriff bezieht sich nach seinem Wortlaut umfassend auf das Wirtschaftsgeschehen innerhalb der Volkswirtschaft und umfasst Politikbereiche wie die Beschäftigungs-, Struktur-, Lohn-, Einkommens- und Finanzpolitik.[20]

Aus den Normen des Vertrags über die Arbeitsweise der Europäischen Union – insbesondere aus den Zuständigkeiten der Union gemäß Art. 4 AEUV – ergibt sich, dass die wirtschaftspolitischen Kompetenzen grundsätzlich durch die Mitgliedstaaten wahrgenommen werden.[21] Zur Kontrolle der Auswirkungen der mitgliedstaatlichen Wirtschaftspolitik (zum Beispiel auf die Inflationsrate innerhalb der Europäischen Union und damit auf die Geldpolitik der EZB) ist die Koordinierung der mitgliedstaatlichen Wirtschaftspolitik durch die Europäi-

19 *Häde* in Calliess/Ruffert, Art. 120 AEUV, Rn. 3, Art. 119 AEUV, Rn. 4; *Koch* in Lenz/Borchardt, Art. 120 AEUV mit Verweis auf Art. 122 AEUV, Rn. 2 ff.

20 *Häde* in Calliess/Ruffert, Art. 119 AEUV, Rn. 3 f. m.w.N.; *Kempen* in Streinz, EUV/AEUV, Art. 119 AEUV, Rn. 12 ff.; *Streinz* in Streinz/Ohler/Herrmann (Hrsg.), Vertrag von Lissabon, S. 80 f.; *Schulze-Steinen*, Rechtsfragen zur Wirtschaftsunion, S. 48.

21 *Kempen* in Streinz, EUV/AEUV, Art. 119 AEUV, Rn. 11 ff.; *Schorkopf*, Die Einführung des Euro: der europäische und deutsche Rechtsrahmen in NJW 2001, S. 3734–3743, 3737.

schen Union jedoch unbedingt erforderlich. Die Feststellung, dass die Wirtschaftspolitik weiterhin durch die Mitgliedstaaten wahrgenommen wird, verdeutlicht die funktionale Begrenzung der Kompetenzen der Europäischen Union auf dem Gebiet der Wirtschaftspolitik. Gemäß Art. 120—126 AEUV werden die Mitgliedstaaten daher zur Koordinierung und marktwirtschaftlichen Ausrichtung ihrer Wirtschaftspolitiken verpflichtet. Die Wirtschaftspolitik bewegt sich damit innerhalb der multilateralen Überwachung gemäß Art. 121 AEUV, der Überwachung zur Vermeidung von übermäßigen Defiziten gemäß Art. 126 AEUV und der Konvergenzberichterstattung von Mitgliedstaaten mit Ausnahmeregelungen gemäß Art. 140, 139 AEUV[22, 23].

Vom Begriff der Wirtschaftspolitik ist der Begriff der Währungspolitik abzugrenzen. Der Begriff der Währungspolitik in Art. 119 Abs. 2 AEUV erfährt bereits vertraglich eine Trennung von der in Art. 119 Abs. 1 AEUV benannten Wirtschaftspolitik. Zudem enthält der Vertrag über die Arbeitsweise der Europäischen Union in den Art. 127-133 AEUV spezielle Bestimmungen zur Währungspolitik der Union, die die Kompetenzverteilung innerhalb der Europäischen Union bei der Wahrnehmung währungspolitischer Aufgaben regeln.[24]

Die Kompetenzverteilung im Bereich der Währungspolitik wird bei der Wahrnehmung der vier grundlegenden Aufgaben des Europäischen Systems der Zentralbanken gemäß Art. 127 Abs. 2 AEUV deutlich.[25] Die vier grundlegenden Aufgaben des ESZB bestehen darin, (i) die Geldpolitik der Europäischen Union festzulegen und auszuführen, (ii) Devisengeschäfte im Einklang mit Art. 129 AEUV durchzuführen, (iii) die offiziellen Währungsreserven der Mitgliedstaaten zu halten und zu verwalten und (iv) das reibungslose Funktionieren der Zahlungssysteme zu fördern. Gemäß Art. 127 Abs. 2 AEUV, der innerhalb des Vertrags über die Arbeitsweise der Europäischen Union den Beginn des Kapitels 2 (Die Währungspolitik) darstellt, werden die vorgenannten vier grundlegenden Aufgaben der Währungspolitik dem ESZB zugewiesen. Neben diesen wäh-

22 Dazu auch ex-Art. 116 Abs. 2 lit. a zweiter Gedankenstrich in Verbindung mit ex-Art. 122 Abs. 2 und Art. 121 Abs. 1 EG (auf zweiter Stufe der Wirtschaft- und Währungsunion) und die Entschließung des Europäischen Rates über den Stabilitäts- und Wachstumspakt, Amsterdam, 17. Juni 1997, ABl. Nr. C 236 S. 1 ff. und die Verordnung (EG) des Rates Nr. 1466/97 vom 7. Juli 1997 über den Ausbau der haushaltspolitischen Überwachung und der Koordinierung der Wirtschaftspolitiken, ABl. 1997 Nr. L 209, S. 1 ff. sowie die Verordnung (EG) des Rates vom 7. Juli 1997 über die Beschleunigung und Klärung des Verfahrens bei einem übermäßigen Defizit, ABl. 1997 Nr. L 209, S. 6 ff.

23 *Schorkopf*, Die Einführung des Euro: der europäische und deutsche Rechtsrahmen in NJW 2001, S. 3734–3743, 3737; *Potacs* in Schwarze, Art. 121 EG, Rn. 2 ff. und Art. 122 EG, Rn. 3.

24 *Fischer* in Lenz/Borchardt, Art. 119 AEUV, Rn. 2 f.; *Häde* in Calliess/Ruffert, Art. 127 AEUV, Rn. 1.

25 *Albin*, Das Subsidiaritätsprinzip in der EU - Anspruch und Rechtswirklichkeit in NVwZ 2006, 629, 630.

rungspolitischen Aufgaben besitzt die EZB Anhörungsrechte (vgl. etwa Art. 127 Abs. 4 Satz 1 AEUV) und das ESZB Aufsichtsfunktionen (vgl. etwa Art. 127 Abs. 5 AEUV). Außerdem besitzt die Europäische Union gemäß Art. 3 Abs. 1 lit. c AEUV die ausschließliche Zuständigkeit für die Währungspolitik der Mitgliedstaaten, deren Währung der Euro ist. Mitgliedstaaten, deren Währung nicht der Euro ist, behalten gemäß Art. 282 Abs. 4 Satz 2 AEUV grundsätzlich ihre währungspolitische Zuständigkeit; sie haben jedoch einige Kompetenzen im Bereich der Währungspolitik an die Europäische Union übertragen (siehe oben).[26] Die Ausführungen verdeutlichen, dass eine Devisentransaktionssteuer als währungspolitisches Instrument einzuordnen ist, wenn sie im Kompetenzgefüge durch die Europäische Union eingesetzt werden soll. Die Währungspolitik der Europäischen Union umfasst gemäß Art. 127 Abs. 2 erster Spiegelstrich AEUV die Geldpolitik.

Im Folgenden sollen Kompetenzen der Europäischen Union in der Geld- und Währungspolitik voneinander abgegrenzt und die Devisentransaktionssteuer in das Gestaltungssystem der Geld- und Währungspolitik eingeordnet werden.

2. *Analyse des Begriffs der Währungspolitik*

a. *Politiksystematische Betrachtung*

Währungspolitik stellt in der Systematik politischer Maßnahmen eine Ausprägung der Stabilitäts- oder Stabilisierungspolitik dar.[27] Damit steht die Währungspolitik auf einer Ebene mit der Geldpolitik.[28]

Unter den Begriff der Währungspolitik in einem weiten Sinne fällt das gesamte Feld der staatlichen Geldwesengestaltung. Währungspolitik im weiten Sinne kann sich auf die Gestaltung des Geldwesens im heimischen Währungsgebiet (Geldpolitik im weiten Sinne) und auf die Gestaltung des Geldwesens zwischen Währungsgebieten (Währungspolitik im engen Sinne) erstrecken. Unter Geldpolitik im engen Sinne werden laufende Maßnahmen im Rahmen der Gestaltung des Geldwesens innerhalb des heimischen Währungsgebiets verstanden.[29] Die Abgrenzung zwischen Geld- und Währungspolitik kann durch die politische Zielrichtung und der Außenwirkung der Maßnahme vorgenommen werden. Unter Geldpolitik im weiten Sinne ist danach das Bemühen der Politik zu verstehen, durch Steuerung der Geld- und Kreditversorgung im Inland eine stabile gesamtwirtschaftliche Entwicklung zu erreichen, während unter Währungspolitik im engen Sinne die Steuerung der monetären Beziehungen zum Ausland zu ver-

---

26 *Potacs* in Schwarze, Art. 124 EG, Rn. 1 und Art. 121 EG, Rn. 2 ff.

27 *Vollmer*, Geld- und Währungspolitik, S. 2.

28 Siehe die Darstellung der Unterteilung praktischer Wirtschaftspolitik in: *Vollmer*, Geld- und Währungspolitik, S. 2.

29 *Vollmer*, Geld- und Währungspolitik, S. 6 f.

stehen ist, um zu verhindern, dass Instabilitäten aus dem Ausland in das Inland übertragen werden.[30]

Die Einordnung der Devisentransaktionssteuer in das Gestaltungssystem der Geld- und Währungspolitik ergibt sich aus ihrer Zielsetzung und Ausgestaltung. Mithilfe der Steuer sollen kurzfristige, risikobehaftete Spekulationen über die Entwicklung von Devisenkursen verhindert werden. Eine derartige Maßnahme zielt auf die Steuerung von Kapitalflüssen aus dem und in das Ausland ab, um Instabilitäten auf dem Devisenmarkt zu verhindern. Die Devisentransaktionssteuer stellt sich damit als währungspolitische Maßnahme im engen Sinne der Politiksystematik nach *Vollmer* dar.

b. Untersuchung der vertraglichen Bestimmungen

Die politiksystematische Betrachtung findet sich in den Verträgen wieder. So stehen die Art. 127 bis 133 AEUV unter der Kapitelüberschrift „Die Währungspolitik“ und umfassen Normen im Bereich der Währungspolitik im weiten Sinne. Die Aufzählung der vier grundlegenden Aufgaben des ESZB in Art. 127 Abs. 2 AEUV[31] konkretisiert allgemeine Regelungen zur Währungspolitik. Die vier Aufgaben des ESZB stellen Ermächtigungsnormen dar, die es dem ESZB erlauben, zur Verwirklichung der in Art. 3 EUV benannten Ziele der Europäischen Union beizutragen (vgl. Art. 127 Abs. 1 Satz 2 AEUV).[32] Die Gewährleistung der Preisstabilität ist nach Art. 127 Abs. 1 Satz 1 AEUV vorrangiges Ziel des ESZB. Die allgemeine Wirtschaftspolitik innerhalb der Europäischen Union unterstützt das ESZB zur Verwirklichung der in Art. 3 EUV festgelegten Ziele gemäß Art. 127 Abs. 1 Satz 2 AEUV nur, soweit dies ohne Beeinträchtigung des Ziels der Preisstabilität möglich ist.[33]

Art. 127 Abs. 1 Satz 3 AEUV in Verbindung mit Art. 119 Abs. 1 und 2 AEUV konkretisiert zum einen die in Art. 127 Abs. 1 Satz 2 AEUV in Verbindung mit Art. 119 AEUV genannten Ziele und enthält zum anderen Grundsätze für die Tätigkeit des ESZB und der EZB. Danach hat die EZB das Gebiet der Wirtschaftspolitik eng mit den Mitgliedstaaten zu koordinieren[34] und zudem gemäß gemeinsam festgelegten Zielen und entsprechend den Erfordernissen des Binnenmarkts sowie im Sinne des Grundsatzes der offenen Marktwirtschaft mit freiem Wettbewerb zur Förderung des effizienten Einsatzes von Ressourcen zu

---

30 *Vollmer*, Geld- und Währungspolitik, S. 2.

31 Siehe dazu die Ausführungen in dem Abschnitt *„d. Das Europäische System der Zentralbanken und die Europäische Zentralbank“* auf Seite 33 dieser Arbeit.

32 *Häde* in Calliess/Ruffert, Art. 127 AEUV, Rn. 5 ff.; *Koch* in Lenz/Borchardt, Art. 127 AEUV, Rn. 4.

33 *Gaitanides*, Das Recht der Europäischen Zentralbank, S. 7; *Hahn*, Der Vertrag von Maastricht als völkerrechtliche Übereinkunft und Verfassung, S. 99 ff.; *Koch* in Lenz/Borchardt, Art. 127 AEUV, Rn. 4.

34 Zur Kompetenzverteilung zwischen den Mitgliedstaaten und der EZB siehe: *Seidel*, Probleme der Verfassung der Europäischen Gemeinschaft als Wirtschafts- und Währungsunion in FS-Börner, S. 417, 421 ff.

handeln. Weiterhin bestimmt Art. 127 Abs. 1 Satz 2 AEUV, dass das ESZB gemäß Art. 3 Abs. 3 EUV unter anderem auf die nachhaltige[35] Entwicklung Europas auf der Grundlage eines ausgewogenen Wirtschaftswachstums und von Preisstabilität hinwirken soll. Ferner soll das ESZB gemäß Art. 127 Abs. 1 Satz 2 AEUV in Verbindung mit Art. 3 Abs. 5 Satz 2 EUV unter anderem einen Beitrag zu freiem und gerechtem Handel leisten.[36]

Das ESZB und die EZB können aus den voranstehend genannten „Zielvorgaben“[37] grundsätzlich keine legislativen Kompetenzen ableiten, vielmehr bestimmen diese Zielvorgaben die politische Ausrichtung und rechtliche Grenzen der währungspolitischen Tätigkeit des ESZB und der EZB.[38]

3. Kompetenzausübung im Rahmen der Währungs- und Geldpolitik

Art. 127 Abs. 2 AEUV erster, dritter und vierter Spiegelstrich verweisen auf Zuständigkeiten des ESZB im Zusammenhang mit der Geldpolitik im weiten Sinne: Festlegung und Ausführung der Geldpolitik der Union, Halten und Verwalten der offiziellen Währungsreserven der Mitgliedstaaten, Fördern des reibungslosen Funktionierens der Zahlungssysteme (vgl. Art. 12 Satz 2 EZB-Satzung).

Art. 127 Abs. 2 AEUV zweiter Spiegelstrich bestimmt, dass das ESZB Devisengeschäfte durchzuführen hat. Damit ist auch die Durchführung der Währungspolitik im engen Sinne grundsätzlich dem ESZB übertragen worden.[39] Die Norm verweist zur Wahrnehmung der Aufgaben des ESZB bei der Durchführung von Devisengeschäften auf Art. 219 AEUV. Gemäß Art. 219 Abs. 1 Unterabs. 1 AEUV ist der Rat unter bestimmten Voraussetzungen zum Abschluss förmlicher Vereinbarungen im Zusammenhang mit der Ausgestaltung eines Wechselkurssystems mit Bezug zu der Währung Euro ermächtigt.[40] Durch die voranstehend genannten Normen wird die Wahrnehmung der Währungspolitik im engen Sinne auf ESZB und den Rat verteilt. Solange kein System fester Wechselkurse existiert, muss das ESZB bei der Durchführung der Währungspo-

---

35 Der Begriff der Nachhaltigkeit im Art. 3 AEUV wurde in ex-Art. 2 EG noch mit „beständiges, nicht-inflationäres und umweltverträgliches Wachstum“ umschrieben und erfuhr durch die Verwendung des unbestimmteren Begriffs der „Nachhaltigkeit“ wohl eine weitere Deutungsmöglichkeit.

36 *Bleckmann*, Der Vertrag über die Europäische Union in Deutsches Verwaltungsblatt 1992, S. 335, 341; *Hahn*, Der Vertrag von Maastricht als völkerrechtliche Übereinkunft und Verfassung, S. 87 f. (zu dem Konfliktpotential dieser Regelung); *Streinz* in Streinz/Ohler/Herrmann (Hrsg.), Vertrag von Lissabon, S. 80 f.

37 *Khan* in Geiger/Khan/Kotzur, EUV/AEUV, Art. 119 AEUV, Rn. 10.

38 *Hahn*, Der Vertrag von Maastricht als völkerrechtliche Übereinkunft und Verfassung, S. 54; *Khan* in Geiger/Khan/Kotzur, Art. 119 AEUV, Rn. 10 ff.; *Bandilla* in Grabitz/Hilf/Nettesheim, Art. 119 AEUV, Rn. 28 ff.

39 *Häde* in Calliess/Ruffert, Art. 127 AEUV, Rn. 34 ff. *Häde* spricht in diesem Zusammenhang allerdings nicht von einer Währungspolitik im engen Sinne, sondern bezeichnet die Politik als Wechselkurspolitik.

40 *Häde* in Calliess/Ruffert, Art. 219 AEUV, Rn. 4.

litik im engen Sinne gemäß Art. 219 Abs. 2 AEUV lediglich die allgemeinen Orientierungen für die Wechselkurspolitik beachten.[41]

II. Kompetenzausübung im Rahmen der Währungspolitik

1. Allgemeines

Die Kompetenzen im Rahmen der Währungspolitik der Europäischen Union umfassen somit Kompetenzen im Rahmen der Währungspolitik im engeren Sinne, also im Zusammenhang mit der Gestaltung des Geldwesens zwischen Währungsgebieten. Vollmer nennt in diesem Zusammenhang explizit die Festlegung oder Veränderung eines Wechselkurssystems oder die Einführung oder Aufhebung von Kapitalverkehrskontrollen.[42] Zu untersuchen ist, ob das ESZB im Rahmen der Ausübung von Kompetenzen im Zusammenhang mit der Währungspolitik im engeren Sinne eine Kompetenz zur Einführung einer Devisentransaktionssteuer besitzt. Eine solche Kompetenz könnte sich auf dem Gebiet der Währungspolitik im engen Sinne grundsätzlich gemäß Art. 127 Abs. 2 zweiter Spiegelstrich AEUV in Verbindung mit Art. 219 AEUV ergeben.

2. Wechselkurspolitik der Europäischen Union

Gemäß Art. 127 Abs. 2 zweiter Spiegelstrich AEUV kann das ESZB Devisengeschäfte nur im Einklang mit Art. 219 AEUV durchführen. Art. 219 AEUV enthält Kompetenzen des Rats zur Festlegung der Wechselkurspolitik der Europäischen Union. Während die Festlegung der Wechselkurspolitik eine Kompetenz des Rats darstellt, verbleibt die Durchführung der Wechselkurspolitik als Kompetenz des ESZB.[43]

a. Zur Festlegung der Wechselkurspolitik

Die Norm des Art. 219 Abs. 1 AEUV setzt zunächst voraus, dass eine förmliche Vereinbarung über ein Wechselkurssystem für den Euro gegenüber Drittlandswährungen existiert, und weist die Zuständigkeit für den Abschluss von entsprechenden Vereinbarungen über ein Wechselkurssystem an den Rat. Derzeit existiert jedoch, wie in dem Abschnitt „*IV. Gegenwärtiges Währungssystem*" auf Seite 18 dieser Arbeit ausgeführt, ein System flexibler Wechselkurse[44]. Art. 219 Abs. 2 AEUV stellt für derartige Wechselkurssysteme klar, dass der Rat durch das Aufstellen allgemeiner Orientierungen auf die Wechselkurs-

41 *Häde* in Calliess/Ruffert, Art. 219 AEUV, Rn. 10 ff.

42 *Vollmer*, Geld- und Währungspolitik, S. 6.

43 *Häde* in Calliess/Ruffert, Art. 127 AEUV, Rn. 35; *Hattenberger* in Schwarze, Art. 105, Rn. 2 ff. und dort insbesondere Rn. 5; *Stadler*, Der rechtliche Handlungsspielraum des europäischen Systems der Zentralbanken, S. 172 ff., 176.

44 Der Begriff der förmlichen Vereinbarungen über ein Wechselkurssystem für den Euro erfasst im Sinne dieser Vorschrift Festkurssysteme wie das Bretton Woods-System (*Potacs* in Schwarze, Art. 111, Rn. 2 f.).

politik der Europäischen Union gegenüber den Währungen von Drittstaaten Einfluss nehmen kann.[45]

b. Rechtsnatur der allgemeinen Orientierung

Der Begriff der allgemeinen Orientierung ist legal nicht definiert. Insbesondere ist die Verbindlichkeit der allgemeinen Orientierung für das ESZB im Schrifttum streitig.[46] Nach einer im Schrifttum vertretenen Auffassung sind allgemeine Orientierungen als rechtlich bindende allgemeine Orientierung oder Leitlinien für die Wechselkurspolitik anzusehen.[47] Eine andere im Schrifttum vertretene Auffassung sieht in einer allgemeinen Orientierung rechtlich nicht bindende Orientierungen für die Wechselkurspolitik.[48] Kern des Streits um die Verbindlichkeit der allgemeinen Orientierung ist die Frage, ob die EZB trotz vertraglicher Bindung unabhängig von politischer Einflussnahme durch den Rat ist.[49] Denn gemäß Art. 130 AEUV ist die EZB bei der Wahrnehmung ihrer Befugnisse, Aufgaben und Pflichten unabhängig. Diese Unabhängigkeit umfasst nach den Ausführungen oben auch die personelle Unabhängigkeit von Mitgliedern der Beschlussorgane der EZB und der nationalen Zentralbanken. Im Ergebnis steht gemäß Art. 219 Abs. 2 Satz 2 AEUV der Vorrang des Ziels, die Preisstabilität zu gewährleisten.[50] Dies verdeutlichen auch die durch den Rat im Rahmen einer Entschließung[51] im Jahr 1997 festgelegten Grundsätze, nach der die Wechselkurse „generell als das Ergebnis der Wirtschaftspolitik in allen anderen Bereichen“ anzusehen sind und der Rat nur unter „außergewöhnlichen Umständen,

---

45 *Koch* in Lenz/Borchardt, Art. 219 AEUV, Rn. 2. Nach Art. 219 Abs. 2 AEUV kann der Rat mit qualifizierter Mehrheit entweder auf Empfehlung der Kommission und nach Anhörung der EZB oder auf Empfehlung der EZB allgemeine Orientierungen für die Wechselkurspolitik gegenüber einer oder mehreren Drittlandswährungen, gegenüber der beziehungsweise den kein festes Wechselkurssystem besteht, aufstellen.

46 Ausführlich dazu: *Hahn*, Die Einflussnahme der Europäischen Währungsunion auf Wechselkurse in FS-Oppermann, S. 609 ff.

47 *Hahn*, Die Einflussnahme der Europäischen Währungsunion auf Wechselkurse in FS-Oppermann, S. 609; *Martenczuk*, Die Außenvertretung der Europäischen Gemeinschaft auf dem Gebiet der Währungspolitik in ZaöRV 1999, S. 92, 99; so wohl auch: *Häde* in Calliess/Ruffert, Art. 219 AEUV, Rn. 10 f. m.w.N.; *Potacs* in Schwarze, Art. 111 EG, Rn. 5.

48 *Smits*, The European Central Bank, S. 398 f.; *Weiß*, Kompetenzverteilung in der Währungspolitik und Außenvertretung des Euro in Europarecht 2002, S. 165, 184.

49 *Weiß*, Kompetenzverteilung in der Währungspolitik und Außenvertretung des Euro in Europarecht 2002, S. 165, 184 f. m.w.N. Eine übersichtliche Darstellung m.w.N. findet sich bei: *Stadler*, Der rechtliche Handlungsspielraum des europäischen Systems der Zentralbanken, S. 176 f.

50 *Breier* in Lenz/Borchardt, Art. 219 AEUV, Rn. 2; *Häde* in Calliess/Ruffert, Art. 219 AEUV, Rn. 11 m.w.N.; *Nicolaysen*, Rechtsfragen der Währungsunion, S. 30.

51 Entschließung des Europäischen Rates über die wirtschaftliche Koordinierung in der dritten Stufe der Wirtschafts- und Währungsunion und zu den Artikeln 109 und 109b des EG-Vertrags, abgedruckt in: ABl. 1998 Nr. C 35/1.

beispielsweise im Fall eindeutiger Wechselkursverzerrungen" von seinem Recht, gemäß Art. 219 Abs. 2 AEUV allgemeine Orientierungen aufzustellen, Gebrauch machen darf.[52] Zudem sollten die allgemeinen Orientierungen „stets die Unabhängigkeit des ESZB respektieren und mit dem vorrangigen Ziel des ESZB, die Preisstabilität zu gewährleisten, vereinbar sein".[53] Daraus ergibt sich, dass allgemeine Orientierungen für das ESZB rechtlich nicht verbindlich sein können und sich das ESZB im Konfliktfall über allgemeine Orientierungen hinwegsetzen kann.[54]

3. *Rechtsetzungskompetenzen des ESZB*

Solange der Rat von seiner oben beschriebenen Kompetenz, allgemeine Orientierungen festzulegen, keinen Gebrauch macht, kann das ESZB die Wechselkurspolitik ohne abschließende Klärung der Rechtsnatur einer allgemeinen Orientierung bestimmen.[55] Nachfolgend soll daher untersucht werden, ob das ESZB im Rahmen ihrer Zuständigkeiten Rechtsetzungskompetenzen zur Einführung einer Devisentransaktionssteuer besitzt.

a. *Ermächtigungen aus dem Vertrag über die Arbeitsweise der Europäischen Union*

Als Ermächtigungsgrundlage für wechselkurspolitische Maßnahmen des ESZB könnte Art. 12.1 Satz 1 der EZB-Satzung herangezogen werden.[56] Diese Norm ermächtigt den EZB-Rat zum Erlass von Leitlinien und Beschlüssen, die notwendig sind, um die Erfüllung der Aufgaben des ESZB zu gewährleisten. Zu den Aufgaben des ESZB gehört – wie oben dargestellt – unter anderem die Wahrnehmung der Wechselkurspolitik, d. h., politiksystematisch betrachtet, der Währungspolitik im engen Sinne (vgl. Art. 127 Abs. 2 zweiter Gedankenstrich AEUV und Art. 3.1 zweiter Gedankenstrich EZB-Satzung).

---

52 Weiterführend: *Hahn*, Die Einflussnahme der Europäischen Währungsunion auf Wechselkurse in FS-Oppermann, S. 609, 621 ff.

53 Vgl. Nr. 8 der Entschließung des Europäischen Rates über die wirtschaftliche Koordinierung in der dritten Stufe der Wirtschafts- und Währungsunion und zu den Artikeln 109 und 109b des EG-Vertrags, abgedruckt in: ABl. 1998 Nr. C 35/1.

54 *Breier* in Lenz/Borchardt, Art. 220 AEUV, Rn. 4; *Häde* in Calliess/Ruffert, Art. 219 AEUV, Rn. 11 m.w.N.

55 *Potacs* in Schwarze, Art. 111, Rn. 5; *Smits*, The European Central Bank and the Role of National Central Banks in Economic and Monetary Union in Gretschmann (Hrsg.), Economic and Monetary Union: Implications for National Policy-Makers, S. 161 ff.

56 Wechselkurspolitische Befugnisse der EZB und der nationalen Zentralbanken ergeben sich aus einer Reihe von Einzelvorschriften, ohne dass diese strukturiert in einer Norm zusammengefasst sind. Handlungsformen und Verfahrensfragen werden im Bereich internationaler Zusammenarbeit überhaupt rechtlich nicht geregelt (*Martenczuk*, Die Außenvertretung der Europäischen Gemeinschaft auf dem Gebiet der Währungspolitik in ZaöRV 1999, S. 92, 93 f.).

b. Rechtsnatur der Leitlinien und Beschlüsse

Im Folgenden soll die Rechtsnatur der Leitlinien und Beschlüsse untersucht werden, die der EZB-Rat gemäß Art. 12.1 Satz 1 EZB-Satzung in Verbindung mit Art. 3.1 zweiter Gedankenstrich EZB-Satzung erlassen kann. Beschlüsse stellen gemäß Art. 34.1 zweiter Spiegelstrich EZB-Satzung in Verbindung mit Art. 132 AEUV einen möglichen Rechtsakt des ESZB und der EZB dar, wenn diese zur Erfüllung der dem ESZB und der EZB übertragenen Aufgaben erforderlich sind. Gemäß Art. 288 Abs. 4 AEUV sind Beschlüsse der EZB als Organ der Europäischen Union (vgl. Art. 13 Abs. 1 EUV) in allen ihren Teilen verbindlich. Sofern Beschlüsse an bestimmte Adressaten gerichtet sind, sind sie nur für diese verbindlich.

Im Zusammenhang mit der Frage nach der Rechtsnatur von Leitlinien im Sinne von Art. 12.1 Satz 1 EZB-Satzung regelt Art. 17.2 Satz 2 der Geschäftsordnung der EZB[57], dass Leitlinien der EZB vom EZB-Rat Gründen versehen, verabschiedet und bekannt gegeben sowie im Auftrag des EZB-Rates vom Präsidenten unterzeichnet werden müssen. *Zilioli* stellt bei der Untersuchung der von der EZB bisher verabschiedeten Leitlinien fest, dass diese sehr detailliert und in ihrer Art einer Verordnung ähnlich sind. Er weist aber auch darauf hin, dass Leitlinien nur innerhalb der Mitgliedstaaten rechtlich bindend sind, die den Euro als Währung eingeführt haben.[58] Eine Abgrenzung von Leitlinien und Beschlüssen erscheint nach den voranstehenden Ausführungen nur möglich, indem auf die mit ihnen jeweils beabsichtigte Wirkung abgestellt wird. So dienen Leitlinien ausschließlich zur Regelung rein interner Sachverhalte, während Beschlüsse geeignete Rechtsakte darstellen, um Dritten Rechte zu verleihen oder diesen Verpflichtungen aufzuerlegen.[59]

c. Untersuchung des Beschlusses als geeignete Rechtsform zur Rechtsetzung

Aufgrund ihrer Wirkung gegenüber Dritten stellen Beschlüsse möglicherweise eine geeignete Rechtsform zur Rechtsetzung einer Devisentransaktionssteuer dar. Nachfolgend soll untersucht werden, ob ein Steuergesetz auf Grundlage eines Beschlusses der EZB im Sinne des Art. 34.1 zweiter Spiegelstrich EZB-Satzung in Verbindung mit Art. 132 AEUV, Art. 288 Abs. 4 AEUV eingeführt werden kann. Dazu müssten das Verleihen von Rechten und das Auferlegen von Pflichten durch die EZB auch Rechtsakte mit Gesetzescharakter umfassen, die

---

57 Beschluss der EZB vom 19. Februar 2004 zur Verabschiedung der Geschäftsordnung der EZB (EZB/2004/2), ABl. L 80 vom 18. März 2004, S. 33, zuletzt geändert durch Beschluss der EZB vom 19. März 2009 zur Änderung des Beschlusses EZB/2004/2 vom 19. Februar 2004 zur Verabschiedung der Geschäftsordnung der EZB (EZB/2009/5), ABl. Nr. L 100 vom 18. April 2009, S. 10.

58 *Zilioli* in von der Groeben/Schwarze, nach Art. 124 EG - Art. 12 ESZB-Satzung, Rn. 6.

59 *Zilioli* in von der Groeben/Schwarze, nach Art. 124 EG - Art. 12 ESZB-Satzung, Rn. 14.

in allen Mitgliedstaaten der Europäischen Union verbindlich gelten oder die Mitgliedstaaten verbindlich umsetzen sollen.

Seit den Vertragsänderungen durch den Vertrag von Lissabon stellt sich die EZB als Organ der Europäischen Union mit eigener Rechtspersönlichkeit dar (Art. 13 Abs. 1 EUV, Art. 282 Abs. 3 Satz 1 AEUV, Art. 9.1 ESZB-Satzung).[60] Die besondere Stellung der EZB verdeutlicht zudem ein Vergleich der EZB mit vertraglich vorgesehenen eigenständigen Einrichtungen, wie etwa der Europäischen Verteidigungsagentur (vgl. Art. 43, 45 EUV) oder der europäischen Polizeibehörde (vgl. Art. 88 AEUV), aber auch mit eigenständigen Einrichtungen, die nicht auf Grundlage einer ausdrücklichen vertraglichen Regelung errichtet wurden; in letztgenanntem Fall bildet die Grundlage für die Errichtung etwa die in Art. 187 AEUV vertraglich vorgesehene Möglichkeit, im Bereich der Forschung und Technologie gemeinsame Unternehmen zu gründen oder andere Strukturen zu schaffen oder auf Grundlage der Flexibilitätsklausel des Art. 352 AEUV.[61] Diesen eigenständigen Einrichtungen können ausdrücklich und mit genauer Umgrenzung Befugnisse der Organe der Europäischen Union übertragen werden. An Agenturen dürfen jedoch keine Ermessensentscheidungen mit politischem Charakter delegiert werden und die Befugnisausübung muss durch das übertragende Organ überwacht werden.[62] Die besondere Verantwortung des ESZB und der EZB bei der Koordinierung und Durchsetzung einer gemeinsamen Währungspolitik wird einerseits durch die vertraglich ausdrücklich zugewiesenen Ziele, Aufgaben und Ermessensfreiräume und andererseits durch die besondere, unabhängige Stellung der EZB innerhalb der Institutionen der Europäischen Union mit der Benennung der EZB als Organ der Europäischen Union hervorgehoben.

Gegen einen allgemeingültigen Rechtsetzungsakt der EZB mit Gesetzescharakter auf Ebene der Europäischen Union spricht jedoch, dass Rechtsakte der EZB im Sinne von Art. 132 AEUV gemäß Art. 139 Abs. 2 lit. e AEUV keine Anwendung auf Mitgliedstaaten finden, für die eine Ausnahmeregelung gilt. Das heißt, Rechtsakte und Beschlüsse der EZB gemäß Art. 132 Abs. 1 zweiter Spiegelstrich AEUV erstrecken sich nicht auf Mitgliedstaaten der Europäischen Union, die nicht die für die Einführung des Euro erforderlichen Voraussetzun-

---

60 Siehe dazu die Ausführungen in dem Abschnitt „*d. Das Europäische System der Zentralbanken und die Europäische Zentralbank*" auf Seite 33 dieser Arbeit.

61 Weiterführend: *Vetter*, Die Kompetenz der Gemeinschaft zur Gründung von unabhängigen europäischen Agenturen, DÖV 2005, S. 721 ff.; *Wittinger*, „Europäische Satelliten": Anmerkungen zum Europäischen Agentur(un)wesen und zur Vereinbarkeit Europäischer Agenturen mit dem Gemeinschaftsrecht, Europarecht 2008, 609 ff.; *Streinz* in Streinz, EUV/AEUV, Art. 13 EUV, Rn. 32 ff. m.w.N.

62 *Calliess* in Calliess/Ruffert, Art. 13 EUV, Rn. 56 f. m.w.N.; *Streinz* in Streinz, EUV/AEUV, Art. 13 EUV, Rn. 35 ff., 36 m.w.N.; *Lenski* in Lenz/Borchardt, Art. 13 EUV, Rn. 17 ff., Rn. 22; EuGH, Rs. 9/56, *Meroni*, Slg. 1958, 53; EuGH, Rs. C–301/02, *Tralli*, Slg. 2005, I–4071.

gen erfüllen.[63] Daraus folgt, dass Art. 139 EAUV die Kompetenz der EZB auf dem Gebiet der Währungspolitik im engeren Sinne auf das Gebiet der Mitgliedstaaten mit der Währung Euro beschränkt. Maßnahmen, die auf dieser Norm gründen, binden Mitgliedstaaten ohne die Währung Euro nicht. Somit bildet Art. 132 Abs. 1 zweiter Spiegelstrich AEUV keine geeignete Kompetenz für Maßnahmen, die in allen Mitgliedstaaten der Europäischen Union verbindlich gelten oder die Mitgliedstaaten verbindlich umsetzen sollen.

d. Anwendbarkeit der Grundsätze der implied powers-Lehre

Neben der Ermächtigung der EZB, Leitlinien und Beschlüsse gemäß Art. 12.1 EZB-Satzung und Art. 132 Abs. 1 zweiter Spiegelstrich AEUV zu erlassen, könnte die EZB möglicherweise auf ungeschriebene Kompetenzen zurückgreifen, die der EuGH in ständiger Rechtsprechung[64] nach den Grundsätzen der sogenannten implied powers-Lehre entwickelte.[65] Die Anwendbarkeit von ungeschriebenen Kompetenzen im Rahmen der Grundsätze der implied powers-Lehre ist nicht grundsätzlich durch den Grundsatz der begrenzten Einzelermächtigung ausgeschlossen, wie der EuGH bestätigt: „Die Gemeinschaft handelt im Regelfall aufgrund spezifischer Befugnisse, die, wie der EuGH entschieden hat, sich nicht notwendigerweise ausdrücklich aus speziellen Bestimmungen des Vertrags ergeben müssen, sondern auch implizit aus ihnen abgeleitet werden können“[66].

Voraussetzung für die Anwendung der Grundsätze der implied powers-Lehre ist, dass der Europäischen Union eine Ermächtigungsgrundlage für ein

---

63 Für Mitgliedstaaten, die diese Voraussetzungen nicht erfüllen, trifft Art. 139 Abs. 2 lit. a) bis j) AEUV entsprechende Ausnahmeregelungen. Dies führt zu einer „abgestuften oder differenzierten Integration“ (*Häde* in Calliess/Ruffert, Art. 139 AEUV, Rn. 4).

64 EuGH, Rs. 22/70, *AETR*, Slg. 1971, S. 263 ff., Rn. 15 ff.; EuGH, verb. Rs. 3, 4 und 6/76, *Kramer*, Slg. 1976, S. 1279 ff., Rn. 30 ff.; EuGH, verb. Rs. C–467/98, C–468/98, C–469/98, C–471/98, C–472/98, C–475/98 und C–476/98, *open skies*, Slg. 2002, S. 9519 ff., 9575 ff., 9627 ff., 9681 ff., 9741 ff., 9797 ff. und 9855 ff. sowie Gutachten 1/76, *Stillegungsfonds*, Slg. 1977, 741 Rn. 3 f.

65 *Klamert/Maydell*, Rechtsfragen der impliziten Außenkompetenz der EG illustriert am Beispiel der Dienstleistungsrichtlinie und der Minimum Platform on Investment, Europarecht 2008, S. 589 ff.; *Lienbacher* in Schwarze, Art. 5 EG, Rn. 12 m.w.N.; *Vedder*, Die Außenbeziehungen der EU und der Mitgliedstaaten: Kompetenzen, gemischte Abkommen, völkerrechtliche Verantwortlichkeit und Wirkungen des Völkerrechts, Europarecht Beiheft III/2007, S. 57–90; *Bast/von Bogdandy* in Grabitz/Hilf/Nettesheim, Art. 5 EUV, Rn. 21 m.w.N.; *Nettesheim* in Grabitz/Hilf/Nettesheim, Art. 1 AEUV, Rn. 13 ff. m.w.N. Siehe auch die Ansicht des BVerfG, nach dem als Teil des vom Grundgesetz gewollten Integrationsauftrags eine Tendenz zur wirksamen Kompetenzauslegung im Sinne der US-amerikanischen *implied powers*-Doktrin hingenommen werden muss (BVerfG, 2 BvE 2/08 vom 30. Juni 2009, Absatz-Nr. 237).

66 EuGH, Gutachten 2/94, *EMRK*, Slg. 1996, I-1763.

Tätigwerden im gemeinschaftsinternen Bereich zur Verfügung steht (eine sogenannte Innenkompetenz) und die Europäischen Union auf dieser Ermächtigungsgrundlage bereits tätig geworden ist.[67] Hat die Europäische Union diese Innenkompetenz noch nicht ausgeübt, kann sie nur unter engen Voraussetzungen eine Außenkompetenz wahrnehmen. Voraussetzung für die Wahrnehmung einer Außenkompetenz ist, dass die Europäische Union ein völkerrechtliches Abkommen schließt (vgl. Art. 3 Abs. 2, Art. 216 AEUV).[68] Denn der Abschluss eines völkerrechtlichen Abkommens durch die Europäische Union verhindert ein Tätigwerden der Mitgliedstaaten auf diesem Gebiet, da der Abschluss eines völkerrechtlichen Abkommens eine Außenkompetenz der Europäischen Union begründet.[69] Der EuGH formuliert die Voraussetzungen für eine Außenkompetenz der Europäischen Union in der Rechtssache *AETR* wie folgt: „Insbesondere sind in den Bereichen, in denen die Gemeinschaft zur Verwirklichung einer vom Vertrag vorgesehenen gemeinsamen Politik Vorschriften erlassen hat, die in irgendeiner Form gemeinsame Rechtsnormen vorsehen, die Mitgliedstaaten weder einzeln noch gemeinsam handelnd berechtigt, mit dritten Staaten Verpflichtungen einzugehen, die diese Normen beeinträchtigen."[70]

Grundsätzlich verhindert Art. 219 EAUV, Art. 132 AEUV in Verbindung mit Art. 12.1 EZB-Satzung nicht, dass die EZB auf ungeschriebene Außenkompetenzen zurückgreifen kann. Die Normen räumen der EZB ein, eigene wechselkurspolitische Maßnahmen zu treffen.[71] Falls europäisches Primärrecht der EZB eine Kompetenz zuweist, könnte diese Ermächtigung so verstanden werden, dass damit stillschweigend auch die zur Erfüllung dieser Aufgabe erforderlichen Kompetenzen mit übertragen werden. In diesem Fall ist ein Rückgriff der EZB

---

67 *Vedder*, Die Außenbeziehungen der EU und der Mitgliedstaaten: Kompetenzen, gemischte Abkommen, völkerrechtliche Verantwortlichkeit und Wirkungen des Völkerrechts, Europarecht Beiheft III/2007, S. 57, 61 ff.; *Streinz* in Streinz, EUV/AEUV, Art. 5 EUV, Rn. 13 m.w.N.

68 Dazu die open-skies-Rechtsprechung des EuGH (siehe Fn. 625) sowie Gutachten 1–76, *Stilllegungsfonds für die Binnenschifffahrt*, Slg. 1977, S. 741 ff., Rn. 4; Gutachten 1/94, *GATS/TRIPS*, Slg. 1994, S. 5267 ff., Rn. 85, 99 f.

69 EuGH, Rs. 22/70, *AETR*, Slg. 1971, S. 263 ff., Rn. 15 ff.; EuGH, verb. Rs. 3, 4 und 6/76, *Kramer*, Slg. 1976, S. 1279 ff., Rn. 39 ff.; Gutachten 1/08 des Gerichtshofs (Große Kammer) vom 30. November 2009, Slg. 2009, I-11129, Rn. 135 ff. Weiterführend: *Vedder*, Die Außenbeziehungen der EU und der Mitgliedstaaten: Kompetenzen, gemischte Abkommen, völkerrechtliche Verantwortlichkeit und Wirkungen des Völkerrechts, Europarecht Beiheft III/2007, S. 57 ff.

70 EuGH, Rs. 22/70, *EATR*, Slg. 1971, S. 275, Rn. 17.

71 Unter Beachtung von Einschränkungen wie der Beachtung bestehender allgemeiner Orientierungen (siehe die Ausführungen in dem Abschnitt „*b. Rechtsnatur der allgemeinen Orientierung*" auf Seite 127 dieser Arbeit); a.A. wohl: *Hermann*, Monetary Sovereignty over the Euro and External Relations of the Euro Area in Competences, Procedures and Practice, European Foreign Affairs Review 2002, Vol. 1, S. 1, 7 ff.

auf ungeschriebene Kompetenzen im Sinne der implied powers-Lehre grundsätzlich möglich.[72]

Soweit der EZB jedoch währungspolitische Kompetenzen zugewiesen worden sind, liegt die ausschließliche Zuständigkeit im Bereich der Währungspolitik für Mitgliedstaaten, deren Währung der Euro ist, gemäß Art. 3 Abs. 1 lit. c AEUV bei der Europäische Union. Den Mitgliedstaaten mit der Währung Euro ist es daher nicht möglich, völkerrechtliche Verträge abzuschließen. Eine Anwendung der Grundsätze der implied powers-Lehre scheidet daher aus. Sollten Mitgliedstaaten jedoch nicht die Voraussetzungen für die Einführung des Euro erfüllen, also Mitgliedstaaten mit Ausnahmeregelungen im Sinne des Art. 139 Abs. 1 AEUV, behalten deren Zentralbanken gemäß Art. 282 Abs. 4 Satz 2 AEUV ihre Zuständigkeit auf dem Gebiet der Währungspolitik. Zudem finden zum Beispiel die Ziele und Aufgaben des ESZB, Rechtsakte der EZB im Währungsbereich oder Währungsvereinbarungen und andere Maßnahmen bezüglich der Wechselkurspolitik keine Anwendung (vgl. Art. 139 Abs. 2 lit. c, e und g AEUV).

Das Rechtsprinzip der implied powers-Lehre, das im vorliegenden Fall Zuständigkeiten zwischen der Europäischen Union und ihren Mitgliedstaaten im Bereich der Außenbeziehung abgrenzen soll, kann nicht auf Rechtsetzungskompetenzen der EZB übertragen werden. Denn das Rechtsprinzip würde für eine Ermächtigungsgrundlage eines Organs der Europäischen Union herangezogen, das – im Fall von Mitgliedstaaten mit Ausnahmeregelungen im Sinne des Art. 139 Abs. 1 AEUV – lediglich im Innenverhältnis gegenüber der Europäischen Union über (währungspolitische) Kompetenzen verfügen soll. Im vorliegenden Fall müssten die Grundsätze der implied powers-Lehre daher nicht die Zuständigkeit von Europäischer Union und Mitgliedstaaten, sondern von Europäischer Union und einem ihrer Organe mit Rechtspersönlichkeit, der EZB, erfassen.[73] Dies ist aus den oben genannten Gründen nicht möglich.

III. Resümee

Es zeigt sich, dass die Kompetenzen der Europäischen Union auf dem Gebiet der Wirtschafts- und Währungspolitik nicht zur Harmonisierung oder Einfüh-

---

72 *Smulders* in von der Groeben/Schwarze, Art. 8 EU, Rn. 4 m.w.N. *Smulders* verweist zudem auf eine Ansicht von *Kapteyn/Verloren van Themaat* in Kapteyn/Barents/Verloren van Themaat (Hrsg.), Inleiding tot het recht van de Europese Gemeenschappen: na Maastricht, S. 151, die vertreten, dass das Prinzip der praktischen Wirksamkeit (*effet utile*) eine derartige Befugnis auf den Grundsatz der begrenzten Einzelermächtigung übertrage.

73 Hierzu auch die kritischen Anmerkungen des BVerfG im sogenannten Lissabon-Urteil (BVerfG, 2 BvE 2/08 vom 30.6.2009, Absatz-Nr. 238 f.) an der Veränderung oder Auslegung des Primärrechts durch Organe, wonach „eine verfassungsrechtlich bedeutsame Spannungslage zum Prinzip der begrenzten Einzelermächtigung und zur verfassungsrechtlichen Integrationsverantwortung“ des einzelnen Mitgliedstaats entstehen kann.

rung einer Devisentransaktionssteuer genügen.[74] Zwar liegt die Wahrnehmung der Währungspolitik im engen Sinne, also insbesondere die Wahrnehmung der Wechselkurspolitik, in der Zuständigkeit des ESZB. Das ESZB verfügt jedoch über keine geschriebene oder ungeschriebene Kompetenz zur Implementierung einer Devisentransaktionssteuer.

C. Kompetenz zur Harmonisierung indirekter Steuern gemäß Art. 113 AEUV

Die Devisentransaktionssteuer könnte durch die Kompetenz der Europäischen Union zur Harmonisierung indirekter Steuern gemäß Art. 113 AEUV eingeführt werden. Art. 113 AEUV sieht eine Harmonisierung von „Rechtsvorschriften über die Umsatzsteuern, die Verbrauchsabgaben und sonstige indirekte Steuern" in der Europäischen Union vor, „soweit diese Harmonisierung für die Errichtung und das Funktionieren des Binnenmarkts" notwendig ist.[75] Durch den Vertrag von Lissabon wurde „die Vermeidung von Wettbewerbsverzerrungen" als weitere Voraussetzung ergänzt.[76]

I. Der Anwendungsbereich des Art. 113 AEUV

Voraussetzung für die Harmonisierung von Rechtsvorschriften nach Art. 113 AEUV ist zunächst, dass ein Steuergesetz im Sinne einer Devisentransaktionssteuer vom Anwendungsbereich der Norm erfasst wird. Der Anwendungsbereich des Art. 113 AEUV bezieht sich nach dem Wortlaut auf Umsatzsteuern, Verbrauchsabgaben und sonstige indirekte Steuern und erfasst eine Harmonisierung von Steuern unter der Sammelbezeichnung des Steuertypus der indirekten Steuer.[77] Zu untersuchen ist im Folgenden, ob die Devisentransaktionssteuer eine indirekte Steuer im Sinne des Art. 113 AEUV darstellt. Nur wenn sie dem in der Norm genannten Steuertypus entspricht, kann eine Harmonisierungsmaßnahme der Europäischen Union im Zusammenhang mit der Devisentransakti-

---

74 *Marauhn/Weiss*, The European Central Bank as regulator and as institutional actor, S. 209–223, 221 ff. m.w.N. in Grote/Marauhn (Hrsg.), The Regulation of International Financial Markets. Perspectives for Reform.

75 Die Vorschrift führt auf den sogenannten Steuerstreit in der Montanunion im Jahr 1953 zurück. In Folge dieses Streits setzte sich die EG-Kommission das Ziel, die Umsatzsteuer, die Verbrauchsabgaben und die sonstigen indirekten Steuern zu harmonisieren (*Genschel*, Steuerharmonisierung und Steuerwettbewerb in der Europäischen Union, S. 47 ff.).

76 *Wolffgang* in Lenz/Borchardt, Art. 113 AEUV, Rn. 1; *Khan* in Geiger/Khan/Kotzur, EUV/AEUV, Art. 113 AEUV, Rn. 3.

77 *Seiler* in Grabitz/Hilf/Nettesheim, Art. 113 AEUV, Rn. 22 ff. m.w.N.; *Waldhoff/Kahl* in Calliess/Ruffert, Art. 113 AEUV, Rn. 4 m.w.N.; *Wolffgang* in Lenz/Borchardt, Art. 113 AEUV, Rn. 8; *Khan* in Geiger/Khan/Kotzur, EUV/AEUV, Art. 113 AEUV, Rn. 5.

onssteuer auf Art. 113 AEUV gestützt werden. Dies ist durch Auslegung zu ermitteln.

1. Abgrenzung und Auslegung des Art. 113 AEUV

a. Auslegungsmethoden im Recht der Europäischen Union

Als Auslegungsmethoden werden Mittel bezeichnet, mit denen der Zweck der Auslegung erreicht werden soll. Auslegungsmethoden dienen dabei der Sicherung der Rationalität im Rahmen der Ermittlung des Auslegungsergebnisses. Bei der Auslegung von Rechtsbegriffen können verschiedene Methoden nebeneinander angewendet werden.[78]

Im Folgenden wird auf die sogenannten klassischen Methoden[79] zur Auslegung eines Rechtsbegriffs oder einer Rechtsnorm zurückgegriffen: die philologisch-grammatikalische, die systematische, die teleologische und die historische Auslegungsmethode.[80] Die philologisch-grammatikalische Auslegung des Wortlauts geht von der Ausdrucksweise des Gesetzgebers aus und sucht den Inhalt einer Norm aus der sprachlichen Fassung zu erkennen. Hierbei ist vom allgemeinen Sprachgebrauch oder von der Ausdrucksweise des betreffenden Begriffs und sprachtechnischen Besonderheiten auszugehen.[81] Nach der systematischen Auslegungsmethode wird von der Stellung der Vorschrift im Gesetz und der des jeweiligen Gesetzes innerhalb der Rechtsordnung ausgegangen.[82] Die teleologische Methode sucht den Sinn und Zweck der Norm zu erfassen und leitet aus dem Zusammenhang der Rechtssätze den Sinn der Einzelvorschrift und deren besonderen Zweck ab.[83] Nach der historischen Auslegungsmethode wird eine geschichtliche Entwicklung des Rechtssatzes zur Basis der Auslegung, die insbesondere frühere ähnliche Gesetze und deren Änderungen berücksichtigt.[84]

Der europäischen Judikative stehen zusätzlich zu den klassischen Auslegungsmethoden weitere, auf die spezielle Gestaltung und Besonderheiten der europäischen Rechtsordnung zugeschnittene Auslegungsmethoden zur Verfügung. Diese speziellen Auslegungsmethoden sind den Auslegungsgrundsätzen des Völkervertragsrechts entnommen oder wurden aus den Grundsätzen des

---

78 *Hassold*, Strukturen der Gesetzesauslegung in Canaris/Diederichsen, FS-Larenz, S. 211 ff., 212.

79 *Savigny*, System des heutigen Römischen Rechts, Band 1, S. 213 ff.; *Savigny*, System des heutigen Römischen Rechts, Band 3, S. 244.

80 *Creifelds*, Rechtswörterbuch, Stichwort „Auslegung (Interpretation)“, S. 110.

81 Siehe dazu die Ausführungen in dem Abschnitt „*b. Philologisch-grammatikalische Auslegung*“ auf Seite 136 dieser Arbeit.

82 Siehe dazu die Ausführungen in dem Abschnitt „*c. Systematische Auslegung*“ auf Seite 137 dieser Arbeit.

83 Siehe dazu die Ausführungen in dem Abschnitt „*d. Teleologische Auslegung*“ auf Seite 150 dieser Arbeit.

84 Siehe dazu die Ausführungen in dem Abschnitt „*e. Historische Auslegung*“ auf Seite 152 dieser Arbeit.

Völkerrechts weiterentwickelt. Die Berücksichtigung der Besonderheiten der Europäischen Union führt im Ergebnis zu einer autonomen, von mitgliedstaatlichen Rechtsbegriffen getrennten, unionsrechtlichen Auslegung. Die Ursache für diese autonome Auslegung liegt in der Qualifizierung der Europäischen Union als eine auf Dauer angelegte, rechtsfähige und mit einer autonomen Rechtsordnung ausgestattete Vertragsgemeinschaft mit eigenen Hoheitsrechten, die nur im Rahmen von formalen Kriterien verändert werden kann.[85]

b. Philologisch-grammatikalische Auslegung

Zunächst könnte sich dem Begriff der indirekten Steuer im Rahmen einer philologisch-grammatikalischen Auslegung vom Wortlaut des Art. 113 AEUV, wie er in den Textfassungen der Mitgliedstaaten verwendet wird, genähert werden. *Kreibohm* untersucht die verschiedenen Textfassungen des Vertrags zur Gründung der Europäischen Gemeinschaft sowie den Steuerbegriff im internationalen Sprachgebrauch und stellt fest, dass die in den Mitgliedstaaten synonym für den deutschen Begriff Steuer verwendeten Begriffe teilweise im Sinne der deutschen Abgabe weit verstanden werden und in manchen Mitgliedstaaten über den deutschen Steuerbegriff hinausgehen. Mehrheitlich verwendeten die Mitgliedstaaten allerdings den deutschen Steuerbegriff in der jeweiligen Vertragsfassung. Aus dieser Feststellung zieht *Kreibohm* den Schluss, dass in Art. 113 AEUV ein Steuerbegriff verwendet wird, wonach Steuern in einer negativen Abgrenzung keine gegenleistungsbezogenen oder parafiskalischen Abgaben sind. Abgaben in einem unionsrechtlichen Begriffsverständnis wie in Art. 30 AEUV oder Art. 110 AEUV seien „als eine hoheitlich auferlegte oder mittelbar veranlasste finanzielle Belastung des Einzelnen durch das Heranziehen zur Zahlung eines Geldbetrages zu verstehen.“[86] Der Begriff der parafiskalischen Abgaben unterliege im Sinne der Verträge der Europäischen Gemeinschaft einem weiten Verständnis. Parafiskalisch seien diejenigen Abgaben, die „von den Abgabepflichtigen verpflichtend, jedoch nicht zugunsten des Staates oder seiner Gebietskörperschaften erhoben werden.“[87] Diese Auslegung konkretisiert *Kreibohm*, indem er den Steuerbegriff in Art. 113 AEUV positiv definiert als Abgabe, die eine einseitig hoheitlich auferlegte Geldleistungspflicht darstellt und die einem Träger hoheitlicher Gewalt zufließt.[88] Die so definierte Abgabe darf demnach nicht als Gegenleistung für eine besondere öffentliche Leistung erhoben werden. Dies soll nach den voranstehenden Ausführungen zur Devisentransaktionssteuer auch nicht geschehen.

---

85 *Kreibohm*, Der Begriff der Steuer im Europäischen Gemeinschaftsrecht, S. 46 f. m.w.N.

86 *Kreibohm*, Der Begriff der Steuer im Europäischen Gemeinschaftsrecht, S. 101 m.w.N.

87 *Kreibohm*, Der Begriff der Steuer im Europäischen Gemeinschaftsrecht, S. 103 m.w.N.

88 *Kreibohm*, Der Begriff der Steuer im Europäischen Gemeinschaftsrecht, S. 103 m.w.N.

Da der europäische Gesetzgeber die in Art. 113 AEUV bezeichneten indirekten Steuern nicht primärrechtlich definiert hat, könnte sich eine Definition oder philologisch-grammatikalische Auslegung des Begriffs eventuell durch Normen oder die Rechtspraxis der Mitgliedstaaten ergeben. Um eine philologisch-grammatikalische Auslegung des Begriffs über Normen oder die Rechtspraxis der Mitgliedstaaten zu ermöglichen, müsste der Steuerbegriff in den Mitgliedstaaten jedoch eine einheitliche Verwendung in der Europäischer Union und den Mitgliedstaaten erfahren. Wie oben dargestellt, werden die Begriffe der direkten oder indirekten Steuer jedoch im europäischen Verständnis teilweise abweichend verstanden. Hierbei ist im Rahmen der autonomen Auslegung europäischer Rechtsbegriffe zu beachten, dass mitgliedstaatliche Normen oder die mitgliedstaatliche Rechtspraxis keine geeigneten Grundlagen für die Auslegung von im Recht der Europäischen Union verwendeten Begriffen darstellt.

c. Systematische Auslegung

Eine Auslegung des Begriffs der sonstigen indirekten Steuer könnte sich aus einem Vergleich mit der in Art. 113 AEUV genannten Umsatzsteuer und den Verbrauchsabgaben ergeben. Im Rahmen der systematischen Auslegung wird der Begriff durch den Bedeutungszusammenhang des Begriffs innerhalb der Norm oder des Gesetzes bestimmt.[89]

aa. Bedeutungszusammenhang innerhalb der Norm

An erster Stelle nennt Art. 113 AEUV die Umsatzsteuer als Gegenstand von Harmonisierungsmaßnahmen. Als Umsatzsteuer wird eine Steuer bezeichnet, die von einem Unternehmer anhand des Umsatzes bei erbrachten Leistungen an die Finanzbehörde im Inland abzuführen ist; sie knüpft an die Lieferung von Waren und die Erbringung von Dienstleistungen gegen Entgelt an.[90] Der EuGH stellt bei der Einordnung einer Steuer als Umsatzsteuer auf die Belastungswirkung beim Verbraucher ab und stuft die Umsatzsteuer grundsätzlich als allgemeine Verbrauchsabgabe ein.[91] Da Umsatzsteuern neben Waren auch Dienstleistungen erfassen, kann diese Auslegung dazu führen, dass die sonstigen indirekten Steuern aus einer Betrachtung des Begriffs der Umsatzsteuer sowohl waren-,

---

89 Die Aspekte der systematischen Auslegung umfassen zum Beispiel die Einheit der Rechtsordnung und die Vermeidung von Wertungswidersprüchen (*Larenz*, Methodenlehre der Rechtswissenschaft, S. 460 ff. und insbesondere S. 473 ff.).

90 Allgemein zur deutschen Umsatzsteuer und europäischen Bezügen: *Kirchhof*, 40 Jahre Umsatzsteuergesetz - Eine Steuer im Umbruch in Deutsches Steuerrecht 2008, S. 1–8. Zur Harmonisierung der Umsatzsteuer auf europäischer Ebene: *Parsche*, Europäische Umsatzsteuerharmonisierung, Clearing-Verfahren und Steuerhinterziehung in ifo Schnelldienst, Ifo Institute for Economic Research, Vol. 44 (1991), Issue 27 (October), S. 7–15.

91 EuGH, Rs. 252/86, *Bergandi*, Slg. 1988, 1343 Rn.8; EuGH, verb. Rs. 93 und 94/88, *Wisselink*, Slg. 1989, 2671, Rn. 18.

dienstleistungs- und kapitalverkehrsbezogene Steuern umfassen.[92] Außerdem könnte der Begriff der Verbrauchsabgaben aus Art. 113 AEUV herangezogen werden. Eine Legaldefinition der Verbrauchsabgabe oder Begriffsklärung durch die europäischen Gerichte fand bislang nicht statt.[93] In der Finanzwissenschaft wird unter einer Verbrauchsabgabe eine Abgabe verstanden, die an den privaten Konsum anknüpft und die im Konsum liegende besondere Leistungsfähigkeit erfasst.[94] Eine Unterordnung der Verbrauchsabgaben unter den Sammelbegriff der indirekten Steuern ist nach deutschem Verständnis nicht möglich. Verbrauchsabgaben umfassen im deutschen Begriffsverständnis neben Verbrauchsteuern auch Vorzugslasten wie Gebühren und Beiträge. Verbrauchsteuern sind somit nur eine Teilmenge der Verbrauchsabgaben, jedoch werden nur Verbrauchsteuern vom Begriff der indirekten Steuern erfasst.[95]

Nach den Ausführungen von *Generalanwalt Mischo* stellen Verbrauchsabgaben Abgaben auf nicht dauerhafte Verbrauchsgüter dar, die sich an Begriffen wie Menge oder Gewicht bemessen. Damit ergibt sich eine Belastung von Gütern des allgemeinen Bedarfs, die zum kurzfristigen Verbrauch bestimmt sind.[96] Unter den Verbrauchsabgaben werden somit keine Güter erfasst, die der längerfristigen Nutzung dienen.[97] Das wesentliche Merkmal der Verbrauchsteuer liegt demnach grundsätzlich in ihrer direkten Güterbezogenheit. Eine Steuer auf Devisentransaktionen bezieht sich nach den voranstehenden Ausführungen nicht direkt auf Verbrauchsgüter und ist demnach keine Verbrauchsteuer im Sinne des Art. 113 AEUV. Als Zwischenergebnis bleibt festzuhalten, dass eine Devisentransaktionssteuer aufgrund ihres Dienstleistungs- und Kapitalmarktbezuges zwar eine Umsatzsteuer darstellen könnte, aber keine Verbrauchsteuer, da es diesbezüglich am direkten Verbrauchsgüterbezug fehlt.

---

92 *Waldhoff/Kahl* in Calliess/Ruffert, Art. 113 AEUV, Rn. 4; EuGH, Rs. C-384/01, *Kommission/Frankreich*, Slg. 2003, I-4395, Rn. 25; EuGH, verb. Rs. C-453/02 und C-462/02, *Linneweber*, Slg. 2005 I-01131, Rn. 27; vgl. im deutschen Recht die Definiton aus § 1 Abs. 1 UStG; a.A. Schlussanträge *Generalanwalt Fennelly* vom 12. November 1998, Rs. C–346/97, *Braathens Sverige*, Slg. 1999, I–3419, 3421, Rn. 18, der nach den dort aufgeführten Beispielen wohl lediglich warenbezogene Steuern erfassen will.

93 Schlussanträge *Generalanwalt Mischo* vom 27. April 1989, verb. Rs. 93/88 und 94/88, *Wisselink*, Slg. 1989, 2671, Rn. 43; Schlussanträge *Generalanwalt Fennelly* vom 12. November 1998, Rs. C–346/97, Slg. 1999, I–3419, 3421, Rn. 18.

94 Mitteilung des EuGH, ABlEU vom 26. Juni 2004, Nr. C 168/1, Klage der Kommission der Europäischen Gemeinschaften gegen das Königreich Dänemark, eingereicht am 15. März 2004 (Rs. C–138/04), S. 1; *Förster*, Die Verbrauchsteuern, S. 52; *Lang* in Tipke/Lang, Steuerrecht, § 4 Rn. 83; *Birk*, Steuerrecht, S. 51 ff. m.w.N.

95 *Kreibohm*, Der Begriff der Steuer im Europäischen Gemeinschaftsrecht, S. 105 m.w.N.

96 Schlussanträge *Generalanwalt Mischo* vom 27. April 1989, verb. Rs. 93/88 und 94/88, *Wisselink*, Slg. 1989, 2671, Rn. 44.

97 So auch der Verbrauchsteuerbegriff in deutschem Recht, vgl. *Siekmann* in Sachs (Hrsg.), GG, Art. 105 GG, Rn. 37; BVerfGE 98, 106, 123.

bb. Rechtspraxis der Europäischen Union

Eine Auslegung des Begriffs der indirekten Steuer könnte sich möglicherweise aus der Rechtspraxis der Europäischen Union zu Harmonisierungsmaßnahmen auf Grundlage des Art. 113 AEUV ergeben. Eine Heranziehung des Sekundärrechts erscheint aufgrund der Verwendung des Steuerbegriffs im Sekundärrecht im Einklang mit dem Primärrecht, auf dessen Grundlage die sekundärrechtliche Norm erlassen wurde, interessant.[98] Insbesondere, weil der Anwendungsbereich von sekundärrechtlichen Bestimmungen nicht weiter reichen kann als der ihrer jeweiligen Rechtsgrundlage, entspricht die Auslegung des Sekundärrechts daher der Auslegung des Primärrechts.[99] Außerdem erfordert das im Recht der Europäischen Union verankerte Prinzip der Einheit und Autonomie der Rechtsordnung, gleiche Rechtsbegriffe grundsätzlich gleich auszulegen.[100] Eine unionsrechtliche, autonome Begriffsauslegung ist nur dann nicht möglich, wenn Steuerbegriffe des Sekundärrechts, die ausdrücklich auf mitgliedstaatliche Steuerbegriffe verweisen, ihre Begriffsdefinition nach nationalem Recht erfahren.[101]

In der Vergangenheit auf Art. 113 AEUV gestützte Harmonisierungsmaßnahmen erfassten unter anderem Umsatzsteuer, Steuern auf Mineralöle, Tabak, Alkohol sowie Verbrauchsteuern, Kapitalverkehrsteuern und Versicherungsteuern.[102] Im Folgenden soll exemplarisch eine wichtige sekundärrechtliche Regelung untersucht werden, die auf Grundlage des Art. 113 AEUV harmonisiert wurde.[103] Dabei handelt es sich um die Sechste Richtlinie 77/388/EWG des Rates vom 17. Mai 1977[104] („6. Mehrwertsteuerrichtlinie“)[105], die durch die Richtlinie 2006/112/EG des Rates vom 28. November 2006[106] („Mehrwertsteuersystemrichtlinie“)[107] neu gefasst wurde.

---

98 EuGH, Rs. 218/82, *Kommission/Rat*, Slg. 1983, 4063, Rn. 15; EuGH, Rs. C–135/93, *Spanien/Kommission*, Slg. 1995, I–1651, Rn. 37; EuGH, Rs. C–305/05, *Ordre des barreaux francophones et germanophone*, Slg. 2007, I–5305, Rn. 28.

99 EuGH, Rs. C–65/04, *Kommission/Vereinigtes Königreich*, Slg. 2006, I–2239, Rn. 27.

100 *Nettesheim* in Grabitz/Hilf, Art. 1 EG, Rn. 33 ff. m.w.N.; *Pernice/Mayer* in Grabitz/Hilf, Art. 220 EG, Rn. 49 m.w.N.

101 *Kreibohm*, Der Begriff der Steuer im Europäischen Gemeinschaftsrecht, S. 239.

102 *Stumpf* in Schwarze, Art. 93 EG, Rn. 11 f.; *Wolffgang* in Lenz/Borchardt, Art. 113 AEUV, Rn. 41 f.; *Waldhoff/Kahl* in Calliess/Ruffert, Art. 113 AEUV, Rn. 4;

103 *Wolffgang* in Lenz/Borchardt, Art. 113 AEUV, Rn. 14 f.

104 Sechste Richtlinie 77/388/EWG des Rates vom 17. Mai 1977 zur Harmonisierung der Rechtsvorschriften der Mitgliedstaaten über die Umsatzsteuern - Gemeinsames Mehrwertsteuersystem: einheitliche steuerpflichtige Bemessungsgrundlage, ABlEG Nr. L 145 vom 13. Juni 1977, S. 1 ff.

105 Normen der 6. Mehrwertsteuerrichtlinie werden im Folgenden mit „6. MwStRL“ bezeichnet.

106 Richtlinie 2006/112/EG des Rates vom 28. November 2006 über das gemeinsame Mehrwertsteuersystem, ABl. Nr. L 347, S. 1 ff., ber. ABl. Nr. L 335, S. 60 ff.

107 Normen der Mehrwertsteuersystemrichtlinie werden im Folgenden mit „MWStSystRL“ bezeichnet.

aaa. Ziel und Zweck der Mehrwertsteuersystemrichtlinie

Auf Grundlage der 6. MwStRL wurde die Bemessungsgrundlage für die Mehrwertsteuer in den Mitgliedstaaten vereinheitlicht. Die 6. MwStRL beziehungsweise die Mehrwertsteuersystemrichtlinie stellt damit eine zentrale Rechtsquelle des Mehrwertsteuersystems der Europäischen Union dar.[108] Gemäß Art. 401 MWStSystRL wird ein Mitgliedstaat der Europäischen Union grundsätzlich nicht daran gehindert,

> „Abgaben auf Versicherungsverträge, Spiele und Wetten, Verbrauchsteuern, Grunderwerbsteuern sowie ganz allgemein alle Steuern, Abgaben und Gebühren, die nicht den Charakter von Umsatzsteuern haben, beizubehalten oder einzuführen, sofern die Erhebung dieser Steuern, Abgaben und Gebühren im Verkehr zwischen den Mitgliedstaaten nicht mit Formalitäten beim Grenzübertritt verbunden ist."[109]

Die 6. MwStRL soll nach Auffassung des EuGH verhindern, dass das Funktionieren des gemeinsamen Mehrwertsteuersystems durch die Erhebung von Steuern, Abgaben oder Gebühren, die den Waren- und Dienstleistungsverkehr in einer mit der Mehrwertsteuer vergleichbaren Weise belasten, beeinflusst wird.[110] Mit dem allgemeinen Ziel der Schaffung eines gemeinsamen Markts, auf dem ein gesunder Wettbewerb herrscht und der ähnliche Merkmale aufweist wie ein Binnenmarkt, sollen wettbewerbsverfälschende und den Handel behindernde steuerliche Unterschiede zwischen den Mitgliedstaaten beseitigt oder verhindert werden.[111] Für ein und denselben Umsatz sollen in allen Mitgliedstaaten gleiche Besteuerungsbedingungen sichergestellt werden.[112] Art. 401 MWStSystRL stellt eine Verbotsnorm dar, die es Mitgliedstaaten im Umkehrschluss jedoch erlaubt,

---

108 *Kilches*, Sammlung des Europäischen Mehrwertsteuerrechts, S. 6.

109 Vgl. Art. 33 Abs. 1 6. MwStRL, geändert durch Richtlinie 91/680/EWG des Rates vom 16. Dezember 1991 zur Ergänzung des gemeinsamen Mehrwertsteuersystems und zur Änderung der Richtlinie 77/388/EWG im Hinblick auf die Beseitigung der Steuergrenzen, ABlEG Nr. L 376 vom 27. Dezember 2006, S. 1.

110 EuGH, Rs. 295/84, *Rousseau Wilmot*, Slg. 1985, 3759, Rn. 16; EuGH, Rs. 252/86, *Bergandi*, Slg. 1988, I–1343, Rn. 14; EuGH, verb. Rs. 93/88 und 94/88, *Wisselink*, Slg. 1989, 2671, Rn. 17; EuGH, Rs. C–200/90, *Dansk Denka*vit, Slg. 1992, I–2217, Rn. 11; EuGH, Rs. C–130/96, *Solisnor*, Slg. 1997, I–5053, Rn. 13; EuGH, verb. Rs. C–283/06 und C–312/06, *Kögáz*, Slg. 2007, I–8463, Rn. 35.

111 EuGH, Rs. 252/86, *Bergandi*, Slg. 1988, I–1343, Rn. 7; EuGH, Rs. C–347/90, *Bozzi*, Slg. 1992, I–2947, Rn. 9; EuGH, Rs. C–200/90, *Dansk Denkavit*, Slg. 1992, I–2217, Rn. 11; EuGH, Rs. C–318/96, *SPAR*, Slg. 1998, I–785, Rn. 17; EuGH, verb. Rs. C–338/97, C-344/97 und C-390/97, *Pelzl*, Slg. 1999, I–3319, Rn. 14; *Generalanwalt Tesauro* in: Schlussanträge *Generalanwalt Tesauro* vom 30. Januar 1992, Rs. C–200/90, *Dansk Denkavit*, Slg. 1992, I–2217, Rn. 5 m.w.N. Dazu auch: *Mick*, Die Steuerkonzeption in der Europäischen Union, S. 81 m.w.N. Im Sekundärrecht findet sich die Formulierung eines derartigen Ziels in dem ersten und zweiten Erwägungsgrund der 1. MwStRL sowie im vierten Erwägungsgrund der 6. MwStRL.

112 EuGH, Rs. 252/86, *Bergandi*, Slg. 1988, I–1343, Rn. 9; EuGH, Rs. C–318/96, *SPAR*, Slg. 1998, I–785, Rn. 19.

Steuern, Abgaben und Gebühren beizubehalten oder einzuführen, die nicht den Charakter einer Umsatzsteuer besitzen. Die Begriffe Steuern, Abgaben und Gebühren erhalten zu diesem Zweck eine weite Auslegung.[113]

bbb. Steuerbegriff der Mehrwertsteuersystemrichtlinie

Der EuGH befasst sich in seiner Rechtsprechung häufig mit der Auslegung von Art. 401 MWStSystRL, wobei er zur Abgrenzung insbesondere wesentliche Merkmale der erfassten Steuern, Abgaben und Gebühren aufzeigt und mithilfe dieser Definitionen mitgliedstaatliche Steuern, Abgaben und Gebühren untersagt, die diese Merkmale aufweisen.[114] Zu untersuchen ist daher, ob die Devisentransaktionssteuer die durch den EuGH aufgezeigten Merkmale einer Steuer, Abgabe oder Gebühr im Sinne von Art. 401 MWStSystRL aufweist. Die Definition der Mehrwertsteuer ist in Art. 1 Abs. 2 Satz 1 und 2 MWStSystRL (vgl. auch ex-Art. 2 Abs. 1 bis 2 Erste Richtlinie 67/227/EWG des Rates vom 11. April 1967 zur Harmonisierung der Rechtsvorschriften der Mitgliedstaaten über die Umsatzsteuer[115] („1. MwStRL")) enthalten, der wie folgt lautet:

„Das gemeinsame Mehrwertsteuersystem beruht auf dem Grundsatz, dass auf Gegenstände und Dienstleistungen, ungeachtet der Zahl der Umsätze, die auf den vor der Besteuerungsstufe liegenden Produktions- und Vertriebsstufen bewirkt wurden, eine allgemeine, zum Preis der Gegenstände und Dienstleistungen genau proportionale Verbrauchsteuer anzuwenden ist. Bei allen Umsätzen wird die Mehrwertsteuer, die nach dem auf den Gegenstand oder die Dienstleistung anwendbaren Steuersatz auf den Preis des Gegenstands oder der Dienstleistung errechnet wird, abzüglich des Mehrwertsteuerbetrags geschuldet, der die verschiedenen Kostenelemente unmittelbar belastet hat."

Der EuGH arbeitete in seiner Rechtsprechung einzelne wesentliche Merkmale heraus, um mitgliedstaatliche Steuern, Abgaben und Gebühren gegen eine Mehrwertsteuer im Sinne der Mehrwertsteuersystemrichtlinie abzugrenzen. Da-

---

113 EuGH, Rs. 93/88 und 94/88, *Wisselink*, Slg. 1989, S. 2671, Rn. 16 f. m.w.N.; EuGH, Rs. C–28/96, *Fricarnes*, Slg. 1997, I–4939, Rn. 37 m.w.N.

114 EuGH, Rs. 295/84, *Rousseau Wilmot*, Slg. 1985, 3759; EuGH, Rs. 252/86, *Bergandi*, Slg. 1988, I–1343; EuGH, verb. Rs. 93/88 und 94/88, *Wisselink*, Slg. 1989, 2671; EuGH, Rs. C–109/90, *Giant*, Slg. 1991, I–1385; EuGH, Rs. C–347/90, *Bozzi*, Slg. 1992, I–2947; EuGH, Rs. C–208/91, *Beaulande*, Slg. 1992, I–6709; EuGH, Rs. C–200/90, *Dansk Denkavit*, Slg. 1992, I–2217; EuGH, verb. Rs. C–370/95 bis C-372/95, *Careda*, Slg. 1997, I–3721; EuGH, Rs. C–130/96, *Solisnor*, Slg. 1997, I–5053; EuGH, Rs. C–28/96, *Fricarnes*, Slg. 1997, I–4939; EuGH, Rs. C–347/95, *UCAL*, Slg. 1997, I–4911; EuGH, Rs. C–318/96, *SPAR*, Slg. 1998, I–785; EuGH, verb. Rs. C–338/97, C-344/97 und C-390/97, *Pelzl*, Slg. 1999, I–3319; EuGH, Rs. C–437/97, *EKW*, Slg. 2000, I–1157; EuGH, Rs. C–101/00, *Tulliasiamies*, Slg. 2002, I–7487; EuGH, Rs. C–308/01, *GIL Insurance*, Slg. 2004, I–4777; EuGH, verb. Rs. C–283/06 und C–312/06, *Kögáz*, Slg. 2007, I–8463.

115 Erste Richtlinie 67/227/EWG des Rates vom 11. April 1967 zur Harmonisierung der Rechtsvorschriften der Mitgliedstaaten über die Umsatzsteuer, ABlEG Nr. 71 vom 14. April 1967, S. 1301–1303.

bei identifizierte er auch unwesentliche Merkmale, die sich nicht zur Abgrenzung eignen. Diese Merkmale sind zunächst herauszuarbeiten und anschließend an der Devisentransaktionssteuer zu untersuchen.

(aa) Wesentliche Abgrenzungsmerkmale

Bei der Prüfung, ob eine Steuer, Abgabe oder Gebühr aus unionsrechtlicher Sicht mit der Mehrwertsteuersystemrichtlinie vereinbar ist, nimmt der EuGH in ständiger Rechtsprechung regelmäßig dann eine verbotene Belastung an, wenn die zu überprüfende Steuernorm bestimmte wesentliche Merkmale aufweist und den Waren-, Personen-, Dienstleistungs- und Kapitalverkehr in einer mit der Mehrwertsteuer vergleichbaren Weise belasten.[116] Zur Begriffsauslegung zieht der EuGH Art. 2 1. MwStRL (nun Art. 1 Abs. 2 MWStSystRL) und Art. 17 Abs. 2 6. MwStRL (nun Art. 168 MWStSystRL) heran. In der Rechtssache *Rousseau Wilmot* erkennt der EuGH erstmals an, dass nach Art. 1 Abs. 2 MWStSystRL das gemeinsame Mehrwertsteuersystem auf dem Grundsatz beruht, dass „auf Gegenstände und Dienstleistungen bis zur Einzelhandelsstufe einschließlich ungeachtet der Zahl der Umsätze, die auf den vor der Besteuerungsstufe liegenden Produktions- und Vertriebsstufen bewirkt wurden, eine allgemeine, zum Preis der Gegenstände und Dienstleistungen genau proportionale Verbrauchsteuer anzuwenden ist. Jedoch wird bei allen Umsätzen die Mehrwertsteuer nur abzüglich des Mehrwertsteuerbetrags geschuldet, der die verschiedenen Kostenelemente unmittelbar belastet hat."[117] Aufgrund des Mechanismus des Vorsteuerabzugs nach Art. 168 MWStSystRL sind Steuerpflichtige befugt, „von der ihnen geschuldeten Mehrwertsteuer die Mehrwertsteuer abzuziehen, mit der die Waren bereits vorher belastet worden sind."[118] In der Rechtssache *Dansk Denkavit* konkretisiert der EuGH die Merkmale und fasst sie in einem Katalog zusammen. Die Einführung oder Beibehaltung einer mitgliedstaatlichen Abgabe sei dann nach Art. 401 MWStSystRL verboten, wenn sie

„[(1.)] sowohl auf mehrwertsteuerpflichtige Tätigkeiten erhoben wird als auch auf andere wirtschaftliche Tätigkeiten, die in der Lieferung von Leistungen gegen Entgelt bestehen;

[(2.)] hinsichtlich der mehrwertsteuerpflichtigen Unternehmen auf derselben Bemessungsgrundlage erhoben wird, nach der sich die Mehrwertsteuer bestimmt, das heißt in Form eines Prozentsatzes vom Betrag der getätigten Verkäufe abzüglich des Betrags der getätigten Einkäufe;

---

116 EuGH, Rs. C–347/90, *Bozzi*, Slg. 1992, I–2947, Rn. 9 m.w.N.; EuGH, Rs. C–28/96, *Fricarnes*, Slg. 1997, I–4939, Rn. 37 f. m.w.N.

117 EuGH, Rs. 295/84, *Rousseau Wilmot*, Slg. 1985, 3759, Rn. 15.

118 EuGH, Rs. 295/84, *Rousseau Wilmot*, Slg. 1985, 3759, Rn. 15. Siehe auch: EuGH, verb. Rs. 93/88 und 94/88, *Wisselink*, Slg. 1989, 2671, Rn. 18 m.w.N.; EuGH, verb. Rs. C–338/97, C-344/97 und C-390/97, *Pelzl*, Slg. 1999, I–3319, Rn. 16 f.

[(3.)] im Gegensatz zur Mehrwertsteuer bei der Einfuhr nicht gezahlt, aber auf den vollen Verkaufspreis der eingeführten Waren beim ersten Verkauf in dem betreffenden Mitgliedstaat erhoben wird;

[(4.)] im Gegensatz zur Mehrwertsteuer in der Rechnung nicht gesondert ausgewiesen werden muss und

[(5.)] neben der Mehrwertsteuer erhoben wird“[119].

In der Rechtssache *Careda* und *Kögáz* führt der EuGH aus, dass eine Abgabe nur dann unter das Verbot nach Art. 401 MWStSystRL falle, wenn sie auf den Verbraucher abgewälzt werden kann.[120] Der EuGH verweist insofern auf seine frühere Rechtsprechung in der Rechtssache *Bergandi,* in der er erklärte, dass durch die Einführung eines gemeinsamen Mehrwertsteuersystems innerhalb der Europäischen Union das Ziel verfolgt werden sollte, eine allgemeine proportional anfallende Verbrauchsteuer zu implementieren, „die auf jeder Stufe nur den Mehrwert besteuert und letztlich vom Verbraucher getragen wird“[121]. In den Rechtssachen *Rousseau Wilmot*, *Giant* und *Pelzl* anerkannte der EuGH, dass ein Unterscheidungsmerkmal einer nationalen, mit Art. 401 MWStSystRL zu vereinbarenden mitgliedstaatlichen Steuer, die Steuerberechnung auf Grundlage des Jahresumsatzes ist, da es unmöglich ist, den auf den Kunden abgewälzten Betrag genau zu bestimmen.[122] Als weiteres Abgrenzungskriterium sah der EuGH in den Rechtssachen *Beaulande*, *UCAL* und *GIL Insurance* die Berechnung auf einer anderen Grundlage als des Mehrwerts[123], wobei insbesondere die Steuerbemessung auf Grundlage eines geschätzten Preises, wie der EuGH in den Rechtssachen *Bergandi* und *Wisselink* feststellte, die jeweilige mitgliedstaatliche Steuer von einer Mehrwertsteuer im Sinne des Art. 401 MWStSystRL abgrenzt.[124] In den Rechtssachen *Bozzi*, *UCAL* und *Tulliasiamies* urteilte der

119 EuGH, Rs. C–200/90, *Dansk Denkavit*, Slg. 1992, I–2217, Rn. 15. Siehe auch: EuGH, verb. Rs. C–283/06 und C–312/06, *Kögáz*, Slg. 2007, I–8463, Rn. 37 m.w.N.; EuGH, Rs. C-188/09, *Dyrektor Izby Skarbowej*, noch nicht in der amtlichen Sammlung veröffentlicht, Rn. 47; EuGH, Rs. C-398/09, *Lady & Kid*, noch nicht in der amtlichen Sammlung veröffentlicht, Rn. 7.

120 EuGH, verb. Rs. C–370/95 bis C-372/95, *Careda*, Slg. 1997, I–3721, Rn. 14 und 25; EuGH, verb. Rs. C–283/06 und C–312/06, *Kögáz*, Slg. 2007, I–8463, Rn. 30 ff. m.w.N. Siehe auch: EuGH, Rs. C-188/09, *Dyrektor Izby Skarbowej*, noch nicht in der amtlichen Sammlung veröffentlicht, Rn. 47.

121 EuGH, Rs. 252/86, *Bergandi*, Slg. 1988, S. 1343, Rn. 8.

122 EuGH, Rs. 295/84, *Rousseau Wilmot*, Slg. 1985, 3759, Rn. 16; EuGH, Rs. C–109/90, *Giant*, Slg. 1991, I–1385, Rn. 14; EuGH, verb. Rs. C–338/97, C-344/97 und C-390/97, *Pelzl*, Slg. 1999, I–3319, Rn. 24 f.

123 EuGH, Rs. C–208/91, *Beaulande*, Slg. 1992, I–6709, Rn. 18; EuGH, Rs. C–347/95, *UCAL*, Slg. 1997, I–4911, Rn. 36; EuGH, Rs. C–308/01, *GIL Insurance*, Slg. 2004, I–4777, Rn. 36.

124 EuGH, Rs. Rs. 252/86, *Bergandi*, Slg. 1988, I–1343, Rn. 16 ff.; EuGH, verb. Rs. 93/88 und 94/88, *Wisselink*, Slg. 1989, 2671, Rn. 20.

EuGH, dass eine unmittelbare oder strikte Proportionalität zum Preis des belasteten Umsatzes eine mitgliedstaatliche Steuer von einer Mehrwertsteuer im Sinne der Richtlinie abgrenze.[125] In der Rechtssache *Kerrutt* stellt der EuGH zudem klar, dass das Unionsrecht mit der Mehrwertsteuer konkurrierende Abgabenregelungen zulässt, selbst wenn ihre Erhebung zu einer Kumulierung mit der Mehrwertsteuer bei ein und demselben Umsatz führt, diese Abgaben aber nicht den Charakter einer Mehrwertsteuer besitzen.[126]

(bb) Unwesentliche Abgrenzungsmerkmale

Als unwesentlich für die Einordnung der Steuer zählen nach Ansicht des EuGH insbesondere die Bezeichnung als Abgabe, Steuer oder Gebühr im mitgliedstaatlichen Recht oder der Wortlaut der nationalen Rechtsnormen, die für den Erlass der Norm bezeichneten Gründe oder weitere ausdrückliche Merkmale der nationalen Regelung.[127] Ebenso ist es kein Merkmal einer Mehrwertsteuer, wenn die Steuer an die Eingangsumsätze des Steuerpflichtigen anstelle seiner Ausgangsumsätze anknüpfe, wie der EuGH in der Rechtssache *SPAR* feststellte.[128]

Grundsätzlich sieht der EuGH in ständiger Rechtsprechung auch in der Tatsache, dass eine Besteuerung auf nur einer Stufe der Umsatzkette stattfindet, kein wesentliches Merkmal einer Mehrwertsteuer.[129] Diese Rechtsprechung relativiert der EuGH allerdings in der Rechtssache *Wisselink*, in der der EuGH feststellt, dass selbst wenn eine Steuer nur einmal erhoben wird, sich diese trotzdem als Verstoß gegen das Unionsrecht erweisen kann, wenn sie die „volle Wirkung des gemeinsamen Mehrwertsteuersystems" behindert.[130]

---

125 EuGH, Rs. C–347/90, *Bozzi*, Slg. 1992, I–2947, Rn. 15; EuGH, Rs. C–347/95, *UCAL*, Slg. 1997, I–4911, Rn. 36; EuGH, Rs. C–101/00, *Tulliasiamies*, Slg. 2002, I–7487, Rn. 102.

126 EuGH; Rs. 73/85, *Kerrutt*, Slg. 1986, S. 2219, Rn. 22 f.; EuGH, verb. Rs. C–283/06 und C–312/06, *Kögáz*, Slg. 2007, I–8463, Rn. 33 m.w.N.

127 EuGH, verb. Rs. 93/88 und 94/88, *Wisselink*, Slg. 1989, 2671, Rn. 10; EuGH, Rs. C–200/90, *Dansk Denkavit*, Slg. 1992, I–2217, Rn. 15 (fünfter Gedankenstrich); EuGH, verb. Rs. C–370/95 bis C-372/95, *Careda*, Slg. 1997, I–3721, Rn. 18 ff.; EuGH, verb. Rs. C–370/95 bis C-372/95, *Careda*, Slg. 1997, I–3721, Rn. 17.

128 EuGH, Rs. C–318/96, *SPAR*, Slg. 1998, I–785, Rn. 25 f.

129 Vgl. EuGH, Rs. C–347/90, *Bozzi*, Slg. 1992, I–2947, Rn. 16; EuGH, Rs. C–208/91, *Beaulande*, Slg. 1992, I–6709, Rn. 17; EuGH, Rs. C–347/95, UCAL, Slg. 1997, I–4911, Rn. 36; EuGH, Rs. C–318/96, *SPAR*, Slg. 1998, I–785, Rn. 27; EuGH, Rs. C–101/00, *Tulliasiamies*, Slg. 2002, I–7487, Rn. 103; EuGH, Rs. C–308/01, *GIL Insurance*, Slg. 2004, I–4777, Rn. 36.

130 EuGH, verb. Rs. 93/88 und 94/88, *Wisselink*, Slg. 1989, 2671, Rn. 12; EuGH, verb. Rs. C–283/06 und C–312/06, *Kögáz*, Slg. 2007, I–8463, Rn. 33; EuGH, Rs. C-188/09, *Dyrektor Izby Skarbowej*, noch nicht in der amtlichen Sammlung veröffentlicht, Rn. 26 m.w.N. Kritisch: Schlussanträge *Generalanwalt Léger* vom 13. März 1997, Rs. C–130/96, *Solisnor*, Slg. 1997, I–5053, Rn. 40 ff.

(cc) Zusammenfassung wesentlicher Abgrenzungsmerkmale

Es kann zusammengefasst werden, dass der EuGH wesentliche Merkmale einer Mehrwertsteuer regelmäßig dann erkennt, wenn sie (i) ganz allgemein für alle sich auf Gegenstände und Dienstleistungen beziehenden Geschäfte gilt, (ii) proportional zum Preis dieser Gegenstände und Dienstleistungen ist, (iii) auf jeder Stufe der Erzeugung und des Vertriebs erhoben wird und (iv) sich auf den Mehrwert der Gegenstände und Dienstleistungen bezieht, d. h. ein Vorsteuerabzug erfolgt.[131] Zu beachten ist allerdings, dass nach ständiger Rechtsprechung des EUGH eine mitgliedstaatliche Abgabe grundsätzlich „nicht in allen Punkten der Mehrwertsteuer gleichen [muss], um den Charakter einer Umsatzsteuer zu haben; es genügt, wenn sie deren wesentliche Merkmale aufweist."[132]

(dd) Abgrenzung der Devisentransaktionssteuer

Bei der Analyse der Devisentransaktionssteuer auf wesentliche Merkmale einer Mehrwertsteuer kann das Urteil des EuGH in der Rechtssache *Solisnor*[133] herangezogen werden. Der EuGH hatte in dieser Rechtssache über eine portugiesische Stempelsteuer zu entscheiden, die allgemein auf sämtliche in der portugiesischen *Tabela Geral do Imposto do Selo* genannten „Dokumente, Bücher, Papiere, Akten und Erzeugnisse" und insbesondere auf „Werkverträge und Lieferungen von Material oder Verbrauchsartikeln" erhoben wird, wobei sich die Höhe der Stempelsteuer je nach Vertragsgegenstand mit auf den Gegenstandswert bezogenen unterschiedlichen Steuersatz errechnete wurde.[134]

Nach den Ausführungen in dem Abschnitt „*II. Steuerobjekt*" auf Seite 78 dieser Arbeit wird von steuerrechtlichen Erfassung des schuldrechtlichen Vertragsschlusses als Steuerobjekt ausgegangen. Die Devisentransaktionssteuer stellt daher eine Rechtsverkehrsteuer dar, die mit einer Stempelsteuer vergleichbar ist, wie sie in verschiedenen Mitgliedstaaten der Europäischen Union erhoben wird.[135] Damit ergibt sich eine Vergleichbarkeit zu der angeführten Rechtssache. Die portugiesische Regierung legte in der Rechtssache *Solisnor* dar, dass mit der

---

131 EuGH, Rs. 252/86, *Bergandi*, Slg. 1988, 1343, Rn. 15; EuGH, verb. Rs. 93/88 und 94/88, *Wisselink*, Slg. 1989, 2671, Rn. 18; EuGH, Rs. C–109/90, *Giant*, Slg. 1991, I–1385, Rn. 11 f.; EuGH, Rs. C–208/91, *Beaulande*, Slg. 1991, I–6709, Rn. 14 m.w.N.; EuGH, verb. Rs. C–283/06 und C–312/06, *Kögáz*, Slg. 2007, I–8463, Rn. 35 m.w.N.

132 EuGH, Rs. C–200/90, *Dansk Denkavit*, Slg. 1992, I–2217, Rn. 14. Siehe auch: EuGH, Rs. C–475/03, *Banca Popolare*, Slg. 2006, I–9373, Rn. 31.

133 EuGH, Rs. C–130/96, *Solisnor*, Slg. 1997, I-5053.

134 Schlussanträge *Generalanwalt Léger* vom 13. März 1997, Rs. C–130/96, *Solisnor*, Slg. 1997, I–5053, Rn. 7 mit Verweis auf Artikel 91 der portugiesischen *Tabela Geral do Imposto do Selo* (Allgemeine Tabelle der Stempelsteuer), die Teil des portugiesischen Stempelsteuergesetzes (*Código do Imposto do Selo*) ist.

135 *Baßler*, Zu den „Steuerspezifika" der Grundfreiheiten des EG-Vertrags, Internationales Steuerrecht 2005, 822, 823 f., 826 m.w.N.; *Herden*, Die Entwicklung des Steuerrechts in NJW 1991, 1021, 1036. Rechtshistorisch zur deutschen Reichsstempelsteuer: BFH, Urteil vom 25. Juli 1979 - II R 55/76.

Stempelsteuer „das Rechtsgeschäft oder der Vertrag und nicht deren Gegenstand“ besteuert werde, und dass, „selbst wenn der Vertrag nicht wirksam wird, nichtig ist oder nicht durchgeführt wird“, die Stempelsteuerschuld bestehen bleibe. Daraus leitete die portugiesische Regierung ab, dass nicht der Umsatz besteuert werde und die portugiesische Stempelsteuer keine Umsatzsteuer darstelle.[136]

Nach dieser Ansicht ist die Devisentransaktionssteuer nicht im Sinne einer Umsatzsteuer zu identifizieren, da sie nicht den Umsatz, sondern den Vertragsschluss besteuert. Allerdings fasst die Anknüpfung an den Wortlaut des Umsatzes den Steuerbegriff des Art. 401 MWStSystRL zu eng. Denn vertragliche Regelungen zwischen Vertragsparteien stellen zivilrechtliche Verträge dar, in denen die Parteien zumindest die *essentialia negotii* zum Vertragsinhalt erklären; mitunter auch den vertraglich vereinbarten Kaufpreis festlegen, der als steuerliche Bemessungsgrundlage herangezogen wird. Die Anknüpfung der Besteuerung an den Abschluss des Rechtsgeschäfts stellt damit lediglich eine steuerliche Erfassung des diesem Rechtsgeschäft folgenden Umsatzes als Bemessungsgrundlage dar. Unwirksame oder nicht abgeschlossene Rechtsgeschäfte können keine Auswirkung auf die generelle Qualifikation der Stempelsteuer als Umsatzsteuer haben.[137] *Generalanwalt Léger* vertrat in der Rechtssache *Solisnor* die Auffassung, dass „die Stempelsteuer dadurch, dass der Vertrag besteuert wird, in einer Weise auf ein Geschäft erhoben wird, die mit einer unmittelbar auf den Umsatz bezogenen Steuer vergleichbar ist“ und bezeichnet die Stempelsteuer als „Umsatzsteuer im weitesten Sinne“, da ihre Besteuerungsgrundlage von dem Wert des Vertrags gebildet wird, der grundsätzlich den Umsatz des Unternehmers darstellt.[138]

Die Auffassung von *Generalanwalt Léger* im Zusammenhang mit der portugiesischen Stempelsteuer lässt sich auf die Devisentransaktionssteuer übertragen. Zwar knüpft die Devisentransaktionssteuer an den Abschluss des schuldrechtlichen Vertrags an, Gegenstand des Vertrags, und damit der steuerrechtlich relevante Tatbestand, ist jedoch die Devisentransaktion. Der Vertragsgegenstand bildet somit ein Geschäft ab, das die Bemessungsgrundlage der Devisentransaktionssteuer und damit den Umsatz einer Devise wertmäßig konkretisiert. Unterstützt wird dies zudem durch Art. 135 Abs. 1 lit. d MWStSystRL, wonach die Mitgliedstaaten dazu verpflichtet sind, „Umsätze – einschließlich der Vermittlung –, die sich auf Devisen, Banknoten und Münzen beziehen, die gesetzliches Zahlungsmittel sind“ von der Steuer zu befreien. Im Umkehrschluss bedeutet dies, dass Devisenumsätze – und damit auch Devisentransaktionen – grundsätzlich durch die Mehrwertsteuersystemrichtlinie erfasst werden können.

---

136 Schlussanträge *Generalanwalt Léger* vom 13. März 1997, Rs. C–130/96, *Solisnor*, Slg. 1997, I–5053, Rn. 24.

137 Schlussanträge *Generalanwalt Léger* vom 13. März 1997, Rs. C–130/96, *Solisnor*, Slg. 1997, I–5053, Rn. 25.

138 Schlussanträge *Generalanwalt Léger* vom 13. März 1997, Rs. C–130/96, *Solisnor*, Slg. 1997, I–5053, Rn. 26 f.

(aaa) Allgemeinbezogenheit

Bei der Analyse, ob die Devisentransaktionssteuer wesentliche Merkmale einer Mehrwertsteuer im Sinne des Art. 401 MWStSystRL erfüllt, ist zunächst zu untersuchen, ob die Devisentransaktionssteuer das Merkmal der Mehrwertsteuer erfüllt, die „ganz allgemein für alle sich auf Gegenstände und Dienstleistungen beziehenden Geschäfte“ gilt.[139] In der Rechtssache *Banco Polpolare* wies *Generalanwalt Jacobs* in seinen Schlussanträgen auf die ständige Rechtsprechung des EuGH hin, dass eine Steuer grundsätzlich dann nicht allgemein anwendbar ist, wenn sie nur für begrenzte Kategorien von Lieferungen von Gegenständen oder Dienstleistungen[140] oder lediglich für bestimmte Kategorien von Steuerzahlern gilt[141].[142] Die Steuer weist eine allgemeine Geltung jedoch dann auf, wenn sie sowohl auf mehrwertsteuerpflichtige wirtschaftliche Tätigkeiten als auch auf andere, nicht mehrwertsteuerpflichtige Arten wirtschaftlicher Lieferungen anwendbar ist.[143]

Die Devisentransaktionssteuer weist nach den voranstehenden Ausführungen ausschließlich einen Bezug zu Geschäften auf, die eine Devisentransaktion zum Gegenstand haben. Damit bildet die Besteuerungsgrundlage nicht die gesamte wirtschaftlichen Tätigkeit, sondern lediglich eine im Zusammenhang mit bestimmten Rechtsgeschäften getätigte Dienstleistung, nämlich im Zusammenhang mit Devisentransaktionen zwischen Währungen der Mitgliedstaaten der Europäischen Union und denen der Nicht-Mitgliedstaaten. Der Begriff der Allgemeinbezogenheit wird durch den EuGH sehr eng ausgelegt. Tatbestandliche Voraussetzung für eine allgemeine Steuer ist nach der Rechtsprechung des EuGH, dass sie darauf abzielten, „die Gesamtheit der wirtschaftlichen Vorgänge in dem beteiligten Mitgliedstaat zu erfassen“[144]. Es reicht somit nicht aus, dass eine große Anzahl von Rechtsgeschäften erfasst wird.

139 EuGH, Rs. 252/86, *Bergandi*, Slg. 1988, 1343, Rn. 15; EuGH, verb. Rs. 93/88 und 94/88, *Wisselink*, Slg. 1989, 2671, Rn. 18; EuGH, *Giant*, Rs. C–109/90, Slg. 1991, I–1385, Rn. 11 f.; EuGH, *Beaulande*, Rs. C–208/91, Slg. 1991, I–6709, Rn. 14 m.w.N.

140 EuGH, Rs. 93/88 und 94/88, *Wisselink*, Slg. 1989, 2671, Rn. 20; EuGH, Rs. C–109/90, *Giant*, Slg. 1991, I–1385, Rn. 14; EuGH, Rs. C–208/91, *Beaulande*, Slg. 1992, I–6709, Rn. 16; EuGH, Rs. C–347/95, *UCAL*, Slg. 1997, I–4911, Rn. 36, EuGH, Rs. C–28/96, *Fricarnes*, Slg. 1997, I–4939, Rn. 40; EuGH, Rs. C–130/96, *Solisnor*, Slg. 1997, I–5053, Rn. 17; EuGH, Rs. C–437/97, *EKW*, Slg. 2000, I–1157, Rn. 24; EuGH, Rs. C–101/00, *Tulliasamies*, Slg. 2002, I–7487, Rn. 101; EuGH, Rs. C–308/01, *GIL Insurance*, Slg. 2004, I–4777, Rn. 33.

141 EuGH, Rs. C–347/90, *Bozzi*, Slg. 1992, I–2947, Rn. 14.

142 Schlussanträge *Generalanwalt Jacobs* vom 17. März 2005 zur Rs. C–475/03, *Banca Popolare*, Slg. 2006, I–9373, Rn. 29 m.w.N.

143 EuGH, Rs. C–200/90, *Dansk Denkavit*, Slg. 1992, I–2217, Rn. 15; EuGH, verb. Rs. C–283/06 und C–312/06, *Kögáz*, Slg. 2007, I–8463, Rn. 37 m.w.N.; EuGH, Rs. C-188/09, *Profaktor Kulesza*, Slg. 2010, I-7639, Rn. 46.

144 EuGH, Rs. C–208/91, *Beaulande*, Slg. 1992, I–6709, Rn. 14; EuGH, Rs. C-156/08, *Vollkommer*, Slg. 2008, I-00165, Rn. 31.

(bbb) Proportionalität

Es ist weiterhin zu untersuchen, ob die Devisentransaktionssteuer proportional zum Preis der steuertatbestandlich erfassten Gegenstände und Dienstleistungen erhoben wird.[145] Nach den Ausführungen zur Höhe des Steuersatzes in dem Abschnitt „*V. Steuersatz*“ auf Seite 92 dieser Arbeit wird die Devisentransaktionssteuer nach der Höhe des Steuersatzes bemessen, der unter Anwendung eines bestimmten Prozentsatzes auf die Steuerbemessungsgrundlage errechnet wird. Die Proportionalität der Steuersätze zu den vertraglich vereinbarten Werten wäre nur dann gestört, „wenn häufige und ungleiche Wertunterschiede im Vergleich zum vertraglich vereinbarten Preis diesen außer Beziehung zur Wirklichkeit des schließlich durchgeführten Vertrags setzen würden“[146], wovon regelmäßig nicht auszugehen ist.

(ccc) Erhebung auf jeder Handelsstufe

Weiterhin bildet die Erhebung der Steuer auf jeder Produktions- und Vertriebsstufe bzw. Handelsstufe ein wesentliches Merkmal der Mehrwertsteuer.[147] Die Devisentransaktionssteuer müsste demnach bei jeder Phase eines Handelsprozesses erhoben werden. Die Devisentransaktionssteuer knüpft nach den voranstehenden Ausführungen allerdings ausschließlich auf bestimmte Transaktionen in Zusammenhang mit Devisen von Nicht-Mitgliedstaaten der Europäischen Union und/oder unter Beteiligung eines Nicht-Staatsangehörigen der Europäischen Union an. Sofern ein derartiges Währungsgeschäft vorliegt, wird der Tatbestand der Devisentransaktionssteuer auf jeder Handelsstufe verwirklicht.

(ddd) Mehrwertbezug

Zuletzt ist zu untersuchen, ob die Devisentransaktionssteuer das Merkmal des Mehrwertbezugs aufweist, das heißt, ob die bei der Devisentransaktion fällige Steuer unter Abzug der Steuer berechnet wird, die bei dem vorhergehenden Geschäft schon entrichtet worden ist.[148] Die Devisentransaktionssteuer wird nach den voranstehenden Ausführungen auf den Gegenwert der vertraglich vereinbarten Devisen beziehungsweise den Gegenwert aus dem Devisengeschäft erhoben. Die Steuer wird nicht auf den Teil des Gegenwerts erhoben, der dem Mehrwert in Bezug auf die Ausgaben entspricht, mit denen der Unternehmer zuvor belastet worden ist. Damit erfüllt die Devisentransaktion nicht das wesentliche Merkmal des Mehrwertbezugs.

---

145 EuGH, Rs. C-484/06, *Koninklijke Ahold*, Slg. 2008, I-5097, Rn. 39 ff.; EuGH, Rs. C-302/07, *J D Wetherspoon*, Slg. 2009, I-1467, Rn. 36.

146 Schlussanträge *Generalanwalt Léger* vom 13. März 1997, Rs. C–130/96, *Solisnor*, Slg. 1997, I–5053, Rn. 27.

147 EuGH, Rs. C–475/03, *Banca Popolare*, Slg. 2006, I–9373, Rn. 28, EuGH, verb. Rs. C–283/06 und C–312/06, *Kögáz*, Slg. 2007, I–8463, Rn. 37; EuGH, Rs. C-188/09, *Profaktor Kulesza*, Slg. 2010, I-7639, Rn. 47.

148 EuGH, Rs. C–475/03, *Banca Popolare*, Slg. 2006, I–9373, Rn. 28 EuGH, verb. Rs. C–283/06 und C–312/06, *Kögáz*, Slg. 2007, I–8463, Rn. 38.

(ee) Zwischenergebnis

Zwar anerkennt der EuGH, dass eine Steuer grundsätzlich „nicht in allen Punkten der Mehrwertsteuer gleichen [muss], um den Charakter einer Umsatzsteuer zu haben“[149], jedoch müsse die Steuer die wesentlichen Merkmale einer Mehrwertsteuer aufweisen.[150] Nach der voranstehenden Analyse sind jedoch im Zusammenhang mit mehreren Merkmalen der Devisentransaktionssteuer keine Überschneidungen mit wesentlichen Merkmalen der Mehrwertsteuer vorhanden. Damit ist nicht eindeutig, ob die Devisentransaktionssteuer als Rechtsverkehrssteuer von dem Anwendungsbereich des Art. 401 MWStSystRL erfasst wird.

cc. Zwischenergebnis

Die systematische Auslegung führt zu keinem eindeutigen Ergebnis, da nach Untersuchung eines auf Grundlage von Art. 113 AEUV erlassenen Rechtsakts keine eindeutige Erfassung des Begriffs der indirekten Steuer möglich ist. Es zeigt sich, dass der Spielraum des EuGH bei der Begriffsauslegung sehr weit bemessen ist. Der EuGH hat im Rahmen seiner Rechtsprechung über Sekundärrechtsakte zwar wesentliche Merkmale einer indirekten Steuer herausarbeitet, diese ermöglichen jedoch keine generelle Einordnung von indirekten Steuern auf Grundlage der für indirekte Steuern üblichen sekundärrechtlichen Harmonisierungsgrundlage nach Art. 113 AEUV.[151] Eine rechtsverbindliche Auslegung von Begriffen des Primärrechts im Rahmen einer systematischen Auslegung durch die Harmonisierungspraxis der Europäischen Union führt zu keinem zufriedenstellendes Ergebnis. Daher soll der Steuerbegriff des Art. 113 AEUV im Folgenden weiter ausgelegt werden.

d. Teleologische Auslegung

Möglicherweise erweist sich eine teleologische Auslegungsmethode sachdienlicher. Durch Art. 113 AEUV wird der Rat zur Harmonisierung indirekter Steuern ermächtigt, „soweit diese Harmonisierung für die Errichtung und das Funktionieren des Binnenmarkts und die Vermeidung von Wettbewerbsverzerrungen notwendig ist“. Der Begriff des Binnenmarkts erfasst gemäß Art. 26 Abs. 2 AEUV „einen Raum ohne Binnengrenzen, in dem der freie Verkehr von Waren, Personen, Dienstleistungen und Kapital gemäß den Bestimmungen der Verträge gewährleistet ist“.

Die Norm des Art. 113 AEUV wurde durch die Vertragsparteien ursprünglich mit der Begründung kodifiziert, dass Beeinträchtigungen des Wettbewerbs

---

149 EuGH, Rs. C–200/90, *Dansk Denkavit*, Slg. 1992, I–2217, Rn. 14.

150 EuGH, Rs. C–200/90, *Dansk Denkavit*, Slg. 1992, I–2217, Rn. 11 ff.; EuGH, Rs. C-308/01, *GIL Insurance*, Slg. 2004, I-4777, Rn. 32 ff.; EuGH, verb. Rs. C–283/06 und C–312/06, *Kögáz*, Slg. 2007, I–8463, Rn. 35 f.

151 EuG, Rs. T–240/04, *Frankreich/Kommission*, Slg. 2007, II–4035, Rn. 45; EuGH, Rs. 68/86, *Tierhormone*, Slg. 1988, 855, Rn. 24; Gutachten 1/94 des Gerichtshofes vom 15. November 1994, Slg. 1994, I–5267, Rn. 52.

hauptsächlich durch indirekte Steuern verursacht werden.[152] Der Wettbewerb kann allerdings auch durch direkte Steuern beeinträchtigt werden.[153] Indirekte und direkte Steuern unterscheiden sich in ihren Auswirkungen. So können direkte Steuern den Unternehmenssitz, die Bildung von Tochtergesellschaften oder Niederlassungen beeinflussen. Indirekte Steuern können Transaktionen im Bereich der europäischen Grundfreiheiten des freien Waren-, Personen-, Dienstleistungs- und Kapitalverkehrs beeinträchtigen, indem sie Steuergrenzen bilden oder Preise unmittelbar durch eine Abwälzung der Abgabe auf den Verbraucher beeinflussen. Außerdem können unterschiedliche Steuerregelungen im Zusammenhang mit indirekten Steuern Wettbewerbsbedingungen innerhalb des Binnenmarkts verzerren. Indirekten Steuern besitzen einer besondere Binnenmarktrelevanz.[154] Die Harmonisierung der indirekten Steuern wurde durch den Gesetzgeber als wesentlich für das Errichten und die Gewährleistung der Funktion des Binnenmarkts im Sinne des Art. 26 Abs. 2 AEUV erachtet.[155] Zusammenfassend ist somit der Zweck des Art. 113 AEUV, die steuerlichen Voraussetzungen für die Verwirklichung der europäischen Grundfreiheiten und eines Systems „steuerlicher Wettbewerbsgleichheit" zu schaffen.[156]

Eine nähere Bestimmung einer Steuer und deren Auslegung als indirekte Steuer durch das Merkmal der Binnenmarktrelevanz dieses Steuertyps ist jedoch nicht möglich, da die Begriffsbestimmung der indirekten Steuer bereits zeitlich vor der Bestimmung der Binnenmarktrelevanz dieser Steuer zu erfolgen hat. Die nachgelagerte Untersuchung der Binnenmarktrelevanz einer Steuer kann bei logischer Denkweise jedoch nicht für die zeitlich früher zu erfolgenden Begriffsbestimmung herangezogen werden. Damit ist das Merkmal der Binnenmarktre-

---

152 *Easson*, Tax law and policy in the EEC, para. 203; *Seiler* in Grabitz/Hilf/Nettesheim, Art. 113 AEUV, Rn. 1 ff. m.w.N.; *Wolffgang* in Lenz/Borchardt, Art. 113 AEUV, Rn. 8 m.w.N.

153 Siehe dazu die Ausführungen des von der Kommission zur Untersuchung der Wettbewerbsauswirkung direkter Steuern beauftragten „Ruding-Ausschusses": *Europäische Kommission - Ruding-Ausschuss*, Die Schlußfolgerungen und Empfehlungen des Ruding-Ausschusses (inoffizielle Übersetzung) in Der Betrieb 1992, Beilage Nr. 5 sowie die Mitteilung der Kommission vom 23. Oktober 2001, Ein Binnenmarkt ohne steuerliche Hindernisse - Strategie zur Schaffung einer konsolidierten Körperschaftsteuer-Bemessungsgrundlage für die grenzüberschreitende Unternehmenstätigkeit in der EU, KOM (2001) 582 endg.

154 *Stumpf* in Schwarze, Art. 93 EG, Rn. 2 m.w.N. Siehe auch die Ausführungen und die Kritik an Überwälzungslehren in dem Abschnitt *„f. Ansichten in der Literatur"* auf Seite 152 dieser Arbeit: Die Einordnung der Devisentransaktionssteuer als indirekte Steuer ist in einem europarechtlichen Zusammenhang nach Ansicht des EuGH grundsätzlich nicht danach zu beurteilen, ob bei ihr Steuerschuldner und Steuerträger auseinanderfallen.

155 *Easson*, Tax law and policy in the EEC, para. 203.

156 *Waldhoff/Kahl* in Calliess/Ruffert, Art. 113 AEUV, Rn. 1; *Mick*, Die Steuerkonzeption der Europäischen Union, S. 57; *Wolffgang* in Lenz/Borchardt, Art. 113 AEUV, Rn. 1.

levanz keine Auslegungshilfe für den Steuerbegriff in Art. 113 AEUV.[157] Auch grundsätzlich überzeugt eine Auslegung des Begriffs der indirekten Steuern nach der durch den Gesetzgeber verfolgten Absicht nicht, da dies eine politische Entscheidung im Zusammenhang mit der Beeinträchtigung des Binnenmarkts das Abgrenzungskriterium darstellt.[158] Somit ergibt sich auch aus einer teleologischen Auslegung des Art. 113 AEUV keine eindeutige Begriffsdefinition.

e. Historische Auslegung

Die historische Auslegung des Art. 113 AEUV könnte eine weitere Konkretisierung des Steuerbegriffs in Art. 113 AEUV ergeben, da die Norm ein originärer Bestandteil des Vertrags zur Gründung der Europäischen Union ist. In der historischen Fassung des Vertrags über die Gründung der Europäischen Wirtschaftsgemeinschaft in der Fassung vom 25. März 1957[159] fand sich der Regelungsinhalt in Art. 99 EWG, der wie folgt lautete:

> „Die Kommission prüft, wie die Rechtsvorschriften der Mitgliedstaaten über die Umsatzsteuer, die Verbrauchsabgaben und sonstige indirekte Steuern, einschließlich der Ausgleichsmaßnahmen für den Handelsverkehr zwischen den Mitgliedstaaten, im Interesse des gemeinsamen Markts harmonisiert werden können. Die Kommission unterbreitet dem Rat entsprechende Vorschläge; dieser entscheidet darüber einstimmig unbeschadet der Artikel 100 und 101."[160]

Die historische Auslegung lässt erkennen, dass dem Gesetzgeber bereits zu Gründungszeiten der Europäischen Union indirekte Steuern bekannt waren und er eine Rechtsangleichung der indirekten Steuern als wesentlich zur Ausgestaltung und Festigung des gemeinsamen Markts erachtete. Die wortidentische Darstellung der von Art. 113 AEUV erfassten Steuerarten spricht unter historischer Betrachtung für eine enge Begriffsauslegung.[161]

f. Zwischenergebnis

Die klassischen Auslegungsmethoden liefern nach den voranstehenden Darstellungen kein eindeutiges Ergebnis zur Abgrenzung und Bestimmung des Begriffs der indirekten Steuer im Sinne des Art. 113 AEUV.

---

157 *Kreibohm*, Der Begriff der Steuer im Europäischen Gemeinschaftsrecht, S. 142 f. m.w.N.

158 *Kreibohm*, Der Begriff der Steuer im Europäischen Gemeinschaftsrecht, S. 109; *Wasmeier*, Umweltabgaben und Europarecht, S. 41 m.w.N.

159 Normen des Vertrags über die Gründung der Europäischen Wirtschaftsgemeinschaft werden im Folgenden mit „EWG" bezeichnet.

160 Vgl. dazu die Fassung des Vertrags über die Gründung der Europäischen Wirtschaftsgemeinschaft, ABlEU II 1957, 766, 836.

161 *Kreibohm*, der sie in einem historischen Kontext gegen die Abgabe abgrenzt: *Kreibohm*, Der Begriff der Steuer im Europäischen Gemeinschaftsrecht, S. 104 f. m.w.N.

g. Abgrenzungsmerkmale im finanzwissenschaftlichen Schrifttum

Im finanzwissenschaftlichen Schrifttum wird der Begriff der indirekten Steuer im Sinne des Art. 113 AEUV unterschiedlich verstanden. So definiert sich eine indirekte Steuer nach einer im Schrifttum vertretenen Ansicht durch das Auseinanderfallen von Steuerzahler und tatsächlichem Träger der Steuerlast. Dieses Auseinanderfallen erfolgt durch das wirtschaftliche Abwälzen der Steuerlast vom Steuerzahler auf den Steuerträger, wie etwa bei einer Umsatzsteuer, die vom Unternehmer auf den Verbraucher abgewälzt wird. Direkte Steuern zeichnen sich dadurch aus, dass Steuerschuldner und der durch die Steuer wirtschaftlich Belastete identisch ist.[162] Nach einer weiteren im Schrifttum vertretenen Ansicht ist der Steuergegenstand Maßstab der Differenzierung zwischen indirekten und direkten Steuern. Direkte Steuern sind nach dieser Ansicht alle Abgaben auf Einkommen und Vermögen, während sich indirekte Steuern dadurch kennzeichnen, dass die Einkommen- und Vermögensverwendung als mittelbarer Ausdruck der steuerlichen Leistungsfähigkeit besteuert wird.[163] Der letztgenannten Ansicht ist zu folgen, da sie auch durch die Rechtsprechung des EuGH unterstützt wird. Der EuGH kritisierte in der Rechtssache C-21/94 nicht, dass die Implementierung der Richtlinie 93/89/EWG[164] auf Art. 71 EG (nun Art. 91 AEUV) und Art. 93 EG (nun Art. 113 AEUV) gestützt wurde, auf deren Grundlage indirekte Steuern harmonisiert werden können. Mit der Richtlinie 93/89/EWG wurden unter anderem bestimmte Tatbestandsmerkmale der Kraftfahrzeugsteuer harmonisiert.[165] Ein Merkmal der Kraftfahrzeugsteuer ist jedoch, dass Steuerschuldner und Steuerträger nicht auseinanderfallen. Damit anerkennt der EuGH, dass unter den Begriff der indirekten Steuer im Sinne des Art. 113 AEUV auch Steuern fallen können, bei denen Steuerzahler und tatsächlicher Träger der Steuerlast nicht auseinanderfallen.[166] Die Auffassung des EuGH kann

---

162 *Koch*, Steuerharmonisierung für den Binnenmarkt in Ensthaler (Hrsg.), Europäischer Binnenmarkt, S. 49 f.; *Seiler* in Grabitz/Hilf/Nettesheim, Art. 113 AEUV, Rn. 25 f. m.w.N.; *Seiler* in Grabitz/Hilf/Nettesheim, Art. 113 AEUV, Rn. 23 ff. m.w.N.; *Laule*, Die Harmonisierung des europäischen Steuerrechts, Internationales Steuerrecht 2001, 297, 297; *Schön*, Steuergesetzgebung zwischen Markt und Grundgesetz, StuW 2004, S. 62, 69 ff. m.w.N.

163 *Heselhaus*, Abgabenhoheit der Europäischen Gemeinschaft in der Umweltpolitik, S. 86 ff.; *Kreibohm*, Der Begriff der Steuer im Europäischen Gemeinschaftsrecht, S. 109 m.w.N.; *Lang* in Tipke/Lang, Steuerrecht, § 8 Rn. 20; *Weber-Grellet*, Europäisches Steuerrecht, S. 109, der zwischen den Besitz- und Verkehrssteuern differenzieren möchte und nicht auf die Erhebungsform, sondern auf das Element der Steueranknüpfung (Besitz- oder Verkehrssteuer) abstellen möchte.

164 Richtlinie 93/89/EWG über die Besteuerung bestimmter Kraftfahrzeuge zur Güterbeförderung sowie die Erhebung von Maut- und Benutzungsgebühren für bestimmte Verkehrswege durch die Mitgliedstaaten, ABlEG 1993 Nr. L 279, S. 32.

165 Vgl. Art. 1 Abs. 1 und Art. 3 Abs. 1 dritter Spiegelstrich der Richtlinie 93/89/EWG.

166 *Heselhaus*, Abgabenhoheit der Europäischen Gemeinschaft in der Umweltpolitik, S. 86; *Kreibohm*, Der Begriff der Steuer im Europäischen Gemeinschaftsrecht, S. 108.

zudem mit Argumenten aus dem Schrifttum gestützt werden. Nach im Schrifttum vertretener Auffassung scheitern die sogenannten Überwälzungslehren, bei denen ein Auseinanderfallen von Steuerzahler und tatsächlichem Träger der Steuerlast gefordert wird, an der Vielzahl möglicher Weitergabeprozesse der Steuerlast, die eine Verfolgung von realen Belastungswirkungen nur schwer möglich mache.[167]

h. Resümee

Nachfolgend soll die Devisentransaktionssteuer nach ihrem Steuergegenstand als Maßstab der Differenzierung zwischen indirekter und direkter Steuer abgegrenzt. Direkte Steuern sind demgemäß Steuern auf das Vermögen und dessen Erwerb, während der Begriff der indirekten Steuer die Verwendung des Einkommens und Vermögens erfassen soll.

Die Devisentransaktionssteuer trifft auf Verbraucherstufe bestimmte Teile der privaten Ersparnis, nämlich deren Anlage in Deviseninstrumenten sowie indirekt die Einkommens- und Vermögensverwendung durch den Verbrauch von Gütern, die Gegenstand einer steuerlich erfassten Devisentransaktion waren.[168] Für Verbraucher stellt der Währungstausch keinen Konsum von Gütern dar, der eine Anknüpfung an Vermögen oder dessen Erwerb erlaubt. Vielmehr wird durch den Währungstausch der Güterkonsum durch die Verwendung der Währung als gesetzliches Zahlungsmittel vorbereitet, was die Verwendung des Einkommens und Vermögens ermöglicht.[169] Gleiches gilt bei der Absicherung von Währungsschwankungen im Zusammenhang mit Termingeschäften. Damit ist die Devisentransaktionssteuer auf Verbraucherstufe als indirekte Steuer einzuordnen. Nach *Spahn* beträgt der Anteil sämtlicher Nicht-Finanzinstitute, einschließlich Exporteure und Importeure, im Jahr 2001 jedoch nur rund 13,3 % des gesamten Transaktionsvolumens auf dem Devisenmarkt. Der Großteil der Transaktionen auf dem Devisenmarkt (rund 86,7 %) wird durch Händler und andere berichtende Finanzinstitutionen getätigt.[170] Die durch Händler und andere Finanzinstitutionen getätigten Devisentransaktionen werden insbesondere durch die breite Erfassung von Devisentransaktionen auf börsenmäßigen und anderen multilateralen Handelssystemen sowie im außerbörslichen Handel erreicht, was die Erfassung des automatisierten Handels wie die des elektronischen Hochfrequenzhan-

---

167 Im Zusammenhang mit Ausführungen zu der Problematik der privatrechtlichen Überwälzung von Steuerlasten: *Schön*, Steuergesetzgebung zwischen Markt und Grundgesetz, StuW 2004, S. 62, 69 ff. m.w.N.

168 So in der Argumentation zu der Börsenumsatzsteuer: *Fecht*, Steuern auf den Kapital- und Zahlungsverkehr in Andel/Haller/Neumark (Hrsg.), Handbuch der Finanzwissenschaft, S. 900 f. Siehe auch: *Felsenheimer*, Die Einführung einer flexiblen Transaktionssteuer zur Verhinderung von Finanzkrisen, S. 231 f. m.w.N.

169 Im Zusammenhang mit der durch die Europäische Union geplanten Finanztransaktionssteuer: *Sester*, Finanztransaktionssteuer und Finanzmarktstabilität in WM 2012, S. 529, 532.

170 *Spahn*, Zur Durchführbarkeit einer Devisentransaktionssteuer, S. 33.

dels einschließt, womit das vornehmliche Ziel der Besteuerung durch die Devisentransaktionssteuer erfasst wird.[171]

Die Devisentransaktionssteuer knüpft nach den voranstehenden Ausführungen grundsätzlich an die Besteuerung der Einkommen- und Vermögensverwendung als mittelbarer Ausdruck der steuerlichen Leistungsfähigkeit der Steuersubjekte an und ist als sonstige indirekte Steuer im Sinne des Art. 113 AEUV einzuordnen.[172]

2. Binnenmarkt und Wettbewerbsverzerrungen

Um die Voraussetzungen für eine Rechtsangleichung nach Art. 113 AEUV zu erfüllen, muss die Harmonisierung für die „Errichtung und das Funktionieren des Binnenmarkts und die Vermeidung von Wettbewerbsverzerrungen" notwendig sein. Zunächst ist der Begriff des Binnenmarkts zu bestimmen. In Art. 26 Abs. 2 AEUV wird der Binnenmarkt definiert als „Raum ohne Binnengrenzen, in dem der freie Verkehr von Waren, Personen, Dienstleistungen und Kapital gemäß den Bestimmungen der Verträge gewährleistet ist". Zum einen umfasst die Errichtung eines Binnenmarkts nach Art. 3 Abs. 3 EUV unter anderem das Einwirken der Europäischen Union auf die nachhaltige Entwicklung Europas auf der Grundlage eines ausgewogenen Wirtschaftswachstums und eine in hohem Maße wettbewerbsfähige soziale Marktwirtschaft. Wesentliches Element einer solchen wettbewerbsfähigen Marktwirtschaft ist die Vermeidung von Wettbewerbsverzerrungen.[173] Die steuerrechtliche Harmonisierung durch einen Rechtsakt der Europäischen Union dient insbesondere der Angleichung der steuerlichen Rechts- und Verwaltungsvorschriften der Mitgliedstaaten. Diese

171 Damit erfaßt die Steuer allerdings auch Arbitrage, führt jedoch unter Umständen zu einer Strukturveränderung am Devisenmarkt, die dazu führt, dass spekulative Tätigkeiten von Finanzinstitutionen eingeschränkt werden; siehe dazu: *Felsenheimer*, Die Einführung einer flexiblen Transaktionssteuer zur Verhinderung von Finanzkrisen, S. 228 ff. und S. 261.

172 Eine Einschränkung erfährt die Subsumtion der Devisentransaktionssteuer unter den Begriff der sonstigen indirekten Steuer allerdings. Sie darf nicht an einen Zweck gebunden sein. In diesem Fall würde sie eine Sonderabgabe darstellen, die nicht unter Art. 113 AEUV fällt (*Ohler*, Die fiskalische Integration in der Europäischen Gemeinschaft, S. 193 ff.). Ebenfalls nicht in den Anwendungsbereich des Art. 113 AEUV fallen sollen produkt- und warenbezogene Gebühren oder Beiträge: *Stumpf* in Schwarze, Art. 93 EG, Rn. 11 f.; *Seiler* in Grabitz/Hilf/Nettesheim, Art. 113 AEUV, Rn. 25 m.w.N.; a.A.: *Eilers/Bahns/Sedlaczek* in von der Groeben/Schwarze, Art. 93 EG, Rn. 15.

173 Dazu auch das Protokoll Nr. 27 über den Binnenmarkt und den Wettbewerb, nach dem die Vertragsparteien übereingekommen sind, dass „der Binnenmarkt, wie er in Artikel 3 des Vertrags über die Europäische Union beschrieben wird, ein System umfasst, das den Wettbewerb vor Verfälschungen schützt".

Angleichung kann mitunter wesentlich in die Autonomie der Mitgliedstaaten in den Bereichen Steuergesetzgebung und Finanzhoheit eingreifen.[174]

Die Notwendigkeit der steuerlichen Harmonisierung zum Erreichen des Binnenmarkts und der Vermeidung von Wettbewerbsverzerrungen sollte zum einen in einem steuerlichen Sachzusammenhang gesehen werden, da die Erhebung von indirekten Steuern und die Höhe der jeweiligen Steuersätze erheblichen Einfluss auf die Geschäftstätigkeiten der Wirtschaftsteilnehmer besitzen, und zum anderen im Zusammenhang mit Art. 116 AEUV betrachtet werden, der im Sachzusammenhang mit der Beseitigung bestehender Wettbewerbsverzerrungen, jedoch in Kapitel 3 (Angleichung von Rechtsvorschriften) des Vertrags steht. Unterschiedliche indirekte Steuern und Steuersätze bilden einen Ansatz für Wettbewerbsverzerrungen, der zur Verlagerung von Wirtschaftszweigen oder der Errichtung von Geschäftstätigkeiten in Mitgliedstaaten und damit zu einer „Steuerwettbewerb" zwischen den Mitgliedstaaten führen kann, der nicht im Sinne eines Binnenmarkts steht.[175] Art. 113 AEUV dürfte daher insbesondere der Vermeidung eines solchen Steuerwettbewerbs dienen und zwar innerhalb der steuerlichen Vorschriften des Kapitels 2 des Vertrags als korrespondierende Norm zu Art. 116 AEUV und Art. 117 AEUV.[176] Neben der voranstehenden Argumentation stellt die Notwendigkeit der Rechtsangleichung nach Art. 113 AEUV für die „Errichtung und das Funktionieren des Binnenmarkts und zur Vermeidung von Wettbewerbsverzerrungen" auch nach der überwiegend im Schrifttum vertretenen Auffassung eine sprachliche Verschärfung dar und kein zusätzliches tatbestandlich zu erfüllendes Erfordernis.[177] Das Ideal einer vollständig wettbewerbsneutralen Abgabe existiert nicht, da jede Abgabe Wirtschaftssubjekten Kapital abzieht und damit deren Wirtschaftsmacht und Wettbewerbsstellung beeinträchtigt.[178] Somit ist im Rahmen der Vermeidung von

174 *Laule*, Die Harmonisierung des europäischen Steuerrechts, Internationales Steuerrecht 2001, S. 297, 298; *Ohler*, Die fiskalische Integration in der Europäischen Gemeinschaft, S. 173; *Wehrheim/Marquardt*, Die Vorschläge der Europäischen Kommission zur Unternehmensbesteuerung im Binnenmarkt - Ein Überblick, Internationales Steuerrecht 2003, S. 14, 15.

175 *Genschel*, Steuerwettbewerb und Steuerharmonisierung in der Europäischen Union, S. 116; *Europäische Kommission*, Ein Binnenmarkt ohne steuerliche Hindernisse (KOM (2001) 582 endg.) und der Bericht der Kommissionsdienststellen über die Unternehmensbesteuerung im Binnenmarkt (SEK (2001) 1681 endg.).

176 *Laule*, Die Harmonisierung des europäischen Steuerrechts, Internationales Steuerrecht 2001, S. 297, 298; *Förster* in Bleckmann, Europarecht, S. 717, 719. Zu den Grenzen und Schranken eines allgemeinen Verbots von Wettbewerbsverfälschungen im EG-Vertrag: *Bleckmann*, Das Verbot der Wettbewerbsverfälschung im EWG-Vertrag, S. 271–286 in Lessmann (Hrsg.), FS-Lukes.

177 *Khan* in Geiger/Khan/Kotzur, Art. 113 AEUV, Rn. 2 f; *Kamann* in Streinz, EUV/AEUV, Art. 113 AEUV, Rn. 8 f. m.w.N.; *Waldhoff/Kahl* in Calliess/Ruffert, Art. 1133 AEUV, Rn. 7 m.w.N.

178 *Beiser*, Das Leistungsfähigkeitsprinzip im Lichte des Gemeinschaftsrechts, StuW 2005, S. 295, 296.

Wettbewerbsverzerrung zu untersuchen, ob die Devisentransaktionssteuer eine unverhältnismäßig diskriminierende Wettbewerbsverzerrung verursacht oder ob sie eine nach sachlichen Maßstäben gerechtfertigte Belastung von Wirtschaft und Wettbewerb auslöst.[179] Die Notwendigkeit der Harmonisierung für den Binnenmarkt und die Vermeidung von Wettbewerbsverzerrungen wird damit durch die Beachtung der europäischen Grundfreiheiten, der Wettbewerbsgleichheit – unter anderem durch die Beachtung der Diskriminierungsverbote – und insbesondere im Rahmen des Grundsatzes der Verhältnismäßigkeit erfasst.[180] Im Zusammenhang mit den europäischen Grundfreiheiten erfolgen Untersuchungen in dem Abschnitt „*§ 1 Die europäischen Grundfreiheiten*“ auf Seite 184 dieser Arbeit und im Zusammenhang mit dem Grundsatz der Verhältnismäßigkeit erfolgen Untersuchungen in dem Abschnitt „*B. Der Verhältnismäßigkeitsgrundsatz*“ auf Seite 241 dieser Arbeit.

II. Neuschöpfung im Rahmen der Harmonisierung

Zu untersuchen ist, ob im Rahmen der Rechtsangleichung nach Art. 113 AEUV Rechtsnormen neu implementiert werden können oder lediglich bereits innerhalb der Europäischen Union existierende Normen harmonisiert werden können. Mitgliedstaaten der Europäischen Union sind gemäß Art. 135 Abs. 1 lit. e MWStSystRL zwar dazu aufgefordert, „Umsätze – einschließlich der Vermittlung –, die sich auf Devisen, Banknoten und Münzen beziehen, die gesetzliches Zahlungsmittel sind“ von der Steuer zu befreien, jedoch sind die Mitgliedstaaten in der Gestaltung ihres Steuersystems weitgehend autonom. So haben Belgien und Frankreich bereits auf nationaler Ebene ein Gesetz über eine Steuer auf De-

179 *Klein*, Der Einfluß des Europarechts auf das deutsche Steuerrecht in Lehner (Hrsg.), Steuerrecht im Europäischen Binnenmarkt, S. 7, 23; *Waldhoff/Kahl* in Calliess/Ruffert, Art. 113 AEUV, Rn. 7 m.w.N.

180 *Wolffgang* in Lenz/Borchardt, Art. 113 AEUV, Rn. 3; *Nicolaysen*, Europarecht II - Das Wirtschaftsrecht im Binnenmarkt, § 34 III 1, S. 310; *Laule*, Die Harmonisierung des europäischen Steuerrechts in Internationales Steuerrecht 2001, S. 297, 298; Weißbuch der Kommission zur Vollendung des Binnenmarkts, (85) 310 endg.; *VerLoren van Themaat*, Die Aufgabenverteilung zwischen dem Gesetzgeber und dem Europäischen Gerichtshof bei der Gestaltung der Wirtschaftsverfassung und der Europäischen Gemeinschaften, S. 425–444, 425 m.w.N. in Mestmäcker (Hrsg.), Eine Ordnungspolitik für Europa; EuGH, Rs. 15/81, *Gaston Schul*, Slg. 1982, 1409, Rn. 33; Schlussanträge *Generalanwalt Tesauro* vom 13. März 1991, Rs. C–300/89, *Titandioxid*, Slg. 1991, I–2867, Rn. 10.

visentransaktionen erlassen, das jedoch nur dann in Kraft treten soll, wenn eine Devisentransaktionssteuer auf Ebene der Europäischen Union umgesetzt wird.[181]

Auch wenn noch kein Mitgliedstaat der Europäischen Union eine Devisentransaktionssteuer erlassen hat, die in der Praxis tatsächlich Anwendung findet, stellt sich die Frage, ob der Begriff der Harmonisierung im Sinne des Art. 113 AEUV eine bestehende Steuer in einem oder mehreren der Mitgliedstaaten voraussetzt, die tatsächlich bereits zu einem Steueraufkommen führt. Im Schrifttum wird die Auffassung vertreten, dass eine Rechtsangleichung nur dann erfolgen kann, wenn innerhalb des Gebiets der Europäischen Union bestehendes Recht durch einen Rechtsakt der Europäischen Union kompatibel gestaltet beziehungsweise harmonisiert wird. Dies wird damit begründet, dass Rechtsangleichung reaktiv sei und daher nur an bestehende Normunterschiede anknüpfen könne.[182] Nach einer weiteren im Schrifttum vertretenen Ansicht können auf Grundlage des Art. 113 AEUV auch unionsrechtliche Neuschöpfungen indirekter Steuern entstehen. Insbesondere sei eine präventive Rechtsangleichung möglich, die unterschiedliche Rechtsnormen zum Beispiel aufgrund eines nicht abgestimmten Verhaltens innerhalb der Europäischen Union prophylaktisch verhindern soll.[183] Für die erstgenannte Ansicht spricht hauptsächlich die Rechtssicherheit. Die Europäische Union kann demnach nur dann tätig werden, wenn ein Mitgliedstaat bereits über eine harmonisierungsbedürftige Steuer verfügt oder konkret plant. Diese Ansicht wird auch durch den Wortlaut der Norm unterstützt, der nach im Schrifttum vertretener Ansicht etwas Bestehendes zur Angleichung voraussetzt.[184] Diese Ansicht verkennt jedoch, dass der im Vertrag an

181 Entschließung des *Europäischen Parlaments* vom 10. März 2010 zu dem Thema „Steuern auf Finanzgeschäfte – praktische Umsetzung", P7-TA-2010-0056, Erwägungsgrund H und Entschließung unter Ziffer 2; *Europäisches Parlament*, Entschließung des Europäischen Parlaments vom 25. März 2010 zu den Auswirkungen der weltweiten Finanz- und Wirtschaftskrise auf die Entwicklungsländer und auf die Entwicklungszusammenarbeit, 2009/2150(INI), Ziffer 30 und 31.

182 *Steindorff*, Grenzen der EG-Kompetenzen, Heidelberg 1990, S. 98. Siehe auch: *Klein*, Der Einfluß des Europarechts auf das deutsche Steuerrecht in Lehner (Hrsg.), Steuerrecht im Europäischen Binnenmarkt, S. 7, 26; *Mick*, Die Steuerkonzeption der Europäischen Union, S. 65 ff.

183 *Ehlermann*, The Internal Market Following the Single European Act in CMLR 24 (1987), S. 361, 385; *Eilers/Bahns/Sedlaczek* in von der Groeben/Schwarze, Art. 93 EG, Rn. 20; *Laule*, Die Harmonisierung des europäischen Steuerrechts, Internationales Steuerrecht 2001, S. 297, 299; *Müller-Graff*, Die Rechtsangleichung zur Verwirklichung des Binnenmarkts in Europarecht 1989, S. 107, 129; *Ohler*, Die fiskalische Integration in der Europäischen Gemeinschaft, S. 195 ff.; *Sedemund*, Wettbewerbsneutralität als Verfassungsgebot bei der Steuerharmonisierung für alkoholische Getränke in EuZW 1991, S. 658, 659; offengelassen bei: *Waldhoff/Kahl* in Calliess/Ruffert, Art. 113 AEUV, Rn. 7.

184 Harmonisieren bedeutet, etwas nach einer Vorlage in Einklang zu bringen (*Duden*, Das große Fremdwörterbuch - Herkunft und Bedeutung, Stichwort „Harmonisierung" und „harmonistisch").

mehreren Stellen verwendete Harmonisierungsbegriff auf die jeweilige Zielrichtung der Kompetenzen des Unionsgesetzgebers im jeweiligen besonderen Vertragskontext hinweist. So steht Art. 113 AEUV bei systematischer Betrachtung unter Titel VII des Vertrags über die Arbeitsweise der Europäischen Union in Kapitel 2 (Steuerliche Vorschriften). Demgegenüber befinden sich die Regelungen zur „Angleichung von Rechtsvorschriften" unter Kapitel 3 des Titels VII. Damit trennt die systematische Aufteilung des Vertrags über die Arbeitsweise der Europäischen Union Art. 113 AEUV als steuerliche Vorschrift von den Rechtsangleichungsvorschriften der Art. 114 bis 118 AEUV, obwohl Art. 113 AEUV inhaltlich zu den Rechtsangleichungsvorschriften zählt. Somit muss aus der systematischen Vertragsauslegung die Kompetenz der Europäischen Union abgeleitet werden, auf der Grundlage des Art. 113 AEUV auch völlig neue und in den Mitgliedstaaten bislang unbekannte Steuernormen zu harmonisieren.[185]

III. Grenzen der Steuerharmonisierung

Grenzen der Harmonisierung indirekter Steuern werden insbesondere durch allgemeine unionsrechtliche Vorgaben bestimmt. Zu diesen unionsrechtlichen Vorgaben zählen Diskriminierungsverbote, unionsrechtliche Grundrechte, das Subsidiaritätsprinzip nach Art. 5 Abs. 3 EUV und der Grundsatz der Verhältnismäßigkeit nach Art. 5 Abs. 4 EUV. Die Untersuchung der Diskriminierungsverbote erfolgt im Rahmen der europäischen Grundfreiheiten in dem Abschnitt „*§ 1 Die europäischen Grundfreiheiten*" auf Seite 184 dieser Arbeit, das Subsidiaritätsprinzip wird in dem Abschnitt „*A. Das Subsidiaritätsprinzip*" auf Seite 237 dieser Arbeit untersucht und im Zusammenhang mit dem Grundsatz der Verhältnismäßigkeit erfolgen Untersuchungen in dem Abschnitt „*B. Der Verhältnismäßigkeitsgrundsatz*" auf Seite 241 dieser Arbeit.

IV. Formen und Verfahren der Harmonisierung

Als Handlungsformen zur Harmonisierung indirekter Steuern nach Art. 113 AEUV kommen grundsätzlich alle in Art. 288 AEUV katalogartig aufgeführten Rechtsakte der Europäischen Union in Betracht. Der Begriff „Bestimmungen" in Art. 113 AEUV wird im Schrifttum im Hinblick auf die Wahl der Rechtsakte neutral angesehen.[186] Die Auswahl der Rechtsakte der Europäischen Union für

---

185 *Eilers/Bahns/Sedlaczek* in von der Groeben/Schwarze, Art. 93 EG, Rn. 99; *Schröer*, Aktuelle Probleme der Einführung einer gemeinschaftlichen Klimasteuer in RIW 1993, 914, 916.

186 *Sedemund*, Wettbewerbsneutralität als Verfassungsgebot bei der Steuerharmonisierung für alkoholische Getränke in EuZW 1991, S. 658, 659; *Waldhoff/Kahl* in Calliess/Ruffert, Art. 113 AEUV, Rn. 5; *Wolffgang* in Lenz/Borchardt, Art. 113 AEUV, Rn. 6. Einschränkungen erfährt dieser Grundsatz durch das Verhältnismäßigkeitsprinzip: *Wolffgang* in Lenz/Borchardt, Art. 113 AEUV, Rn. 10. Siehe dazu auch die Ausführungen in dem Abschnitt „*B. Der Verhältnismäßigkeitsgrundsatz*" auf Seite 243 dieser Arbeit.

steuerliche Harmonisierungsmaßnahmen lässt sich auf Verordnungen und Richtlinien eingrenzen. Denn nach den oben angeführten Untersuchungen stellen Beschlüsse im Sinne des Art. 288 AEUV für Rechtsetzungsmaßnahmen auf dem Gebiet des Steuerrechts keine geeignete Handlungsform dar, da sie gemäß Art. 249 Abs. 4 EG lediglich auf Regelungen im Einzelfall abstellen. Ebenso werden Empfehlungen und Stellungnahmen für Normen des Steuerrechts ungeeignet sein, da sie gemäß Art. 288 Abs. 5 AEUV keine rechtliche Bindungswirkung entfalten.[187]

Verfahrenstechnisch erfordert der Erlass von Beschlüssen gemäß Art. 113 AEUV die Durchführung des besonderen Rechtsetzungsverfahrens nach Art. 289 Abs. 2 EAUV, das die einstimmige Beschlussfassung nach Anhörung des Europäischen Parlaments und des Wirtschafts- und Sozialausschusses vorsieht. Das in Art. 289 Abs. 2 EAUV berücksichtigte Einstimmigkeitsprinzip bezweckt, das obgleich einer Rechtsetzungskompetenz durch die Europäische Union dennoch die Souveränität der Mitgliedstaaten im finanz- und steuerpolitischen Bereich weitgehend gewährleistet ist.[188]

V. Verhältnis zu weiteren Kompetenzgrundlagen

Art. 113 AEUV stellt im Bereich der indirekten Steuern eine eigenständige Rechtsgrundlage für die Harmonisierung von Steuerrechtsnormen dar.[189] Dabei ist Art. 113 AEUV als Kompetenznorm über die Rechtsangleichung indirekter Steuern grundsätzlich von den weiteren steuerrechtlichen Normen der Art. 114 ff. EAUV sowie anderen Kompetenzen der Rechtsetzung durch Organe der Europäischen Union abzugrenzen und das Konkurrenzverhältnis zu anderen Rechtsetzungsnormen zu klären.

---

187 Verordnungen sind nach Art. 288 Abs. 2 AEUV allen ihren Teilen verbindlich und gelten unmittelbar in jedem Mitgliedstaat. Richtlinien sind nach Art. 288 Abs. 3 AEUV für jeden Mitgliedstaat, an den sie gerichtet werden, hinsichtlich des zu erreichenden Ziels verbindlich, überlassen jedoch den innerstaatlichen Stellen die Wahl der Form und der Mittel.

188 *Waldhoff/Kahl* in Calliess/Ruffert, Art. 113 AEUV, Rn. 6; *Khan* in Geiger/Khan/Kotzur, Art. 113 AEUV, Rn. 6.

189 *Stumpf* in Schwarze, Art. 93 EG, Rn. 5 und 8; *Wolffgang* in Lenz/Borchardt, Art. 113 AEUV, Rn. 4.

1. Allgemeines

Die Wahl der Rechtsgrundlage, auf die der Erlass eines Rechtsakts durch die Europäische Union gestützt wird, muss sich nach Ansicht des EuGH[190] und des Schrifttums[191] grundsätzlich „auf objektive, gerichtlich nachprüfbare Umstände" beziehen, wozu insbesondere „Ziel und Inhalt des Rechtsakts gehören"[192]. Im Zusammenhang mit der Überprüfung der Wahl der Rechtsgrundlage sieht die Geschäftsordnung des Europäischen Parlaments[193] (nachfolgend werden diese Geschäftsordnung und Normen dieser Geschäftsordnung mit „GO-EP" bezeichnet) vor, dass der zuständige Ausschuss des Europäischen Parlaments jeden Legislativvorschlag prüft (Art. 35 GO-EP). Bei der Prüfung des Legislativvorschlags achtet der Ausschuss des Europäischen Parlaments insbesondere auf die Wahrung der Grundrechte, die Übereinstimmung des Rechtsakts mit der Charta der Grundrechte der Europäischen Union und auf die Einhaltung der Grundsätze der Subsidiarität und der Verhältnismäßigkeit sowie der Rechtsstaatlichkeit (Art. 34 GO-EP).

Im Zusammenhang mit der Wahl der zutreffenden Rechtsgrundlage für die Devisentransaktionssteuer ist im Folgenden zunächst zu bestimmen, ob die Einführung der Devisentransaktionssteuer ausschließlich auf eine Kompetenznorm gestützt werden kann oder ob weitere Kompetenznormen herangezogen werden können. Nach der Rechtsprechung des EuGH genügt grundsätzlich die Heran-

---

190 EuGH, verb. Rs. C–164/97 und C–165/97, *Parlament/Rat*, Slg. 1999, I–1139, Rn. 12; EuGH, Rs. C–155/91, *Kommission/Rat*, Slg. 1993, I–939, Rn. 7; EuGH, Rs. C–42/97, *Parlament/Rat*, Slg. 1999, I- 869, Rn. 36; verb. Rs. C–453/03, C–11/04, C–12/04 und C–194/04, *ABNA*, Slg. 2005, I–10423, Rn. 54; Rs. C–533/03, *Kommission/Rat*, Slg. 2006, I–1025, Rn. 43; EuGH, Rs. C–411/06, *Kommission/Europäisches Parlament und Rat der Europäischen Union*, Slg. 2009, I-7585, Rn. 34 m.w.N.; EuGH, Rs. C–155/07, *Europäisches Parlament/Rat der Europäischen Union*, Slg. 2008, I–8103, Rn. 34 m.w.N.

191 *Breier* in Lenz/Borchardt, Art. 192 AEUV, Rn. 19 ff.; *Kahl* in Calliess/Ruffert, Art. 114 AEUV, Rn. 83 m.w.N.; *Rüffler*, Kontinuität oder Kehrtwende im Streit um die gemeinschaftsrechtlichen Umweltschutzkompetenzen in Jura 1994, 635, 640 und 642.

192 EuGH, Rs. C-269/97, *Kommission/Rat*, Slg. 2000, I-2257, Rn. 43; EuGH, Rs. C-110/03, *Belgien/Kommission*, Slg. 2005, I-2801, Rn. 78; EuGH, Rs. C-176/03, *Kommission/Rat*, Slg. 2005, I-7879, Rn. 45; EuGH, Rs. C-94/03, *Kommission/Rat*, Slg. 2006, I-1, Rn. 34; EuGH, Rs. C-301/06, *Irland/Parlament und Rat*, Slg. 2009, I-593, Rn. 60; *Kahl* in Calliess/Ruffert, Art. 114 AEUV, Rn. 83 m.w.N.

193 ABlEU Nr. L 44 vom 15. Februar 2005.

ziehung einer einzigen Kompetenznorm.[194] Sofern jedoch weitere Kompetenznormen anwendbar sind, ist die legislative Begründung des Rechtsakts auf einer einzigen Rechtsnorm ungenügend.[195] Ein Rechtsetzungsverfahren ist bei mehreren möglichen Kompetenznormen grundsätzlich auf sämtliche der anwendbaren Kompetenznormen zu stützen.[196]

2. *Konkurrenzen*

a. *Spezialitäts- und Subsidiaritätsregeln*

Kann ein Rechtsakt bei der Auswahl der Rechtsgrundlage grundsätzlich auf mehrere Kompetenznormen gestützt werden, sind zunächst Spezialitäts- und Subsidiaritätsprinzipien zu beachten.[197] So ist zum Beispiel unter Beachtung des Spezialitätsprinzips Art. 352 Abs. 1 Satz 1 AEUV als Grundlage für einen Rechtsakt nur dann möglich, wenn den Organen der Europäischen Union keine andere Kompetenznorm zum Erlass des Rechtsakts zur Verfügung steht.[198] Möglich ist auch, dass spezielle Kompetenznormen aufgrund ihrer Spezialität allgemeine Rechtsangleichungskompetenzen verdrängen, wie der EuGH zum

---

194 EuGH, Rs. 70/88, *Parlament/Rat*, Slg. 1991, I–4529, Rn. 17; EuGH, Rs. C–271/94, *Parlament/Rat*, Slg. 1996, I–1689, Rn. 32 f.; EuGH, verb. Rs. C–164/97 und C–165/97, *Parlament/Rat*, Slg. 1999, I–1139, Rn. 14; EuGH, Rs. C-269/97, *Kommission/Rat*, Slg. 2000, I-2257, Rn. 43; EuGH, Rs. C-110/03, *Belgien/Kommission*, Slg. 2005, I-2801, Rn. 78; EuGH, Rs. C-176/03, *Kommission/Rat*, Slg. 2005, I-7879, Rn. 45; EuGH, Rs. C-94/03, *Kommission/Rat*, Slg. 2006, I-1, Rn. 34; EuGH, Rs. C-301/06, *Irland/Parlament und Rat*, Slg. 2009, I-593, Rn. 60.

195 EuGH, Rs. 242/87, *Kommission/Rat*, Slg. 1989, 1425, Rn. 33 ff.; EuGH, Rs. C–360/93, *Parlament/Rat*, Slg. 1996, I–1195, Rn. 30; EuGH, verb. Rs. C–164/97 und C–165/97, *Parlament/Rat*, Slg. 1999, I–1139, Rn. 14; EuGH, Rs. C–94/03, *Kommission/Rat*, Slg. 2006, I–1, Rn. 52; EuGH, Rs. C–178/03, *Kommission/Parlament und Rat*, Slg. 2006, I–107, Rn. 57; EuGH, Rs. C–155/07, *Parlament/Rat*, Slg. 2008, I–8103, Rn. 37.

196 *Waldhoff/Kahl* in Calliess/Ruffert, Art. 113 AEUV, Rn. 7 f. m.w.N.; EuGH, Rs. 165/87, *Kommision/Rat*, Slg. 1988, 5545, Rn. 11; EuGH, Rs. C–300/89, *Titandioxid*, Slg. 1991, I–2867, Rn. 11; EuGH, verb. Rs. C–164/97 und C–165/97, *Parlament/Rat*, Slg. 1999, I–1139, Rn. 14; EuGH, Rs. C–336/00, *Huber*, Slg. 2002, I–7699, Rn. 31; EuGH, Rs. C–94/03, *Rotterdamer Übereinkommen*, Slg. 2006, I–1, Rn. 34 ff.; EuGH, Rs. C–155/07, *Parlament/Rat*, Slg. 2008, I–8103, Rn. 36 m.w.N.

197 *Kahl* in Calliess/Ruffert, Art. 114 AEUV, Rn. 81 ff. m.w.N.; *Vöneky/Beylage-Haarmann* in Grabitz/Hilf/Nettesheim, Art. 216 AEUV, Rn. 19 m.w.N.

198 *Kahl* in Calliess/Ruffert, Art. 114 AEUV, Rn. 94; EuGH, Rs. 45/86, *Kommission/Rat*, Slg. 1987, 1493; EuGH, Rs. 242/87, *Kommission/Rat*, Slg. 1989, 1425, Rn. 6; EuGH, Rs. 350/92, *Spanien/Rat*, Slg. 1995, I–1985, Rn. 40; EuGH, Rs. C–268/94, *Portugal/Rat*, Slg. 1996, I–6177, Rn. 21; EuGH, Rs. C–22/96, *Parlament/Rat*, Slg. 1998, I–3231, Rn. 22; EuGH, Rs. C–166/07, *Parlament/Rat*, Slg. 2009, I-7135.

Beispiel in ständiger Rechtsprechung zu Art. 43 AEUV (ex-Art. 37 EG) gegenüber der allgemeinen Norm des Art. 115 AEUV (ex-Art. 94 EG) feststellt.[199]

Rechtsetzungsakte, die neben Art. 113 AEUV auch auf weitere Rechtsgrundlagen gestützt werden können, stehen zudem dem Vorbehalt des Subsidiaritätsprinzips entgegen, wenn das durch den Rechtsakt der Europäischen Union zu erreichende Ziel nicht ebenso gut durch ein Vorgehen der einzelnen Mitgliedstaaten erreicht werden kann.[200] Der Vorbehalt des Subsidiaritätsprinzips steht der Einführung der Devisentransaktionssteuer nicht entgegen, da ein Alleingang von Mitgliedstaaten aus ökonomischen und insbesondere aus Überlegungen der steuerlichen Konkurrenz der Mitgliedstaaten[201] politisch und ökonomisch nicht sinnvoll ist.[202]

b. *Verfahrensrechtlicher Ansatz*

Zu untersuchen ist, ob das Spezialitätsprinzip einem Rechtsetzungsakt auf Grundlage des Art. 113 AEUV entgegensteht. Unter der Annahme, dass mehrerer Kompetenznormen existieren, auf deren Grundlage ein Organ der Europäischen Union einen Rechtsakt erlassen kann, ohne dass eine der Kompetenznormen aufgrund einer Subsidiaritätsregel zurücktritt, kann ein verfahrensrechtlicher Ansatz die Wahl der richtigen Grundlage für den Rechtsakt klären.

Nach der Rechtsprechung des EuGH ist die gleichzeitige Anwendbarkeit von Rechtsnormen im Zusammenhang mit einem Rechtsetzungsverfahren grundsätzlich dann ausgeschlossen, wenn die im Rahmen der Rechtsgrundlagen vorgesehenen legislativen Verfahren nicht miteinander vereinbar sind.[203] Der EuGH war in der Rechtssache *Titandioxid*[204] mit einer Richtlinie befasst, die auf Grundlage

---

199 EuGH, Rs. 68/86, *Vereinigtes Königreich/Rat*, Slg. 1988, 855, Rn. 14; EuGH, Rs. 131/86, *Großbritannien/Rat*, Slg. 1988, 905, Rn. 19 f.; EuGH, Rs. C–131/87, *Kommission/Rat*, Slg. 1989, 3743, Rn. 10, EuGH, Rs. C–331/88, *Fedesa*, Slg. 1990, I–4023, Rn. 23; *Fischer* in Lenz/Borchardt, Art. 115 AEUV, Rn. 1 m.w.N.

200 *Schröer*, Aktuelle Probleme der Einführung einer gemeinschaftlichen Klimasteuer in RIW 1993, 914, 917.

201 Dazu insbesondere auch die Ausführungen in dem Abschnitt „*2. Binnenmarkt und Wettbewerbsverzerrungen*“ auf Seite 155 in dieser Arbeit.

202 Dazu kann auch die Einführung einer CO2-/Energiesteuer vergleichend herangezogen werden: Eine spürbare Reduzierung beziehungsweise Stabilisierung der CO2-Emissionen innerhalb des Gebiets der Europäischen Union ist durch eine isolierte Einführung einer derartigen Steuer durch einen oder mehrer Mitgliedstaaten nicht sinnvoll (*Schröer*, Aktuelle Probleme der Einführung einer gemeinschaftlichen Klimasteuer in RIW 1993, 914, 917).

203 EuGH, Rs. C-138/79, *SA Roquette Frères/Rat*, Slg. 1980, 3333, Rn. 33; EuGH, Rs. C–300/89, *Titandioxid*, Slg. 1991, I–2867, Rn. 17 ff.; EuGH; Rs. C-65/93, *Parlament/Rat*, Slg. 1995, I-643, Rn. 21; EuGH, verb. Rs. C–164/97 und C–165/97, *Parlament/Rat*, Slg. 1999, I–1139, Rn. 14; EuGH, Rs. C–155/07, *Parlament/Rat*, Slg. 2008, I–8103, Rn. 78; *Wolffgang* in Lenz/Borchardt, Art. 113 AEUV, Rn. 5; *Booß* in Grabitz/Hilf, Art. 203 AEUV, Rn. 108.

204 EuGH, Rs. C–300/89, *Titandioxid*, Slg. 1991, I–2867.

von zwei Kompetenznormen des EWG-Vertrags erlassen wurde. Beide Kompetenznormen setzten unterschiedliche Verfahren und insbesondere eine unterschiedliche Beteiligung des Europäischen Parlaments voraus: Eine der Rechtsgrundlagen schrieb die Anwendung eines Verfahrens der Zusammenarbeit vor, bei der der Rat mit qualifizierter Mehrheit entscheidet, wenn er die vom Europäischen Parlament formulierten und von der Kommission in ihrem überprüften Vorschlag übernommenen Abänderungen seines gemeinsamen Standpunkts akzeptieren will. Die andere der beiden Rechtsgrundlagen schrieb eine einstimmige Beschlussfassung innerhalb des Rates nach einer Anhörung des Europäischen Parlaments vor. Der EuGH urteilte, dass das Verfahren der Zusammenarbeit durch einen Rückgriff auf mehrere Rechtsgrundlagen ausgehöhlt werde und der Rat in diesem Fall auf jeden Fall einstimmig entscheiden müsse.[205] Das mit dem Verfahren der Zusammenarbeit verfolgte Ziel, die Beteiligung des Europäischen Parlaments am Gesetzgebungsverfahren zu stärken, wäre damit infrage gestellt. Die Beteiligung des Europäischen Parlaments, durch das die Mitgliedstaaten an der Ausübung der hoheitlichen Gewalt beteiligt sind, spiegelt nach Auffassung des EuGH ein „grundlegendes demokratisches Prinzip" wider, das nicht durch verfahrensrechtliche Besonderheiten der Rechtsetzung unberücksichtigt bleiben darf.[206] Sollten als mögliche Rechtsgrundlage dienende Normen unterschiedliche Beteiligungsrechte im Zusammenhang mit einem Gesetzgebungsverfahren vorsehen, müsste diejenige Norm, die eine demokratisch legitimierte Vertretung der Bürger der Mitgliedstaaten stärker beteiligt, als Rechtsgrundlage herangezogen werden. Denn die Beachtung dieses verfahrensrechtlichen Ansatzes hat zur Folge, dass etwa Art. 192 AEUV gegenüber Normen zurücktritt, die ein Gesetzgebungsverfahren unter Beteiligung des Europäischen Parlaments vorsehen, wie zum Beispiel Art. 114 AEUV.[207]

Im Fall der Einführung einer Devisentransaktionssteuer ist der Hauptzweck der Harmonisierung, die vollständige Besteuerung von Devisentransaktionen in den Mitgliedstaaten der Europäischen Union sicherzustellen. Dabei wirkt sie sich – wie unter der ökonomischen Betrachtung und Beschreibung ihrer Wirkungsweise dargestellt – wesentlich auf die Wettbewerbs- und Handelsbedingungen aus. Dadurch kann dieser Sachverhalt mit der Richtlinie 89/428/EWG[208] verglichen werden, die Gegenstand der Rechtssache *Titandioxid* war und die darauf gerichtet ist, die nationalen Rechtsvorschriften über die Produktionsbedingungen in einem bestimmten Industriesektor mit dem Ziel der Beseitigung der Wettbewerbsverzerrungen in diesem Sektor anzugleichen. Somit müsste der Rechtsetzungsakt für eine Devisentransaktionssteuer grundsätzlich auf mehrere

205 EuGH, Rs. C–300/89, *Titandioxid*, Slg. 1991, I–2867, Rn. 19.

206 EuGH, Rs. 138/79, *Roquette Frères/Rat*, Slg. 1980, 3333, Rn. 33 f.; EuGH, Rs. C–300/89, *Titandioxid*, Slg. 1991, I–2867, Rn. 20.

207 EuGH, Rs. C–300/89, *Titandioxid*, Slg. 1991, I–2867, Rn. 23.

208 Richtlinie 89/428/EWG des Rates vom 21. Juni 1989 über die Modalitäten zur Vereinheitlichung der Programme zur Verringerung und späteren Unterbindung der Verschmutzung durch Abfälle der Titandioxid-Industrie, ABlEG Nr. L 201, S. 56.

Grundlagen gestützt werden, soweit diese verfahrensrechtlich die Anforderungen in Bezug auf gleiche Mitbestimmungsvoraussetzungen erfüllen. Zusammenfassend ist daher festzustellen, dass aus einem verfahrensrechtlichen Betrachtungsansatz neben Art. 113 AEUV zusätzlich nur solche Normen für einen Rechtsetzungsakt herangezogen werden dürfen, die ebenfalls das Einstimmigkeitsprinzip voraussetzen.

Das Heranziehen des verfahrensrechtlichen Ansatzes kann allerdings keine ausreichende Begründung für die Wahl der rechtlich korrekten Rechtsgrundlage sein. Zunächst wäre bei der Wahl einer von mehreren infrage kommenden Normen mit geringeren Anforderungen an das Verfahren als Grundlage eines Rechtsetzungsakts einer Aushöhlung des Einstimmigkeitsprinzips aus Art. 113 AEUV für indirekte Steuern und damit einer Beschneidung mitgliedstaatlicher Steuerhoheit durch Rechtsetzungsakte der Unionsorgane Tür und Tor geöffnet. Ferner kann die demokratische Legitimierung eines Rechtsaktes neben der Beteiligung des Europäischen Parlaments auch durch den mittelbar demokratisch legitimierten Rat geschehen. Anderenfalls wäre die Rechtsgrundlage zu wählen, die den Mitgliedstaaten die meisten Handlungsbefugnisse zukommen lässt. So ist das Demokratieprinzip nur innerhalb der Europäischen Union verbindlich, jedoch nicht im Verhältnis der Europäischen Union zu den Mitgliedstaaten. Als logische Folge könnte Rechtsetzungsakten, die verfahrensrechtlich keine Mitbestimmung des Europäischen Parlaments oder des Rats erfordern, ein Demokratiedefizit anhaften.[209] Vor diesem Hintergrund wird die voranstehend aufgeführte Auffassung, eine Harmonisierung indirekter Steuern bei Vorhandensein einer weiteren Rechtsgrundlage mit geringeren Anforderungen an das Abstimmungsverfahren auf diese Norm zu stützen, im Schrifttum abgelehnt.[210] Auch der EuGH engt seine Rechtsprechung aus der Rechtssache *Titandioxid* ein, indem er bei der Wahl der Rechtsgrundlage auch analysiert, ob ein auf Grundlage des Art. 114 Abs. 1 AEUV (ex- Art. 95 Abs. 1 EG) zu erlassende Rechtsakt nur ne-

---

209 *Everling*, Abgrenzung der Rechtsangleichung zur Verwirklichung des Binnenmarkts nach Art. 100a EWGV durch den Gerichtshof, Europarecht 1991, 179, 181 m.w.N.; *Heselhaus*, Emanzipation der Umweltpolitik nach Art. 175 I EG-Vertrag (ex-Art. 130s I EGV) in NVwZ 1999, 1190, 1191 ff. m.w.N.; *Karpenstein*, Doppelte Rechtsgrundlagen im Gemeinschaftsrecht - ein spät ausgetragener Streit in Ress (Hrsg.), Rechtsprobleme der Rechtsangleichung, S. 55; *Trüe*, Das System der Rechtsetzungskompetenzen der Europäischen Gemeinschaft und der Europäischen Union, S. 517 ff. m.w.N.

210 *Bleckmann/Pieper* in Dauses (Hrsg.), Handbuch des EU-Wirtschaftsrechts, Rechtsquellen, B. I, Rn. 58; *Eilers/Bahns/Sedlaczek* in von der Groeben/Schwarze, Art. 93 EG, Rn. 100; *Epiney*, Gemeinschaftsrechtlicher Umweltschutz und Verwirklichung des Binnenmarktes – „Harmonisierung" auch der Rechtsgrundlagen in JZ 1992, S. 564, 568 f.; *Middeke*, Nationaler Umweltschutz im Binnenmarkt, S. 225 ff., 228; *Nettesheim*, Horizontale Kompetenzkonflikte in der EG in Europarecht 1993, S. 246, 256; *Scheuing*, Der Rechtsgrundlagenstreit vor dem Gerichtshof - Ein Plädoyer in FS-Börner, S. 377; *Vöneky/Beylage-Haarmann* in Grabitz/Hilf/Nettesheim, Art. 216 AEUV, Rn. 19 m.w.N.

benbei eine Harmonisierung der Marktbedingungen innerhalb der Europäischen Union bewirke, was eine Anwendung der verfahrensrechtlich demokratiefreundlicheren Norm nicht rechtfertige.[211]

c. Schwerpunktheorie

Sollte die Wahl der rechtlichen Grundlage für einen sekundären Rechtsakt nicht eindeutig einer von mehreren anwendbaren Rechtsgrundlagen zugeordnet werden können, sind objektive Kriterien heranzuziehen.[212] Zu objektiven Kriterien zählen insbesondere Ziel und Inhalt des Rechtsakts.[213] Zur Bestimmung von Ziel und Inhalt des Rechtsakts werden die Begründungserwägungen des Rechtsakts herangezogen.[214] Sofern die Prüfung der Begründungserwägungen des Sekundärrechtsakts ergibt, dass eine der mit dem Rechtsakt verfolgten Zielsetzungen hauptsächlich oder überwiegend verfolgt wird, während andere Zielsetzungen nur eine nebensächliche Bedeutung besitzen, ist der Sekundärrechtsakt nach der sogenannten Schwerpunkttheorie des EuGH lediglich auf die Rechtsgrundlage

---

211 EuGH, Rs. C–70/88, *Parlament/Rat*, Slg. 1991, I–4529, Rn. 17; EuGH, Rs. C–155/91, *Kommission/Rat*, Slg. 1993, I–939, Rn. 19; *Schröer*, Aktuelle Probleme der Einführung einer gemeinschaftlichen Klimasteuer in RIW 1993, 914, 918.

212 Zu dem Erfordernis objektiver Kriterien: EuGH, Rs. C–155/91, *Kommission/Rat*, Slg. 1993, I–939, Rn. 7; EuGH, Rs. C–42/97, *Parlament/Rat*, Slg. 1999, I- 869, Rn. 36; EuGH, verb. Rs. C–164/97 und C–165/97, *Parlament/Rat*, Slg. 1999, I–1139, Rn. 12; EuGH, Rs. C-269/97, *Kommission/Rat*, Slg. 2000, I-2257, Rn. 43; EuGH, Rs. C-110/03, *Belgien/Kommission*, Slg. 2005, I-2801, Rn. 78; EuGH, Rs. C-176/03, *Kommission/Rat*, Slg. 2005, I-7879, Rn. 45; EuGH, Rs. C-94/03, *Kommission/Rat*, Slg. 2006, I-1, Rn. 34; EuGH, Rs. C-301/06, *Irland/Parlament und Rat*, Slg. 2009, I-593, Rn. 60; EuGH, Rs. C–411/06, *Kommission/Parlament und Rat*, Slg. 2009, I-7585, Rn. 34 m.w.N.; *Nettesheim* in Grabitz/Hilf/Nettesheim, Art. 194 AEUV, Rn. 35 m.w.N.

213 EuGH, Rs. C–155/91, *Kommission/Rat*, Slg. 1993, I–939, Rn. 7; EuGH, Rs. C–42/97, *Parlament/Rat*, Slg. 1999, I- 869, Rn. 36; EuGH, verb. Rs. C–164/97 und C–165/97, *Parlament/Rat*, Slg. 1999, I–1139, Rn. 12; EuGH, Rs. C–411/06, *Kommission/Parlament und Rat*, Slg. 2009, I-7585, Rn. 34 m.w.N.

214 EuGH, Rs. C–239/01, *Bundesrepublik Deutschland/Kommission*, Slg. 2003, I–10333, Rn. 65 ff.; EuGH, Rs. C–94/05, *Emsland-Stärke/Landwirtschaftskammer Hannover*, Slg. 2006, I–2619, Rn. 35 ff.

zu stützen, mit der die Zielsetzung überwiegend verfolgt wird.[215] Auch die Schwerpunkttheorie des EUGH wird im Schrifttum kritisiert, da objektive Kriterien zum Erfassen des Schwerpunkts eines Rechtsakts im Rahmen der Begründungserwägungen nur schwer ohne subjektive Einflüsse bestimmbar ist.[216] Außerdem könnten die Begründungserwägungen eines legislativen Rechtsakts so ausgestaltet werden, dass Ziele und Inhalt auf eine bestimmte Rechtsnorm zugeschnitten sind, was Manipulationsmöglichkeiten eröffnet.[217]

d. Zwischenergebnis

Nach ständiger Rechtsprechung des EuGH sind Rechtsakte, die auf mehreren Ermächtigungsnormen gründen, nur dann möglich, wenn mit diesem Rechtsakt mehrere untrennbar miteinander verbundene und gleichrangige Ziele verfolgt werden.[218] Für die Implementierung der Devisentransaktionssteuer werden verschiedene Begründungen angeführt, die differenziert nach den verfolgten Zielen zu betrachten sind. So könnte die Lenkungswirkung als schwerpunktmäßig verfolgtes Ziel der Steuer betrachtet werden, wenn die Finanzierungswirkung der Devisentransaktionssteuer lediglich von untergeordneter Stellung sein soll. Zu beachten ist hierbei, dass bei Abstellen auf den Schwerpunkt der Lenkungswirkung das Unterbinden von volkswirtschaftlich unerwünschten Transaktionen auf dem Devisenmarkt das Ziel der Steuer darstellt. Bei einem Abstellen auf die

---

215 EuGH, Rs. C–70/88, *Radioaktive Kontamination von Lebensmitteln*, Slg. 1991, I–4529, Rn. 17; EuGH, Rs. C–155/91, *Abfallrichtlinie*, Slg. 1993, I–939, Rn. 20 f.; EuGH, Rs. C–187/93, *Verordnung über die Verbringung von Abfällen*, Slg. 1994, I–2857, Rn. 25 f.; EuGH, Rs. C–426/93, *Unternehmensregister*, Slg. 1995, I–3723, Rn. 28 ff.; EuGH, Rs. 36/98, *Spanien/Rat*, Slg. 2001, I–779, Rn. 59; EuGH, Rs. 211/01, *Kommission/Rat*, Slg. 2003, I–8913, Rn. 39; EuGH, Rs. C–338/01, *Kommission/Rat*, Slg. 2004, I–4829, Rn. 55; EuGH, Rs. C–155/07, *Parlament/Rat*, Slg. 2008, I–8103, Rn. 39 ff.; EuGH, Rs. C–411/06, *Kommission/Parlament und Rat*, Slg. 2009, I-7585, Rn. 35 m.w.N.; *Generalanwalt Jacobs* in: EuGH, Rs. C–187/93, *Verordnung über die Verbringung von Abfällen*, Slg. 1994, I–2857, Rn. 43 ff.; *Kahl* in Calliess/Ruffert, Art. 114 AEUV, Rn. 83; *Nettesheim* in Grabitz/Hilf/Nettesheim, Art. 194 AEUV, Rn. 35 m.w.N.

216 *Kahl* in Calliess/Ruffert, Art. 114 AEUV, Rn. 83; *Nettesheim*, Horizontale Kompetenzkonflikte in der EG in Europarecht 1993, S. 246, 257; *Nolte*, Die Kompetenzgrundlage der Europäischen Gemeinschaft zum Erlass eines weitreichenden Tabakwerbeverbots in NJW 2000, S. 1144, 1147 f.

217 So weist *Mückenhausen*, Die Harmonisierung der Abgaben auf den Straßengüterverkehr in der Europäischen Gemeinschaft in EuZW 1994, S. 519, 520 darauf hin, dass in der Begründungserwägung zum Erlass einer Straßenverkehrs-Richtlinie steht: „Die Mehrheit der Mitgliedstaaten bestand aber zusätzlich auf Art. 99 EG als Rechtsgrundlage, um für das Gesamtpaket der Richtlinie das Erfordernis der Einstimmigkeit herbeizuführen."

218 EuGH, Rs. C–336/00, *Huber*, Slg. 2002, I–7699, Rn. 31; EuGH, Rs. C–94/03, *Rotterdamer Übereinkommen*, Slg. 2006, I–1, Rn. 34 ff.; EuGH, Rs. C–155/07, *Parlament/Rat*, Slg. 2008, I–8103, Rn. 36 m.w.N.

Fiskalwirkung der Steuer liegt das mit der Devisentransaktionssteuer verfolgte Ziel in der Generierung von Steueraufkommen für die öffentliche Hand.[219]

Im Ergebnis stellt Art. 113 AEUV für indirekte Steuern eine besondere Regelung dar, da die steuerlichen Vorschriften des Vertrags über die Arbeitsweise der Europäischen Union insbesondere im Hinblick auf die Steuerautonomie der Mitgliedstaaten einen Kompromiss darstellen. So darf die Steuerautonomie der Mitgliedstaaten nur dann eingeschränkt werden, wenn dies für die Verwirklichung eines gemeinsamen Binnenmarkts erforderlich ist.[220] In einer Gesamtbetrachtung ist die kumulative Wahl mehrerer Rechtsetzungsnormen in Bezug auf die Einführung einer Devisentransaktionssteuer nur dann möglich, wenn sie bezüglich des jeweiligen Rechtsetzungsverfahrens vergleichbare Anforderungen stellt und das Einstimmigkeitsprinzip beachtet.

VI. Abgrenzung zu Art. 115 AEUV

Art. 113 AEUV ist zunächst von Art. 115 AEUV abzugrenzen. Nach Art. 115 AEUV kann der Rat die Maßnahmen zur Angleichung der Rechts- und Verwaltungsvorschriften der Mitgliedstaaten erlassen, die die Errichtung und das Funktionieren des Binnenmarkts zum Gegenstand haben. Art. 115 AEUV wird nach überwiegend im Schrifttum vertretener Ansicht im Bereich des Steuerrechts ausschließlich als Rechtsgrundlage zur Harmonisierung direkter Steuern angesehen.[221] Bei der Devisentransaktionssteuer handelt es sich, wie oben dargestellt, um eine indirekte Steuer. Danach ist ein Rechtsakt im Zusammenhang mit der Einführung der Devisentransaktionssteuer auf Grundlage des Art. 115 AEUV nicht möglich.

---

219 Bei den sogenannten Öko- und Energiesteuern steht der Lenkungszweck im Vordergrund des legislativen Bemühens: *Seiler*, Steuer- und Sozialrecht als Ort sozialpolitischer Gestaltung in Neue Zeitschrift für Sozialrecht 2007, S. 617, 620; *Jarass*, Die neuen Regelungen zur Biokraftstoffquote in Zeitschrift für Umweltrecht 2007, S. 518, 522.

220 *Bongartz/Schröer-Schallenberg*, Die Stromsteuer - Verstoß gegen Gemeinschaftsrecht und nationales Verfassungsrecht? in Deutsches Steuerrecht 1999, 962, 964; *Förster* in Bleckmann, Europarecht, Rn. 1444; *Schröer-Schallenberg* in *Birk*, Handbuch des Europäischen Steuer- und Abgabenrechts, § 16, Rn. 37 ff.; *Wolffgang* in Lenz/Borchardt, Art. 113 AEUV, Rn. 10.

221 *Kahl* in Calliess/Ruffert, Art. 115 AEUV, Rn. 12; *Eilers/Bahns/Sedlaczek* in von der Groeben/Schwarze, Art. 93 EG, Rn. 13; *Tietje* in Grabitz/Hilf/Nettesheim, Art. 115 AEUV, Rn. 1 m.w.N.; *Fischer* in Lenz/Borchardt, Art. 115 AEUV, Rn. 1, 3.

D. Maßnahmen für den Kapitalverkehr mit dritten Ländern gemäß Art. 64 Abs. 2 AEUV

Weiterhin ist zu untersuchen, ob Art. 64 Abs. 2 AEUV, der Maßnahmen für den Kapitalverkehr mit dritten Ländern betrifft, eine geeignete Grundlage für die Einführung der Devisentransaktionssteuer darstellt.

I. Allgemeines

Gemäß Art. 64 Abs. 2 AEUV kann der Rat „Maßnahmen für den Kapitalverkehr mit dritten Ländern im Zusammenhang mit Direktinvestitionen einschließlich Anlagen in Immobilien, mit der Niederlassung, der Erbringung von Finanzdienstleistungen oder der Zulassung von Wertpapieren zu den Kapitalmärkten" beschließen. Durch diese Norm wird es der Europäischen Union ermöglicht, den Kapitalverkehr mit Drittstaaten durch Rechtsakte zu beschränken, was jedoch nicht die Aussetzung oder die Ausschließung der Ausübung einer europarechtlich garantierten Grundfreiheit bedeuten darf.[222]

II. Anwendungsbereich

Zunächst ist der Anwendungsbereich des Art. 64 Abs. 2 AEUV zu untersuchen. Um eine Rechtsgrundlage für die Einführung einer Devisentransaktionssteuer darzustellen, müsste die Devisentransaktionssteuer eine Maßnahme für die Einschränkung des Kapitalverkehrs mit Drittstaaten darstellen. Begrifflich wird der Kapitalverkehr durch den Vertrag über die Arbeitsweise der Europäischen Union nicht näher bestimmt.[223] Auch in der Rechtsprechung der EuGH wird der Begriff des Kapitalverkehrs bislang nicht ausdrücklich und vollumfänglich definiert. Eine Konkretisierung des Kapitalverkehrs erfolgt über die bisher im Zusammenhang mit dem Kapitalverkehr ergangenen Richtlinien[224], maßgeblich

222 Schlussanträge *Generalanwalt Tesauro* vom 17. November 1994, verb. Rs. 358/93 und C–416/93, *Aldo Bordessa*, Slg. 1995, I–361, Rn. 19 m.w.N.; *Bröhmer* in Calliess/Ruffert, Art. 64 AEUV, Rn. 8 m.w.N.

223 *Bröhmer* in Calliess/Ruffert, Art. 63 AEUV, Rn. 8; *Seidel*, Rechtliche Grundlagen eines einheitlichen Kapitalmarkts der Europäischen Gemeinschaft, S. 575–589, 577 in Lessmann (Hrsg.), FS-Lukes.

224 Zu beachten ist in diesem Zusammenhang, „dass Richtlinien als Sekundärrecht nicht den Rechtsgehalt von Primärrecht determinieren oder gar derogieren können" (*Bröhmer* in Calliess/Ruffert, Art. 63 AEUV, Rn. 12 m.w.N.).

durch Anhang I der Richtlinie 88/361/EG[225] des Rates vom 24. Juni 1988 zur Durchführung von Artikel 67 des Vertrages („Kapitalverkehrsrichtlinie").[226]

Gemäß Art. 1 Abs. 1 Satz 2 der Kapitalverkehrsrichtlinie enthält Anhang I eine nicht abschließende Nomenklatur in Form einer Gliederung des Kapitalverkehrs, der beschränkungsfrei sein soll.[227] Die Nomenklatur umfasst dreizehn Hauptklassen: Direktinvestitionen, Immobilieninvestitionen, Geschäfte mit Wertpapieren, Geschäfte mit Anteilscheinen von Organismen für gemeinsame Anlagen (Investmentfonds), Geschäfte mit Geldmarktpapieren, Kontokorrent- und Termingeschäfte mit Finanzinstituten, Kreditgeschäfte im Zusammenhang mit Handelsgeschäften und Dienstleistungen, Darlehen und Finanzkredite, Kreditsicherheiten (Bürgschaften, andere Garantien und Pfandrechte), Transferzahlungen auf Versicherungsverträge, Kapitalverkehrsgeschäfte mit persönlichem Charakter, Ein- und Ausfuhr von Vermögenswerten, sonstiger Kapitalverkehr – insbesondere Punkt F (Verschiedenes) als Auffangtatbestand. Einzelne Hauptklassen werden anschließend erläutert. In Art. 1 enthielt die Kapitalverkehrsrichtlinie eine Verpflichtung der Mitgliedstaaten, die Beschränkungen des Kapitalverkehrs zwischen den Gebietsansässigen in den Mitgliedstaaten zu beseitigen.[228] Diese sekundärrechtliche Regelung findet sich im Primärrecht im Vertrag über die Arbeitsweise der Europäischen Union im Kapitel über die Kapital- und Zahlungsverkehrsfreiheit (Art. 63-66 AEUV).[229]

Art. 63 Abs. 1 AEUV verbietet den Mitgliedstaaten der Europäischen Union alle Beschränkungen des Kapitalverkehrs zwischen den Mitgliedstaaten sowie zwischen den Mitgliedstaaten und dritten Ländern im Rahmen der Bestimmungen der Art. 63-66 AEUV. Diese Norm legt damit primärrechtlich die grundsätzlich unbeschränkte Kapitalverkehrsfreiheit fest. Nach Art. 7 Abs. 1 Satz 1 der Kapitalverkehrsrichtlinie hatten sich Mitgliedstaaten vorbehaltlich der anderen Bestimmungen der Kapitalverkehrsrichtlinie zu bemühen, bei Verfahren, die im Zusammenhang mit dem Kapitalverkehr mit Drittländern angewandt werden,

---

225 4. Richtlinie des Rates zur Liberalisierung des Kapitalverkehrs, Nr. 88/361 vom 24. Juni 1988, ABlEG 1988 Nr. L 178/5.

226 Zur Maßgeblichkeit der in Anhand I aufgezählten Nomenklatur die ständige Rechtsprechung des EuGH: EuGH, Rs. C–222/97, *Trummer*, Slg. 1999, I–1661, Rn. 21; EuGH, Rs. C–513/03, *van Hilten-van der Heijden*, Slg. 2006, I–1957, Rn. 39; EuGH, Rs. C–194/06, *Orange European Smallcap Fund*, Slg. 2008, I–3747, Rn. 100; EuGH, Rs. C–43/07, *Arens-Sikken*, Slg. 2008, I–6887, Rn. 29. Zum Anwendungsbereich der Kapitalverkehrsfreiheit: *Glöckner*, Grundverkehrsbeschränkungen und Europarecht - Zugleich ein Beitrag zum Anwendungsbereich der Kapitalverkehrsfreiheit in Europarecht 2000, S. 592, 605 m.w.N.

227 Anhang I der Kapitalverkehrsrichtlinie weist ausdrücklich darauf hin, dass „keine erschöpfende Aufzählung zur Definition des Begriffes des Kapitalverkehrs" enthalten ist.

228 EuGH, verb. Rs. C–358/93 und C–416/93, *Bordessa*, Slg. 1995, I–361, Rn. 17.

229 *Molzahn*, Die normativen Verknüpfungen von Kapitalverkehrsfreiheit und Währungsunion im EG-Vertrag, S. 79 ff.

den gleichen Liberalisierungsgrad wie bei Transaktionen mit Gebietsansässigen der übrigen Mitgliedstaaten zu erreichen. Gemäß der Präambel und den Rubriken I, III, IV und V des Anhangs I der Kapitalverkehrsrichtlinie umfasst der Begriff des Kapitalverkehrs insbesondere Direktinvestitionen sowie den Handel mit Wertpapieren am Kapital- und Geldmarkt. Dabei umfasst der Erwerb von Wertpapieren und anderen Finanzinstrumenten nicht nur die Kassageschäfte, sondern alle zur Verfügung stehenden Geschäftsformen, wie beispielsweise Termin- oder Optionsgeschäfte. Tatsächlich erscheint es nicht möglich, die Devisentransaktion eindeutig einer der Rubriken des Anhangs I der Kapitalverkehrsrichtlinie zuzuordnen. Vielmehr stellt die Devisentransaktion eine notwendige Voraussetzung für die dort aufgezählten Beispiele von Kapitalverkehr dar.[230] Es könnte daher auf das mit einer Devisentransaktion verfolgte Ziel abzustellen sein. In der Rechtssache *Luisi und Carbone* beschrieb der EuGH den Kapitalverkehr als Gesamtheit von Finanzgeschäften, deren Inhalt in erster Linie die Anlage oder Investition des transferierten Betrages und nicht die Vergütung von Dienstleistungen darstellt.[231] Im Schrifttum wird aus dieser Begriffsbeschreibung interpretiert, dass der Kapitalverkehr vorrangig die Wertübertragung in Form von Sach- und Geldkapital erfasst und nachrangig die Vermögensanlage. Der Zahlungsverkehr erfasst nach dieser Interpretation regelmäßig die Übertragung von Zahlungsmitteln im Zusammenhang mit einem Vorgang des Waren- oder Dienstleistungsverkehrs.[232] Geeignetes Abgrenzungsmerkmal ist nach wohl überwiegend vertretener Ansicht der im Vordergrund stehende Kapitalbewegungs- oder Anlagezweck des Vorgangs.[233]

Im Fall einer Devisentransaktion ist eine derartig eindeutige Abgrenzung allerdings nicht möglich: Einerseits dienen Devisengeschäfte der Erfüllung von Verbindlichkeiten im internationalen Waren- und Dienstleistungsverkehr; ande-

---

230 Schlussanträge *Generalanwalt La Pergola* vom 6. Oktober 1998, Rs. C–222/97, *Trummer und Mayer*, Slg. 1999, I–1661, Rn. 9, der die Hypothekbestellung in Fremdwährung als Voraussetzung für den Verkauf eines Grundstücks sieht, womit der den unter Abschnitt II A des Anhangs I der Kapitalverkehrsrichtlinie aufgeführten Tatbestand der Immobilieninvestition erfüllt wird; dazu auch die Anmerkung in Abs. 2 vierter Gedankenstrich der Erläuterungen am Anfang der Aufzählung in Anhang I der Richtlinie: „Der in dieser Nomenklatur genannte Kapitalverkehr umfasst: [...] - die Liquidation oder Abtretung der gebildeten Guthaben, die Repatriierung des Erlöses aus dieser Liquidation oder die Verwendung dieses Erlöses an Ort und Stelle in den Grenzen der Gemeinschaftsverpflichtungen."

231 EuGH, verb. Rs. 286/82 und 26/83, *Luisi und Carbone*, Slg. 1984, 377, Rn. 21.

232 *Ress/Ukrow* in Grabitz/Hilf/Nettesheim, Art. 63 AEUV, Rn. 113, 238 f. jeweils m.w.N.; *Kiemel* in von der Groeben/Schwarze, Art. 56, Rn. 1; *Frenz*, Handbuch Europarecht, Band 1, Rn. 2737 f.

233 EuGH, verb. Rs. 286/82 und 26/83, *Luisi und Carbone*, Slg. 1984, 377, Rn. 21; *Bröhmer* in Calliess/Ruffert, Art. 63 AEUV, Rn. 14 f. m.w.N.; *Ress/Ukrow* in Grabitz/Hilf/Nettesheim, Art. 63 AEUV, Rn. 113, 238 f. jeweils m.w.N.; *Frenz*, Handbuch Europarecht, Band 1, Rn. 2739 f. m.w.N.; *Epiney* in Bieber/Epiney/Haag, Die Europäische Union, § 11, Rn. 144; *Streinz*, Europarecht, Rn. 897.

rerseits werden Devisengeschäfte ebenso zu Anlagezwecken getätigt, was einem Vorgang entspricht, der unter die Kapitalverkehrsfreiheit zu fassen ist. Letzteres wird durch die Definition der Finanzinstrumente im § 1 Abs. 11 Satz 1 des deutschen Gesetzes über das Kreditwesen (KWG) unterstützt, die üblicherweise Bestandteil von Bankgeschäften oder Finanzdienstleistungen sind.[234] Die Steuererhebung eindeutig dem Anwendungsbereich der Kapitalverkehrsfreiheit zuzuordnen, ist nicht möglich, da die Devisentransaktionssteuer nicht zwischen einem Devisengeschäft zur Erfüllung einer Verbindlichkeit oder zu Anlagezwecken unterscheiden kann. Kritik erfährt die Abgrenzung nach dem individuell verfolgten Zweck der Transaktion ferner durch die dadurch hervorgerufene Rechtsunsicherheit.[235] Heranzuziehen ist ferner die Rechtsprechung des EuGH in der Rechtssache *Bordessa*, in der der EuGH feststellt, dass Devisenausfuhrbestimmungen dann gegen die Richtlinien zur Kapitalverkehrsharmonisierung verstoßen, wenn sie eine Ausfuhrgenehmigung vorsehen und damit der Kapitalverkehr durch eine Verwaltungsentscheidung behindert werden kann.[236] In der Rechtssache *Sanz de Lera* bestätigte der EuGH diese Rechtsprechung und stellte erneut fest, dass Bestimmungen, die die Ausfuhr von Devisen von einer Verwaltungsgenehmigung abhängig machen, an der Kapitalverkehrsfreiheit zu messen sind.[237]

Vergleichbar der Rechtsprechung des EuGH zu Devisenausfuhrbestimmungen dürfte auch die Devisentransaktionssteuer als Maßnahme der Beschränkung des Kapitalverkehrs zu bewerten sein. Der Anwendungsbereich des Art. 64 Abs. 2 AEUV ist damit grundsätzlich eröffnet.

III. Einschränkung von Grundfreiheiten

Im Folgenden ist zu untersuchen, ob Maßnahmen zur Beschränkung des Kapitalverkehrs mit Drittstaaten, die sich auf die Rechtsgrundlage des Art. 64 Abs. 2 AEUV stützen, unionsrechtlich gewährte Grundfreiheiten beschränken können. Die primärrechtlich gewährte Kapitalverkehrsfreiheit umfasst sowohl den Kapitalverkehr zwischen den Mitgliedstaaten untereinander als auch den Kapitalverkehr von Mitgliedstaaten mit Drittstaaten, da die Kapitalverkehrsfreiheit auf „optimale Allokationsmöglichkeiten für den Produktionsfaktor Kapital“ abzielt, um damit den „maximalen Nutzen des Kapitals für die Volkswirtschaft“ zu er-

---

234 Vgl. §1 Abs. 3d Satz 2 des deutschen Kreditwesengesetzes (KWG).

235 So können durch kumulative Anwendungen mehrerer Zwecke Wertungswidersprüche entstehen und die Abgrenzung nach dem Hauptzweck der Transaktion daher nicht sachgerecht erscheinen lassen (*Weber*, Kapitalverkehr und Kapitalmärkte im Vertrag über die Europäische Union in EuZW 1992, S. 561, 564).

236 EuGH, verb. Rs. C–358/93 und C–416/93, *Bordessa*, Slg. 1995, I–361, Rn. 27.

237 EuGH, verb. Rs. C–163/94, C–165/94 und 250/94, *Sanz de Lera*, Slg. 1995, I–4821, Rn. 33.

langen.[238] Durch die grundsätzlich uneingeschränkte Kapitalverkehrsfreiheit innerhalb der Europäischen Union und eine Einschränkung des Kapitalverkehrs durch einen Mitgliedstaat mit Drittstaaten entsteht ein Spannungsverhältnis. Dieses Spannungsverhältnis ist zwischen Mitgliedstaaten nur dann problematisch, wenn ein Mitgliedstaat über einen Zeitraum Verwaltungsmaßnahmen treffen kann, die unionsrechtlich gewährte Rechte von Angehörigen anderer Mitgliedstaaten beschränken.[239]

Eine Devisentransaktionssteuer soll nach den voranstehenden Ausführungen auch zwischen Mitgliedstaaten und Drittstaaten Anwendung finden. Nach dem Wortlaut des Art. 64 Abs. 2 AEUV können das Europäische Parlament und der Rat gemäß dem ordentlichen Gesetzgebungsverfahren den Kapitalverkehr mit Drittländern „unbeschadet der anderen Kapitel der Verträge sowie ihrer Bemühungen um eine möglichst weitgehende Verwirklichung des Zieles eines freien Kapitalverkehrs zwischen den Mitgliedstaaten und dritten Ländern“ einschränken. Die Untersuchung der Vereinbarkeit der Devisentransaktionssteuer mit europarechtlichem Primärrecht erfolgt in dem Abschnitt *„§ 1 Die europäischen Grundfreiheiten“* auf Seite 184 dieser Arbeit. Dabei wird insbesondere auf die Rechtfertigung der Devisentransaktionssteuer im Rahmen des Grundsatzes der Verhältnismäßigkeit einzugehen sein, das heißt, ob sie geeignet ist, die Erreichung des mit ihr verfolgten Ziels zu gewährleisten, und nicht über das dazu Erforderliche hinausgeht.[240] Zu beachten ist zudem, dass Maßnahmen nach Art. 64 Abs. 2 AEUV, die im Rahmen des Unionsrechts für die Liberalisierung des Kapitalverkehrs mit dritten Ländern einen Rückschritt darstellen, gemäß Art. 64 Abs. 3 AEUV der Einstimmigkeit bedürfen. Die Devisentransaktionssteuer stellt nach den bisherigen Ausführungen einen solchen Rückschritt für den liberalisierten Kapitalverkehr mit Drittstaaten dar, weshalb die Einführung der Steuer eines einstimmigen Beschlusses erfordert.[241]

E. Allgemeine Rechtsangleichungskompetenz gemäß Art. 114 Abs. 1 AEUV

Als Grundlage der Rechtsetzung für die Devisentransaktionssteuer könnte weiterhin die allgemeine Rechtsangleichungskompetenz der Europäischen Union nach Art. 114 Abs. 1 AEUV infrage kommen. Gemäß Art. 114 Abs. 1 AEUV können das Europäische Parlament und der Rat für die Verwirklichung der Ziele

238 Schlussanträge *Generalanwalt Yves Bot* vom 11. September 2007, Rs. C–101/05, *Skatteverket gegen A*, Slg. 2007, I–11531, Rn. 68 ff. Siehe auch: EuGH, verb. Rs. C–163/94, C–165/94 und C–250/94, *Sanz de Lera*, Slg. 1995, I–4821, Rn. 19; EuGH, Rs. C–513/03, *van Hilten-van der Heijden*, Slg. 2006, I–1957, Rn. 37.

239 Schlussanträge *Generalanwalt Tesauro* vom 17. November 1994, verb. Rs. 358/93 und C–416/93, *Bordessa*, Slg. 1995, I–361, Rn. 18.

240 Dazu auch die Ausführungen in dem Abschnitt *„B. Der Verhältnismäßigkeitsgrundsatz“* auf Seite 243 dieser Arbeit.

241 EuGH, Rs. C–101/05, *Skatteverket*, Slg. 2007, I–11531, Rn. 24 m.w.N.

des Art. 26 AEUV die Maßnahmen zur Angleichung der Rechts- und Verwaltungsvorschriften der Mitgliedstaaten erlassen, welche die Errichtung und das Funktionieren des Binnenmarkts zum Gegenstand haben. Art. 114 AEUV bildet eine allgemeine Rechtsgrundlage für die Angleichung der Rechts- und Verwaltungsvorschriften, welche die Errichtung und das Funktionieren des Binnenmarkts zum Gegenstand haben, „soweit in den Verträgen nichts anderes bestimmt ist“. Die aus dieser Formulierung entstammende Subsidiarität des Art. 114 AEUV hat eine besondere Bedeutung für das Verhältnis zu Art. 113 AEUV. Beide Normen finden nur Anwendung, wenn die Rechtsangleichung für die Errichtung und das Funktionieren des Binnenmarkts erforderlich ist. Art. 113 AEUV ist gegenüber Art. 114 AEUV jedoch die speziellere Rechtsgrundlage für die Harmonisierung der Rechtsvorschriften über die Umsatzsteuer, die Verbrauchsabgaben und sonstige indirekte Steuern.[242] Gemäß Art. 114 Abs. 2 AEUV ist Art. 114 Abs. 1 AEUV unter anderem nicht für die Bestimmungen über die Steuern anwendbar. Der Umfang der durch diese Ausnahme umfassten Steuern ist weit auszulegen[243]; insbesondere aufgrund der Subsidiarität des Art. 114 AEUV gegenüber Art. 113 AEUV, ist ein Rückgriff auf die Rechtsetzung der Devisentransaktionssteuer auf Grundlage der allgemeinen Rechtsangleichungskompetenz des Art. 114 Abs. 1 AEUV abzulehnen.

F. Kompetenz im Rahmen der Eigenmittelfinanzierung

I. Die Finanzierung der Union

Weiterhin ist zu untersuchen, ob sich eine Rechtsetzungskompetenz der Europäischen Union zur Einführung der Devisentransaktionssteuer aus den Finanzvorschriften des Vertrags über die Arbeitsweise der Europäischen Union gemäß Art. 310 AEUV ergeben könnte. Gemäß Art. 311 Abs. 2 AEUV wird der Haushalt der Europäischen Union vollständig aus Eigenmitteln finanziert.[244] Eigenmittel sind Finanzierungsmittel der Europäischen Union, die durch unionsrechtliche Bestimmungen festgelegt werden und der Finanzautonomie der Mitglieds-

---

242 Ähnlich das Verhältnis zwischen Art. 118a EG und Art. 100a EG: EuGH, Rs. C–84/94, *Vereinigtes Königreich/Rat*, 1996, I–05755, Rn. 12; und zum Verhältnis zwischen Art. 129c und Art. 100a EG: EuGH, Rs. 68/86, *Vereinigtes Königreich/Rat*, Slg. 1988, 855, Rn. 24. Zum Verhältnis zwischen Art. 113 AEUV und Art. 114 AEUV: *Kahl* in Calliess/Ruffert, Art. 114 AEUV, Rn. 10 m.w.N.

243 EuGH, Rs. C–338/01, *Kommission/Rat*, Slg. 2004, I–4829, Rn. 67; EuGH, Rs. C–553/03, *Kommission/Rat*, Slg. 2006, I–1025, Rn. 47; *Kahl* in Calliess/Ruffert, Art. 114 AEUV, Rn. 10 m.w.N.

244 *Bieber* in von der Groeben/Schwarze, Art. 272 EG, Rn. 3; *Wieland*, Erweitern und Teilen - Die künftige Finanzordnung der Europäischen Union in ZRP 2002, S. 503, 504.

staaten entzogen sind.[245] Grundlage für die Finanzierung der Europäischen Union ist der Beschluss des Rates vom 7. Juni 2007 über das System der Eigenmittel der Europäischen Gemeinschaften (2007/436/EG, Euratom)[246] („Eigenmittelbeschluss“).[247] Der Rat der Europäischen Union hat die Verordnung (EG, EURATOM) Nr. 105/2009 des Rates vom 26. Januar 2009 zur Änderung der Verordnung (EG, Euratom) Nr. 1150/2000 zur Durchführung des Beschlusses 2000/597/EG, Euratom über das System der Eigenmittel der Gemeinschaften erlassen.[248]

II. Der Eigenmittelbeschluss

1. Die Eigenmittel der Union

Eigenmittel der Europäischen Union bestehen nach Art. 2 des Eigenmittelbeschlusses aus drei Arten:

(1.) Abschöpfungen, Prämien, Zusatz- oder Ausgleichsbeträge, zusätzliche Teilbeträge und andere Abgaben, Zölle des Gemeinsamen Zolltarifs und andere Zölle auf den Warenverkehr mit Drittländern, die von den Organen der Gemeinschaften eingeführt worden sind oder noch eingeführt werden, Zölle auf die unter den ausgelaufenen Vertrag über die Gründung der Europäischen Gemeinschaft für Kohle und Stahl fallenden Erzeugnisse sowie Abgaben, die im Rahmen der gemeinsamen Marktorganisation für Zucker vorgesehen sind[249],

(2.) Einnahmen, die sich aus der Anwendung eines für alle Mitgliedstaaten einheitlichen Satzes auf die nach Gemeinschaftsvorschriften bestimmte einheitliche Mehrwertsteuer-Eigenmittelbemessungsgrundlage eines jeden Mitgliedstaats ergeben[250] und

(3.) Einnahmen, die sich aus der Anwendung eines im Rahmen des Haushaltsverfahrens unter Berücksichtigung aller übrigen Einnahmen festzulegenden einheitlichen Satzes auf den Gesamtbetrag der Bruttonationaleinkommen[251] aller Mitgliedstaaten ergeben[252].

---

245 *Häde*, Finanzausgleich, S. 478; *Messal*, Das Eigenmittelsystem der Europäischen Gemeinschaft, S. 189 ff.; *Waldhoff* in Calliess/Ruffert, Art. 311 AEUV, Rn. 7.

246 ABl. Nr. L 163 vom 23. Juni 2007, S. 17.

247 Der Eigenmittelbeschluss trat am 1. März 2009 rückwirkend zum 1. Januar 2007 in Kraft.

248 ABl. Nr. L 36 vom 05.02.2009, S. 1.

249 Art. 2 Abs. 1 lit. a des Eigenmittelbeschlusses.

250 Art. 2 Abs. 1 lit. b des Eigenmittelbeschlusses, wobei die für diese Zwecke heranzuziehende Bemessungsgrundlage 50 % des in Absatz 7 definierten BNE eines jeden Mitgliedstaats nicht überschreiten darf.

251 Zur Definition des Bruttonationaleinkommens siehe Erwägungsgrund 3 des Eigenmittelbeschlusses, nach dem Bruttonationaleinkommen das Bruttonationaleinkommen eines Jahres zu Marktpreisen sein soll, wie es von der Kommission in Anwendung des Europäischen Systems Volkswirtschaftlicher Gesamtrechnungen auf nationaler und regionaler Ebene in der Gemeinschaft gemäß der Verordnung (EG) Nr. 2223/96 des Rates bereitgestellt wird.

2. Sonstige Einnahmen

Neben den drei genannten Arten von Eigenmitteln besteht nach Art. 311 Abs. 2 AEUV die Möglichkeit, auch „sonstige Einnahmen“ zur Finanzierung des Haushalts der Europäischen Union heranzuziehen. Die Möglichkeit der Einrichtung und Erhebung weiterer Eigenmittel – in Form von im Rahmen einer gemeinsamen Politik eingeführten Abgaben – wird auch in Art. 2 Abs. 2 des Eigenmittelbeschlusses ausdrücklich benannt. Zu diesen sonstigen Einnahmen sind nach im Schrifttum vorherrschender Auffassung alle Einnahmen zu zählen, die bei der Erfüllung der Aufgaben der Europäischen Union entstehen.[253] Der Begriff der sonstigen Einnahmen in Art. 311 Absatz 2 AEUV umfasst Einkünfte, die die Europäische Union im Zusammenhang mit der Ausübung ihrer Kompetenzen erzielt (zum Beispiel Einnahmen aus den Steuern der Beamten und Bediensteten der Union sowie Währungsausgleichsbeträge und Verwaltungseinnahmen der Europäischen Union wie Gebühren, Zwangsgelder, Säumniszinsen, Geldbußen oder Schenkungen).[254]

III. Die Zulässigkeit von Unionssteuern als weitere Einnahmequelle

Im Folgenden soll untersucht werden, ob die Europäische Union im Rahmen der ihr aus Art. 311 Abs. 2 AEUV erwachsenen Kompetenz zur Finanzierung aus sonstigen Einnahmen auch die Kompetenz zur Erschließung neuer Einnahmequellen im Sinne einer Unionssteuer zusteht. Als Unionssteuern existiert die Steuer auf Bezüge der Beamten und Bedienstete der Europäischen Union.[255] Diskutiert wird die Erhebung weiterer Unionssteuern, zum Beispiel eine Steuer auf Mineralöl, Kohlendioxid, Energie, Dienstleistungen im Zusammenhang von Verkehr und Telekommunikation sowie auf Kapitalbewegungen.[256] Auch wird im Schrifttum die Tobin-Steuer als Beispiel einer möglichen Unionssteuer angesprochen.[257]

Ob die Europäische Union über die Kompetenz zur Erhebung von Unionssteuern verfügt, ist umstritten. Die Europäische Union müsste gemäß des Prinzips der begrenzten Einzelermächtigung eine Kompetenz zur Einführung derartiger Steuern besitzen, die alleine der Finanzierung ihres Haushaltes im Sinne

---

252 Art. 2 Abs. 1 lit. c des Eigenmittelbeschlusses, wobei die für diese Zwecke heranzuziehende Bemessungsgrundlage 50 % des in Absatz 7 definierten Bruttonationaleinkommen eines jeden Mitgliedstaats nicht überschreiten darf.

253 *Hölscheidt* in Bleckmann, Europarecht, § 13, Rn. 1262, S. 451.

254 *Waldhoff* in Calliess/Ruffert, Art. 311 AEUV, Rn. 8 ff. m.w.N.

255 Nach Art. 13 Abs. 1 des Protokolls über die Vorrechte und Befreiungen der Europäischen Gemeinschaften vom 8. April 1965; BGBl. 1965 II S. 1482.

256 *Nettesheim* in Oppermann/Classen/Nettesheim, Europarecht, § 35, Rn. 13 f., § 8, Rn. 22; *Europäische Kommission*, Die Finanzverfassung der Europäischen Union, S. 105 ff.; *Schoo* in Schwarze, Art. 269, Rn. 19; *Weber-Grellet*, Europäisches Steuerrecht, S. 24 f.

257 *Weber-Grellet*, Europäisches Steuerrecht, S. 25; *Nettesheim* in Oppermann/Classen/Nettesheim, Europarecht, § 8, Rn. 22.

von Art. 311 Absatz 2 AEUV dienen.[258] Eine derartige Kompetenz lässt sich aus dem Wortlaut des Art. 311 Absatz 2 AEUV nicht entnehmen.[259]

Die Frage nach der Kompetenz zur Einführung einer Unionssteuer könnte sich aus der Betrachtung der Rechtsnatur der Eigenmittelbeschlüsse ergeben, die im Schrifttum allerdings umstritten ist. So wird im Schrifttum die Auffassung vertreten, dass Eigenmittelbeschlüsse als Gegenstand eines interinstitutionellen Rechtsetzungsverfahrens zu qualifizieren seien und damit Primär- oder Sekundärrechtsakte *sui generis* darstellen.[260] Nach anderer Ansicht soll das Verfahren des Eigenmittelbeschlusses ein spezielles Vertragsänderungsverfahren darstellen, da Art. 311 Abs. 3 AEUV rechtlich als Finanzierungsvertrag auszulegen sei, der neben der vertraglichen Normierung des Art. 311 AEUV existiere und den Normwortlaut nicht beeinflusse.[261] Mit dem Vertrag von Lissabon wird die Rechtsnatur der Eigenmittelbeschlüsse als sekundärrechtliche Rechtsakte im Sinne des Art. 288 Abs. 4 AEUV geklärt. Auf diese Rechtsnatur verweist einerseits der Wortlaut „Beschluss“ (vgl. Art. 288 Abs. 4 AEUV) und andererseits das gemäß Art. 289 Abs. 2 AEUV durchzuführende „besondere Gesetzgebungsverfahren“ (vgl. Art. 311 Unterabs. 3 Satz 1 AEUV).[262] Dennoch bleibt nach den im Schrifttum vertretenen Ansichten fraglich, ob durch die Qualifizierung des Eigenmittelbeschlusses als Rechtsakt *sui generis* oder als Vertragsänderungsverfahren eine Kompetenz des Rates zur Ausgestaltung der Finanzierung des Haushaltes der Europäischen Union herangezogen werden kann. Bei der Untersuchung, ob die Europäische Union eine „finanzielle Kompetenz-Kompetenz“[263] besitzt, könnte als Argument gegen die Kompetenz der Europäischen Union zur Erhebung von Unionssteuern eine im Zusammenhang mit dem sogenannten Maastricht-Verfahren[264] durch das deutsche BVerfG erörterte Problematik her-

---

258 Siehe auch Art. 5 Abs. 1 und 2 EUV sowie die Darstellungen in dem Abschnitt „*I. Das Prinzip der begrenzten Einzelermächtigung*“ auf Seite 118 dieser Arbeit.

259 *Hölscheidt* in Bleckmann, Europarecht, § 13, Rn. 1263, S. 452 m.w.N.; a.A.: *Magiera*, Zur Finanzverfassung der Europäischen Union in Randelzhofer (Hrsg.), GS für Grabitz, S. 409, 413.

260 *Häde*, Finanzausgleich, S. 430 (Rechtsakt, der zwischen primärem und sekundärem Gemeinschaftsrecht steht); *Messal*, Das Eigenmittelsystem der Europäischen Gemeinschaft, S. 37 (Rechtsakt in Form eines Nebenvertrags); *Europäische Kommission*, Die Finanzverfassung der Europäischen Union, S. 41 (Eigenmittelbschluss besitzt vertragsähnlichen Charakter); *Wuermeling*, Der EU- Haushalt: Politik in ECU in Röttinger/Weyringer (Hrsg.), Handbuch der europäischen Integration, S. 254 (Beschluss ist sekundäres Gemeinschaftsrecht).

261 *Häde*, Die Finanzverfassung der Europäischen Gemeinschaften in EuZW 1993, 401 ff.; *Hölscheidt* in Bleckmann, Europarecht, § 13, Rn. 1246, S. 444; *Ohler* in Streinz/Ohler/Herrmann (Hrsg.), Vertrag von Lissabon, S. 87 f.; *Schoo* in Schwarze, Art. 269 EG, Rn. 22.

262 *Ohler* in Streinz/Ohler/Herrmann (Hrsg.), Vertrag von Lissabon, S. 88 m.w.N.

263 *Hölscheidt* in Bleckmann, Europarecht, § 13, Rn. 1263, S. 452.

264 BVerfGE 89, S. 155 ff.

angezogen werden.[265] In diesem Verfahren wurde die Ermächtigung der Europäischen Gemeinschaft aus Art. F III des Vertrags über die Europäische Gemeinschaft[266] abgelehnt, nach der sich die Europäischen Gemeinschaft mit Mitteln ausstattet, „die zum Erreichen ihrer Ziele und zur Durchführung ihrer Politiken erforderlich sind". In dem sogenannten Lissabon-Urteil stellte das BVerfG fest, dass Art. 311 Abs. 1 AEUV

> „auch weiterhin als eine politisch-programmatische Absichtserklärung zu verstehen [ist], die keine Zuständigkeit der Europäischen Union und damit erst recht keine Kompetenz-Kompetenz derselben begründet. Die Ausstattung der Europäischen Union mit den zur Erreichung ihrer Ziele und zur Durchführung ihrer Politiken erforderlichen Mitteln muss im Rahmen der vorhandenen Zuständigkeiten erfolgen. Die durch den Vertrag von Lissabon begründete neue Systematik der Vorschrift bestätigt die Auslegung, dass sich die Vorschrift nur auf finanzielle Mittel der Europäischen Union, nicht aber zusätzlich auf die Handlungsmittel bezieht."[267]

Das BVerfG versteht in Art. 311 Abs. 1 AEUV keine Ermächtigung der Europäischen Gemeinschaft, sich aus eigener Macht die Finanzmittel zu verschaffen, die die zur Erfüllung ihrer Zwecke für erforderliche erachtet; vielmehr wird lediglich die „politisch-programmatische Absicht bekundet, dass die – die Union bildenden – Mitgliedstaaten in den jeweils dazu erforderlichen Verfahren die Union mit hinreichenden Mitteln ausstatten wollen"[268]. Die Einführung einer Unionssteuer zur Erschließung sonstiger Einnahmen auf Grundlage des Art. 311 Abs. 3 AEUV ist auch vor dem Hintergrund einer anderen Überlegung abzulehnen. Die Europäische Union ist hinsichtlich der Bestimmung der Eigenmittel nicht vollständig souverän. Gemäß Art. 311 Abs. 4 AEUV ist ein zweistufiges Verfahren vorgesehen, das auf Unionsebene zunächst der Anhörung des Europäischen Parlaments und der anschließenden einstimmigen Beschlussfassung durch den Rat im Sinne des Art. 288 Abs. 4 AEUV erfordert. Der Beschluss des Rats enthält eine Empfehlung des Rats an die Mitgliedstaaten, die Zustimmung zu diesem Beschluss im Einklang mit den jeweiligen nationalen verfassungsrechtlichen Vorschriften zu erteilen (Art. 311 Abs. 3 Satz 3 AEUV). Durch die verfahrensrechtlich obligatorischen Zustimmungsbeschlüsse wird das Prinzip der begrenzten Einzelermächtigung auf den Inhalt des Beschlusses angewandt und dient als „Schutzmechanismus für die mitgliedstaatliche Finanzsouveränität".[269]

---

265 *Hölscheidt* in Bleckmann, Europarecht, § 13, Rn. 1263, S. 452.

266 Vertrag zur Gründung der Europäischen Gemeinschaft vom 25. März 1957, BGBl. II S. 766 in der Fassung des Vertrags über die Europäische Union vom 7. Februar 1992, BGBl. II S. 1253.

267 BVerfGE 123, 267 = BVerfG, 2 BvE 2/08 vom 30. Juni 2009, Absatz-Nr. 324.

268 BVerfGE 89, 155, 194 ff.

269 *Waldhoff* in Calliess/Ruffert, Art. 311 AEUV, Rn. 5 ff., 7 m.w.N.; *Drüen/Kahler*, Die nationale Steuerhoheit im Prozess der Europäisierung in StuW 2005, S. 171, 171.

Dies wird ebenfalls deutlich durch § 3 Abs. 1 IntVG[270], wonach ein Beschluss gemäß Art. 311 Abs. 3 AEUV der Zustimmung der Bundesrepublik Deutschland durch ein Gesetz gemäß Art. 23 Abs. 1 GG bedarf. Daraus folgt, dass die Rechtsetzungskompetenz der Europäischen Union für ihre Finanzierungsmittel durch die mitgliedstaatliche Souveränität auf dem Gebiet der Finanzen und der Steuern beschränkt ist. Somit besitzt die Europäische Union keine Kompetenz gemäß Art. 311 AEUV zur Erschließung neuer Einnahmequellen im Sinne einer Unionssteuer.[271]

G. Kompetenz im Rahmen der Abrundungskompetenz des Art. 352 Abs. 1 Satz 1 AEUV

Im Folgenden wird untersucht, ob Art. 352 Abs. 1 Satz 1 AEUV eine Kompetenz der Europäischen Union zur Einführung der Devisentransaktionssteuer darstellen kann. Art. 352 Abs. 1 Satz 1 AEUV bestimmt, dass der Rat einstimmig geeignete Vorschriften erlassen kann, sofern ein Tätigwerden der Europäischen Union im Rahmen der in den Verträgen festgelegten Politikbereiche erforderlich erscheint, um eines der Ziele der Verträge zu verwirklichen und die hierfür erforderlichen Befugnisse in den Verträgen nicht vorgesehen sind. Die im Zusammenhang mit der Devisentransaktionssteuer relevanten Ziele der Verträge sind im Wesentlichen in Art. 3 EUV sowie den Art. 3-8 AEUV und Art. 119 AEUV festgelegt.[272] Dem Rat wird im Zusammenhang mit einem Rechtsakt nach Art. 352 Abs. 1 Satz 1 AEUV ein weites politisches Ermessen eingeräumt.[273] Der politische Ermessensspielraum des Rats wird durch vertragliche

270 Integrationsverantwortungsgesetz vom 22. September 2009 (BGBl. I S. 3022), das durch Artikel 1 des Gesetzes vom 1. Dezember 2009 (BGBl. I S. 3822) geändert worden ist.

271 So die wohl im Schrifttum überwiegend vertretene Auffassung: *Waldhoff* in Calliess/Ruffert, Art. 311 AEUV, Rn. 16; *Niedobitek* in Streinz, EUV/AEUV, Art. 311 AEUV, Rn. 28; *Khan* in Geiger/Khan/Kotzur, Art. 311 AEUV, RN. 7; *Birk*, Steuern der Mitgliedstaaten auf gemeinschaftsrechtlicher Grundlage in Birk (Hrsg.), Handbuch des europäischen Steuer- und Abgabenrechts, Rn. 1 m.w.N.; *Börner*, Die Unzulässigkeit einer Steuer auf Nichtbutterfette nach dem EWGV, S. 64 f.; *Förster* in Bleckmann (Hrsg.), Europarecht, Rn. 1441; *Hölscheidt/Baldus*, Bestandaufnahme und Perspektiven der europäischen Finanzordnung in DÖV 1997, S. 866, 867; *Klein*, Der Einfuß des Europarechts auf das deutsche Steuerrecht in Lehner (Hrsg.), Steuerrecht im europäischen Binnenmarkt, S. 7, 26; a.A.: *Magiera*, Zur Finanzverfassung der Europäischen Union in Randelzhofer (Hrsg.), GS für Grabitz, S. 409, 413; *Messal*, Das Eigenmittelsystem der Europäischen Gemeinschaft, S. 38; *Storr*, Die Bewältigung defizitärer Haushaltslagen in der EU in Europarecht 2001, S. 846, 858.

272 Ausführlicher zu der Werteordnung und den Zielen der Europäischen Union: *Streinz* in Streinz/Ohler/Herrmann (Hrsg.), Vertrag von Lissabon, S. 79 ff.; *Ruffert* in Calliess/Ruffert, Art. 3 EUV, Rn. 7 ff.

273 *Rossi* in Calliess/Ruffert, Art. 352 AEUV, Rn. 24 ff.

Grenzen eingeschränkt. So dürfen Rechtsakte nach Art. 352 AEUV keine Harmonisierung der Rechtsvorschriften der Mitgliedstaaten beinhalten, wenn die Verträge eine solche Harmonisierung ausschließen (Art. 352 Abs. 3 AEUV). Der EuGH verlangt zudem, dass Rechtsakte nach Art. 352 AEUV (ex-Art. 308 EG) unter Beachtung der Subsidiarität der Norm keine Harmonisierung bestehenden mitgliedstaatlichen Rechts darstellen, sondern neue Rechtsinstitute schaffen.[274] Auf dem Gebiet der Abgaben wurde ex-Art. 308 EG (nun Art. 352 AEUV) beispielsweise im Zusammenhang mit der Verordnung (EWG) Nr. 1785/81 des Rates vom 30. Juni 1981 über die gemeinsame Marktorganisation für Zucker[275] herangezogen, die unter anderem Eingangs- und Ausfuhrabgaben für Zucker, Zölle, Abgaben zollgleicher Wirkung und Abschöpfungen und sonstige bei der Einfuhr oder Ausfuhr erhobene Abgaben verbietet. Zu beachten ist zudem, dass gemäß § 8 Integrationsverantwortungsgesetz („IntVG")[276] der deutsche Vertreter im Rat einem Vorschlag zum Erlass von Vorschriften gemäß Art. 352 AEUV erst dann zustimmen oder sich enthalten darf, nachdem in diesem Zusammenhang ein Gesetz gemäß Art. 23 Abs. 1 GG in Kraft getreten ist. Sollte ein solches Gesetz nicht in Kraft getreten sein, muss der deutsche Vertreter im Rat den Vorschlag ablehnen.

Sofern die Devisentransaktionssteuer als neues Rechtsinstitut innerhalb der Europäischen Union eingesetzt wird, stellt Art. 352 Abs. 1 Satz 1 AEUV eine Kompetenz der der Europäischen Union zur Einführung der Devisentransaktionssteuer dar. Allerdings tritt Art. 352 Abs. 1 Satz 1 AEUV gegenüber Art. 113 AEUV aufgrund der oben dargestellten Subsidiarität zurück und stellt damit keine geeignete Rechtsgrundlage für die Rechtsetzung der Devisentransaktionssteuer dar.

H. Resümee

Als Ergebnis der Untersuchung zur Rechtsetzungskompetenz ist Art. 113 AEUV als Rechtsgrundlage für die Einführung beziehungsweise Harmonisierung der Devisentransaktionssteuer identifiziert.

---

274 EuGH, Rs. C-84/94, *Vereinigtes Königreich/Rat*, Slg. 1996, I-5755, Rn. 48; EuGH, Rs. C-22/96, *Parlament/Rat*, Slg. 1998, I-3231, Rn. 22; EuGH, Rs. C-436/03, *Parlament/Rat*, Slg. 2006, I-3733, Rn. 36 ff., 40; EuGH, Rs. C-166/07, *Parlament/Rat*, Slg. 2009, I-7135, Rn. 40; *Rossi* in Calliess/Ruffert, Art. 352 AEUV, Rn. 89; *Streinz* in Streinz, EUV/AEUV, Art. 352 AEUV, Rn. 40.

275 Verordnung (EWG) Nr. 1785/81 des Rates vom 30. Juni 1981 über die gemeinsame Marktorganisation für Zucker, ABlEG Nr. L 177, S. 4.

276 Integrationsverantwortungsgesetz vom 22. September 2009 (BGBl. I S. 3022), das durch Artikel 1 des Gesetzes vom 1. Dezember 2009 (BGBl. I S. 3822) geändert worden ist.

§ 3 Ertrags- und Ertragsverwendungskompetenz

A. Allgemeines

Im Rahmen dieser Arbeit wird ebenfalls untersucht, ob die Devisentransaktionssteuer eine Finanzierungsquelle für die Tätigkeiten der Europäischen Union darstellen könnte. So wird bei der Diskussion über die Erschließung neuer Finanzierungsquellen für die Europäische Union durch eigene Steuern unter anderem auch die Einführung einer Tobin-Steuer angeführt.[277] Es ist daher im Folgenden zu untersuchen, ob die Europäische Union die Kompetenz besitzt, sich das Steueraufkommen aus einer Devisentransaktionssteuer zuzuweisen und über die Verwendung des Steueraufkommens zu bestimmen. Dies kann die Europäische Union unter anderem dann, wenn sie Inhaber des Steueranspruchs ist.[278]

B. Ertragskompetenz

Die Finanzvorschriften in Art. 310 ff. AEUV enthalten neben Regelungen zu den Haushaltseinnahmen der Europäischen Union auch Bestimmungen über die Verfahren, die sicherstellen, dass die Einnahmen die Ausgaben der Europäischen Union vollständig decken, wie dies vertraglich in Art. 310 Abs. 1 Satz 3 AEUV festgelegt ist.

Gemäß Art. 310 Abs. 1 AEUV werden alle Einnahmen und Ausgaben der Europäischen Union für jedes Haushaltsjahr veranschlagt und in den Haushaltsplan eingesetzt. Der jährliche Haushaltsplan der Union wird vom Europäischen Parlament und vom Rat gemäß Art. 314 AEUV aufgestellt. Durch Verordnungen des Europäischen Parlaments und des Rats nach Anhörung des Rechnungshofs werden gemäß Art. 322 Abs. 1 lit. a AEUV Haushaltsvorschriften erlassen, die insbesondere die Aufstellung und Ausführung des Haushaltsplans regeln. Zusätzlich soll durch einen mehrjährigen Finanzrahmen, der mindestens fünf Jahre umfasst, sichergestellt werden, dass die Ausgaben der Europäischen Union innerhalb der Grenzen ihrer Eigenmittel eine geordnete Entwicklung nehmen (vgl. Art. 312 Abs. 1 AEUV). Innerhalb dieses Finanzrahmens werden jährliche Obergrenzen der Mittel für Verpflichtungen je Ausgabenkategorie und die jährliche Obergrenze der Mittel für Zahlungen festgelegt (vgl. Art. 312 Abs. 3 Satz 1 AEUV). Die Verträge enthalten keine Bestimmungen über die Art und Weise der Erhebung der Eigenmittel durch die Europäische Union. Die Erhebung der Einnahmen der Europäischen Union erfolgt grundsätzlich durch die Mitgliedstaaten[279], da Steuern, Zölle und Abschöpfungen regelmäßig durch die Mitglied-

277 *Weber-Grellet*, Europäisches Steuerrecht, S. 25.
278 *Lang* in Tipke/Lang, Steuerrecht, § 7 Rn. 11 ff.
279 *Waldhoff* in Calliess/Ruffert, Art. 310 AEUV, Rn. 7.

staaten erhoben und verwaltet werden. Die Europäische Union verfügt über keine eigenen Steuerverwaltungsbehörden.[280]

Gemäß des Wortlauts des Art. 311 Abs. 2 AEUV wird der Haushalt der Europäischen Union „unbeschadet der sonstigen Einnahmen" vollständig aus Eigenmitteln finanziert.[281] Dieser Wortlaut könnte es ermöglichen, dass die Einnahmen aus der Zuweisung der Devisentransaktionssteuer auch der Finanzierung der Europäischen Union als „sonstige Einnahme" dienen könnten. So verfügt die Europäische Union im Rahmen der sonstigen Einnahmen bereits über eine Ertragskompetenz an den Steuern von Gehältern, Löhnen und anderen Bezügen ihrer Beamten und sonstigen Bediensteten.[282] Im Schrifttum wird eine Ertragskompetenz der Europäischen Union aus sonstigen Einnahmen grundsätzlich abgelehnt oder lediglich eingeschränkt befürwortet. Nach einer Auffassung besitzt die Europäische Union grundsätzlich keine Ertragskompetenz, da dies mit den Besonderheiten der in Art. 310 ff. AEUV niedergelegten Finanzvorschriften und der Souveränität der Mitgliedstaaten unvereinbar sei.[283] Nach einer anderen Ansicht besitzt die Europäische Union eine Ertragskompetenz bei den sogenannten sonstigen Einnahmen im Sinne des Art. 311 Abs. 2 AEUV, die sich allerdings ausschließlich auf marginale, „unbedeutende Nebeneinnahmen" beschränkt.[284]

Der EuGH stellt im Einklang mit der erstgenannten Auffassung fest, dass – selbst wenn Steuern nicht in die Zuständigkeit der Europäischen Union fallen[285] – steuerrechtliche Maßnahmen der Mitgliedstaaten jedoch unter Beachtung des Unionsrechts in bestimmten Fällen erlassen werden müssen, zum Bei-

---

280 Allerdings existieren Vorschriften über eine Zusammenarbeit der nationalen Steuerverwaltungen, sogenannte Amtshilferichtlinien, vgl. EG-Amthilfegesetz, 19. Dezember 1985, BGBl. I 1985, S. 2436, 2441.

281 Siehe dazu auch die Ausführungen in dem Abschnitt „*I. Die Finanzierung der Union*" auf Seite 174 dieser Arbeit.

282 Art. 12 des 7. Protokolls über die Vorrechte und Befreiungen der Europäischen Union bestimmt insofern, dass diese „zugunsten der Union" erhoben werden (Protokoll über die Vorrechte und Befreiungen der Europäischen Union, ABlEG vom 16. Dezember 2004, Nr. C–310/261, 264).

283 *Axer*, Der Europäische Gerichtshof auf dem Weg zur „doppelten Kohärenz" - Eine Zukunft der Hinzurechnungsbesteuerung nach dem Cadbury Schweppes-Urteil in Internationales Steuerrecht 2007, S. 162, 168 f. mit Verweis auf EuGH, Rs. C–196/04, *Cadbury Schweppes*, Slg. 2006, I–7995, Rn. 45; *Bahlmann*, Zum Einfluß des Europäischen Rechts auf das nationale Steuerrecht in Europarecht 1985, 43, 45; *Seiler*, Kompetenz- und verfahrensrechtliche Maßstäbe europäischer Umweltabgaben in Europarecht 2010, S. 67, 87; *Waldhoff* in Calliess/Ruffert, Art. 310 AEUV, Rn. 8 m.w.N.

284 *Hilf*, Umweltabgaben als Gegenstand von Gemeinschaftsrecht und –politik in NVwZ 1992, S. 105, 109.

285 EuGH, Rs. C–246/89, *Kommission/Vereinigtes Königreich*, Slg. 1991, I–4585, Rn. 12 m.w.N.; EuGH, Rs. C–9/02, *De Lasteyrie du Saillant*, Slg. 2004, I–2409, Rn. 44 m.w.N.

spiel zur Verhinderung der Steuerhinterziehung oder der Steuerflucht.[286] Diese steuerrechtlichen Maßnahmen dürfen allerdings nicht die von den Mitgliedstaaten im Rahmen der Verträge übernommenen Verpflichtungen und insbesondere nicht die europäischen Grundfreiheiten beeinträchtigen.[287] Innerhalb dieses Rahmens anerkennt der EuGH die alleinige nationale Souveränität der Mitgliedstaaten auf dem Gebiet des Steuerrechts. In der Rechtssache *Marks & Spencer* beschäftigte sich der EuGH sich mit der Frage, ob es mit Art. 43 EG (nun Art. 49 AEUV) und Art. 56 EG (nun Art. 63 AEUV) vereinbar ist, wenn ein deutsches Unternehmen mit Einkünften aus Gewerbebetrieb Verluste aus einer Betriebsstätte in einem anderen Mitgliedstaat bei der Gewinnermittlung nicht abziehen kann, weil nach dem maßgeblichen Doppelbesteuerungsabkommen entsprechende Betriebsstätteneinkünfte nicht der deutschen Besteuerung unterliegen. In diesem Zusammenhang führte der EuGH aus, dass durch die Möglichkeit der Gesellschaften, „die Berücksichtigung ihrer Verluste im Mitgliedstaat ihrer Niederlassung oder aber in einem anderen Mitgliedstaat zu optieren", die „Ausgewogenheit der Aufteilung der Besteuerungsbefugnis zwischen den Mitgliedstaaten erheblich beeinträchtigt [würde], da die Besteuerungsgrundlage im ersten Staat um die übertragenen Verluste erweitert und im zweiten Staat entsprechend verringert würde."[288] Indem der EuGH eine nationale Vorschrift mit dem Unionsrecht vereinbar sieht, mit denen die Möglichkeit einer Gesellschaft zur Steuerverrechnung zwischen verschiedenen Betriebsstätten in unterschiedlichen Mitgliedstaaten beschränkt wird, anerkennt der EuGH die Souveränität der Mitgliedstaaten auf dem Gebiet des Steuerrechts. Diese Auffassung führt der EuGH in der Rechtssache *Lidl Belgium* fort und bestätigt, dass Art. 43 EG (nun Art. 49 AEUV) nicht entgegen steht, wenn eine in einem Mitgliedstaat ansässige Gesellschaft nicht zur Verrechnung von Verlusten aus anderen Mitgliedstaaten berechtigt ist, sofern nach einem Abkommen zur Vermeidung der Doppelbe-

---

286 EuGH, verb. Rs. C–279/93, *Schumacker*, Slg. 1995, I–225, Rn. 21; EuGH, Rs. C–264/96, *ICI*, Slg. 1998, I–4695, Rn. 19; EuGH, Rs. C–471/04, *Keller Holding*, Slg. 2006, I–2107, Rn. 28. Zum Beispiel bestimmt Art. 65 Abs. 1 lit. b AEUV, dass Art. 63 AEUV über den freien Kapitalverkehr nicht das Recht der Mitgliedstaaten berührt, die unerlässlichen Maßnahmen zu treffen, um Zuwiderhandlungen gegen innerstaatliche Rechts- und Verwaltungsvorschriften, insbesondere auf dem Gebiet des Steuerrechts, zu verhindern.

287 EuGH, Rs. C–80/94, *Wielockx*, Slg. 1995, I–2493, Rn. 16; EuGH, Rs. C–311/97, *Royal Bank of Scotland*, Slg. 1999, I–2651, Rn. 19; EuGH, verb. Rs. C–397/98 und C–410/98, *Metallgesellschaft*, Slg. 2001, I–1727, Rn. 37; EuGH, Rs. C–436/00, *X und Y*, Slg. 2002, I–10829, Rn. 37;.

288 EuGH, Rs. C–446/03, *Marks & Spencer*, Slg. 2005, I–10837, Rn. 46. Siehe auch: EuGH, Rs. C–414/06, *Lidl Belgium*, Slg. 2008, I–03601, Rn. 32; EuGH, Rs. C–231/05, *Oy AA*, Slg. 2007, I–6373, Rn. 55; EuGH, Rs. C–311/08, *X Holding BV*, Slg. 2010, I-487, Rn. 29.

steuerung die Einkünfte dieser Betriebsstätte im letztgenannten Mitgliedstaat besteuert werden.[289]

Die voranstehenden Untersuchungen zeigen, dass die Europäische Union grundsätzlich keine Ertragskompetenz besitzt, da dies mit der Souveränität der Mitgliedstaaten unvereinbar ist. Aufgrund der klaren Zuweisung der Steuererhebungskompetenz an die Mitgliedstaaten verfügt die Europäische Union auch über keine Ertragskompetenz aus Sachkompetenzen.[290] Auch die Bedingung der im Schrifttum vertretenen Ansicht, dass sich die Ertragskompetenz der Europäischen Union im Rahmen der sonstigen Einnahmen nach Art. 311 Abs. 2 AEUV ausschließlich auf marginale, „unbedeutende Nebeneinnahmen" beschränkt, kann nicht als Begründung einer Ertragskompetenz der Europäischen Union für die Devisentransaktionssteuer herangezogen werden. Die durch die Devisentransaktionssteuer zu erwartenden Einnahmen sind nach den voranstehenden Ausführungen nicht als lediglich marginale, unbedeutende Nebeneinnahmen zu werten. Eine Ertragskompetenz der Europäischen Union im Zusammenhang mit der Devisentransaktionssteuer liegt nicht vor. Da die Europäische Union über keine Ertragskompetenz verfügt, fließt den Mitgliedstaaten das Aufkommen aus der Devisentransaktionssteuer zu.

C. Ertragsverwendungskompetenz

Im Folgenden ist die Ertragsverwendungskompetenz der Europäischen Union zu untersuchen. Die Ertragsverwendungskompetenz ermöglicht es der Europäischen Union, einen Einfluss auf den Verwendungszweck des Aufkommens aus der Devisentransaktionssteuer zu nehmen. Einflussnahme auf den Verwendungszweck bedeutet in diesem Zusammenhang, dass die Mitgliedstaaten, denen die Einnahmen aus der Steuer zunächst zufließen, diese nicht zur Finanzierung ihres allgemeinen Haushalts verwenden können, da sie bereits auf Ebene der Europäischen Union an einen bestimmten Verwendungszweck gebunden sind.

Eine Kompetenz der Europäischen Union zur Ertragsverwendung ist nach in der Rechtsprechung und im Schrifttum überwiegend vertretener Auffassung nur bei Sonderabgaben mit Lenkungscharakter möglich. Die Verknüpfung der Sonderabgaben an einen bestimmten Verwendungszweck wird dabei abgeleitet aus

289 EuGH, Rs. C–414/06, *Lidl Belgium*, Slg. 2008, I–03601, Rn. 32.

290 Zum Territorialprinzip: *Cordewener*, Europäische Grundfreiheiten und nationales Steuerrecht, S. 631 f. m.w.N.; *Kube*, Grundfreiheiten und Ertragskompetenz - die Besteuerung der grenzüberschreitenden Konzernfinanzierung nach dem Lankhorst-Urteil des EuGH in Internationales Steuerrecht 2003, S. 325, 331 f.

dem Leistungsfähigkeitsprinzip und dem Gleichheitsgrundsatz.[291] Die Devisentransaktionssteuer ist nach den voranstehenden Ausführungen jedoch eine indirekte Steuer und keine Sonderabgabe, die an einen bestimmten Zweck gebunden ist. Eine Ertragsverwendungskompetenz der Europäischen Union im Zusammenhang mit der Devisentransaktionssteuer ist abzulehnen.

291 *Jachmann*, Die Einführung einer Nahverkehrsabgabe durch Landesgesetz in NVwZ 1992, S. 932, 935 f.; *Müller*, Möglichkeiten und Grenzen der indirekten Verhaltenssteuerung durch Abgaben im Umweltrecht, S. 71 ff. Zur Beachtung des Gleichheitsgrundsatzes im Finanzierungssystems: EuGH, Rs. 265/78, *Ferwerda*, Slg. 1980, 617, Rn. 8; EuGH, Rs. C–101/08, *Audiolux SA*, Slg. 2009, I-9823, Rn. 62 f.

Kapitel 5

Europarechtliche Anforderungen an die Ausgestaltung

Die Devisentransaktionssteuer muss sich nach den voranstehenden Ausführungen an den Anforderungen des Rechts der Europäischen Union messen lassen. Rechtsquellen des Unionsrechts sind das geschriebene und ungeschriebene Primärrecht, das sich insbesondere aus den Verträgen sowie den allgemeinen Rechtsprinzipien der Mitgliedstaaten ergibt, und das Sekundärrecht, das die Organe der Europäischen Union nach Maßgabe des Primärrechts erlassen haben.[1]

§ 1 Die europäischen Grundfreiheiten

A. Grundfreiheiten

Zunächst soll die Devisentransaktionssteuer dahin gehend untersucht werden, ob sie einen Eingriff in europäische Grundfreiheiten darstellt und falls dies der Fall ist, ob dieser Eingriff im Rahmen der betroffenen Grundfreiheit gerechtfertigt ist. Dabei ist es möglich, dass die Devisentransaktionssteuer in den Schutzbereich mehrerer Grundfreiheiten eingreift.[2]

Im Zusammenhang mit dem Erlass von Maßnahmen der Rechtsangleichung ist umstritten, ob Organe der Europäischen Union an die Grundfreiheiten gebunden sind.[3] Im Schrifttum wird die Auffassung vertreten, dass die Verwirklichung des Binnenmarkts primäres Ziel der Europäischen Union sei und die europäischen Grundfreiheiten im Zusammenhang mit Rechtsangleichungsmaßnahmen nur nachrangig zu beachten seien.[4] Das Ziel der Verwirklichung des Binnenmarkts kann jedoch nicht über anderen Bestimmungen der Verträge stehen. Diese Auffassung widerspricht insbesondere dem Gedanken der allgemei-

---

1 *Nettesheim* in Oppermann/Classen/Nettesheim, Europarecht, § 10, Rn. 21 ff.; *Ipsen*, Europäisches Gemeinschaftsrecht, Rn. 5 ff.

2 *Weber*, Kapitalverkehr und Kapitalmärkte im Vertrag über die Europäische Union in EuZW 1992, S. 561, 564.

3 *Schneider*, Tollhaus Europa - Unzeitgemäßes zum Werbeverbot für Tabakerzeugnisse in NJW 1998, S. 576, 577; *Danwitz*, Produktwerbung in der Europäischen Union, S. 38; *Wägenbaur*, Binnenmarkt und Gesundheitsschutz - eine schwierige Kohabitation in EuZW 2000, S. 549, 549 f.; *Stein*, Die Grundfreiheiten müssen „Freiheiten" bleiben! - Nochmals zu Tabakwerbeverbot und Gemeinschaftskompetenz in EuZW 2000, S. 337 ff.; *Tietje* in Grabitz/Hilf/Nettesheim, Art. 114 AEUV, Rn. 48 ff.

4 *Caspar*, Das europäische Tabakwerbeverbot und das Gemeinschaftsrecht in EuZW 2000, S. 237, 240.

nen Freiheitsgarantie, die den Grundfreiheiten innewohnt; die europäischen Grundfreiheiten lassen sich gerade nicht auf den sachlich Schutz des spezifischen Marktzugangs begrenzen.[5] Insbesondere rechtsangleichende Steuerregelungen sind inhaltlich an den Mindestanforderungen der Grundfreiheiten zu messen, denen der Rechtsgedanke eines freien Wettbewerbs und des Binnenmarkts zu entnehmen ist. Aus diesem Grund ist insbesondere im Rahmen des volkswirtschaftlich geprägten Steuerrechts keine nachrangige Beachtung der Grundfreiheiten im Verhältnis zu Rechtsangleichungsmaßnahmen möglich.[6]

I. Allgemeines

1. Vertragliche Regelungen

Der Vertrag über die Arbeitsweise der Europäischen Union benennt vier Grundfreiheiten ausdrücklich: die Warenverkehrsfreiheit (Art. 34, 35 AEUV), die Personenverkehrsfreiheit (Art. 45, 49 AEUV), die Dienstleistungsfreiheit (Art. 56 AEUV) und die Kapitalverkehrsfreiheit (Art. 63 Abs. 1 AEUV). Im Schrifttum werden die vier Grundfreiheiten des Vertrags über die Arbeitsweise der Europäischen Union häufig durch die Zahlungsverkehrsfreiheit (Art. 63 Abs. 2 AEUV) als fünfte Grundfreiheit oder Annexfreiheit zu den anderen Grundfreiheiten ergänzt.[7] Die Grundfreiheiten dienen der Durchsetzung des Ziels eines Binnenmarkts auf dem Gebiet der Europäischen Union. Durch sie sollen ungerechtfertigte Beschränkungen verhindert und bestehende Beschränkungen beseitigt werden.[8] Bei näherer Betrachtung können die Grundfreiheiten in zwei Gruppen unterteilt werden: Zwei Grundfreiheiten betreffen den Produktenverkehr, zwei Grundfreiheiten die ungehinderte Standortwahl für die Produktionsfaktoren. Den Produktenverkehr umfassen Waren[9] und Dienstleistungen[10]. Als Produktionsfak-

---

5 *Tietje* in Grabitz/Hilf/Nettesheim, Art. 114 AEUV, Rn. 48 ff. m.w.N.; *Waldhoff* in Calliess/Ruffert, Art. 110 AEUV, Rn. 2 m.w.N.. Auch der bestätigt eine Bindung der Organe der Europäischen Union an die Grundfreiheiten: EuGH, *Rewe*, Rs. 37/82, Slg. 1984, 1229, Rn. 18; EuGH, *Meyhui*, Rs. C-51/93, Slg. 1994, I-3879, Rn. 11; EuGH, *Safety Hi-Tech*, Rs. C-284/95, Slg. 1998, I-4301, Rn. 63.

6 *Engert* in Eidenmüller (Hrsg.), Ausländische Kapitalgesellschaften, § 8, Rn. 6 m.w.N.; *Stein*, Die Grundfreiheiten müssen „Freiheiten" bleiben! - Nochmals zu Tabakwerbeverbot und Gemeinschaftskompetenz in EuZW 2000, S. 337 f. m.w.N.; *Tietje* in Grabitz/Hilf/Nettesheim, Art. 114 AEUV, Rn. 81 f. m.w.N.; *Marauhn/Simon* in Grabitz/Hilf/Nettesheim, Art. 145 AEUV, Rn. 19 ff. m.w.N.

7 *Bröhmer* in Calliess/Ruffert, Art. 63 AEUV, Rn. 65.

8 *Kingreen*, Die Struktur der Grundfreiheiten des Europäischen Gemeinschaftsrechts, S. 190 f.

9 Im Dritten Teil des AEUV, Titel II – mit Sonderregelungen für landwirtschaftliche Waren in Titel III.

10 *Troberg/Tiedje* in von der Groeben/Schwarze, Vorbemerkung zu den Artikeln 49 bis 55 EG, 2003, Rn. 13 f.; siehe auch den Dritten Teil des AEUV, Titel IV, Kapitel 4.

toren werden Kapital[11] und Arbeit[12] erfasst.[13] Der Produktionsfaktor Arbeit wird dabei in die Freizügigkeit der lohnabhängigen Arbeitskräfte und in die Freizügigkeit der Selbstständigen und Unternehmen unterteilt.[14]

2. *Grundfreiheiten als Diskriminierungs- und Beschränkungsverbote*

Der dogmatische Ansatz der Prüfung von europäischen Grundfreiheiten besteht in der Definition des sachlichen, persönlichen und räumlichen Anwendungsbereichs, also ihres Schutzbereichs. Weiterhin ist zu untersuchen, ob der Schutzbereich der Grundfreiheit durch die zu überprüfende Maßnahme beeinträchtigt ist und – falls dies festgestellt wird – ob diese Beeinträchtigung gerechtfertigt ist.[15]

Europäische Grundfreiheiten umfassen in erster Linie das Verbot diskriminierender Vorschriften aus Gründen der Staatsangehörigkeit oder Nationalität (Diskriminierungsverbot). Gemäß des Diskriminierungsverbots dürfen unterschiedliche Vorschriften nicht auf gleichartige Situationen angewendet werden und dieselbe Vorschrift nicht auf unterschiedliche Situationen angewendet werden.[16] Nach der überwiegend im Schrifttum und durch den EuGH in ständiger Rechtsprechung vertretenen Auffassung erstrecken sich europäische Grundfreiheiten auch auf unterschiedslos anwendbare Vorschriften der Mitgliedstaaten und verbieten eine Beschränkung der Grundfreiheiten (Beschränkungsverbot). Das Beschränkungsverbot entwickelte der EuGH zunächst für mengenmäßige Einfuhrbeschränkungen sowie alle Maßnahmen gleicher Wirkung im Sinne von Art. 34 AEUV.[17] Eine Maßnahme gleicher Wirkung ist danach jede staatliche Maßnahme, „die geeignet ist, den innergemeinschaftlichen Handel unmittelbar oder mittelbar, tatsächlich oder potenziell zu behindern“[18]. Diese zur Warenverkehrsfreiheit ergangene Rechtsprechung dehnt der EuGH in ihrer Anwendung auch auf

11 Im Dritten Teil des AEUV, Titel IV, Kapitel 4.

12 Im Dritten Teil des AEUV, Titel IV, Kapitel 1 und 2.

13 *Troberg/Tiedje* in von der Groeben/Schwarze, Vorbemerkung zu den Art. 49 bis 55 EG, 2003, Rn. 1; siehe auch die Ausführungen im Dritten Teil des AEUV, Titel III, Kapitel 1 und 2.

14 *Bröhmer* in Calliess/Ruffert, Art. 49 AEUV, Rn. 1; *Troberg/Tiedje* in von der Groeben/Schwarze, Vorbemerkung zu den Art. 43 bis 48 EG, Rn. 1.

15 *Frenz*, Handbuch Europarecht, Band 1, Rn. 346 ff.

16 EuGH, Rs. C–80/94, *Wiedlockx*, Slg. 1995, I–2493, 2515, Rn. 17; EuGH, Rs. C–302/97, *Konle*, Slg. 1999, I–3099, Rn. 24 und 49; *Bayer*, Zulässige und unzulässige Einschränkungen der europäischen Grundfreiheiten im Gesellschaftsrecht in Betriebs-Berater 2002, S. 2289 ff.

17 Mitunter streitig, siehe: *Cordewener*, Europäische Grundfreiheiten und nationales Steuerrecht, S. 104 ff., 227 ff.; *Kokott*, Die Bedeutung der europarechtlichen Diskriminierungsverbote und Grundfreiheiten für das Steuerrecht der EU-Mitgliedstaaten in Lehner (Hrsg.), Grundfreiheiten im Steuerrecht der EU-Staaten, S. 16, 17 ff. m.w.N.; *Kubicki*, Die subjektivrechtliche Komponente der Unionsbürgerschaft in Europarecht 2006, S. 489, 497 ff.

18 EuGH, Rs. 8–74, *Dassonville*, Slg. 1974, S. 837, 852, Rn. 5.

andere Grundfreiheiten aus.[19] Bei der Untersuchung von Entscheidungen des EuGH im Zusammenhang mit steuerrechtlichen Beschränkungen zeigt sich jedoch, dass das Beschränkungsverbot im Steuerrecht zum Schutz der Autonomie der Finanzen und Steuern der Mitgliedstaaten lediglich in Ausnahmefällen (etwa bei erdrosselnder Besteuerung) berücksichtigt wird.[20] So stellt der EuGH zum Beispiel in der Rechtssache *Weigel* fest, dass der Vertrag einem Erwerbstätigen bei Verlagerung seiner Tätigkeiten in einen anderen Mitgliedstaat keine Neutralität der Besteuerung garantiere. Der EuGH gelangt zu der Auffassung, dass „ein eventueller Nachteil im Vergleich zu der Situation, in der der Erwerbstätige seine Tätigkeiten vor der Verlagerung ausübte, grundsätzlich nicht gegen Art. 39 EG" (nun Art. 45 AEUV) verstoße, sofern der Erwerbstätige durch die Rechtsnorm nicht gegenüber Personen benachteiligt wird, auf die die Rechtsnorm bereits zuvor anwendbar war.[21] Bei der Betrachtung des räumlichen Geltungsbereichs der Grundfreiheiten stellt der EuGH in ständiger Rechtsprechung fest, dass interne Sachverhalte der Mitgliedstaaten nicht erfasst werden.[22] Europäische Grundfreiheiten sind somit grundsätzlich nur bei Vorliegen eines grenzüberschreitenden Sachverhalts anwendbar.

3. *Rechtfertigungsgründe*

Sofern ein Rechtsakt in den Schutzbereich einer Grundfreiheit eingreift, ist dieser Rechtsakt nur dann mit dem Unionsrecht vereinbar, wenn der Eingriff gerechtfertigt ist.

---

19 Weiterführend zur dogmatischen Einordnung: *Kingreen* in Calliess/Ruffert, Art. 34–36 AEUV, Rn. 1 ff. m.w.N.

20 EuGH, Rs. C–387/01, *Weigel*, Slg. 2004, I–4981, Rn. 55; EuGH, Rs. C–365/02, *Lindfors*, Slg. 2004, I–7183, Rn. 34; EuGH, Rs. C–403/03, *Schempp*, Slg. 2005, I-6421, Rn. 45; EuGH, Rs. C–392/05, *Alevizos*, Slg. 2007, I–3505, Rn. 76; EuGH, Rs. C-298/05, *Columbus Container Services*, Slg. 2007, I-10451, Rn. 51; EuGH, Rs. C-67/08, *Block*, Slg. 2009, I-883, Rn. 31; EuGH, Rs. C-253/09, *Kommission/Ungarn*, noch nicht in der amtlichen Sammlung veröffentlicht, Rn. 83; *Cordewener*, Europäische Grundfreiheiten und nationales Steuerrecht, S. 843 ff.; *Fischer*, Grundfreiheiten, direkte Steuern und nationale Kompetenzgrenzen in JZ 2007, S. 1024, 1028.

21 EuGH, Rs. C–387/01, *Weigel*, Slg. 2004, I–4981, Rn. 55 mit Verweis auf EuGH, verb. Rs. C–393/99 und C–394/99, *Hervein*, Slg. 2002, I–2829, Rn. 51 (zur sozialen Sicherheit).

22 EuGH, Rs. 52/79, Debauve, Slg. 1980, 833, 855; EuGH, Rs. 41/90, *Höfner und Elser*, Slg. 1991, I–1979, 2020; EuGH, Rs. C–112/91, *Werner*, Slg. 1993, I–429, 470, Rn. 43; EuGH, Rs. C–19/92, *Kraus*, Slg. 1993, I–1663, Rn. 15 f.; EuGH, Rs. C–224/98, *D'Hoop*, Slg. 2002, I–6191, Rn. 8 und 29; EuGH, Rs. C–224/02, *Pusa*, Slg. 2004, I–5763, Rn. 12, 17 und 21; EuGH, Rs. C–403/03, *Schempp*, Slg. 2005, I-6421, Rn. 40 ff.

a. Geschriebene Rechtfertigungsgründe

Zunächst sind die geschriebenen Rechtfertigungsgründe des Vertrags über die Arbeitsweise der Europäischen Union darzustellen. Als Beispiel eines geschriebenen Rechtfertigungsgrundes soll Art. 65 Abs. 1 lit. b AEUV genannt werden, der es den Mitgliedstaaten ermöglicht, Maßnahmen zu ergreifen, die „aus Gründen der öffentlichen Ordnung und Sicherheit gerechtfertigt sind". Der Begriff der „öffentlichen Ordnung und Sicherheit" wird allerdings im Vertrag über die Arbeitsweise der Europäischen Union nicht definiert. Eine Auslegung des Begriffs erfolgt durch die Rechtsprechung des EuGH. So erkannte der EuGH, dass der Begriff der öffentlichen Ordnung regelmäßig restriktiv auszulegen sei, wobei nicht jede Verletzung nationaler Vorschriften als Verstoß gegen die öffentliche Ordnung zu werten sei;[23] rein wirtschaftliche Interessen genügen nicht zur einer Rechtfertigung[24]. Vielmehr sei eine „tatsächliche und hinreichend schwere Gefährdung" erforderlich, „die ein Grundinteresse der Gesellschaft berührt".[25] Darunter verstand der EuGH in späterer Rechtsprechung insbesondere Maßnahmen „zur Sicherstellung der Wirksamkeit der Steueraufsicht und zur Bekämpfung rechtswidriger Tätigkeiten, wie der Steuerhinterziehung, der Geldwäsche, des Drogenhandels und des Terrorismus"[26].

b. Ungeschriebene Rechtfertigungsgründe

Neben den geschriebenen Rechtfertigungsgründen des Primärrechts existieren weitere ungeschriebene Rechtfertigungsgründe. Diese wurden in richterlicher Rechtsfortbildung eingeführt und regelmäßig in ständiger Rechtsprechung gefestigt oder weiterentwickelt.[27]

---

23 EuGH, Rs. 41/74, *Van Duyn*, Slg. 1974, 1337, 1350, Leitsatz Nr. 4; EuGH, Rs. 36/75, *Rutili*, Slg. 1975, 1219, Rn. 27; EuGH, *Bouchereau*, 30/77, Slg. 1977, 1999, Rn. 33; EuGH, C–503/03, *Kommission/Spanien*, Slg. 2006, I–1097, Rn. 45; EuGH, verb. Rs. C–482/01 und C–493/01, *Orfanopoulos und Oliveri*, Slg. 2004, I–5257, Rn. 64 f.

24 EuGH, Rs. C-96/08, *CIBA*, Slg. 2010, I-2911, Rn. 48.

25 EuGH, Rs. 30/77, *Bouchereau*, Slg. 1977, 1999, 2013, Rn. 33 und 35 (im Bereich des Aufenthaltsrechts für Ausländer). Im Bereich des Umweltschutzes: EuGH, Rs. C-384/08, *Attanasio Group*, Slg. 2010, I-2055, Rn. 50; EuGH, Rs. C-567/07, *Woningstichting*, Slg. 2009, I-9021, Rn. 29; im Bereich des Verbaucherschutzes: EuGH, Rs. C-260/042007, *Kommission/Italien*, Slg. 2007, I-7083, Rn. 27.

26 EuGH, verb. Rs. C–358/93 und C–416/93, *Aldo Bordessa*, Slg. 1995, I–361, Rn. 19. Siehe auch: EuGH, verb. Rs. C-163/94, C-165/94 und C-250/94, *Sanz de Lera*, Slg. 1995, I-4821, Rn. 22; EuGH, Rs. C-478/98, *Kommission/Belgien*, Slg. 2000, I–7587, Rn. 38; EuGH, Rs. C-188/09, *Dyrektor Izby Skarbowej*, noch nicht in der amtlichen Sammlung veröffentlicht, Rn. 25 m.w.N.

27 *Wegener* in Calliess/Ruffert, Art. 19 EUV, Rn. 17. Speziell zu der Funktion des EuGH bei der Rechtsangleichung: *Everling*, Zur Funktion des Gerichtshofes bei der Rechtsangleichung in der Europäischen Gemeinschaft, S. 359–374 in Lessmann (Hrsg.), FS-Lukes.

aa. Die Cassis de Dijon-Rechtsprechung des EuGH

Grundlegend bei der Darstellung ungeschriebener Rechtfertigungsgründe ist die in der Rechtssache *Cassis de Dijon* ergangene Entscheidung des EuGH zur Warenverkehrsfreiheit nach Art. 34 AEUV.[28] In der Urteilsbegründung führte der EuGH aus, dass es „in Ermangelung einer gemeinschaftlichen Regelung der Herstellung und Vermarktung von Weingeist" prinzipiell Sache der jeweiligen Mitgliedstaaten sei, „alle die Herstellung und Vermarktung von Weingeist und alkoholischen Getränken betreffenden Vorschriften für ihr Hoheitsgebiet zu erlassen. Hemmnisse für den Binnenhandel der Europäischen Union müssen allerdings nur hingenommen werden, soweit diese Bestimmungen notwendig sind, um zwingenden Erfordernissen gerecht zu werden, insbesondere den Erfordernissen einer wirksamen steuerlichen Kontrolle, des Schutzes der öffentlichen Gesundheit, der Lauterkeit des Handelsverkehrs und des Verbraucherschutzes"[29]. Die in der Entscheidung des EuGH beispielhaft aufgezählten zwingenden Gründe des Allgemeinwohls sind nicht abschließend durch den EuGH aufgezählt („insbesondere") und werden im Einzelfall durch die europäischen Gerichte beurteilt und richterlich fortgebildet.[30]

bb. Übertragung der Cassis de Dijon-Entscheidung auf weitere Grundfreiheiten

Grundlage für die Entscheidung in der Rechtssache *Cassis de Dijon* war ein Sachverhalt mit Bezug zur europäischen Warenverkehrsfreiheit. Die Entscheidung des EuGH ist grundsätzlich auch auf die anderen Grundfreiheiten übertragbar. Der EuGH nutzt beim Transfer seiner Rechtsprechung auf andere Grundfreiheiten allerdings eine unterschiedliche Terminologie als die der

---

28 EuGH, Rs. 120/78, *Cassis de Dijon*, Slg. 1979, 649.

29 EuGH, Rs. 120/78, *Cassis de Dijon*, Slg. 1979, 649, Rn. 8. Diese Entscheidung verdeutlicht das sogenannte Prinzip der gegenseitigen Anerkennung innerhalb des europäischen Rechtgebiets.

30 *Kingreen* in Calliess/Ruffert, Art. 34–36 AEUV, Rn. 80 ff.

„zwingenden Erfordernisse“ aus der Rechtssache *Cassis de Dijon*, inhaltlich sind die unterschiedlichen Begrifflichkeiten jedoch deckungsgleich.[31]

Auf dem Gebiet des Steuerrechts entwickelte der EuGH mehrere Rechtfertigungsgründe für Steuernormen, die Grundfreiheiten beeinträchtigen. Zu benennen sind in diesem Zusammenhang insbesondere der Rechtfertigungsgrund des effektiven Steuervollzugs und der Schutz vor Steuerumgehung, die allerdings sehr restriktiv angewendet werden.[32]

4. Dogmatisches Vorgehen im Zusammenhang mit der Untersuchung

Gemäß des Grundsatzes der Parallelität der Grundfreiheiten[33] ist ein Rechtsakt auf seine Beschränkung der Grundfreiheiten hin zu untersuchen, wobei es sachgemäß ist, die Beschränkung im Zusammenhang mit allen tangierten Grundfreiheiten zu analysieren und angemessen zu werten.[34] Die nachfolgenden Untersuchungen beginnen daher mit der Untersuchung der objektiven Geeignetheit der Devisentransaktionssteuer zur Beeinträchtigung der Grundfreiheiten, wobei zu überprüfen ist, ob eine Ausnahmebestimmung oder ein zwingendes Erfordernis im Sinne der *Cassis de Dijon*-Rechtsprechung des EuGH dies rechtfertigen

---

31 „Regelungen, die durch das Allgemeininteresse gerechtfertigt sind“: EuGH, Rs. 279/80, *Webb*, Slg. 1981, 3305, 3325, Rn. 17. Auf dieses Urteil verweisend, wenn auch mit anderer Wortwahl: EuGH, Rs. C-347/09, *Dickinger*, noch nicht in der amtlichen Sammlung veröffentlicht, Rn. 94 mit Verweis auf: EuGH, *Arblade*, verb. Rs. C-369/96 und C-376/96, Slg. 1999, I-8453, Rn. 34 f.; EuGH, Rs. C-390/99, *Canal Satélite Digital*, Slg. 2002, I-607, Rn. 38. „Zwingende Gründe des Allgemeinwohls“: EuGH, Rs. C–67/98, *Zenatti*, Slg. 1999, I–7289, 7314, Rn. 31. Auf dieses Urteil verweisend, wenn auch mit anderer Wortwahl: EuGH, Rs. C-260/04, *Kommission/Italien*, Slg. 2007, I-7083, Rn. 35 m.w.N.; EuGH, Rs. C-384/08, *Attanasio Group*, Slg. 2010, I-2055, Rn. 53 ff.; EuGH, Rs. C-72/10, *Costa*, noch nicht in der amtlichen Sammlung veröffentlicht, Rn. 59. „Allgemeine Verpflichtungen“: EuGH, Rs. 96/85, *Kommission/Frankreich*, Slg. 1986, 1475, 1485, Rn. 11. Auf dieses Urteil verweisend, wenn auch mit anderer Wortwahl: EuGH, Rs. C-272/94, *Guiot*, Slg. 1996, I-1905, Rn. 11; EuGH, verb. Rs. C-369/96 und C-376/96, *Arblade*, Slg. 1999, I-8453, Rn. 34; EuGH, Rs. C-165/98, *Mazzoleni*, Slg. 2001, I-2189, Rn. 25.

32 *Drüen/Kahler*, Die nationale Steuerhoheit im Prozess der Europäisierung in StuW 2005, S. 171, 178 ff. m.w.N.; *Schaumburg/Schaumburg*, Steuerliche Leistungsfähigkeit und europäische Grundfreiheiten im Internationalen Steuerrecht in StuW 2005, S. 306, 309.

33 *Beckmann*, Die Ausnahmen der Dienstleistungsfreiheit nach dem EWG-Vertrag in Europarecht 1987, S. 28, 32; Ehlers, Das Wirtschaftsverwaltungsrecht im europäischen Binnenmarkt in NVwZ 1990, S. 810, 813.

34 *Schön*, Der Kapitalverkehr mit Drittstaaten und das internationale Steuerrecht in Gocke/Gosch/Lang (Hrsg.), FS-Wassermeyer, S. 489, 503 f.; *Weber*, Kapitalverkehr und Kapitalmärkte im Vertrag über die Europäische Union in EuZW 1992, S. 561, 564.

kann.[35] Ist die Devisentransaktionssteuer objektiv geeignet, mehrere Grundfreiheiten zu beeinträchtigen, soll kurz darauf eingegangen werden, ob sich die Schutzbereiche der Grundfreiheiten gegenseitig ausschließen, auf Konkurrenzebene verdrängen, oder ob sich die Devisentransaktionssteuer, sofern sie den Schutzbereich mehrerer Grundfreiheiten beeinträchtigt, an allen der jeweils betroffenen Grundfreiheiten messen lassen muss.

II. Warenverkehrsfreiheit

1. Allgemeines

Zunächst soll die Devisentransaktionssteuer und ihr Verhältnis zur Warenverkehrsfreiheit (Art. 28–37 AEUV) untersucht werden. Adressaten der Warenverkehrsfreiheit sind zunächst die Mitgliedstaaten und deren Organe, die Beschränkungen des Warenverkehrs abbauen müssen und keine neuen Beschränkungen des Warenverkehrs einführen dürfen. Außerdem adressiert die Warenverkehrsfreiheit die Europäische Union und deren Organe. Erfasst ist jedes hoheitliche Handeln.[36]

2. Begriff der Ware

Die Eröffnung des Schutzbereiches der Warenverkehrsfreiheit nach Art. 28 Abs. 1, 29, 34 AEUV knüpft zunächst an den Begriff der Ware an. Der Begriff der Ware ist innerhalb der Verträge nicht legal definiert. In der ständigen Rechtsprechung des EuGH findet sich allerdings die Aussage, dass unter Ware Erzeugnisse zu verstehen sind, die einen Geldwert haben und deshalb Gegenstand von Handelsgeschäften sein können.[37] Im Schrifttum war früher umstritten, ob eine Ware auch ein körperlicher Gegenstand sein muss.[38] Der EuGH lehnte das Erfordernis der Körperlichkeit einer Sache als Tatbestandsmerkmal des Warenbegriffs in der Rechtssache *PreussenElektra* - namentlich für elektrischen Strom - ab.[39] Damit könnte zunächst davon ausgegangen werden, dass Devisen als Ansprüche auf Zahlungen (Forderungen) in fremder Währung in Form von Sichtguthaben (Buchgeld) trotz ihrer Nicht-Körperlichkeit nach der Rechtsprechung des EuGH grundsätzlich vom Warenbegriff des Vertrags über die Arbeitsweise der Europäischen Union umfasst werden.

---

35 *Weber*, Kapitalverkehr und Kapitalmärkte im Vertrag über die Europäische Union in EuZW 1992, S. 561, 564 f.

36 *Kingreen* in Calliess/Ruffert, Art. 34–36 AEUV, Rn. 104 ff.; EuGH, verb. Rs. 80/77 und 81/77, *Société Les Commissionnaires Réunis SARL*, Slg. 1978, 927, Rn. 35 f.; EuGH, Rs. 37/83, *REWE*, Slg. 1984, 1229, Rn. 17 ff.

37 EuGH, Rs. 7/68, *Kommission/Italien*, Slg. 1968, 633, 642; EuGH, Rs. C–2/90, *Kommission/Belgien*, Slg. 1992, I–4431; EuGH, Rs. C–324/93, *Evans*, Slg. 1995, I–563, Rn. 20; *Terhechte* in Schwarze, Art. 23 EG, Rn. 18 m.w.N.

38 *Müller-Graff* in von der Groeben/Schwarze, Art. 28 EG, Rn. 274 m.w.N. und Rn. 276 m.w.N.; *Terhechte* in Schwarze, Art. 23 EG, Rn. 20.

39 EuGH, Rs. C–379/98, *PreussenElektra*, Slg. 2001, I–2099, Rn. 68 ff.

In der Rechtssache *Thomson* stellte der EuGH jedoch fest, dass nach Art. 106 EG (nun Art. 128 AEUV) jeder Mitgliedstaat verpflichtet sei, Zahlungen in der Währung des Mitgliedstaates zu genehmigen, in dem der Gläubiger oder der Begünstigte ansässig ist und die sich auf Waren-, Dienstleistungs- und Kapitalverkehr beziehen, sowie den Transfer von Kapitalbeträgen und Arbeitsentgelten zu gestatten. Die Durchführung der Zahlung soll insgesamt sichergestellt sein, woraus abzuleiten sei, „dass Zahlungsmittel im System des Vertrags nicht als Waren zu betrachten sind.“[40] Die Erkenntnis, dass gesetzliche Zahlungsmittel nicht als Waren im Sinne des Vertrags über die Arbeitsweise der Europäischen Union zu betrachten sind, bestätigte der EuGH in der Rechtssache *Bordessa.*[41] Gesetzliche Zahlungsmittel sind im Verkehr anerkannte Zahlungsmittel, die jeder Gläubiger einer Geldschuld nach den Gesetzen eines Landes annehmen muss, was unter anderem im Verkehr anerkannte Münzen und Geldnoten, Buchgeld und elektronisches Geld umfasst.[42] In den Mitgliedstaaten der Europäischen Union mit dem Euro als gemeinsamer Währung sind auf Euro lautende Münzen und Banknoten gesetzliches Zahlungsmittel.[43] Bei Devisen handelt es sich um Ansprüche auf Zahlung in fremder Währung an einem ausländischen Platz.[44] Devisen stellen damit grundsätzlich gesetzliche Zahlungsmittel dar.[45] Als gesetzliches Zahlungsmittel fallen Devisen nicht unter den unionsrechtlichen Warenbegriff und stellen damit keine Waren im Sinne des Art. 28 Abs. 1, 29, 34 AEUV dar.

3. *Warenbezug*

Eine Beschränkung des Warenverkehrs könnte sich jedoch aus einem Warenbezug der Devisentransaktionssteuer ergeben. Die Steuer könnte auf Waren, die bei der Lieferung, Herstellung oder in sonstiger Weise Gegenstand eines Devisengeschäftes sind, einen preiserhöhenden Effekt besitzen, der dadurch den freien Warenverkehr behindert. Um eine derartige mittelbare Beschränkung des freien Warenverkehrs zu verhindern, erfassen die Art. 28 und 30 AEUV das Verbot von Ein- und Ausfuhrzöllen und Abgaben gleicher Wirkung wie Zölle ausdrücklich. Abgabe ist der Sammelbegriff für alle Geldleistungen, die der

40 EuGH, Rs. 7–78, *Thompson*, Slg. 1978, 2247, Rn. 23/25.

41 EuGH, verb. Rs. C–358/93 und C–416/93, *Bordessa*, Slg. 1995, I–361, Rn. 12; Schlussanträge *Generalanwalt Tesauro* vom 17. November 1994, verb. Rs. C–358/93 und C–416/93, *Bordessa*, Slg.1995, I–361, Rn. 8.

42 Palandt/*Grüneberg*, BGB, § 245 BGB, Rn. 3 ff. m.w.N.

43 Vgl. § 14 Abs. 1 Satz 2 des Gesetzes über die Deutsche Bundesbank in der Fassung der Bekanntmachung vom 22. Oktober 1992 (BGBl. I S. 1782), das zuletzt durch Artikel 12 des Gesetzes vom 5. Februar 2009 (BGBl. I S. 160) geändert worden ist. Palandt/*Grüneberg*, BGB, § 245 BGB, Rn. 7 ff.

44 Dazu die Ausführungen in dem Abschnitt „I. Devisen und Sorten“ auf Seite 8 dieser Arbeit.

45 *Schefold* in Schimansky/Bunte/Lwowski (Hrsg.), Bankrechts-Handbuch, § 117, Rn. 2 m.w.N.; *Hopt* in Baumbach/Hopt, § 361 HGB, Rn. 3.

Bürger kraft öffentlichen Rechts an den Staat oder an sonstige Körperschaften des öffentlichen Rechts abzuführen hat, insbesondere Steuern und Zölle.[46] Die zollgleiche Wirkung einer Abgabe wird nach ständiger Rechtsprechung des EuGH anhand einer systematischen Auslegung der Norm innerhalb des Vertrags über die Arbeitsweise der Europäischen Union beurteilt. Der Begriff der Abgabe zollgleicher Wirkung umfasst dabei alle Abgaben, die die Verwirklichung der Vertragsziele, insbesondere die Gewährleistung des freien Warenverkehrs und die Errichtung eines unverfälschten Wettbewerbs beeinträchtigt.[47] In der Rechtssache *Variola* anerkennt der EuGH, dass „das Verbot, Zölle und Abgaben gleicher Wirkung zu erheben, […] sich auf alle anlässlich oder wegen der Einfuhr geforderten Abgaben, die dadurch, dass sie eingeführte Waren, nicht aber einheimische Waren spezifisch treffen, die gleiche einschränkende Wirkung auf den freien Warenverkehr haben wie ein Zoll."[48] Die Erhebung von derartigen Abgaben ist damit nach Ansicht des EuGH eine Beeinträchtigung des Warenverkehrs. Voraussetzung für das Vorliegen einer Abgabe zollgleicher Wirkung ist jedoch, dass sie anlässlich oder wegen der Einfuhr einer Ware erhoben wird.[49]

Eine Devisentransaktionssteuer knüpft an den vertraglichen Abschluss eines Devisengeschäfts an und nicht an den Grenzübertritt einer Ware. Damit hat die Devisentransaktionssteuer keinen Bezug zu Waren und beschränkt die Warenverkehrsfreiheit im Sinne des Vertrags über die Arbeitsweise der Europäischen Union nicht.

III. Niederlassungsfreiheit

1. Allgemeines

Die Niederlassungsfreiheit untergliedert sich in die primäre Niederlassungsfreiheit von Selbstständigen und Gesellschaften (Art. 49 Abs. 1 Satz 1 AEUV) so-

---

46 *Creifelds*, Rechtswörterbuch, Stichwort „Abgabe".

47 *Immenga/Mestmäcker*, C. Auslegung der Wettbewerbsregeln in Immenga/Mestmäcker (Hrsg.), Wettbewerbsrecht, Rn. 2 m.w.N.; *Vaulont* in von der Groeben/Schwarze, Art. 25, Rn. 5; EuGH, verb. Rs. 2/62 und 3/62, *Kommission/Großherzogtum Luxemburg und Königreich Belgien*, Slg. 1962, 869, 882; EuGH, Rs. 90/79, *Kommission/Frankreich*, Slg. 1981, 283, 301.

48 EuGH, Rs. 34/73, *Variola*, Slg. 1973, 981, Rn. 6. Der EuGH stellt mitunter fest, dass die durch die Abgabe bewirkte finanzielle Belastung auf dem Preis der ausgeführten Ware ruhe: EuGH, Rs. 7–68, *Kommission/Italien*, Slg. 1968 (dt. Ausgabe), S. 634 – Abschnitt 2; EuGH, Rs. C–209/89, *Kommission/Italien*, Slg. 1991, I–1575, Rn. 8; EuGH, verb. Rs. C-216/99 und C-222/99, *Riccardo Prisco*, Slg. 2002, I-6761, Rn. 56.

49 EuGH, Rs. 34/73, *Variola*, Slg. 1973, 981, Rn. 6; EuGH, Rs. C-163/90, *Legros*, Slg. Slg. 1992, I-4625, Rn. 18; EuGH, verb, Rs. C-363/93, C-407/93–C-411/93, *Lancry*, Slg. Slg. 1994, I-3957, Rn. 32; EuGH, verb. Rs. C-485/93 und C-486/93, *Simitzi*, Slg. Slg. 1995, I-2655, Rn. 17.

wie deren sekundäre Niederlassung (Art. 49 Abs. 1 Satz 2 AEUV).[50] Finanzintermediäre als wesentliche Gruppe von Marktteilnehmern am Devisenmarkt sind regelmäßig in Form einer Gesellschaft anzutreffen. Die Niederlassungsfreiheit nach Art. 49 Abs. 1 AEUV ist dem Wortlaut nach nur auf natürliche Personen anwendbar, erfährt jedoch durch Art. 54 AEUV eine Erweiterung ihres Anwendungsbereiches auf Gesellschaften. Für die Untersuchung einer eventuellen Beeinträchtigung der Arbeitnehmerfreizügigkeit gemäß Art. 45 AEUV[51] bietet die in dem Abschnitt *„C. Steuertatbestand“* auf Seite 77 dieser Arbeit erfolgte Darstellung der Devisentransaktionssteuer keine ausreichende Grundlage und soll daher nicht näher untersucht werden.[52]

2. *Begriff der Niederlassung und Schutzbereich*

Wie auch zum Warenbegriff des Art. 28 Abs. 1 AEUV enthalten die Verträge keine Definition der Niederlassung im Sinne des Art. 49 Abs. 2 AEUV. Der EuGH definiert in der Rechtssache *Factortame* eine Niederlassung als „die tatsächliche Ausübung einer wirtschaftlichen Tätigkeit mittels einer festen Einrichtung in einem anderen Mitgliedstaat auf unbestimmte Zeit“[53]. Der sachliche Schutzbereich der Niederlassungsfreiheit umfasst nach der im Schrifttum überwiegend vertretenen Auffassung das Beschränkungsverbot der Gründung von Agenturen, Niederlassungen oder Tochtergesellschaften durch Angehörige eines Mitgliedstaats der Europäischen Union, die im Hoheitsgebiet eines anderen Mitgliedstaats ansässig sind sowie das Beschränkungsverbot der Aufnahme und

50 *Bröhmer* in Calliess/Ruffert, Art. 49 AEUV, Rn. 17 f. m.w.N.; *Frenz*, Handbuch Europarecht, Band 1, Rn. 1125 ff. m.w.N.; *Schlag* in Schwarze, Art. 43 EG, Rn. 29; EuGH, Rs. C–221/89, *Factortame*, Slg. 1991, I–3905, Rn. 20: Primär ist die Niederlassung, wenn die Niederlassung den Schwerpunkt der wirtschaftlichen Tätigkeit des Dienstleisters und dadurch den Hauptsitz seiner Wirtschaftstätigkeit darstellt. Sekundär ist die Niederlassung, wenn lediglich ein Betriebsteil verlagert oder neu errichtet wird, der Schwerpunkt im Herkunftsmitgliedstaat bestehen bleibt.

51 Die Grundfreiheit der Arbeitnehmerfreizügigkeit dient der Optimierung der Arbeitskräftemobilität.

52 Interessant erscheint jedoch die Untersuchung der rechtlichen Auswirkungen der Devisentransaktionssteuer auf die Freizügigkeit von Selbstständigen und Gesellschaften. Denn die Devisentransaktionssteuer erhöht die Transaktionskosten eines Devisengeschäfts. Transaktionskosten sind bei der Wahl des Standorts eines Unternehmens oder Selbstständigen ein wesentliches Argument.

53 EuGH, Rs. C–221/89, *Factortame*, Slg. 1991, I–3905, Rn. 20. Siehe auch die ständige Rechtsprechung der EuGH: EuGH, Rs. C-215/01, *Schnitzer*, Slg. 2003, I-14847, Rn. 30 f.; EuGH, Rs. C–456/02, *Trojani*, Slg. 2004, I–7573, Rn. 28; EuGH, Rs. C-171/02, *Kommission/Portugal*, Slg. 2004, I-5645, Rn. 26; EuGH, Rs. C-208/07, *Chamier-Glisczinski*, Slg. 2009, I-6095, Rn. 74; EuGH, Rs. C-97/09, *Schmelz*, noch nicht in der amtlichen Sammlung veröffentlicht, Rn. 42; EuGH, Rs. C-458/08, *Kommission/Portugal*, noch nicht in der amtlichen Sammlung veröffentlicht, Rn. 85.

Ausübung selbstständiger Erwerbstätigkeiten sowie der Gründung und Leitung von Unternehmen.[54]

Die Devisentransaktionssteuer könnte nach den vorgenannten Darstellungen zu einer steuerlich motivierten Verlagerung der Devisengeschäfte von einem Mitgliedstaat, der eine Devisentransaktionssteuer eingeführt hat, in einen anderen Mitgliedstaat, der keine Devisentransaktionssteuer eingeführt hat, führen. Fraglich ist, ob die steuerlich motivierte Verlagerung eine verbotene Beschränkung der Niederlassungsfreiheit darstellt. Nach Auffassung des EuGH ist die Verlagerung von Tätigkeiten von einem Mitgliedstaat in einen anderen Mitgliedstaat mit dem Ziel, in den Genuss eines günstigeren Steuersystems zu kommen, nicht ausreichend, um auf eine missbräuchliche Ausnutzung der Niederlassungsfreiheit zu schließen. Der Steuerwettbewerb innerhalb der Europäischen Union sei ein (steuer-)politisches Problem, das auf politischer Ebene zu lösen sei.[55] Voraussetzung für einen Steuerwettbewerb innerhalb der Europäischen Union ist jedoch die lediglich auf der Ebene eines oder mehrerer Mitgliedstaaten eingeführte Devisentransaktionssteuer. Da die Devisentransaktionssteuer auf dem gesamten Gebiet der Europäischen Union eingeführt werden soll, kann kein Steuerwettbewerb zwischen den Mitgliedstaaten stattfinden. Sofern die Devisentransaktionssteuer jedoch lediglich in einigen Mitgliedstaaten der Europäischen Union eingeführt wird, werden nach den voranstehenden Analysen Gesellschaften und deren Niederlassungen steuerlich ungleich behandelt. Gesellschaften mit Sitz in Mitgliedstaaten ohne Devisentransaktionssteuer sind in diesem Fall gegenüber ihren Niederlassungen mit Sitz in Mitgliedstaaten mit einer derartigen Steuer bevorteilt.

3. *Beeinträchtigungen*

a. *Diskriminierungsverbot*

Beeinträchtigungen der Niederlassungsfreiheit können aus offenen oder versteckt diskriminierenden Regelungen sowie in unterschiedslosen Beschränkun-

54 *Frenz*, Handbuch Europarecht, Band 1, Rn. 1887; *Khan/Kotzur* in Geiger/Khan/Kotzur, Art. 49 AEUV, Rn. 8 ff. m.w.N.; *Forsthoff* in Grabitz/Hilf/Nettesheim, Art. 49 AEUV, Rn. 10 ff.

55 EuGH, Rs. C–264/96, *ICI*, Slg. 1998, I–4695, Rn. 28, EuGH, Rs. C–478/98, *Kommission/Belgien*, Slg. 2000, I–7587, Rn. 45; EuGH, verb. Rs. C–397/98 und C–410/98, *Metallgesellschaft*, Slg. 2001, I–1727, Rn. 57; EuGH, Rs. C–446/03, *Marks & Spencer*, Slg. 2005, I- 10837, Rn. 44; EuGH, Rs. C–196/04, *Cadbury Schweppes*, Slg. 2006, I–7995, Rn. 37. Der Steuerwettbewerb kann einen erheblichen Einfluss auf die Entscheidung der Gesellschaften für den Standort ihrer Tätigkeiten innerhalb der Europäischen Union haben: *Europäische Kommission*, Ein Binnenmarkt ohne steuerliche Hindernisse (KOM (2001) 582 endg.) und der Bericht der Kommissionsdienststellen über die Unternehmensbesteuerung im Binnenmarkt (SEK (2001) 1681 endg.).

gen entstehen[56] und sich sowohl aus der belastenden als auch aus der befreienden Wirkung von Steuernormen ergeben.[57] Die Devisentransaktionssteuer könnte durch ihre die Transaktionskosten erhöhende Wirkung eine versteckte Diskriminierung darstellen, die als eine Beeinträchtigung der Niederlassungsfreiheit zu werten ist.[58] Sollten einzelne Mitgliedstaaten die Devisentransaktionssteuer auf nationaler Ebene erlassen, ist zu untersuchen, ob die möglicherweise dadurch entstehende steuerliche Ungleichbehandlung diskriminierend ist. Ob eine versteckte Diskriminierung durch eine steuerliche Ungleichbehandlung besteht, ist durch Vergleich festzustellen, ob sich eine Gesellschaft mit Sitz in einem Mitgliedstaat und eine Niederlassung dieser Gesellschaft mit Sitz in einem anderen Mitgliedstaat für die Zwecke der Besteuerung entstandener Gewinne in einer objektiv vergleichbaren Situation befinden.[59]

Nach den Ausführungen über die Devisentransaktionssteuer kommt es bei einer nicht auf das gesamte Gebiet der Europäischen Union ausgeweiteten Steuer zu einer Ungleichbehandlung von Gesellschaften und deren Niederlassungen. Gesellschaften mit Sitz in Mitgliedstaaten ohne Devisentransaktionssteuer sind damit gegenüber ihren Niederlassungen mit Sitz in Mitgliedstaaten mit einer derartigen Steuer bevorteilt.

b. Beschränkungsverbot

Möglich wäre auch, dass die Devisentransaktionssteuer die Ausübung der Niederlassungsfreiheit faktisch beeinträchtigt, erschwert oder den Schutzbereich der Niederlassungsfreiheit verkürzt. Dazu müsste die Niederlassungsfreiheit allerdings auch ein allgemeines Beschränkungsverbot umfassen, das über das bloße Verbot der Diskriminierung hinausgeht.[60] In der Rechtssache *Payroll*[61] aner-

---

56 *Frenz*, Handbuch Europarecht, Band 1, Rn. 1892 m.w.N. und Verweis auf die Rechtsprechung des EuGH zu unterschiedslosen Beschränkungen: EuGH, Rs. C–79/01, *Payroll*, Slg. 2002, I–8923, Rn. 26; *Khan/Kotzur* in Geiger/Khan/Kotzur, Art. 49 AEUV, Rn. 8 ff. m.w.N.; *Forsthoff* in Grabitz/Hilf/Nettesheim, Art. 49 AEUV, Rn. 75 ff.

57 EuGH, Rs. 270/83, *Kommission/Frankreich*, Slg. 1986, 273, Rn. 18; EuGH, Rs. C–330/91, *Commerzbank*, Slg. 1993, I–4017, Rn. 14, 18; EuGH, Rs. C–1/93, *Halliburton*, Slg. 1994, I–1137, Rn. 14 ff.; EuGH, Rs. C–231/05, *Oy AA*, Slg. 2007, I–6373, Rn. 37 ff. m.w.N.; EuGH, Rs. C-379/05, *Amurta*, Slg. 2007, I-9569, Rn. 58; EuGH, Rs. C-284/09, *Kommission/Deutschland*, noch nicht in der amtlichen Sammlung veröffentlicht, Rn. 77.

58 Das Verbot dieser Beschränkungen ergibt sich bereits aus der Anwendung des allgemeinen Diskriminierungsverbotes nach Art. 25 AEUV: EuGH, Rs. C–112/91, *Werner*, Slg. 1993, I–429, Rn. 20.

59 EuGH, Rs. C–311/01, *Royal Bank of Scotland*, Slg. 1999, I–2651, Rn. 26.

60 *Frenz*, Handbuch Europarecht, Band 1, Rn. 1893 m.w.N.; *Khan/Kotzur* in Geiger/Khan/Kotzur, Art. 49 AEUV, Rn. 10 m.w.N.; *Forsthoff* in Grabitz/Hilf/Nettesheim, Art. 49 AEUV, Rn. 88 ff.

61 EuGH, Rs. C–79/01, *Payroll*, Slg. 2002, I–8923.

kannte der EuGH, dass es das Ziel des Art. 43 EG (nun Art. 49 AEUV) sei, insbesondere die Beschränkungen der Niederlassungsfreiheit aufzuheben, die „die Ausübung der Niederlassungsfreiheit unterbinden, behindern oder weniger attraktiv machen".[62] Diese Formulierung weist auf die in ständiger Rechtsprechung gefestigte Auffassung des EuGH hin, dass ein allgemeines Beschränkungsverbot der Niederlassungsfreiheit existiert.[63] Das Schrifttum erkennt das Beschränkungsverbot der Niederlassungsfreiheit ebenfalls überwiegend an.[64] Das allgemeine Beschränkungsverbot der Niederlassungsfreiheit gilt jedoch grundsätzlich nur für solche Rechtsakte, die stark regulierte Tätigkeiten betreffen oder den Zugang zum Markt behindern.[65] Die Devisentransaktionssteuer betrifft weder stark regulierte Tätigkeiten noch behindert sie den Marktzugang. Für die Ausgestaltung der nationalen Systeme der sozialen Sicherheit sieht der EuGH die Zuständigkeit grundsätzlich bei den Mitgliedstaaten, jedoch muss die jeweilige Art und Weise der Ausgestaltung das Recht der Europäischen Union beachten.[66] Die nationalen Abgabensysteme bilden den finanzierenden Bestandteil des nationalen Systems sozialer Sicherheit und sind daher als Teil dieser

---

62 EuGH, Rs. C–79/01, *Payroll*, Slg. 2002, I–8923, Rn. 26. Siehe auch: EuGH, Rs. C–439/99, *Kommission/Italien*, Slg. 2002, I–305, Rn. 22; *Frenz*, Handbuch Europarecht, Band 1, Rn. 2201.

63 EuGH, Rs.Rs. 81/87, *Daily Mail*, Slg. 1988, 5483; EuGH, Rs. C–340/89, *Vlassopoulou*, Slg. 1991, I–2357, Rn. 15; EuGH, Rs. C–19/92, *Kraus*, Slg. 1993, I–1663, Rn. 32; EuGH, Rs. C–55/94, *Gebhard*, Slg. 1995, I–4165, 4197, Rn. 37; EuGH, Rs. C–105/07, *Lammers & Van Cleeff*, Slg. 2008, I–173, Rn. 14; EuGH, Rs. C–384/08, Slg. 2010, I-2055, Rn. 37; Schlussanträge *Generalanwalt Mischo* in EuGH, Rs. C–294/00, *Paracelsus*, Slg. 2002, Slg. 2002, I–6515, Rn. 57.

64 *Bröhmer* in Calliess/Ruffert, Art. 49 AEUV, Rn. 30; *Frenz*, Handbuch Europarecht, Band 1, Rn. 2203 mit Verweis auf *Knobbe-Keuk*, Niederlassungsfreiheit: Diskriminierungs- oder Beschränkungsverbot? in DB 1990, S. 2573, 2574; *Forsthoff* in Grabitz/Hilf/Nettesheim, Art. 49 AEUV, Rn. 88 m.w.N.; *Taupitz/Schelling*, Das apothekenrechtliche Verbot des „Mehrbesitzes" - auf ewig verfassungsfest? in NJW 1999, S. 1751, 1756.

65 EuGH, Rs. C–340/89, *Vlassopoulou*, Slg. 1991, I-2357, Rn. 15; EuGH, Rs. C–55/94, *Gebhard*, Slg. 1995, I-4165, Rn. 37; EuGH, Rs. C–255/97, *Pfeiffer*, Slg. 1999, I-2235, Rn. 19; *Forsthoff* in Grabitz/Hilf/Nettesheim, Art. 49 AEUV, Rn. 88 ff., 91 m.w.N.

66 EuGH, Rs. C–158/96, *Kohll* , Slg. 1998, I–1931, Rn. 17 f.; EuGH, Rs. C–120/95, , *Decker* , Slg. 1998, I–1831, Rn. 21 f.; EuGH, Rs. C–18/95, *Terhoeve* , Slg. 1999, I–345, Rn. 34; EuGH, Rs. C–135/99, *Elsen* , Slg. 2000, I–10409, Rn. 33; EuGH, Rs. C–227/03, *van Pommeren-Bourgondiën*, Slg. 2005, I–6101, Rn. 39, EuGH, Rs. C–212/06, *Gouvernement de la Communauté française*, Slg. 2008, I–1683, Rn. 43.

Systeme anzusehen.[67] Im Zusammenhang mit der Untersuchung der Devisentransaktionssteuer ist ausschließlich das Diskriminierungsverbot zu beachten.

4. Rechtfertigung

Beschränkungen der Niederlassungsfreiheit sind im Rahmen der in den Art. 51 und 52 AEUV vorgesehenen Ausnahmeregelungen zulässig oder nach richterlicher Rechtsfortbildung aus zwingenden Gründen des Allgemeininteresses im Sinne der *Cassis de Dijon*-Rechtsprechung des EuGH gerechtfertigt.[68] Sachverhalte im Zusammenhang mit Ausnahmen nach Art. 51 und 52 AEUV sind in Bezug auf die Einführung der Devisentransaktionssteuer nicht ersichtlich, da die Devisentransaktionssteuer keine Tätigkeit in Ausübung öffentlicher Gewalt oder Sonderregelungen für Ausländer bestimmt, die eine Rechtfertigung aus Gründen der öffentlichen Ordnung, Sicherheit oder Gesundheit möglich machen könnte.[69] Eine Rechtfertigung der Devisentransaktionssteuer könnte sich im Sinne der Rechtsprechung des EuGH aus zwingenden Gründen des Allgemeininteresses ergeben, die der EuGH in seiner Rechtsprechung zur Niederlassungsfreiheit nach Art. 45 AEUV anwendet.[70] In diesem Zusammenhang anerkennt der EuGH

---

67 EuGH, Rs. C–18/95, *Terhoeve* , Slg. 1999, I–345, Rn. 35; EuGH, Rs. C–238/82, *Duphar*, Slg. 1984, 523, Rn. 16; EuGH, Rs. C–70/95, *Sodemare*, Slg. 1997, I–3395, Rn. 27; Schlussanträge *Generalanwalt Tesauro* vom 28. April 1998, Rs. C–120/95, *Decker*, Slg. 1998, I–1831, Rn. 17 ff.; *Forsthoff* in Grabitz/Hilf/Nettesheim, Art. 49 AEUV, Rn. 106 ff. m.w.N. Der EuGH lehnt die Anwendung des Beschränkungsverbotes auf direkte Steuern und Systeme der sozialen Sicherheit ab. Auch für indirekte Steuern kann nichts anderes gelten, da indirekte Steuern Teil der nationalen Steuerrechtsordnung sind; einzelne Steuern können in der nationalen Steuerrechtsordnung nicht zur Disposition gestellt werden, ohne dass dies wesentliche Auswirkungen auf das gesamte staatliche Steuer- und Finanzsystem hätte (*Randelzhofer/Forsthoff* in Grabitz/Hilf, vor Art. 39–55 EG, Rn. 118 ff.).

68 EuGH, verb. Rs. C–338/04, C-359/04 und C-360/04, *Massimiliano Placanica*, Slg. 2007, I–1891, Rn. 45 m.w.N.

69 Unter diesen Regelungen sind regelmäßig ausländerpolizeiliche Normen zu verstehen, die an das Verhalten eines Unionsbürgers anknüpfen. Diese wurden durch Richtlinie 64/221/EWG des Rates zur Koordinierung der Sondervorschriften für die Einreise und den Aufenthalt von Ausländern, soweit sie aus Gründen der öffentlichen Ordnung, Sicherheit oder Gesundheit gerechtfertigt sind vom 25. Februar 1964 (ABl. P 56, S. 850 ff.), vereinheitlicht.

70 Die Anwendung des ungeschriebenen Rechtfertigungsmerkmals der zwingenden Gründe des Allgemeininteresses auf Beschränkungen ist allgemein anerkannt. EuGH, Rs. C–19/92, *Kraus*, Slg. 1993, I–1663, Rn. 32; EuGH, Rs. C–55/94, *Gebhard*, Slg. 1995, I–04165, Rn. 37; EuGH, Rs. C–424/97, *Haim*, Slg. 2000, I–5123, Rn. 57; EuGH, Rs. C–285/01, *Burbaud*, Slg. 2003, I–8219, Rn. 95; EuGH, Rs. C–442/02, *CaixaBank France*, Slg. 2004, I–8961, Rn. 11; EuGH, Rs. C–212/06, *Gouvernement de la Communauté française*, Slg. 2008, I–1683, Rn. 45. Umstritten ist die Anwendbarkeit auf indirekte oder direkte Diskriminierungen, siehe: *Tiedje/Troberg* in von der Groeben/Schwarze, Art. 43 EG, Rn. 104 m.w.N.

in ständiger Rechtsprechung die Wirksamkeit der Steueraufsicht[71] sowie bei unterschiedslos geltenden Beschränkungen die Rechtsgüter der öffentlichen Ordnung, Sicherheit und Gesundheit im Sinne des Art. 52 AEUV[72] als Rechtfertigungsgrund.

Die Devisentransaktionssteuer kann bei Betonung ihrer lenkungspolitischen Ziele und der beabsichtigten Hemmung von Währungskrisen auf die Rechtfertigungsgründe der öffentlichen Ordnung und Sicherheit gestützt werden.[73] Selbst wenn die Devisentransaktionssteuer ihre Rechtfertigung in der öffentlichen Sicherheit und Ordnung findet, muss sich die Devisentransaktionssteuer weiterhin an den Grundsätzen der Verhältnismäßigkeit bemessen lassen (dazu die Ausführungen in dem Abschnitt „*B. Der Verhältnismäßigkeitsgrundsatz*" auf Seite 241 dieser Arbeit).

IV. Dienstleistungsfreiheit

1. Allgemeines

Gemäß Art. 56 Satz 1 AEUV ist die Beschränkung des freien Dienstleistungsverkehrs innerhalb der Europäischen Union für Angehörige der Mitgliedstaaten, die in einen anderen Mitgliedstaat als demjenigen des Dienstleistungsempfängers ansässig sind, grundsätzlich verboten.

2. Dienstleistungsbegriff

a. Leistung

Der Begriff der Dienstleistungen im Sinne des Vertrags über die Arbeitsweise der Europäischen Union wird in Art. 57 AEUV legal definiert. Gemäß Art. 57 Satz 1 AEUV sind Dienstleistungen „Leistungen, die in der Regel gegen Entgelt erbracht werden". In Art. 57 Satz 2 AEUV findet sich eine beispielhafte Aufzählung von Dienstleistungen. Grundsätzlich ist im Schrifttum anerkannt, dass unter dem Dienstleistungsbegriff des Vertrags über die Arbeitsweise der Europäischen Union nicht der volkswirtschaftliche Dienstleistungsbegriff zu verstehen ist.[74] Voraussetzung für den Dienstleistungsbegriff im Sinne der Art. 56 ff. AEUV ist

---

71 EuGH, Rs. C–250/95, *Futura Participations*, Slg. 1997, I–2471, Rn. 31 m.w.N.; EuGH, Rs. C–347/04, *Rewe Zentralfinanz*, Slg. 2007, I–2647, Rn. 42; EuGH, Rs. C–311/08, *X Holding BV*, Slg. 2010, I-487, Rn. 57.

72 EuGH, Rs. C–108/96, *Mac Qen*, Slg. 2001, I–837, Rn. 37 (Erfordernisse der Rechtssicherheit und des Schutzes der Gesundheit der Bevölkerung); EuGH, Rs. C–294/00, *Gräbner*, Slg. 2002, I–6515, Rn. 26; EuGH, Rs. C–58/98, *Corsten*, Slg. 2000, I–7919, Rn. 31 m.w.N.

73 Zu den Kritikpunkten siehe auch die Ausführungen in dem Abschnitt „*III. Marktwirtschaftliche Instrumente*" auf Seite 58 dieser Arbeit.

74 *Streinz*, Europarecht, Rn. 887; *Kluth* in Calliess/Ruffert, Art. 56, 57 AEUV, Rn. 7 ff.; *Müller-Graff* in Streinz, EUV/AEUV, Art. 56 AEUV, Rn. 15 ff.; *Kotzur* in Geiger/Khan/Kotzur, Art. 57 AEUV, Rn. 1 ff.

vielmehr, dass die Dienstleistung ein Bestandteil des Wirtschaftslebens der Europäischen Union ist. In der Rechtsprechung des EuGH wird der Umtausch von Devisen durch Banken in Form eines Devisengeschäfts als Leistung im Sinne des Dienstleistungsbegriffs ohne tatbestandliche Prüfung oder argumentatives Herangehen an den Dienstleistungsbegriff vorausgesetzt.[75] Zu unterscheiden sind Anwendungsfälle, die die Grenzüberschreitung des Dienstleistenden betreffen (sogenannte aktive Dienstleistungsfreiheit), Anwendungsfälle, die die Grenzüberschreitung des Leistungsempfängers betreffen (sogenannte passive Dienstleistungsfreiheit) und Anwendungsfälle, in denen alleine die Leistung eine mitgliedstaatliche Binnengrenze überschreitet (Korrespondenzdienstleistung).[76] Die aktive und passive Dienstleistungsfreiheit werden bei Devisentransaktionen regelmäßig nicht betroffen sein, da für Devisentransaktionen üblicherweise kein physisches Grenzüberschreiten von Dienstleistungsempfänger oder Dienstleister erforderlich ist. Jedoch wird bei Finanzdienstleistungen wie Devisengeschäften regelmäßig die Korrespondenzdienstleistung betroffen sein, da der Transfer und Umtausch von Devisen auf dem Markt eines Mitgliedstaates mit Beteiligten aus anderen Mitgliedstaaten oder durch die Beteiligung von Marktteilnehmern aus verschiedenen Mitgliedstaaten ein im Zusammenhang mit dem Zusammenfallen von Angebot und Nachfrage in einem internationalen Devisenmarkt grenzüberschreitendes Element erhält.[77]

b. Gegen Entgelt

Zu untersuchen ist, ob das weitere Tatbestandsmerkmal gemäß Art. 57 Satz 1 AEUV vorliegt, nach dem die Leistung in der Regel gegen Entgelt erbracht werden muss. In der Literatur und in ständiger Rechtsprechung des EuGH wird unter dem Merkmal „in der Regel gegen Entgelt" eine wirtschaftliche Gegenleistung verstanden.[78] Der Begriff der wirtschaftlichen Gegenleistung wird im Schrifttum unter Beachtung einer wirtschaftlichen Betrachtungsweise weit aus-

75 EuGH, Rs. C–172/96, *First National Bank of Chicago*, Slg. 1998, I–4387, Rn. 27; Schlussanträge *Generalanwalt Lenz* vom 16. September 1997, Rs. C–172/96, *First National Bank of Chicago*, Slg. 1998, I–4387, Rn. 28 und 34.

76 *Streinz*, Europarecht, Rn. 888 m.w.N.; *Müller-Graff* in Streinz, EUV/AEUV, Art. 56 AEUV, Rn. 34 ff.

77 Weiterführend: EuGH, Rs. C-154/89, *Kommission/Frankreich*, Slg. 1991, I-659, Rn. 9 f.; EuGH, Rs. C–384/93, *Alpine Investments*, Slg. 1995, I-1141, Rn. 21; EuGH, Rs. C-18/93, *Corsica Fernes Italia*, Slg. 1994, I-1783, Rn. 30.

78 EuGH, Rs. 263/86, *Humbel*, Slg. 1988, 5365, Rn. 17 f.; EuGH, Rs. C-159/90, *Society for the Protection of Unborn Children Ireland*, Slg. 1991, I-4685, Rn. 26; EuGH, Rs. C–109/92, *Wirth*, Slg. 1993, I–6447, Rn. 15; EuGH, Rs. C–157/99, *Smits*, Slg. 2001, I–5473, Rn. 58; EuGH, Rs. C-76/05, *Schwarz*, Slg. 2007, I-6849, Rn. 38 ff. m.w.N; EuGH, Rs. C–318/05, *Kommission/Deutschland*, Slg. 2007, I–6957, Rn. 51; EuGH, Rs. C–281/06, *Jundt*, Slg. 2007, I–12231, Rn. 28 m.w.N.; *Tiedje/Troberg* in von der Groeben/Schwarze, Art. 50 EG, Rn. 16 m.w.N.; *Frenz*, Handbuch Europarecht, Band 1, Rn. 2457 m.w.N.

gelegt[79] und bestimmt sich nach Auffassung des EuGH durch ein Rechtsverhältnis zwischen dem Leistenden und dem Leistungsempfänger, „in dessen Rahmen gegenseitige Leistungen ausgetauscht werden, wobei die vom Leistenden empfangene Vergütung den tatsächlichen Gegenwert für die dem Leistungsempfänger erbrachte Dienstleistung bildet“[80]. Die wirtschaftliche Gegenleistung umfasst nach der Auffassung des EuGH in der Rechtssache *Koestler* auch Gegenleistungen im Zusammenhang mit Börsentermingeschäften, die nach deutschem Recht nicht begründete Verbindlichkeiten im Sinne des § 762 BGB darstellen.[81]

Es ist nun zu untersuchen, ob die Devisentransaktion eine Leistung ist, die in der Regel gegen Entgelt erbracht wird. Regelmäßig erheben institutionelle Marktteilnehmer kein Entgelt im Sinne einer Gebühr auf die Durchführung eines Devisengeschäfts. Anstelle der Gebühr tritt allerdings ein Gewinn, die sogenannte Marge, aus der Differenz zwischen dem Geldkurs und dem Briefkurs einer Devise (der sogenannte Spread). Die Frage, ob die Marge ein Entgelt im Sinne einer wirtschaftlichen Gegenleistung darstellen könnte, hat der EuGH in der Rechtssache *First National Bank of Chicago* zu entscheiden, bei der die Frage zur Beurteilung der Entgeltlichkeit von Währungs(tausch)geschäften vorgelegt wurde. Das Vereinigte Königreich vertrat in der Rechtssache die Auffassung, dass die Devisengeschäfte der First National Bank of Chicago, vereinfacht ausgedrückt, mit der Tätigkeit einer Wechselstube zu vergleichen seien, die keine Gebühr für das Wechseln der Sorten erhebe.[82] *Generalanwalt Lenz* vertrat in seinen Schlussanträgen allerdings die Auffassung, dass die Bank sich im Ergeb-

---

79 *Frenz*, Handbuch Europarecht, Band 1, Rn. 2458 f. m.w.N.; *Tiedje/Troberg* in von der Groeben/Schwarze, Art. 50 EG, S. 1662, Fn. 30 m.w.N.

80 EuGH, Rs. C–16/93, *Tolsma*, Slg. 1994, I–743, Rn. 14; EuGH, Rs. C–172/96, *First National Bank of Chicago*, Slg. 1994, I–4387, Rn. 26 ff.; EuGH, Rs. C–174/00, *Kennemer Golf*, Slg. 2002, I–3293, Rn. 39; EuGH, Rs. C-37/08, *RCI Europe*, Slg. 2009, I-7533, Rn. 24, 30; EuGH, Rs. C-246/08, *Kommission/Finnland*, Slg. 2009, I-10605, Rn. 44 f.; EuGH, Rs. C-93/10, *GFKL*, noch nicht in der amtlichen Sammlung veröffentlicht, Rn. 18 f.

81 So anerkannte der EuGH Börsentermingeschäfte als Dienstleistung, obwohl das nationale Gericht hinsichtlich des Erfordernisses „gegen Entgelt“ auf §762 BGB verwies (EuGH, Rs. 15–78, *Koestler*, Slg. 1978, 1971). Zu beachten ist in diesem Zusammenhang nun §37e WpHG: Nach dieser Norm kann der Einwand des §762 BGB gegen Ansprüche aus Finanztermingeschäften, bei denen mindestens ein Vertragsteil ein Unternehmen ist, das gewerbsmäßig oder in einem Umfang, der einen in kaufmännischer Weise eingerichteten Geschäftsbetrieb erfordert, Finanztermingeschäfte abschließt oder deren Abschluss vermittelt oder die Anschaffung, Veräußerung oder Vermittlung von Finanztermingeschäften betreibt, nicht erhoben werden. Zu beachten ist auch, dass der EuGH in der Rechtssache *Zenatti* (EuGH, Rs. C–67/98, *Zenatti*, Slg. 1999, I–7289) in der Forderung eines Wettbüros, die nach deutschem Recht keine Verbindlichkeit begründet (vgl. § 762 BGB), eine Forderung im Sinne des Art. 57 AEUV erkannte.

82 Schlussanträge *Generalanwalt Lenz* vom 16. September 1997 zur Rs. C–172/96, *First National Bank of Chicago*, Slg. 1998, I–4387, Rn. 39 ff.

nis sehr wohl ihre Leistung vom Kunden bezahlen lässt, und zwar in Form eines niedrigeren Entgelts für angekaufte beziehungsweise eines höheren Entgelts für verkaufte Währungen.[83] Dieser Auffassung schloss sich der EuGH an. Damit erfüllt der Gewinn aus dem Spread, der bei einem Devisengeschäft als Marge anfällt, den Begriff des Entgelts im Sinne von Art. 57 Satz 1 AEUV.[84]

c. Resümee

Das Anbieten von Devisengeschäften über An- und Verkauf zu Geld- und Briefkursen erfüllt den Dienstleistungsbegriff im Sinne des Art. 57 AEUV. Durch die steuerliche Erfassung des Devisengeschäfts wird die Korrespondenzdienstleistung betroffen und beeinträchtigt, da der Transfer und Umtausch von Devisen auf einem Markt oder durch die Beteiligung von Marktteilnehmern aus verschiedenen Mitgliedstaaten die Transaktionskosten erhöht.

3. Rechtfertigung

Im Rahmen der ungeschriebenen Rechtfertigungsgründe erkennt der EuGH in ständiger Rechtsprechung insbesondere die Wirksamkeit der Steueraufsicht[85] sowie die Rechtsgüter der öffentlichen Ordnung, Sicherheit und Gesundheit im Sinne des Art. 52 AEUV[86] an.[87] Im Übrigen wird auf die Ausführungen im Zusammenhang mit der Rechtfertigung von Beschränkungen der Niederlassungsfreiheit verwiesen.[88]

4. Konkurrenz zur Niederlassungsfreiheit

Im Schrifttum ist umstritten, ob sich die Dienstleistungs- und die Niederlassungsfreiheit auf Tatbestandsebene ausschließen oder ob sie in einem Konkurrenzverhältnis stehen.[89] So wird vertreten, dass sich die Dienstleistungsfreiheit aus ihrer negativen Definition in Art. 57 AEUV („soweit sie nicht den Vorschriften über den freien Waren- und Kapitalverkehr und über die Freizügigkeit der Personen unterliegen") als Auffangtatbestand darstellt und damit in einem

---

83 Schlussanträge *Generalanwalt Lenz* vom 16. September 1997 zur Rs. C–172/96, *First National Bank of Chicago*, Slg. 1998, I–4387, Rn. 36.

84 EuGH, Rs. C–172/96, *First National Bank of Chicago*, Slg. 1998, I–4387, Rn. 69.

85 EuGH, Rs. C–250/95, *Futura Participations*, Slg. 1997, I–2471, Rn. 31 m.w.N.; EuGH, Rs. C–334/02, *Kommission/Frankreich*, Slg. 2004, I–2229, Rn. 27; EuGH, Rs. C–347/04, *Rewe Zentralfinanz*, Slg. 2007, I–2647, Rn. 42; EuGH, Rs. C–311/08, *X Holding BV*, Slg. 2010, I-487, Rn. 57. Schlussanträge von *Generalanwalt Léger*, Rs. C–196/04, *Cadbury Schweppes*, Slg. 2006, I–7995, Rn. 85.

86 EuGH, Rs. C–250/95, *Futura Participations*, Slg. 1997, I–2471, Rn. 31 m.w.N.

87 *Müller-Graff* in Streinz, EUV/AEUV, Art. 56 AEUV, Rn. 106 ff.

88 Dazu die Ausführungen in dem Abschnitt „*4. Rechtfertigung*" auf Seite 200 dieser Arbeit.

89 *Fischer* in Lenz/Borchardt, Art. 49 AEUV, Rn. 3 m.w.N.; *Fortshoff* in Grabitz/Hilf/Nettesheim, Art. 49 AEUV, Rn. 26 ff. m.w.N.

Subsidiaritätsverhältnis zu den anderen Grundfreiheiten steht.[90] Auch wird die Dienstleistungsfreiheit im Schrifttum in einer engen Beziehung zur Niederlassungsfreiheit gesehen.[91] Diese enge Beziehung zeigt sich bei Betrachtung der Systematik des Vertrags über die Arbeitsweise der Europäischen Union. Die Niederlassungs- und Dienstleistungsfreiheit in Titel IV, Kapitel 2 und 3 des Vertrags über die Arbeitsweise der Europäischen Union ist systematisch von der Warenverkehrsfreiheit und weiteren Politiken des Vertrags abgegrenzt. Schließlich zeigt ein Vergleich des Wortlautes der Vorschriften eine deutliche Übereinstimmung des Wortlauts der Vorschriften in Art. 49 Abs. 1 Satz 1 AEUV und Art. 56 Abs. 1 AEUV. Auch werden im Zusammenhang mit Art. 62 AEUV, einer Regelung betreffend die Dienstleistungsfreiheit, die Art. 52–54 AEUV zum Niederlassungsrecht für anwendbar erklärt.[92] Der Wortlaut des Art. 57 Abs. 3 AEUV („Unbeschadet des Kapitels über die Niederlassungsfreiheit [...]") schließt nach im Schrifttum vertretener Ansicht allerdings den Anwendungsbereich der Dienstleistungsfreiheit gegenüber der Niederlassungsfreiheit auf Tatbestandsebene aus, solange sich der Erbringer einer Dienstleistung vorübergehend in einem anderen Mitgliedstaat aufhält.[93]

Nach der Rechtsprechung des EuGH sollten beide Grundfreiheiten grundsätzlich nebeneinander anwendbar sein. Während der EuGH in der Rechtssache *Gebhard* im Jahr 1995 noch ausführt, dass sich Dienstleistungs- und Niederlassungsfreiheit ausschließen[94], stellt er in der Rechtssache *Gambelli* im Jahr 2003 fest, dass eine nationale Regelung, die die Ausübung von Tätigkeiten im

---

90 *Seyr* in Lenz/Borchardt, Art. 56, 57 AEUV, Rn. 8.

91 *Bröhmer/Kluth* in Calliess/Ruffert, Art. 56, 57 AEUV, Rn. 59 m.w.N. (Begleitrecht); *Müller-Graff*, Dienstleistungsfreiheit und Erbringungsformen grenzüberschreitender Dienstleistungen in FS-Lukes, S. 471, 476 ff. m.w.N.

92 So die Argumentation von *Müller-Graff*, Dienstleistungsfreiheit und Erbringungsformen grenzüberschreitender Dienstleistungen in FS-Lukes, S. 471, 477 f. über die Regelungen des EWG-Vertrags.

93 *Fischer* in Lenz/Borchardt, Art. 49 AEUV, Rn. 3 m.w.N.; *Müller-Graff* in Streinz, EUV/AEUV, Art. 49 AEUV, Rn. 116; *Kluth* in Calliess/Ruffert, Art. 56, 57 AEUV, Rn. 15. *Schwenke*, Die Kapitalverkehrsfreiheit im Wandel? - - Eine erste Analyse neuer Entwicklungen in der Rechtsprechung des EuGH in Internationales Steuerrecht 2006, S. 748, 752. Weiterführend und umfassend zur Abgrenzungsproblematik: *Lackhoff*, Die Niederlassungsfreiheit des EGV – nur ein Gleichheits- oder auch ein Freiheitsrecht?, S. 133 ff.

94 EuGH, Rs. C–55/94, *Gebhard*, Slg. 1995, I–4165, Rn. 20 ff., Rn. 22: „Sodann ist festzustellen, daß die Vorschriften des Kapitels über die Dienstleistungen gegenüber denen des Kapitels über das Niederlassungsrecht subsidiär sind, erstens weil Artikel 59 Absatz 1 nach seinem Wortlaut voraussetzt, daß der Erbringer und der Empfänger der betreffenden Dienstleistung in zwei verschiedenen Mitgliedstaaten „ansässig" sind, und zweitens weil nach Artikel 60 Absatz 1 die Vorschriften über die Dienstleistungen nur Anwendung finden, wenn die Vorschriften über das Niederlassungsrecht nicht anwendbar sind. Es ist also notwendig, den Geltungsbereich des Begriffes „Niederlassung" zu prüfen."

Glücksspielsektor ohne eine vom Staat erteilte Konzession oder polizeiliche Genehmigung unter Strafandrohung verbietet, eine Beschränkung sowohl der Niederlassungsfreiheit als auch des freien Dienstleistungsverkehrs darstellt.[95] Diese Auffassung bestätigt der EuGH in der Rechtssache *Placanica*.[96] Damit scheint der EuGH in neuerer Rechtsprechung anzuerkennen, dass beide Grundfreiheiten grundsätzlich nebeneinander Anwendung finden können und sich nicht ausschließen. Zusammengefasst kann von einer Parallelität der Dienstleistungs- und der Niederlassungsfreiheit ausgegangen werden. Die in Art. 57 Abs. 3 AEUV enthaltene Einschränkung des nur vorübergehenden Aufenthalts kann bei Devisengeschäften, die nach der voranstehenden Einordnung Korrespondenzdienstleistungen darstellen, nicht herangezogen werden; bei Korrespondenzdienstleistungen wird die dauerhafte Erbringung der Dienstleistung angenommen.[97]

V. Kapital- und Zahlungsverkehrsfreiheit

1. Allgemeines

Gemäß Art. 63 AEUV sind alle Beschränkungen des Kapital- und Zahlungsverkehrs zwischen den Mitgliedstaaten der Europäischen Union und dritten Ländern verboten. Dabei bilden die Kapitalverkehrsfreiheit nach Art. 63 Abs. 1 AEUV und die Zahlungsverkehrsfreiheit nach Art. 63 Abs. 2 AEUV „zwei gleichberechtigte Freiheiten“[98], die einem allgemeinen Beschränkungsverbot unterliegen.[99] Zweck der Vorschriften ist neben der Gleichbehandlung der Gebietsansässigen auch der durch den Drittstaatsbezug einbezogene Abbau sämtlicher Hindernisse für den freien Kapitalverkehr.[100]

---

95 EuGH, Rs. C–243/01, *Gambelli*, Slg. 2003, I–13031, Rn. 59: „Es ist daher festzustellen, dass eine nationale Regelung wie die italienische über Wetten, insbesondere Artikel 4 des Gesetzes Nr. 401/89, eine Beschränkung der Niederlassungsfreiheit und des freien Dienstleistungsverkehrs darstellt.“

96 EuGH, verb. Rs. C–338/04, C-359/04 und C-360/04, *Placanica*, Slg. 2007, I–1891, Rn. 42. Siehe auch: EuGH, Rs. C-42/07, *Liga Portuguesa*, Slg. 2009, I-7633, Rn. 51 mw.N.; EuGH, verb. Rs. C-72/10 und C-77/10, *Costa und Cifone*, noch nicht in der amtlichen Sammlung veröffentlicht, Rn. 69.

97 *Kluth* in Calliess/Ruffert, Art. 56, 57 AEUV, Rn. 16.

98 *Frenz*, Handbuch Europarecht, Band 1, Rn. 2727.

99 Eine Gleichstellung der Kapitalverkehrsfreiheit mit den anderen Grundfreiheiten erfolgt über Art. 3 Abs. 1 lit. b und c AEUV, worin die Gemeinschaft die Beseitigung von Hindernissen zum Erreichen des Binnenmarkts tätig werden soll (*Frenz*, Handbuch Europarecht, Band 1, Rn. 2717).

100 *Bröhmer* in Calliess/Ruffert, Art. 63 AEUV, Rn. 4 m.w.N.; *Kotzur* in Geiger/Khan/Kotzur, Art. 63 AEUV, Rn. 3. Die Norm befreit auf diese Weise nicht den Kapitalleistenden oder Kapitalgebenden von Beschränkungen, sondern primär das Kapital selbst (*Weber*, Kapitalverkehr und Kapitalmärkte im Vertrag über die Europäische Union in EuZW 1992, S. 561, 563).

2. Begriff des Kapitalverkehrs

Der Begriff Kapitalverkehr ist im Vertrag über die Arbeitsweise der Europäischen Union nicht definiert.[101] Er erfährt eine Auslegung durch die ständige Rechtsprechung der europäischen Gerichte (siehe dazu die Ausführungen in dem Abschnitt „*D. Maßnahmen für den Kapitalverkehr mit dritten Ländern nach Art. 64 Abs. 2 AEUV*“ auf Seite 167 dieser Arbeit).

3. Beschränkungen

Art. 63 Abs. 1 und 2 AEUV verbietet Beschränkungen des Kapital- und Zahlungsverkehrs und stellt damit ein allgemeines Beschränkungsverbot auf.[102] Unter einer Beschränkung des Kapitalverkehrs sind „in Anlehnung an die *Dassonville*-Formel des EuGH – unmittelbare oder mittelbare, aktuelle oder potenzielle Behinderungen, Begrenzungen oder Untersagungen für den Zufluss, Abfluss oder Durchfluss von Kapital“ zu verstehen.[103] Wie voranstehend dargestellt, unterscheidet sich die Kapitalverkehrsfreiheit von der Zahlungsverkehrsfreiheit lediglich in ihrem sachlichen Anwendungsbereich. Die Ausführungen zu Beschränkungen des Kapitalverkehrs gelten damit gleichfalls für Beschränkungen des Zahlungsverkehrs. In der Rechtssache *Tummer* anerkannte der EuGH, dass eine nationale Regelung, die den Zusammenhang zwischen einer zu sichernden Forderung, die in einer Währung eines anderen Mitgliedstaats zahlbar ist, und einer Hypothek, deren Wert infolge späterer Währungsschwankungen geringer sein kann, als der Wert der zu sichernden Forderung, lockert, die Wirksamkeit und somit die Attraktivität einer solchen Sicherheit zwangsläufig verringert. Eine derartige Regelung sei daher geeignet, die Betroffenen davon abzuhalten, eine Forderung in der Währung eines anderen Mitgliedstaats zu bezeichnen. Den Betroffenen werde ein Recht genommen, das ein Bestandteil des freien Kapital- und Zahlungsverkehrs ist.[104] Zusammengefasst erfährt das Beschränkungsverbot der Kapital- und Zahlungsverkehrsfreiheit einen sehr weiten Anwendungsbereich. Insbesondere kann auch eine (erst künftige) Steuerbelas-

---

101 *Bröhmer* in Calliess/Ruffert, Art. 63 AEUV, Rn. 8; *Kotzur* in Geiger/Khan/Kotzur, Art. 63 AEUV, Rn. 3.

102 EuGH, Rs. C–484/93, *Sevensson*, Slg. 1995, I–3955, Rn. 10; EuGH, Rs. C–439/97, *Sandoz*, Slg. 1999, I–7041; EuGH, Rs. C–222/97, *Trummer*, Slg. 1999, I–1661, Rn. 21; EuGH, Rs. C–513/03, *Van Hilten*, Slg. 2006, I–1957, Rn. 44; EuGH, Rs. C–443/06, *Hollmann*, Slg. 2007, I–8491, Rn. 35 ff.; *Borchardt*, Die rechtlichen Grundlagen der Europäischen Union, Rn. 794; *Kotzur* in Geiger/Khan/Kotzur, Art. 63 AEUV, Rn. 7; *Ress/Ukrow* in: Grabitz/Hilf/Nettesheim, Art. 63 AEUV, Rn. 134 m.w.N.; *Bröhmer* in Calliess/Ruffert, Art. 63 AEUV, Rn. 43 ff. m.w.N.

103 *Ress/Ukrow* in: Grabitz/Hilf/Nettesheim, Art. 63 AEUV, Rn. 134 m.w.N.; siehe auch: *Kotzur* in Geiger/Khan/Kotzur, Art. 63 AEUV, Rn. 7; *Weber*, Kapitalverkehr und Kapitalmärkte im Vertrag über die Europäische Union in EuZW 1992, S. 561, 562 f.

104 EuGH, Rs. C–222/97, *Trummer*, Slg. 1999, I–1661/1678, Rn. 26. Siehe auch: EuGH, Rs. 308/86, *Lambert*, Slg. 1988, 4369, Rn. 16; EuGH, verb. Rs. 286/82 und 26/83, *Luisi und Carbone*, Slg. 1984, 377, Rn. 28.

tung von Devisentransaktionen zu einer Beschränkung des Kapitalverkehrs führen. Eine solche potenzielle Belastung kann einen in- oder ausländischen Devisenhändler, Kapitalanleger, Sicherungsgeber, Sicherungsnehmer sowie andere Parteien devisenbezogener Rechtsgeschäfte von einer Anlage oder Transaktion in der Währung Euro und der Zufuhr von Kapital in die Europäische Union oder einen anderen Mitgliedstaat abhalten. Eine Devisentransaktionssteuer stellt somit grundsätzlich eine Beschränkung des Kapital- und Zahlungsverkehrs dar.

4. Rechtfertigung

a. Allgemeines

Verstöße gegen das Beschränkungsverbot könnten durch Vorliegen gesetzlicher Ausnahmevorschriften in den Art. 64 ff. AEUV oder durch unbenannte Rechtfertigungsgründe gerechtfertigt werden. Zunächst soll die Ausnahmevorschrift des Art. 65 AEUV untersucht werden. Als Ausnahmevorschrift ist die Norm restriktiv auszulegen; die in Art. 65 Abs. 1 lit. a und b AEUV benannten Ausnahmen sind abschließend.[105]

b. Steuerliche Rechtfertigungsgründe

Art. 65 Abs. 1 lit. a AEUV berechtigt Mitgliedstaaten, „Steuerpflichtige mit unterschiedlichem Wohnort oder Kapitalanlageort unterschiedlich zu behandeln". Diese im Wortlaut sehr weit gefasste Ausnahme vom allgemeinen Beschränkungsverbot wurde durch die Mitgliedstaaten im Rahmen einer „Erklärung zu Art. 73d des Vertrags zur Gründung der Europäischen Gemeinschaft" in der Schlussakte zum Vertrag von Maastricht eingeschränkt.[106] In dieser Erklärung wird klargestellt, dass die in Art. 73d Abs. 1 lit. a EG (nun Art. 65 Abs. 1 lit. a AEUV) niedergeschriebene Berechtigung nur für Vorschriften gilt, die bereits Ende des Jahres 1993 bestanden.[107] Auf später erlassene Steuervorschriften, die sich beschränkend auf den Kapital- und Zahlungsverkehr auswirken, ist Art. 65 Abs. 1 lit. a AEUV nicht anwendbar.[108] Da die Devisentransaktion in allen Mitgliedstaaten der Europäischen Union erhoben werden soll, was Mitgliedstaaten mit und ohne die gemeinsame Währung Euro umfasst, und ein entsprechender

---

105 *Bröhmer* in Calliess/Ruffert, Art. 65 AEUV, Rn. 1; EuGH, C–54/99, *Scientology*, Slg. 2000, I–1335, Rn. 17; EuGH, Rs. C-171/08, *Kommission/Portugal*, Slg. 2010, I-6817, Rn. 73, EuGH, Rs. C-458/08, *Kommission/Portugal*, noch nicht in der amtlichen Sammlung veröffentlicht, Rn. 85; EuGH, Rs. C-212/09, *Kommission/Portugal*, noch nicht in der amtlichen Sammlung veröffentlicht, Rn. 83.

106 *Bröhmer* in Calliess/Ruffert, Art. 65 AEUV, Rn. 2.

107 Vgl. Schlussakte zum Vertrag über die Europäische Union vom 7. Februar 1992 und die beigefügte Erklärung zu Art. 73d des Vertrags zur Gründung der Europäischen Gemeinschaft. Die Erklärung zu Art. 73d betrifft nur den Kapital- und Zahlungsverkehr zwischen den Mitgliedstaaten.

108 *Kotzur* in Geiger/Khan/Kotzur, Art. 65 AEUV, Rn. 2.

Rechtsakt erst zukünftig erlassen wird, ist die Einführung einer Devisentransaktionssteuer nicht nach Art. 65 Abs. 1 lit. a AEUV gerechtfertigt.

c. Repressive Rechtfertigungsgründe

Art. 65 Abs. 1 lit. b AEUV berechtigt Mitgliedstaaten zur Vornahme von Maßnahmen, „um Zuwiderhandlungen gegen innerstaatliche Rechts- und Verwaltungsvorschriften, insbesondere auf dem Gebiet des Steuerrechts und der Aufsicht über Finanzinstitute, zu verhindern, sowie Meldeverfahren für den Kapitalverkehr zwecks administrativer oder statistischer Information vorzusehen oder Maßnahmen zu ergreifen, die aus Gründen der öffentlichen Ordnung und Sicherheit gerechtfertigt sind". Der EuGH erläuterte in der Rechtssache *Bordessa,* dass unter Bezugnahme auf Art. 4 Abs. 1 der Richtlinie 88/361/EWG[109] (der sogenannten Kapitalverkehrsrichtlinie) unter Maßnahmen im Sinne von Art. 65 Abs. 1 lit. b AEUV insbesondere solche Maßnahmen zu verstehen seien, die „auf steuerrechtlichem oder bankenaufsichtsrechtlichem Gebiet unerlässlich sind, um Zuwiderhandlungen gegen die Rechts- und Verwaltungsvorschriften der Mitgliedstaaten zu verhindern. Das bedeutet, dass auch andere Maßnahmen erlaubt sind, soweit sie auf die Verhinderung rechtswidriger Tätigkeiten vergleichbarer Schwere, wie der Geldwäsche, des Drogenhandels und des Terrorismus, abzielen."[110] Bei näherer Betrachtung dieses durch den EuGH angeführten Maßnahmenkatalogs wird deutlich, dass der EuGH ausschließlich Rechtfertigungsgründe benennt, die dem ordnungsgemäßen Funktionieren der staatlichen Strafverfolgung in einem Rechtsstaat dienen.[111] Die Devisentransaktionssteuer dient jedoch weder der Strafverfolgung noch schützt sie vor rechtswidrigen Tätigkeiten, da Devisenspekulationen regelmäßig keine Straftat oder Ordnungswidrigkeit darstellen. Mit der Devisentransaktionssteuer wird vielmehr ein volkswirtschaftliches Interesse verfolgt, das zudem neben dem Lenkungszweck auch einen Finanzierungszweck erfüllen soll. Somit ist die

---

109 Richtlinie 88/361/EWG des Rates vom 24. Juni 1988 zur Durchführung von Artikel 67 des Vertrages, ABl. Nr. L 178 vom 8. Juli 1988, S. 5.

110 EuGH, verb. Rs. C–358/93 und C–416/93, *Bordessa,* Slg. 1995, I–361, Rn. 21. Siehe auch im Zusammenhang mit der Verhinderung der Steuerumgehung: EuGH, Rs. C-478/98, *Kommission/Belgien,* Slg. 2000, I-7587, Rn. 39; EuGH, Rs. C-446/03, *Marks & Spencer,* Slg. 2005, I-10837, Rn. 49 ff.; EuGH, Rs. C-231/05, *Oy AA,* Slg. 2007, I-6373, Rn. 60), sowie im Zusammenhang mit der Verhinderung der Steuerhinterziehung: EuGH, C-358/93 und C-416/93, *Bordessa,* Slg. 1995, I-361, Rn. 21 f.; EuGH, verb. Rs. C-163/94, C-165/94 und C-250/94, *Sanz de Lera,* Slg. 1995, I-4821, Rn. 22; EuGH, Rs. C-540/07, *Kommission/Italien,* Slg. 2009 I-10983, Rn. 55; EuGH, Rs. C-188/09, *Dyrektor Izby Skarbowej,* noch nicht in der amtlichen Sammlung veröffentlicht, Rn. 25 m.w.N.

111 Schlussanträge *Generalanwalt Tesauro* vom 17. November 1994, verb. Rs. C–358/93 und C–416/93, *Bordessa,* Slg. 1995, I–361, Rn. 12; EuGH, Rs. C-188/09, *Dyrektor Izby Skarbowej,* noch nicht in der amtlichen Sammlung veröffentlicht, Rn. 25 m.w.N.

Rechtfertigung einer Einführung der Devisentransaktionssteuer nicht auf Grundlage der Ausnahmevorschrift des Art. 65 Abs. 1 lit. b AEUV möglich.

d. Ausnahmebestimmungen im Verhältnis zu Drittstaaten

Weiterhin könnte die Besteuerung von Devisentransaktionen eine ausnahmsweise zulässige Beschränkung des freien Kapital- und Zahlungsverkehrs im Sinne von Art. 64 AEUV darstellen. Gemäß Art. 64 Abs. 2 AEUV können Europäisches Parlament und Rat Maßnahmen für den Kapitalverkehr mit dritten Ländern im Zusammenhang mit Direktinvestitionen, einschließlich der Immobilienanlage, der Niederlassung, der Erbringung von Finanzdienstleistungen oder der Zulassung von Wertpapieren zu den Kapitalmärkten beschließen. Der Tausch von Devisen oder der Export von Währungen fällt jedoch nicht unter den Aufzählungskatalog in Art. 64 Abs. 2 AEUV; aufgrund der restriktiven Auslegung von Ausnahmebestimmungen ist der Aufzählungskatalog abschließend.[112]

Eine weitere Ausnahmeregelung enthält Art. 66 AEUV, wonach der Rat gegenüber Drittstaaten, die nicht Mitgliedstaaten der Europäischen Union sind, Schutzmaßnahmen mit einer Geltungsdauer von maximal sechs Monaten treffen kann, „falls Kapitalbewegungen nach oder aus dritten Ländern unter außergewöhnlichen Umständen das Funktionieren der Wirtschafts- und Währungsunion schwerwiegend stören oder zu stören drohen" und soweit dies unbedingt notwendig ist. Zwar fehlt eine gesetzliche Konkretisierung des Begriffs der schwerwiegenden Störung oder Bedrohung im Sinne einer Legaldefinition. Nach im Schrifttum vertretener Auffassung zählen jedoch makroökonomische Schocks und extreme Wechselkursschwankungen zu derartigen außergewöhnlichen Umständen.[113] Gegen die Einführung einer Devisentransaktionssteuer als Schutzmaßnahme im Sinne des Art. 66 AEUV spricht jedoch, dass diese keine lediglich temporäre Maßnahme mit Dauer von maximal sechs Monaten darstellt. Die Besteuerung von Devisentransaktionen auf unbestimmte Dauer widerspricht der zeitlichen Begrenzung einer Schutzmaßnahme im Sinne des Art. 66 AEUV.[114]

e. Ungeschriebene Rechtfertigungsgründe

Zu untersuchen sind im Folgenden ungeschriebene Rechtfertigungsgründe im Sinne der *Cassis de Dijon*-Rechtsprechung des EuGH, der im Rahmen richterlicher Rechtsfortbildung in ständiger Rechtsprechung anerkannte, dass Eingriffe

112 EuGH, Rs. 286/82 und 26/83, *Luisi und Carbone*, Slg. 1984, 377, Rn. 34; EuGH, verb. Rs. C–358/93 und C–416/93, *Bordessa*, Slg. 1995, I–361, Rn. 25; EuGH, verb. Rs. C–163/94, C–165/94 und C–250/94, *Sanz de Lera*, Slg. 1995, I–4821, Rn. 25.

113 *Hafner*, The free movement of capital in the European Union, S. 141–150, 148 in Grote/Marauhn (Hrsg.), The Regulation of International Financial Markets. Perspectives for Reform.

114 Jedoch könnte der „Strafzuschlag" der Two-Tier-Tax als temporär anfallende Besteuerung eine Maßnahme im Sinne dieser Vorschriften bilden.

in den Anwendungsbereich der Kapitalverkehrsfreiheit gerechtfertigt sein könnten, wenn zwingende Gründe des Allgemeinwohls dies begründen.[115] Der EuGH erkennt in diesem Zusammenhang in der Rechtssache *Casati* an, dass Kapitalbewegungen eine enge Beziehung zur Wirtschafts- und Währungspolitik der Mitgliedstaaten aufweisen, und es sich nicht ausschließen lässt, „dass die völlige Freiheit jeder Kapitalbewegung die Wirtschaftspolitik des einen oder anderen Staates gefährden oder ein Ungleichgewicht seiner Zahlungsbilanz bewirken kann, wodurch das ordnungsgemäße Funktionieren des Gemeinsamen Markts beeinträchtigt wird."[116] Dabei können nach der Rechtsprechung des EuGH finanzielle Interessen allgemeiner Art oder wirtschaftspolitische Ziele keine Rechtfertigungsgründe für Beschränkungen der europäischen Grundfreiheiten darstellen.[117]

Zunächst ist festzuhalten, dass bei einer alleinigen Betrachtung der Finanzierungsfunktion der Devisentransaktionssteuer (allgemeines finanzielles Interesse der Erzielung von Einnahmen für die öffentliche Hand) die Devisentransaktionssteuer grundsätzlich nicht aufgrund ungeschriebener Rechtfertigungsgründe zu rechtfertigen ist. Es könnte jedoch möglich sein, den Eingriff in die Kapital- und Zahlungsverkehrsfreiheit durch eine besondere Begründung des Finanzierungszwecks – wie etwa die Begründung der Einführung der Devisentransaktionssteuer durch die Beteiligung der Marktteilnehmer an den im Zusammenhang mit Währungskrisen verursachten Ausgaben – und eine Hervorhebung der wirtschaftspolitischen Motive zu rechtfertigen. Wie voranstehend dargestellt, soll mit der Lenkungsfunktion der Devisentransaktionssteuer im Wesentlichen eine Währungs- und Wechselkursstabilität durch die Eindämmung destabilisierender Spekulationen auf den Devisenmärkten erreicht werden; außerdem soll das Risiko eines spekulationsbedingten Wohlstandsverlustes reduzieren werden. Diese mit der Lenkungsfunktion der Devisentransaktionssteuer verfolgten Ziele könnten sich in den Zielen der Europäischen Union widerspiegeln, die insbesondere

115 EuGH, Rs. C–204/90, *Bachmann*, Slg. 1992, I–249, Rn. 34; EuGH, Rs. C–148/91, *Raad van State*, Slg. 1993, I–487, Rn. 15 f.; EuGH, Rs. C–35/98, *Verkojien*, Slg. 2000, I–4071, Rn. 43m.w.N.; EuGH, Rs. C–319/02, *Manninen*, Slg. 2004, I–7477, Rn. 29; EuGH, Rs. C–512/03, *Blanckaert*, Slg. 2005, I–7685, Rn. 42; EuGH, Rs. C–540/07, *Kommission/Italienische Republik*, Slg. 2009, I-10983, Rn. 49.

116 EuGH, Rs. 203/80, *Casati*, Slg. 1981, S. 2595, Rn. 9. Der Begriff des Gemeinsamen Markts wurde im Rahmen des Vertrags von Lissabon durch den Begriff des Binnenmarkts ersetzt.

117 EuGH, Rs. 238/82, *Duphar*, Slg. 1984, S. 523, Rn. 30; EuGH, Rs. 324/93, *Evans Medical*, Slg. 1995, I–563, Rn. 36; EuGH, Rs. C–120/95, *Decker*, Slg. 1998, I–1831, Rn. 39; EuGH, *Kommission/Frankreich*, Slg. 1997, I–6959, Rn. 62; EuGH, Rs. C–158/96, *Kohll*, Slg. 1998, I–1931, Rn. 41; EuGH, Rs. C–35/98, *Verkooijen*, Slg. 2000, I–4071, Rn. 48; (zum Warenverkehr); EuGH, *SETTG*, Slg. 1997, I–3091 Rn. 23 (zum Dienstleistungsverkehr); EuGH, Rs. C–264/96, *ICI*, Slg. 1998, I–4695, Rn. 29; EuGH, Rs. C–307/97, *Compagnie de Saint-Gobain*, Slg. 1999, I–6161, Rn. 51; EuGH, Rs. C–324/00, *Lankhorst*, Slg. 2002, I–11779, Rn. 36 (zur Niederlassungsfreiheit).

in Art. 3 AEUV niedergelegt sind. So könnte argumentiert werden, dass eine Devisentransaktionssteuer durch die mittelbaren Auswirkungen auf den Devisenmarkt zahlreiche positive Effekte besäße. Insbesondere könnte das Ziel aus Art. 3 Abs. 5 AEUV herangezogen werden, nach dem die Europäische Union einen Beitrag zu globaler nachhaltiger Entwicklung und zur Beseitigung von Armut leistet. Weiterhin könnten die Entschließungsgründe zum Vertrag über die Europäische Union zitiert werden, nach dem die Mitgliedstaaten entschlossen sind, eine Wirtschafts- und Währungsunion zu errichten, „die eine einheitliche, stabile Währung einschließt"[118]. Die mit der Devisentransaktionssteuer bezweckten positiven Effekte sind jedoch im Schrifttum sehr umstritten. Mögliche Nebenwirkungen dieser Steuer können beträchtliche Auswirkungen auf die nationale, europäische und globale Wirtschaft besitzen.[119] Es sprechen in diesem Zusammenhang ebenfalls gute und auf wissenschaftlicher Basis begründete Argumente dagegen, dass die Devisentransaktionssteuer den Zielen der Europäischen Union unbedingt förderlich ist.[120]

Sofern zur Begründung der Devisentransaktionssteuer jedoch ihre Ziele und positiven Auswirkungen mit den Zielen der Europäischen Union verknüpft werden und sie so gerechtfertigt werden könnte, muss der IWF den gemäß Art. VIII Abs. 2a des IWF-Übereinkommens den Beschränkungen der „Zahlungen und Übertragungen für laufende internationale Geschäfte" grundsätzlich zustimmen.[121] Eine Devisentransaktionssteuer könnte mit entsprechender Ausgestaltung der Begründungserwägungen geeignet sein, das allgemeine Beschränkungsverbot der Kapital- und Zahlungsverkehrsfreiheit zu durchbrechen.

5. Abgrenzung zu anderen Grundfreiheiten

Nachfolgend ist die Kapitalverkehrsfreiheit von der Dienstleistungsfreiheit und der Niederlassungsfreiheit abzugrenzen.

a. Dienstleistungsfreiheit

In der Rechtssache *Fidium Finanz AG* trifft der EuGH eine Aussage zu dem Konkurrenzverhältnis der Dienstleistungs- und der Kapitalverkehrsfreiheit: Soll-

---

118 Vgl. Entschließungsgrund Nr. 8 des Vertrags über die Europäische Union.

119 Siehe dazu die Ausführungen in dem Abschnitt „*3. Die ökonomische Kritik an der Devisentransaktionssteuer*" auf Seite 61 dieser Arbeit.

120 Dazu die Ausführungen in dem Abschnitt „*Kapitel 5 –Europarechtliche Anforderungen an die Ausgestaltung*" auf Seite 64 dieser Arbeit.

121 Gemäß des Grundsatzes aus Art. VIII Abs. 2a des IWF-Übereinkommens dürfen Mitglieder des Internationalen Währungsfonds „*Zahlungen und Übertragungen für laufende internationale Geschäfte*" grundsätzlich nur mit Zustimmung des IWF Beschränkungen unterwerfen (*Knieper*, Elemente des internationalen Rechts grenzüberschreitenden Kapital- und Zahlungsverkehrs in WiRO 2001, S: 353, 356). Siehe auch: BGH, Urteil vom 8. November 1993, Az. II ZR 216/92, NJW 1994, S. 390–392, 390 ff. (Kapitalübertragung nach Bretton Woods-Abkommen).

ten die Schutzbereiche beider Grundfreiheiten eröffnet sein, sei zu prüfen, inwieweit die Maßnahme die Ausübung der beiden Grundfreiheiten berührt, und ob unter den Umständen des Einzelfalls eine von ihnen hinter die andere zurücktritt.[122] Der EuGH prüft die entsprechende Maßnahme grundsätzlich nur im Hinblick auf eine dieser beiden Grundfreiheiten, wenn sich herausstellt, dass unter den Umständen des Einzelfalls eine der beiden Grundfreiheiten der anderen gegenüber völlig zweitrangig ist und ihr zugeordnet werden kann.[123] Die Auffassung des EuGH kann mit einem Argument aus Art. 58 Abs. 2 AEUV begründet werden. Gemäß Art. 58 Abs. 2 AEUV wird „[d]ie Liberalisierung der mit dem Kapitalverkehr verbundenen Dienstleistungen der Banken und Versicherungen [...] im Einklang mit der Liberalisierung des Kapitalverkehrs durchgeführt." Daraus folgt, dass ein bestimmter Zeitpunkt existiert, an die mit dem Kapitalverkehr verbundenen Dienstleistungen der Banken und Versicherungen vollständig entsprechend der Liberalisierung des Kapitalverkehrs liberalisiert sind.[124] Bis zu diesem Zeitpunkt existieren beide Grundfreiheiten nebeneinander und ungeschriebene Rechtfertigungsgründe der Grundfreiheiten können für die Rechtfertigung der jeweils anderen Grundfreiheit herangezogen werden.[125]

---

122 EuGH, Rs. 452/04, *Fidium Finanz AG*, Slg. 2006, I–9521, Rn. 34, 47 ff.; EuGH, Rs. C-182/08, *Glaxo Wellcome*, Slg. 2009, I-8591, Rn. 37; EuGH, Rs. C-233/09, *Dijkmann*, Slg. 2010, I-6649, Rn. 33

123 EuGH, Rs. 452/04, *Fidium Finanz AG*, Slg. 2006, I–9521, Rn. 34; EuGH, Rs. C–275/92, Schindler, Slg. 1994, I–1039, Rn. 22; EuGH, Rs. C–390/99, *Canal Satélite Digital*, Slg. 2002, I–607, Rn. 46; EuGH, Rs. C–36/02, *Omega*, Slg. 2004, I–9609, Rn. 26 f.; EuGH, Rs. C–20/03, *Burmanjer*, Slg. 2005, I–4133, Rn. 35; EuGH, Rs. C–196/04, *Cadbury Schweppes*, Slg. 2006, I–7995, Rn. 33; EuGH, Rs. C–231/05, *Oy AA*, Slg. 2007, I–6373, Rn. 24; EuGH, Rs. C–182/08, *Glaxo Wellcome*, Slg. 2009, I-08591, Rn. 37 und 50; EuGH, Rs. C–311/08, *SGI*, Slg. 2010, I-487, Rn. 23 ff.; EuGH, Rs. C-233/09, *Dijkmann*, Slg. 2010, I-6649, Rn. 33

124 *Kluth* in Calliess/Ruffert, Art. 59 AEUV, Rn. 2; *Bröhmer* in Calliess/Ruffert, Art. 63 AEUV, Rn. 8 m.w.N.; *Förster* in Bleckmann, Europarecht, Rn. 1181 f.; *Weber*, Kapitalverkehr und Kapitalmärkte im Vertrag über die Europäische Union in EuZW 1992, S. 561, 565; *Rohde*, Freier Kapitalverkehr in der Europäischen Gemeinschaft, 1999, S. 181 f.

125 *Schön*, Der Kapitalverkehr mit Drittstaaten und das internationale Steuerrecht in Gocke/Gosch/Lang (Hrsg.), FS-Wassermeyer, S. 489, 503 f.; *Weber*, Kapitalverkehr und Kapitalmärkte im Vertrag über die Europäische Union in EuZW 1992, S. 561, 565. Weiterführend: *Kimms*, Die Kapitalverkehrsfreiheit im Recht der europäischen Union, S. 204 f.; *Honrath*, Umfang und Grenzen der Freiheit des Kapitalverkehrs, S. 127 ff.; *Ress/Ukrow* in Grabitz/Hilf, Art. 56 EG, Rn. 208 m.w.N.

b. Niederlassungsfreiheit

Niederlassungsfreiheit und Kapitalverkehrsfreiheit sind innerhalb der Europäischen Union weitgehend harmonisiert.[126] Im Schrifttum und in der europäischen Rechtsprechung werden verschiedene Auffassungen im Zusammenhang mit der Konkurrenz von Niederlassungsfreiheit und Kapitalverkehrsfreiheit vertreten. So wird im Schrifttum vertreten, dass zwischen beiden Grundfreiheiten eine alternative Exklusivität besteht (Exklusivitätstheorie)[127], dass die Kapitalverkehrsfreiheit eine Spezialität gegenüber der Niederlassungsfreiheit besitzt (Spezialitätstheorie)[128], dass die Kapitalverkehrsfreiheit gegenüber der Niederlassungsfreiheit subsidiär sei (Subsidiaritätstheorie)[129] aber auch, dass beide Grundfreiheiten nebeneinander anwendbar seien (Koexistenztheorie)[130].

---

126 EuGH, verb. Rs. C–282/04 und C–283/04, *Kommission/Niederlande*, Slg. 2006, I–9141, Rn. 32 ff.; *Bröhmer* in Calliess/Ruffert, Art. 63 AEUV, Rn. 56; *Grundmann/Möslein*, European Competition Law Review Die Goldene Aktie in ZGR 2003, S. 317, 329 f. Zu einer allgemeinen dogmatischen Einordnung siehe: *Jarass*, Elemente einer Dogmatik der Grundfreiheiten in Europarecht 1995, S. 202–226; *Jarass*, Elemente einer Dogmatik der Grundfreiheiten II in Europarecht 2000, S. 705–723.

127 *Brinkmann*, Der Einfluss des europäischen Rechts auf die Unternehmensbesteuerung, S. 59 ff.; *Ohler*, Die Kapitalverkehrsfreiheit und ihre Schranken in WM 1996, S. 1801, 1804; EuGH, Rs. C–452/04, *Fidium Finanz*, Slg. 2006, I-9521, Rn. 34; EuGH, Rs. C–196/04, *Cadbury Schweppes*, Slg. 2006, I-7995, Rn. 33; EuGH, Rs. C–311/08, *Société de Gestion*, Slg. 2010, I-487, Rn. 25.

128 *Weber*, Kapitalverkehr und Kapitalmärkte im Vertrag über die Europäische Union in EuZW 1992, S. 561, 564.

129 *Bachlechner*, Liegenschaftserwerb und Kapitalverkehrsfreiheit in ZEuS 1998, S. 519, 531; EuGH, verb. Rs. C–358/93 und C–416/93, *Aldo Bordessa*, Slg. 1995, I–361.

130 *Bayer*, Zulässige und unzulässige Einschränkungen der europäischen Grundfreiheiten im Gesellschaftsrecht in Betriebs-Berater 2002, S. 2289, 2290; *Freitag*, Mitgliedstaatliche Beschränkungen des Kapitalverkehrs und Europäisches Gemeinschaftsrecht in Europäisches Wirtschafts- und Steuerrecht 1997, S. 186, 189 ff.; *Ress/Ukrow* in: Grabitz/Hilf/Nettesheim, Art. 63 AEUV, Rn. 222 ff. m.w.N., 234; *Spindler*, Deutsches Gesellschaftsrecht in der Zange zwischen Inspire Art und Golden Shares? in Recht der Internationalen Wirtschaft 2003, S. 850, 852; *Sedlaczek/Züger* in Streinz, EUV/AEUV, Art. 63 AEUV, Rn. 33; *Bröhmer* in Calliess/Ruffert, Art. 63 AEUV, Rn. 27 ff., 30 m.w.N.; EuGH, Rs. C-302/97, *Konle*, Slg. 1999, I-3099, Rn. 22; EuGH, Rs. C–251/98, *Baars*, Slg. 2000, I-2787, Rn. 20; EuGH, Rs. C–152/03, *Ritter-Coulais*, Slg. 2006, I-1711, Rn. 20ff.; EuGH, Rs. C–326/07, *Kommission/Italien*, Slg. 2009, I-2291, Rn. 33 ff.

Der EuGH prüft Sachverhalte, die in den Anwendungsbereich beider Grundfreiheiten fallen, zum Teil unter Bezugnahme auf die Kapitalverkehrsfreiheit[131] und zum Teil unter Bezugnahme auf die Niederlassungsfreiheit[132].[133] Im Urteil *X und Y* erkannte der EuGH der Kapitalverkehrsfreiheit in den Fällen keine eigenständige Bedeutung an, in denen eine Regelung bereits in den Anwendungsbereich der Niederlassungsfreiheit falle, da es um den Erwerb einer Kapitalbeteiligung mit bestimmendem Einfluss auf die Entscheidungen des betreffen Unternehmens gehe.[134] Der EuGH arbeitet in seiner Rechtsprechung einen Schwerpunkt des jeweiligen Sachverhalts heraus, um diesen Schwerpunkt einer Grundfreiheit zuzuordnen.[135] Für den Fall, dass eine Grundfreiheit unmittelbar betroffen ist und die andere Grundfreiheit lediglich tangiert wird, ist die unmittelbar betroffene Grundfreiheit gegenüber der anderen nach Ansicht des EuGH spezieller.[136] Nach Auffassung von *Generalanwalt Alber* ist die Kapitalverkehrsfreiheit gegenüber der Niederlassungsfreiheit in den Fällen spezieller, in denen „all-

131 So etwa in den Entscheidungen zu den „golden shares“: EuGH, Rs. C–367/98, *Kommission/Portugal*, Slg. 2002, I–4731; EuGH, Rs. C–483/99, *Kommission/Frankreich*, Slg. 2002, I–4781; EuGH, C–503/99, *Kommission/Belgien*, Slg. 2002, I–4809, EuGH, Rs. C–463/00, *Kommission/Spanien*, Slg. 2003, I–4581 und EuGH, C–98/01, *Kommission/Vereinigtes Königreich*, Slg. 2003, I–4641, siehe: Schlussanträge *Generalanwalt Maduro* vom 6. April 2006, verb. Rs. C–282/04 und C–283/04, *Kommission/Niederlande*, Slg. 2006, I–9141, Rn. 41.

132 EuGH, Rs. C–251/98, *Baars*, Slg. 2000, I–2787, Rn. 19; EuGH, Rs. C–436/00, *X und Y*, Slg. 2002, I–10829, Rn. 29 und 33; EuGH, Rs. C–471/04, *Keller Holding*, Slg. 2006, I–2107, Rn. 29.

133 Kritisch dazu: *Glöckner*, Grundverkehrsbeschränkungen und Europarecht - Zugleich ein Beitrag zum Anwendungsbereich der Kapitalverkehrsfreiheit in Europarecht 2000, S. 592, 608; *Weber*, Kapitalverkehr und Kapitalmärkte im Vertrag über die Europäische Union in EuZW 1992, S. 561, 564.

134 EuGH, Rs. C–436/00, *X und Y*, Slg. 2002, I–10829, Rn. 37, 66; Schlussanträge *Generalanwalt Léger* vom 2. Mai 2006, Rs. C–196/04, *Cadbury Schweppes*, Slg. 2006, I-7995, Rn. 32.

135 Schlussanträge *Generalanwalt Geelhoed*, Rs. C–524/04, *Test Claimants*, Slg. 2007, I–2107, Rn. 35; ähnlich Schlussanträge *Generalanwalt Alber*, Rs. C–251/98, *Baars*, Slg. 2000, I–2787, Rn. 32 ff. (der nach dem Kriterium der unmittelbaren beziehungsweise mittelbaren Betroffenheit unterscheidet); EuGH, Rs. C-196/04, *Cadbury Schweppes*, Slg. 2006, I-7995, Rn. 31 ff.; EuGH, Rs. C-452/04, *Fidium Finanz*, Slg. 2006, I-9521, Rn. 34 und 44 ff.; EuGH, Rs. C-374/04, Test Claimants, Slg. 2006, I-11673, Rn. 37 f.; EuGH, verb. Rs. C-436/08 und C-437/08, *Haribo und Österreichische Salinen*, noch nicht in der amtlichen Sammlung veröffentlicht, Rn. 34.

136 *Müller-Graff*, Einflußregulierungen in Gesellschaften zwischen Binnenmarktrecht und Eigentumsordnung, S. 929–954, 934 in Habersack (Hrsg.), FS-Ulmen; *Ress/Ukrow* in Grabitz/Hilf/Nettesheim, Art. 63 AEUV, Rn. 230; *Sedlaczek/Züger* in Streinz, EUV/AEUV, Art. 63 AEUV, Rn. 11 f.; EuGH, Rs. C–302/97, *Konle*, Slg. 1999, I–3099, Rn. 39 ff.; EuGH, Rs. C–386/04, *Centro di Musicologia Walter Stauffer*, Slg. 2006, I–8203, Rn. 16 ff.; EuGH, C–370/05, *Festersen*, Slg. 2007, I–1129, Rn. 20 ff.

gemein die Investition von Kapital mit dem Ziel [erfolgt], eine Rendite zu erwirtschaften"; die Niederlassungsfreiheit ist dann spezieller, wenn eine spezifische „unternehmerische Aktivität"[137] behindert wird. Im Zusammenhang mit der Rechtssache *Überseering* hat der EuGH dargelegt, dass der Erwerb von Geschäftsanteilen an einer in einem Mitgliedstaat gegründeten und ansässigen Gesellschaft durch eine oder mehrere natürliche Personen mit Wohnort in einem anderen Mitgliedstaat grundsätzlich den Vertragsbestimmungen über den freien Kapitalverkehr unterliege, sofern durch die Beteiligung kein Einfluss auf die Entscheidungen der Gesellschaft verliehen wird und keine Bestimmung der Tätigkeiten möglich sei. Sollte der Erwerb jedoch sämtliche Geschäftsanteile einer Gesellschaft mit satzungsmäßigem Sitz in einem anderen Mitgliedstaat umfassen und eine Beteiligung einen gewissen Einfluss auf die Entscheidungen der Gesellschaft verleihen, die es diesen Personen ermögliche, deren Tätigkeiten zu bestimmen, seien die Vertragsbestimmungen über die Niederlassungsfreiheit anwendbar.[138] In einem späteren Urteil erklärte der EuGH, dass eine Regelung, die die Möglichkeit beschränke, sich tatsächlich an der Verwaltung einer Gesellschaft oder deren Kontrolle zu beteiligen, eine Beschränkung des freien Kapitalverkehrs darstelle.[139] Auch aus weiteren Entscheidungen des EuGH ergibt sich, dass, sobald ein bestimmtes Maß an unternehmerischer Betätigung mit einer Investition einhergeht, die Niederlassungsfreiheit betroffen sei.[140] Bei Kapitaltransaktionen, die einen bloßen Anlagezweck verfolgen, ist jedoch ausschließlich der Anwendungsbereich der Kapitalverkehrsfreiheit eröffnet.[141]

---

137 Schlussanträge *Generalanwalt Alber* vom 14. Oktober 1999, Rs. C–251/98, *Baars*, Slg. 2000, I–2787, Rn. 26 ff.

138 EuGH, Rs. C–251/98, *C Baars*, Slg. 2000, I–2787, Rn. 21 f.; EuGH, Rs. C–208/00, *Überseering*, Slg. 2002, I–9919, Rn. 77.

139 EuGH, Rs. C–98/01, *Kommission/Vereinigtes Königreich*, Slg. 2003, I–4641, Rn. 44. Siehe auch: EuGH, Rs. C-222/97, *Trummer und Mayer*, Slg. 1999, I-1661, Rn. 21; EuGH, Rs. C-483/99, *Kommission/Frankreich*, Slg. 2002, I-4781, Rn. 36 f.; EuGH, Rs. C-98/01, *Kommission/Vereinigtes Königreich*, Slg. 2003, I-4641, Rn. 39 f.; EuGH, verb. Rs. C-282/04 und C-283/04, *Kommission/Niederlande*, Slg. 2006, I-9141, Rn. 19; EuGH, Rs. C-182/08, *Glaxo Wellcome*, Slg. 2009, I-8591, Rn. 40.

140 EuGH, Rs. C–367/98, *Kommission/Portugal*, Slg. 2002, I–4731; EuGH, Rs. C–483/99, Kommission/Frankreich, Slg. 2002, I–4781; EuGH, Rs. C–503/99, *Kommission/Belgien*, Slg. 2002, I–4809; EuGH, Rs. C–463/00, *Kommission/Spanien*, Slg. 2003, I–4581; EuGH, Rs. C–210/06, *Cartesio*, Slg. 2008, I–9641, Rn. 107 ff.

141 Schlussanträge *Generalanwalt Maduro*, verb. Rs. C–282/04 und C–283/04, *Golden Shares IV*, Slg. 2006, I–9141, Rn. 27 ff.; *Bröhmer* in Calliess/Ruffert, EUV/AEUV, Art. 63 AEUV, Rn. 29; *Sedlaczek/Züger* in Streinz, EUV/AEUV, Art. 63 AEUV, Rn. 34; *Bayer*, Aktuelle Entwicklungen im Europäischen Gesellschaftsrecht in Betriebs-Berater 2004, S. 1, 3; *Grundmann/Möslein*, European Competition Law Review Die Goldene Aktie in ZGR 2003, S. 317, 327; *Ruge*, Goldene Aktien und EG-Recht in EuZW 2002, S. 421, 423.

Die im Schrifttum überwiegend vertretene Auffassung stellt grundsätzlich ebenfalls auf den Schwerpunkt des Sachverhalts ab.[142] Mitunter wird auch der hypothetische Wille eines Investors herangezogen: Wenn der Investor vorrangig das Ziel der Kapitalanlage verfolge und nicht eine unternehmerische Tätigkeit beabsichtigt sei, sollte ausschließlich die Kapitalverkehrsfreiheit betroffen sein.[143] Eine parallele Anwendung beider Grundfreiheiten wird im Schrifttum insbesondere aufgrund der sprachlichen Verweise der Art. 65 Abs. 2 und Art. 49 Abs. 2 AEUV befürwortet; außerdem entspräche die parallele Anwendung beider Grundfreiheiten dem *effet utile*-Gedanken am besten, um beide Grundfreiheiten zu verwirklichen.[144]

B. Resümee

Die Devisentransaktionssteuer stellt eine Beeinträchtigung der Niederlassungsfreiheit, der Dienstleistungsfreiheit sowie der Kapital- und Zahlungsverkehrsfreiheit dar. In einer derartigen Konstellation kann ein ungeschriebener Rechtfertigungsgrund aus einer der Grundfreiheiten, insbesondere Rechtfertigungsgründe aus steuerlichen Erwägungen, zu einer Rechtfertigung des Eingriffs in alle anderen der betroffenen Grundfreiheiten führen.

---

142 *Müller-Graff*, Einflußregulierungen in Gesellschaften zwischen Binnenmarktrecht und Eigentumsordnung, S. 929–954, 935 f. in Habersack (Hrsg.), FS-Ulmen; *Fischer*, Die Kapitalverkehrsfreiheit in der Rechtsprechung des EuGH – Entscheidungen „Trummer & Mayer" vom 16. März 1999 und „Konle/Österreich" vom 1. Juni 1999 in ZEuS 2000, S. 391, 402; *Bröhmer* in Calliess/Ruffert, Art. 63 AEUV, Rn. 27 ff., 30 m.w.N.; *Ress/Ukrow* in: Grabitz/Hilf/Nettesheim, Art. 63 AEUV, Rn. 222 ff. m.w.N., 234; *Sedlaczek/Züger* in Streinz, EUV/AEUV, Art. 63 AEUV, Rn. 33.

143 *Fischer*, Die Kapitalverkehrsfreiheit in der Rechtsprechung des EuGH – Entscheidungen „Trummer & Mayer" vom 16. März 1999 und „Konle/Österreich" vom 1. Juni 1999 in ZEuS 2000, S. 391, 402.

144 *Bayer*, Zulässige und unzulässige Einschränkungen der europäischen Grundfreiheiten im Gesellschaftsrecht in Betriebs-Berater 2002, S. 2289, 2290; *Freitag*, Mitgliedstaatliche Beschränkungen des Kapitalverkehrs und Europäisches Gemeinschaftsrecht in Europäisches Wirtschafts- und Steuerrecht 1997, S. 186, 190; *Ress/Ukrow* in Grabitz/Hilf/Nettesheim, Art. 63 AEUV, Rn. 234 m.w.N.; *Schwenke*, Die Kapitalverkehrsfreiheit im Wandel? - Eine erste Analyse neuer Entwicklungen in der Rechtsprechung des EuGH in Internationales Steuerrecht 2006, S. 748, 752; *Spindler*, Deutsches Gesellschaftsrecht in der Zange zwischen Inspire Art und Golden Shares? in Recht der Internationalen Wirtschaft 2003, S. 850, 852; *Weber*, Kapitalverkehr und Kapitalmärkte im Vertrag über die Europäische Kapitalverkehr und Kapitalmärkte im Vertrag über die Europäische Union in EuZW 1992, S. 561, 564.

§ 2 Das steuerliche Gleichbehandlungsgebot

A. Allgemeines

Da die Finanz- und Steuerhoheit grundsätzlich in der Kompetenz der Mitgliedstaaten verbleibt, könnten nationale Bestimmungen sowie die Verwaltung der Mitgliedstaaten die Verwirklichung der Warenverkehrsfreiheit im Binnenmarkt beeinträchtigen. Die Art. 110–112 AEUV verbieten aus diesem Grund steuerliche Abgaben der Mitgliedstaaten gleich welcher Art, die unmittelbare und mittelbare diskriminierende Wirkungen auf Waren aus anderen Mitgliedstaaten besitzen oder bestimmte nationale Produktionen schützen.[145]

B. Abgrenzung von Art. 28 und 30 AEUV

Der Begriff der inländischen Abgabe im Sinne des Art. 110 AEUV ist abzugrenzen von dem Begriff der Zölle oder zollgleiche Abgaben im Sinne der Art. 28 und 30 AEUV, die unter dem Kapitel „Freier Warenverkehr“ aufgeführt werden und bestimmte Zölle oder zollgleiche Abgaben verbieten. Die Normen stehen in einem alternativen Verhältnis zueinander.[146]

I. Inländische Abgaben

In ständiger Rechtsprechung erkennt der EuGH finanzielle Belastungen unabhängig von ihrer Bezeichnung und der Art ihrer Erhebung als Zölle oder Abgaben gleicher Wirkung im Sinne der Art. 28 und 30 AEUV, wenn Waren diese finanzielle Belastung im Zusammenhang mit der Überschreitung von Binnengrenzen auferlegt werden und eine Abgabe gleicher Wirkung im Sinne der

145 EuGH, Rs. 168–78, *Kommission/Frankreich*, Slg. 1980, 347, Rn. 4; EuGH, Rs. 252/86, *Bergandi*, Slg. Slg. 1988, 1343, Rn. 24; EuGH, Rs. C–45/94, *Ayuntamiento de Ceuta*, Slg. 1995, I–4385, Rn. 29; EuGH, verb. Rs. C–393/04 und C–41/05, *Air Liquide Industries*, Slg. 2006, I–5293, Rn. 86; *Waldhoff* in Calliess/Ruffert, Art. 100 AEUV, Rn. 5 m.w.N.

146 *Waldhoff* in Calliess/Ruffert, Art. 30 AEUV, Rn. 11 f.; *Nicolaysen*, Europarecht II - Das Wirtschaftsrecht im Binnenmarkt, S. 96 f.; *Henke*, Freier Warenverkehr in Birk (Hrsg.), Handbuch des europäischen Steuer- und Abgabenrechts, § 21, Rn. 1; EuGH, Rs. C–383/01, *De Danske Bilimportører*, Slg. 2003, I–6065, Rn. 32 f. m.w.N.; EuGH, Rs. C–90/94, *Haahr Petroleum*, Slg. 1997, I–4085, Rn. 19; EuGH, Rs. C–213/96, *Outokumpu*, Slg. 1998, I–1801, Rn. 19; Rs. C–355/00, *Freskot*, Slg. 2003, I–5287, Rn. 39.

Art. 28 und 30 AEUV darstellen.[147] Der Anwendungsbereich von Art. 110 AEUV ist dann eröffnet, wenn die finanzielle Belastung Bestandteil „eines allgemeinen inländischen Abgabensystems" ist, das eine oder mehrere Gruppen von Erzeugnissen systematisch nach objektiven Kriterien erfasst und die unabhängig von der Herkunft der Erzeugnisse gelten.[148] Gemäß der Rechtsprechung des EuGH ist zudem der Bestimmungszweck des Aufkommens aus der Abgabe zu berücksichtigen, da dieser es erlaubt, „über die rein formalen Gesichtspunkte hinaus festzustellen, dass gewisse Abgaben, die zwar unter den gleichen Voraussetzungen sowohl inländische Erzeugnisse als auch eingeführte Erzeugnisse belasten, sich dann gerade aufgrund ihres Bestimmungszwecks auf die beiden Erzeugnisgruppen in der Weise materiell unterschiedlich auswirken können, dass sie je nach den Umständen entweder Abgaben gleicher Wirkung" im Sinne der Art. 28 und 30 AEUV oder mit Art. 110 AEUV „unvereinbare inländische Abgaben darstellen."[149] Denn sollte das Aufkommen aus einer derartigen Abgabe bestimmte Tätigkeiten fördern und die Zuweisung der Einnahmen aus der Abgabe lediglich derjenigen Gruppe von inländischen Erzeugnissen zugutekommt, die mit dieser Abgabe belastet sind, kann eine Abgabe eine diskriminierende Besteuerung darstellen, da die steuerliche Belastung durch die Vorteile ausgeglichen wird.[150]

Für die Devisentransaktionssteuer bedeutet dies, dass sie einerseits dann gegen das in Art. 110 AEUV verankerte Diskriminierungsverbot verstößt, wenn die Vorteile, die sich für die belasteten inländischen Erzeugnisse, die im Inland verarbeitet oder in Verkehr gebracht werden, aus der Zuweisung der Einnahmen aus der Abgabe ergeben, diese Belastung nur teilweise ausgleichen würden, und andererseits dann eine gegen Art. 28 und 30 AEUV verstoßende Abgabe zollgleicher Wirkung darstellt, wenn die Vorteile, die sich aus der Zuweisung des Aufkommens aus dieser Abgabe ergeben, die Belastung, die das inländische, im

147 EuGH, Rs. C–45/94, *Ayuntamiento de Ceuta*, Slg. 1995, I–4385, Rn. 28 f.; EuGH, Rs. C–213/96, *Outokumpu Oy*, Slg. 1998, I–1777, Rn. 20; EuGH, Rs. C-221/06, *Frohnleiten*, Slg. 2007, I-9643, Rn. 40. Siehe auch: *Waldhoff* in Calliess/Ruffert, Art. 28 AEUV, Rn. 15 ff.

148 EuGH, Rs. C–72/03, *Carbonati Apuani*, Slg. 2004, I–8027, Rn. 17. Siehe auch: EuGH, Rs. 90/79, *Kommission/Frankreich*, Slg. 1981, 283, Rn. 14; EuGH, Rs. C–163/90, *Legros*, Slg. 1992, I–4625, Rn. 11; EuGH, Rs. C–234/99, *Nygård*, Slg. 2002, I–3657, Rn. 20 m.w.N.

149 Schlussanträge *Generalanwalt Tesauro* vom 25. Juni 1992, verb. Rs. C–17/91, C–144/91 und C–145/91 sowie C–114/91, *Gerorges Lornoy en Zonen NV*, Slg. 1992, I–6523, lit. a m.w.N. Siehe auch: EuGH, Rs. C–221/06, *Frohnleiten*, Slg. 2007, I–9643, Rn. 40 m.w.N.

150 EuGH, Rs. C–234/99, *Nygård*, Slg. 2002, I–3657, Rn. 22 m.w.N.; EuGH, Rs. C–101/00, *Tulliasiamies*, Slg. 2002, I–7487, Rn. 57 ff., 85 ff.; EuGH, Rs. C-451/99, *Cura Anlagen*, Slg. 2002, I-3193, Rn. 40; EuGH, Rs. C–72/03, *Carbonati Apuani*, Slg. 2004, I–8027, Rn. 17; EuGH, Rs. C-464/02, *Kommission/Dänemark*, Slg. 2005, I-7929, Rn. 74; EuGH, Rs. C-98/05, *De Danske Bilimportører*, Slg. 2006, I-4945, Rn. 28.

Inland verarbeitete oder in Verkehr gebrachte Erzeugnis bei seinem Inverkehrbringen trifft, vollständig ausgleichen.[151]

II. Warenbegriff

Die Art. 110 ff. AEUV knüpfen an den Begriff einer Ware an. Nach der Rechtsprechung des EuGH sind Waren im unionsrechtlichen Sinn alle beweglichen Güter, die einen Geldwert haben und Gegenstand von Handel sein können.[152] Wie voranstehend dargestellt, können Devisen nicht als bewegliches Gut im Sinne einer Ware eingeordnet werden, insbesondere stellen sie gesetzliche Zahlungsmittel dar.[153] Darüber hinaus ist Art. 110 AEUV nach der Rechtsprechung des EuGH nur auf eingeführte Waren aus anderen Mitgliedstaaten anwendbar; auf unmittelbar aus Drittländern eingeführte Erzeugnisse ist Art. 110 AEUV nicht anwendbar.[154] Innerhalb der Europäischen Union führt selbst eine mögliche mittelbare Belastung einer Ware aus anderen Mitgliedstaaten zu keiner Verletzung des Art. 110 AEUV durch die Erhebung einer Devisentransaktionssteuer, da die Steuer innerhalb des Unionsgebiets in allen Mitgliedstaaten und auf alle Tauschgeschäfte erhoben werden soll. Zu beachten ist allerdings, dass eine mittelbare Belastung auch durch unterschiedliche Steuersätze[155] oder strengere Modalitäten in Zusammenhang mit der Besteuerung auftreten kann[156], falls den Mitgliedstaaten ein diesbezüglicher Umsetzungsspielraum verbleibt und wie er sich durch die Rechtsetzung in Form einer Richtlinie regelmäßig ergibt. Eine Interpretation des steuerlichen Diskriminierungsverbots gemäß Art. 110 AEUV als Beschränkungsverbot des freien Warenverkehrs ist nach der im Schrifttum

---

151 EuGH, Rs. C–234/99, *Nygård*, Slg. 2002, I–3657, Rn. 23 m.w.N.; EuGH, Rs. C-451/99, *Cura Anlagen*, Slg. 2002, I-3193, Rn. 40; EuGH, Rs. C-464/02, *Kommission/Dänemark*, Slg. 2005, I-7929, Rn. 74; EuGH, Rs. C-98/05, *De Danske Bilimportører*, Slg. 2006, I-4945, Rn. 28; EuGH, Rs. C–517/04, *Visserijbedrijf*, Slg. 2006, I–5015, Rn. 15 f. m.w.N.; EuGH, Rs. C-402/09, *Tatu*, noch nicht in der amtlichen Sammlung veröffentlicht, Rn. 39 ff.

152 *Kindgreen* in Calliess/Ruffert, Art. 34–36 AEUV, Rn. 120 m.w.N.; EuGH, Rs. 7–68, *Kunstschätze I*, Slg. 1968, 633, 642; EuGH, Rs. 2/90, *Kommission/Belgien*, Slg. 1992, I–4431, Rn. 23.

153 *Kindgreen* in Calliess/Ruffert, Art. 34–36 AEUV, Rn. 120. Dazu auch die Ausführungen in dem Abschnitt „*II. Warenverkehrsfreiheit*" auf Seite 193 dieser Arbeit.

154 EuGH, verb. Rs. C–228/90 bis C–234/90, C–339/90 und C–353/90, *Simba*, Slg. 1992, I–3713, Rn. 14 m.w.N.; EuGH, Rs. –284/96, *Didier Tabouillot*, Slg. 1997, I–7471, Rn. 23.

155 EuGH, Rs. C–230/89, *Griechenland/Kommission*, Slg. 1991, I–1909, Rn. 10 m.w.N.; EuGH, Rs. C-265/99, *Kommission/Frankreich*, Slg. 2001, I-2305, Rn. 40.

156 Zum Beispiel: EuGH, Rs. 42/83, *Dansk Denkavit*, Slg. 1984, 2649, Rn. 30 m.w.N. (unterschiedliche Zahlungsfristen), EuGH, Rs. C–276/91, *Frankreich/Kommission*, Slg. 1993, I–4413, Rn. 28 (höhere Sanktionen) und EuGH, Rs. C-402/09, *Tatu*, noch nicht in der amtlichen Sammlung veröffentlicht, Rn. 39 ff. (Steuer übersteigt Restwert).

vorherrschenden Ansicht und nach ständiger Rechtsprechung des EuGH richtigerweise abzulehnen.[157]

§ 3 Das Verbot staatlicher Beihilfen

Im Folgenden ist zu untersuchen, ob das Aufkommen aus der Devisentransaktionssteuer als staatliche Beihilfe im Sinne der Art. 107 ff. AEUV gewertet werden kann. Art. 107 Abs. 1 AEUV enthält keine Definition des Begriffs der Beihilfe. Die Norm enthält allerdings tatbestandliche Merkmale einer Beihilfe, wie beispielsweise, dass Beihilfen einem Staat zurechenbar sein oder aus staatlichen Mitteln stammen müssen oder bestimmte Unternehmen oder Produktionszweige begünstigen (Selektivität der Beihilfe).[158] In ständiger Rechtsprechung prüft der EuGH, ob es sich um eine staatliche Maßnahme oder eine Maßnahme unter Inanspruchnahme staatlicher Mittel handelt, ob die Maßnahme geeignet ist, den Handel zwischen Mitgliedstaaten zu beeinträchtigen, ob durch sie dem Begünstigten ein Vorteil gewährt wird und ob sie den Wettbewerb verfälscht oder zu verfälschen droht.[159] Die Beihilfe stellt grundsätzlich eine Begünstigung dar. Das Vorliegen einer Begünstigung im Sinne des Art. 107 Abs. 1 AEUV setzt voraus, dass an das Unternehmen eine Leistung erfolgt, die als die Gewährung

157 *Balke*, Steuerliche Gestaltungsfreiheit der Mitgliedstaaten und freier Warenverkehr im europäischen Binnenmarkt, S. 24 f.; *Baßler*, Zu den „Steuerspezifika“ der Grundfreiheiten des EG-Vertrags in Internationales Steuerrecht 2005, S. 822, 827; *Bröhmer* in Calliess/Ruffert, Art. 110 AEUV, Rn. 12 ff, 17 m.w.N.; EuGH, Rs. 20/76, *Schöttle & Söhne*, Slg. 77, S. 247, Rn. 14 f.; EuGH, Rs. 252/86, *Bergandi*, Slg. 1988, 1343, Rn. 25 f.; EuGH, Rs. 267/86, *Van Eycke*, Slg. 1988, 4769, Rn. 25; a.A.: *Stumpf* in Schwarze (Hrsg.), EU-Kommentar, Art. 90 EG, Rn. 9 m.w.N.; *Stumpf*, Neuere Entwicklungen zu Diskriminierungsverbot und Harmonisierungsgebot im europäischen Mehrwertsteuerrecht. in EuZW 1991, S. 713, 714.

158 *Cremer* in Calliess/Ruffert, Art. 107 AEUV, Rn. 10 ff. m.w.N.; *Khan* in Geiger/Khan/Kotzur, Art. 107 AEUV, Rn. 7ff.; EuGH, Rs. C–66/02, *Italien/Kommission*, Slg. 2005, I–10901, Rn. 94 m.w.N.; EuGH, Rs. C–148/04, *Unicredito Italiano*, Slg. 2005, I–11137, Rn. 51; EuGH, Rs. C–88/03, *Portugal/Kommission*, Slg. 2006, I–7115, Rn. 53 ff.; EuGH, verb. Rs. C-428/06 bis C-434/06, *UGT*, Slg. 2008, I-6747, Rn. 46; EuGH, Rs. C-487/06 P, *British Aggregates/Kommission*, Slg. 2008, I-10515, Rn. 82; EuGH, Rs. C–169/08, *Presidente del Consiglio dei Ministri*, Slg. 2009, I-10821, Rn. 59 ff. m.w.N.

159 *Becker*, EU-Beihilfenrecht und soziale Dienstleistungen in Neue Zeitschrift für Sozialrecht 2007, S. 169, 170 m.w.N.; *Frenz*, Handbuch Europarecht, Band 3, Rn. 32 m.w.N.; EuGH, Rs. C–142/87, *Belgien/Kommission*, Slg. 1990, I–959, Rn. 25; EuGH, Rs. C–280/00, *Altmark Trans*, Slg. 2003, I–7747, Rn. 74; EuGH, Rs. C–451/03, *Servizi Ausiliari*, Slg. 2006, I–2941, Rn. 55 f.; EuGH, Rs. C–500/06, *Corporación Dermoestética*, Slg. 2008, I–5785, Rn. 32 m.w.N.

eines wie auch immer gearteten Vorteils zu verstehen ist.[160] Grundsätzlich besitzt eine Begünstigung staatlichen Charakter, wenn sie eine Übertragung von öffentlichen Mitteln darstellt, die in irgendeiner Weise dem Staat zuzurechnen sind und von diesem gelenkt werden.[161] In ständiger Rechtsprechung erfasst der EuGH unter Beihilfen ebenfalls „Maßnahmen, die in verschiedener Form die Belastungen vermindern, die ein Unternehmen normalerweise zu tragen hat, und die somit zwar keine Subventionen im strengen Sinne des Wortes darstellen, diesen aber nach Art und Wirkung gleichstehen."[162] Derartige Maßnahmen können sich aus der speziellen Verwendung von Steuereinkünften oder der rechtlichen Ausnahme bestimmter Unternehmen oder Produktionszweige von einer Besteuerung ergeben.[163]

Eine konkrete Regelung zur Verwendung des Steueraufkommens aus der Devisentransaktionssteuer könnte eine staatliche Beihilfe darstellen, wenn das Steueraufkommen bestimmten Unternehmen oder Produktionszweigen zugewiesen wird, und dies potenziell zur Beeinträchtigung des Wettbewerbs innerhalb der Europäischen Union geeignet ist. Aber auch eine mögliche Steuerbefreiung bestimmter Unternehmen oder Produktionszweige könnte eine verbotene staatliche Maßnahme im Sinne der Art. 107 ff. AEUV darstellen. Grundsätzlich ist jede steuerliche Regelung der Mitgliedstaaten staatlich im Sinne des Art. 107 AEUV; der EuGH schränkt jedoch in seiner Rechtsprechung den weiten Begriff staatlicher Begünstigungen ein und anerkennt, dass eine Steuerbefreiung in der Regel durch das Wesen oder die allgemeinen Zwecke des Systems, zu dem sie gehört, gerechtfertigt ist und dass die jeweiligen staatlichen Steuermaßnahmen

---

160 EuGH, Rs. C–280/00, *Altmark Trans*, Slg. 2003, I–7747, Rn. 84; EuGH, verb. Rs. C–34/01 bis C–38/01, *Enirisorse*, Slg. 2003, I–14243, Rn. 30, 84; *Koenig/Kühling*, Grundfragen des EG-Beihilfenrechts in NJW 2000, S. 1065, 1066; *Thum*, Vereinbarkeit der Gebührenfinanzierung des öffentlich-rechtlichen Rundfunks mit EG-Beihilferecht in NVwZ 2007, S. 521, 522; *von Wallenberg/Schütte* in Grabitz/Hilf/Nettesheim, Art. 107 AEUV, Rn. 33 f.

161 EuGH, Rs. C–303/88, *Italien/Kommission*, Slg. 1991, I–1433, Rn. 11; EuGH, Rs. C–83/98 P, *Frankreich/Ladbroke Racing und Kommission*, Slg. 2000, I–3271, Rn. 50; EuGH, Rs. C–482/99, *Frankreich/Kommission*, Slg. 2002, I–4397, Rn. 24; EuGH, verb. Rs. C–182/03 und C–217/03, *Königreich Belgien*, Slg. 2006, I–5479, Rn. 127 m.w.N.; *von Wallenberg/Schütte* in Grabitz/Hilf/Nettesheim, Art. 107 AEUV, Rn. 35 ff.

162 EuGH, Rs. C–387/92, *Banco Exterior de España*, Slg. 1994, I–877, Rn. 13 f., EuGH, Rs. C–200/97, *Ecotrade*, Slg. 1998, I–7907, Rn. 34; EuGH, Rs. C–75/97, *Belgien/Kommission*, Slg. 1999, I–3671, Rn. 23; EuGH, Rs. C–156/98, *Deutschland/Kommission*, Slg. 2000, I–6857, Rn. 25.

163 Der EUGH bejahte staatliche Begünstigungen bei Steuervergünstigungen: EuGH, Rs. C–156/98, *Deutschland/Kommission*, Slg. 2000, I–6857, Rn. 25 ff.; EuGH, Rs. C–88/03, *Portugal/Kommission*, Slg. 2006, I–07115, Rn. 91; *Cremer* in Calliess/Ruffert, Art. 107 AEUV, Rn. 38 m.w.N.

im Rahmen des nationalen Steuersystems sachgerecht sind und mit der Logik des allgemeinen Steuersystems im Einklang stehen.[164]

Das Aufkommen aus der Devisentransaktionssteuer sollte demnach rechtlich grundsätzlich keinen bestimmten Unternehmen oder Produktionszweigen zugewiesen werden. Auch sollte keiner der genannten Gruppen eine Steuerbefreiung oder Steuererleichterung zuteilwerden, die potenziell geeignet ist, den Wettbewerb innerhalb der Europäischen Union zu beeinträchtigen. Die Anforderungen an eine Rechtfertigung sind jedoch aufgrund der restriktiven Auslegung von Ausnahmeregelungen sehr hoch und müssen insbesondere in den in einem Steuersystem innewohnenden Grundsätze und Ziele begründet sein.[165] Im Zusammenhang mit der Devisentransaktionssteuer dürfte zur Rechtfertigung von Ausnahmetatbeständen die Bezugnahme auf die innere Logik der Transaktionsbesteuerung erforderlich sein, d. h. die mit der Transaktionsbesteuerung verfolgte Reduzierung von spekulativen Devisentransaktionen, wobei die spekulativen Devisentransaktionen gerade nicht durch diejenigen Marktteilnehmer getätigt werden, und diese von der Transaktionsbesteuerung auszunehmen sind.

§ 4 Die Unionsgrundrechte

A. Begriffliches

Im Folgenden ist im Rahmen einer grundsätzlichen Darstellung relevanter europäischer Grundrechte und deren Schranken zu untersuchen, ob die Devisentransaktionssteuer in einem Spannungsverhältnis zu Unionsgrundrechten steht und wie dieses Spannungsverhältnis zu lösen ist. In diesem Zusammenhang sollen insbesondere wirtschaftliche Freiheitsrechte betrachtet werden.

---

164 EuGH, Rs. 173–73, *Italien/Kommission*, Slg. 1974, 709, Rn. 33 ff.; EuGH, verb. Rs. C-72/91 und C-73/91, *Sloman Neptun*, Slg. 1993, I-887, Rn. 21; EuG, verb. Rs. T–346/99 bis 348/99, *Diputación Foral de Álava*, Slg. 2002, II–1275, Rn. 59 ff.; EuGH, Rs. C–143/99, *Adria-Wien Pipeline*, Slg. 2001, I–8365, Rn. 42; ; EuGH, Rs. C-409/00, *Spanien/Kommission*, Slg. 2003, I-1487, Rn. 52; EuGH, Rs. C–308/01, *GIL Insurance*, Slg. 2004, I–4777, Rn. 68; EuGH, Rs. C–172/03, *Heiser*, Slg. 2005, I–1627, Rn. 40; EuGH, Rs. C–88/03, *Portugal/Kommission*, Slg. 2006, I–07115, Rn. 54; EuGH, Rs. C-319/02, Manninen, Slg. 2004, I-7477, Rn. 42 f.; EuGH, Rs. C-293/06, Deutsche Shell, Slg. 2008, I-1129, Rn. 37; EuGH, Rs. C-418/07, Papillon, Slg. 2008, I-8947, Rn. 44; EuGH, Rs. C-303/07, Fininvest Alpha, Slg. 2009, I-5145, Rn. 72; EuGH, Rs. C-233/09, *Dijkman*, Slg. 2010, I-6649, Rn. 55; Schlussanträge *Generalanwalt Gelhoed* vom 20. Oktober 2005, Rs. C–88/03, *Portugal/Kommission*, Slg. 2006, I–7115, Rn. 77; *Europäische Kommission*, Vierter Bericht über staatliche Beihilfen in der Europäischen Union im verarbeitenden Gewerbe und in einigen weiteren Sektoren vom 26. Juli 1995, KOM (1995) 365, Anhang 10.5.

165 *Waldhoff* in Calliess/Ruffert, Art. 110 AEUV, Rn. 13; *Triantafyllou* in von der Groeben/Schwarze, Art. 87 EG, Rn. 106. Siehe auch die Nachweise in Fußnote 167 oben.

Die Europäische Union erkennt gemäß Art. 6 Abs. 1 AEUV die Charta der Grundrechte der Europäischen Union[166] (nachfolgend sind diese Charta sowie Normen dieser Charta mit „GRC" gekennzeichnet) als den Verträgen rechtlich gleichrangig an. Die Normen der GRC sind damit als primäres Unionsrecht zu qualifizieren, an dem sich sekundäres Unionrecht und damit Rechtsakte der Organe der Europäischen Union messen lassen müssen.[167] Außerdem tritt die Europäische Union gemäß Art. 6 Abs. 2 AEUV der Europäischen Konvention zum Schutz der Menschenrechte und Grundfreiheiten[168] („EMRK") bei und erkennt gemäß Art. 6 Abs. 3 AEUV die Grundrechte, wie sie in der EMRK gewährleistet sind und wie sie sich aus den gemeinsamen Verfassungsüberlieferungen der Mitgliedstaaten ergeben, als allgemeine Grundsätze des Unionsrechts[169] an.[170] Damit werden auch Grundrechte, die allgemeinen Rechtsgrundsätzen des Unionsrecht entstammen, dem europäischen Primärrecht gleichgestellt.[171] Zusätzlich zu den Normen der EMRK existieren verschiedene Zusatzprotokolle.[172] Der Schutz der Unionsgrundrechten in der Europäischen Union beruht demnach grundsätzlich auf den in der GRC niedergelegten „Rechten, Freiheiten und Grundsätzen" und den ungeschriebenen Unionsgrundrechten, die gemäß Art. 6

---

166 Charta der Grundrechte der Europäischen Union vom 12. Dezember 2007, ABl. Nr. C 303, S. 1 und BGBl. 2008 II S. 1165 ff.

167 *Geiger* in Geiger/Khan/Kotzur, Art. 6 EUV, Rn. 8. Vgl. aber die Bestimmungen in Protokoll (Nr. 30) über die Anwendung der Charta der Grundrechte der Europäischen Union auf Polen und das Vereinigte Königreich, ABl. Nr. C 306, S. 2.

168 Konvention zum Schutz der Menschenrechte und Grundfreiheiten in der Fassung der Bekanntmachung vom 17. Mai 2002, BGBl. 2002 II S. 1054, zuletzt geändert durch Bekanntmachung über die vorläufige Anwendung von Bestimmungen des Protokolls Nr. 14 zur Konvention zum Schutz der Menschenrechte und Grundfreiheiten über die Änderung des Kontrollsystems der Konvention vom 6. Juli 2009, BGBl. 2009 II S. 823.

169 Zur Entwicklung eines allgemeinen Rechtsgrundsatzes europäischer Grundrechte vgl. die Rechtsprechung des EuGH, Rs. 29/69, *Stauder*, Slg. 1969, 419 und EuGH, Rs. 5/88, *Wachauf*, Slg. 1989, 2609; Schlussanträge *Generalanwältin Kokott*, Rs. C–540/03, *Parlament/Rat*, Slg. 2006, I–05769, Rn. 105; *Jarass*, EU-Grundrechte, S. 7 ff.; *Lindner*, Fortschritte und Defizite im EU-Grundrechtsschutz - Plädoyer für eine Optimierung der Europäischen Grundrechtecharta in ZRP 2007, S. 54, 55; *Scheuing*, Zur Grundrechtsbindung der EU-Mitgliedstaaten in Europarecht 2005, S. 162–191.

170 *Kingreen* in Calliess/Ruffert, Art. 6 EUV, Rn. 3 ff. m.w.N.; *Stumpf* in Schwarze, Art. 6 EUV–1992, Rn. 12. Weiterführend: *Kühling*, Grundrechte, S. 583–627 in von Bogdandy (Hrsg.), Europäisches Verfassungsrecht; *Scheuing*, Zur Grundrechtsbindung der EU-Mitgliedstaaten in Europarecht 2005, S. 162–191; *Schwarze*, Der Schutz der Grundrechte durch den EuGH in NJW 2005, S. 3459–3466.

171 *Streinz/Pechstein* in Streinz, EUV/AEUV, Art. 6 EUV, Rn. 35;

172 Zum Beispiel das „Zusatzprotokoll zur Konvention zum Schutz der Menschenrechte und Grundfreiheiten" vom 20. März 1952, BGBl. 1956 II S. 1879.

Abs. 2 AEUV neben der GRC als allgemeine Rechtsgrundsätze des Unionsrechts fortgelten.[173]

B. Auswertung der Rechtsprechung

I. Gewährung von Unionsgrundrechten durch den Europäischen Gerichtshof

Der EuGH zieht erkennt gemäß Art. 6 Abs. 3 AEUV die Unionsgrundrechte, wie sie sich aus den gemeinsamen Verfassungsüberlieferungen der Mitgliedstaaten ergeben, in ständiger Rechtsprechung als eigenständigen Prüfungsmaßstab heran[174], wobei der EuGH einer autonomen Methode der Grundrechtsgewinnung folgt.[175] Der EuGH zog im Rahmen des ex-Art. 6 Abs. 2 EU zur Ermittlung des Grundrechtsgehaltes hauptsächlich die EMRK heran und nur in zweiter Linie die gemeinsame Verfassungsüberlieferung der Mitgliedstaaten.[176] Die seit dem 1. Dezember 2009 durch Art. 6 Abs. 1 AEUV als den Verträgen rechtlich gleichrangige GRC wurde durch den EuGH als Auslegungshilfe herangezogen, insbesondere, wenn ein Rechtsakt auf die GRC unmittelbar Bezug nahm und wenn ein Ergebnis durch Heranziehung der GRC bestätigt werden konnte.[177]

Das Verhältnis von GRC, EMRK, den Verträgen und den gemeinsamen Verfassungsüberlieferungen der Mitgliedstaaten ergibt sich grundsätzlich aus Art. 52 Abs. 3 GRC, wonach Rechte, die in der GRC enthalten sind, und die den durch die EMRK garantierten Rechten entsprechen, die gleiche Bedeutung und Tragweite haben, wie sie ihnen aus der EMRK verliehen wird. Ferner sind

---

173 *Ehlers* in Ehlers, Europäische Grundrechte und Grundfreiheiten, § 14, Rn. 2; *Papadimitriou* in Tsatsos, Die Unionsordnung, S. 467; , Der Grundrechtsschutz in der Europäischen Union, S. 67 f.; BVerfG, 2 BvE 2/08 vom 30.6.2009, Absatz-Nr. 35.

174 EuGH, Rs. 260/89, *ERT*, Slg. 1991, I–2925, Rn. 43; EuGH, Rs. C–2/92, *Bostock*, Slg. 1994, I–955, Rn. 16; EuGH, Rs. C–368/95, *Familiaexpress*, Slg. 1997, I–3689; EuGH, Rs. C–107/97, *Rombi und Arkopharma*, Slg. 2000, I–3367, Rn. 65; EuGH, verb. Rs. C–20/00 und C–64/00, *Booker Aquacultur*, Slg. 2003, I–7411, Rn. 65; Rn. 24; *Frenz*, Handbuch Europarecht, Band 1, Rn. 506.

175 *Skouris* in Merten/Papier, Handbuch der Grundrechte, Band VI/2, S. 133 m.w.N.; EuGH, Rs. C–112/00, *Schmidberger*, Slg. 2003, I–7411, Rn. 71 m.w.N.

176 EuGH, Rs. C–112/00, *Schmidberger*, Slg. 2003, I–5659, Rn. 71; EuGH, verb. Rs. C–20/00 und C–64/00, *Booker Aquacultur*, Slg. 2003, I–7411, Rn. 65; EuGH, Rs. C–540/03, *Parlament/Rat*, Slg. 2006, I–5769, Rn. 35, EuGH, Rs. C–229/05 P, *PKK und KNK/Rat*, Slg. 2007, I–439, Rn. 76. *Beutler* in von der Groeben/Schwarze, Art. 6 EUV, Rn. 76 ff.; *Kingreen* in Calliess/Ruffert, Art. 6 EUV, Rn. 20 ff.; *Lindner*, Fortschritte und Defizite im EU-Grundrechtsschutz - Plädoyer für eine Optimierung der Europäischen Grundrechtecharta in ZRP 2007, S. 54, 55; *Stumpf* in Schwarze, Art. 6 EUV–1992, Rn. 20 ff.; Ausführlich zu einzelnen Grundrechten: Grote/Marauhn (Hrsg.), EMRK/GG, Teil II – Kommentierung der einzelnen Gewährleistungen, S. 435–1556; *Skouris* in Merten/Papier, Handbuch der Grundrechte, Band VI/2, S. 133.

177 *Skouris* in Merten/Papier, Handbuch der Grundrechte, Band VI/2, S. 135 m.w.N.

Grundrechte gemäß Art. 52 Abs. 4 GRC, soweit sie in der GRC anerkannt werden und wie sie sich aus den Verfassungsüberlieferungen der Mitgliedstaaten ergeben, im Einklang mit diesen Verfassungsüberlieferungen auszulegen. Auch darf gemäß Art. 52 der EMRK eine Auslegung der EMRK nicht so erfolgen, dass sie Menschenrechte und Grundfreiheiten beschränkt oder beeinträchtigt, die in den Gesetzen der Vertragsparteien oder in einer anderen Übereinkunft, deren Vertragspartei sie ist, anerkannt werden.[178]

Der Anwendungsbereich der GRC gilt gemäß Art. 51 Abs. 1 Satz 1 erster Halbsatz GRC für die Organe, Einrichtungen und sonstigen Stellen der Union unter Wahrung des Subsidiaritätsprinzips. Das Subsidiaritätsprinzip soll dabei die Kompetenzschutzklausel des Art. 51 Abs. 2 GRC verstärken, nach der die GRC den Geltungsbereich des Unionsrechts nicht über die Zuständigkeiten der Europäischen Union hinaus ausdehnt und keine neuen Kompetenzen der Europäischen Union begründet.[179]

Der Grundrechtsschutz der GRC gegenüber Mitgliedstaaten besteht gemäß Art. 51 Abs. 1 Satz 1 zweiter Halbsatz GRC „ausschließlich bei der Durchführung" des Unionsrechts. Im Schrifttum ist umstritten, ob durch die letztgenannte Bestimmung die Bindung der Mitgliedstaaten an die GRC eingeengt wird und ob die GRC Anwendung findet, wenn eine nach europäischem Primärrecht zulässige Maßnahme der Mitgliedstaaten eine Grundfreiheit beschränkt. Nach einer im Schrifttum vertretenen Auffassung erfährt der Begriff der Durchführung des Unionsrechts eine enge Auslegung und soll auch Beschränkungen von Grundfreiheiten als Durchführung des Unionsrechts ermöglichen.[180] Im Zusammenhang mit der Umsetzung einer Richtlinie, mit der die Devisentransaktionssteuer innerhalb der Europäischen Union implementiert werden könnte, könnte sich diese Ansicht unter anderem auf die Art und Weise der Umsetzung auswirken, insbesondere auf die Wahlmöglichkeiten der Mitgliedstaaten bei der Umsetzung oder der Nutzung von vorgesehenen Ausnahmetatbeständen, sofern der Richtlinienrahmen einen solchen Ermessensspielraum zulässt. Im Einklang mit der ständigen Rechtsprechung des EuGH wird diese Auffassung jedoch im

---

178 *Streinz/Michl* in Streinz, EUV/AEUV, Art. 52 GR-Charta, Rn. 12. Zur Abgrenzung der Kompetenzen in der Rechtsprechung zwischen EuGH und EGMR: *Dippel*, Die Kompetenzabgrenzung in der Rechtsprechung von EGMR und EuGH.

179 *Herrmann* in Streinz/Ohler/Herrmann (Hrsg.), Vertrag von Lissabon, S. 124; *Streinz/Michl* in Streinz, EUV/AEUV, Art. 51 GR-Charta, Rn. 5..

180 *Kadelbach/Petersen*, Europäische Grundrechte als Schranken der Grundfreiheiten in EuGRZ 2003, S. 693, 695; *Eisner*, Die Schrankenregelung der Grundrechtecharta der Europäischen Union, S. 91.

Schrifttum überwiegend abgelehnt.[181] Der EuGH verwendet in ständiger Rechtsprechung ein weites Begriffsverständnis, nach dem Mitgliedstaaten immer dann an europäische Grundrechte gebunden sind, wenn sie „im Anwendungsbereich des Gemeinschaftsrechts" tätig sind, wobei der EuGH die Grundrechtsbindung in die Bindung der Mitgliedstaaten bei der Durchführung des Unionsrechts[182] und bei der Einschränkung von Grundfreiheiten[183] betrachtet. In der Rechtssache *ERT* stellte der EuGH fest, dass er

> „eine nationale Regelung, die nicht im Rahmen des Gemeinschaftsrechts ergangen ist, nicht im Hinblick auf die Europäische Menschenrechtskonvention beurteilen [kann]. Fällt eine solche Regelung dagegen in den Anwendungsbereich des Gemeinschaftsrechts, so hat der Gerichtshof, wenn er im Vorabentscheidungsverfahren angerufen wird, dem vorlegenden Gericht alle Auslegungskriterien an die Hand zu geben, die es benötigt, um die Vereinbarkeit dieser Regelung mit den Grundrechten beurteilen zu können, deren Wahrung der Gerichtshof zu sichern hat und die sich insbesondere aus der Europäischen Menschenrechtskonvention ergeben." [184]

Sofern Maßnahmen der Mitgliedstaaten tatsächlich keinen relevanten Bezug zum Unionsrecht aufweisen, müssen sich diese Maßnahmen jedoch an dem nationalen Verfassungsrecht und – aufgrund des Beitritts der Mitgliedstaaten zur EMRK – an der EMRK messen lassen. Im Zusammenhang mit der Bedeutung der GRC haben gemäß Art. 52 Abs. 3 GRC Rechte, die die GRC enthält und die den in der EMRK gewährten Rechten entsprechen, die gleiche Bedeutung und Tragweite, wie sie in der GRC verleihen wird. Zudem entfaltet die GRC eine mittelbare Wirkung gegenüber den Mitgliedstaaten der Europäischen Union, weil sie den „in den Mitgliedstaaten gewachsenen grundrechtlichen *acquis communautaire* zusammenfasst und daher als Konzentrat der Verfassungsüber-

---

181 *Borowsky* in Meyer (Hrsg.), Charta der Grundrechte der Europäischen Union, Art. 51 Rn. 29 ff. m.w.N.; *Cremer*, Der programmierte Verfassungskonflikt: Zur Bindung der Mitgliedstaaten an die Charta der Grundrechte der Europäischen Union nach dem Konventsentwurf für eine Europäische Verfassung in NVwZ 2003, S. 1452, 1453 f.; *Ibing*, Die Einschränkung der europäischen Grundrechte durch Gemeinschaftsrecht, S. 339; *Kotroni*, Grundrechtliche Verpflichtungen der Mitgliedstaaten der Europäischen Union, S. 45; *Streinz*, Europarecht, Rn. 757 m.w.N.; *Mayer* in Grabitz/Hilf/Nettesheim, Art. 6 EUV (Grundrechtsschutz und rechtsstaatliche Grundsätze), Rn. 66 f m.w.N.

182 EuGH, Rs. 5/88, *Wachauf*, Slg. 1989, 2609; EuGH, Rs. C-62/90, *Kommission/Deutschland*, Slg. 1992, I-2575, Rn. 23; EuGH, Rs. C-112/00, *Schmidberger*, Slg. 2003, I-5659, Rn. 80.

183 EuGH, Rs. C–260/89, *ERT*, Slg. 1991, I–2925; EuGH, Rs. C-368/95, *Familiapress*, Slg. 1997, I-3689, Rn. 24; EuGH, Rs. C-144/95, *Maurin*, Slg. 1996, I-2909, Rn. 12; EuGH, Rs. C-299/95, *Kremzow*, Slg. 1997, I-2629, Rn. 14; EuGH, Rs. C-309/96, *Annibaldi*, Slg. 1997, I-7493, Rn. 12 f.

184 EuGH, Rs. C–260/89, *ERT*, Slg. 1991, I–2925, Rn. 42 m.w.N.

lieferung der Mitgliedstaaten sowie als Ausdruck ihrer völkerrechtlichen Bindung an die EMRK angesehen werden kann"[185].

II. Das Verhältnis von Unionsgrundrechten zu nationalen Grundrechten nach Auffassung des Bundesverfassungsgerichts

Zum Verhältnis zwischen nationalen Grundrechten und Unionsgrundrechten gewährt die Rechtsprechung des BVerfG eine Einsicht aus einem deutschen verfassungsrechtlichen Blickwinkel. Nach der im sogenannten Lissabon-Urteil vertretenen Ansicht des BVerfG kann die allgemeine Schrankenregelung des Art. 52 Abs. 1 GRC für die nationale Grundrechtsebene nur insoweit relevant sein, als dadurch ein dem Grundgesetz im Wesentlichen vergleichbarer Grundrechtsschutz auf europäischer Ebene im Sinne von Art. 23 Abs. 1 Satz 1 GG nicht mehr gewährleistet wäre. Die Frage, ob und inwieweit ein Absinken des Schutzes durch Unionsgrundrechte durch primärrechtliche Veränderungen gerügt werden kann, lässt das BVerfG jedoch mit Verweis auf seine Rechtsprechung zur Verletzung von Grundrechten des Grundgesetzes durch sekundäres Unionsrecht[186] ausdrücklich offen.[187]

Allerdings trifft das BVerfG eine Feststellung zur Frage, ob die deutschen Staatsorgane im Anwendungsbereich der nach Art. 6 Abs. 1 Satz 1 AEUV rechtsverbindlichen GRC von der Verpflichtung zur Beachtung der Grundrechte des Grundgesetzes entbunden werden können. Das BVerfG urteilte, dass die Grundrechte des Grundgesetzes „unabhängig von der Reichweite des Anwendungsbereichs der Grundrechtecharta nach Art. 51 GRC zu den Verfassungskerngehalten [gehören], die die Übertragung von Hoheitsrechten nach Art. 23 Abs. 1 Satz 2 GG auf die Europäische Union begrenzen (vgl. BVerfGE 37, 271, 279f.; 73, 339, 376)". Außerdem stellt das BVerfG in Fortsetzung des sogenannten Maastricht-Urteils[188] fest, dass es seine „Gerichtsbarkeit über die Anwendbarkeit von sekundärem Unionsrecht und sonstigem Handeln der Europäischen Union, das die Rechtsgrundlage für ein Handeln deutscher Gerichte und Behörden im Hoheitsbereich der Bundesrepublik Deutschland ist, lediglich solange nicht mehr [ausübt], wie die Europäische Union eine Grundrechtsgeltung gewährleistet, die nach Inhalt und Wirksamkeit dem Grundrechtsschutz, wie er nach dem Grundgesetz unabdingbar ist, im Wesentlichen gleichkommt (vgl. BVerfGE 73, 339, 376, 387; 102, 147, 164)."[189] Das BVerfG stellt ferner fest,

---

185 *Ehlers* in Ehlers, Europäische Grundrechte und Grundfreiheiten, § 14, Rn. 25; *Herrmann* in Streinz/Ohler/Herrmann (Hrsg.), Vertrag von Lissabon, S. 124 m.w.N.; BVerfG, 2 BvE 2/08 vom 30.6.2009, Absatz-Nr. 219: „Die Ermächtigung zur europäischen Integration erlaubt eine andere Gestaltung politischer Willensbildung, als sie das Grundgesetz für die deutsche Verfassungsordnung bestimmt. Dies gilt bis zur Grenze der unverfügbaren Verfassungsidentität (Art. 79 Abs. 3 GG)."

186 BVerfGE 102, 147, 164.

187 BVerfG, 2 BvE 2/08 vom 30. Juni 2009, Absatz-Nr. 189.

188 BVerfGE 89, 155 vom 12. Oktober 1993, Az: 2 BvR 2134, 2159/92.

189 BVerfG, 2 BvE 2/08 vom 30. Juni 2009, Absatz-Nr. 191.

dass im Fall von „Grenzüberschreitungen bei Inanspruchnahme von Zuständigkeiten durch die Europäische Union und zur Wahrung des unantastbaren Kerngehalts der Verfassungsidentität des Grundgesetzes“ Unionsrecht in Deutschland durch das BVerfG für unanwendbar erklärt werden kann, sofern Rechtsschutz auf Unionsebene nicht zu erlangen ist.[190]

Mit seiner Rechtsprechung hat das BVerfG das Prinzip des Anwendungsvorrangs des Unionsrechts relativiert, da dieses Prinzip keine absolute Geltung besitze, sondern seine Grenze im Rahmen einer Prüfung, ob der unantastbare Kerngehalt der Verfassungsidentität des Grundgesetzes gemäß Art. 23 Abs. 1 Satz 3 GG in Verbindung mit Art. 79 Abs. 3 GG gewahrt ist, finde.[191] Dies bringt zum Ausdruck, dass das BVerfG als nationales Gericht über die Auslegung von unionsrechtlichen Bestimmungen und Rechtsakten bestimmen könnte.[192] Im Ergebnis hat der EuGH bei der gerichtlichen Kontrolle einer mitgliedstaatlichen Maßnahme eventuelle Ermessens- und Handlungsspielräume der Mitgliedstaaten im Zusammenhang mit nationalen Interessen und rechtlichen Eigenheiten zu beachten.[193] Diese Auffassung wird vertraglich durch Art. 4 Abs. 2 EUV unterstützt, nach dem die Europäische Union insbesondere „die Gleichheit der Mitgliedstaaten vor den Verträgen und ihre jeweilige nationale Identität, die in ihren grundlegenden politischen und verfassungsmäßigen Strukturen“ zu achten hat.[194]

III. Schutzumfang von Unionsgrundrechten in der Rechtsprechung des Europäischen Gerichtshofs

Sofern der EuGH Unionsgrundrechte im Rahmen der autonomen Methode in seiner Rechtsprechung herausgearbeitet hat, folgt daraus, dass – wie der EuGH in der Rechtssache *Schmidberger* ausführt – in der Europäischen Union „keine Maßnahmen als rechtens anerkannt werden können, die mit der Beachtung der so anerkannten und gewährleisteten Menschenrechte unvereinbar sind“.[195] In der Rechtssache *Schmidberger* haben staatliche Stellen geltend gemacht, die Notwendigkeit der Achtung der durch die EMRK und die Verfassung des betreffen-

190 BVerfG, 2 BvE 2/08 vom 30. Juni 2009, Absatz-Nr. 249 m.w.N.

191 BVerfG, 2 BvE 2/08 vom 30. Juni 2009, Absatz-Nr. 339 m.w.N.

192 Begründet wird dies durch das BVerfG damit, dass auch der EuGH eine entsprechende Auffassung in der Rechtssache *Kadi* (EuGH, verb. Rs. C–402/05 P und C–415/05 P, *Kadi*, Slg. 2008, I–06351) vertreten hat, wonach dem völkerrechtlichen Geltungsanspruch einer Resolution des Sicherheitsrats der Vereinten Nationen grundlegende Rechtsprinzipien der Gemeinschaft entgegengehalten werden können.

193 *Kober*, Der Grundrechtsschutz in der Europäischen Union, S. 178.

194 *Pina* in Tsatsos, Die Unionsordnung, S. 279 ff. m.w.N. Siehe auch: *Grabenwarter* in von Bogdandy (Hrsg.), Europäisches Verfassungsrecht, S. 135, der weiterhin einen Vorrang des Europarechts gegenüber dem Verfassungsrecht sieht.

195 EuGH, Rs. C–112/00, *Schmidberger*, Slg. 2003 I–5659, Rn. 73 mit Verweis auf EuGH, Rs. C–260/89, *ERT*, Slg. 1991, I–2925, Rn. 41; EuGH, Rs. C–299/95, *Kremzow*, Slg. 1997, I–2629, Rn. 14.

den Mitgliedstaats gewährleisteten Grundrechte erlaube es, eine im Vertrag verankerte Grundfreiheit zu beschränken. Der EuGH führt dazu aus:

„Da die Grundrechte demnach sowohl von der Gemeinschaft als auch von ihren Mitgliedstaaten zu beachten sind, stellt der Schutz dieser Rechte ein berechtigtes Interesse dar, das grundsätzlich geeignet ist, eine Beschränkung von Verpflichtungen zu rechtfertigen, die nach dem Gemeinschaftsrecht, auch kraft einer durch den Vertrag gewährleisteten Grundfreiheit wie dem freien Warenverkehr, bestehen. So hat der Gerichtshof nach ständiger Rechtsprechung im Vorabentscheidungsverfahren dann, wenn wie im Ausgangsverfahren eine innerstaatliche Situation in den Anwendungsbereich des Gemeinschaftsrechts fällt, den nationalen Gerichten alle Auslegungshinweise zu geben, die diese benötigen, um beurteilen zu können, ob die Grundrechte, deren Wahrung der Gerichtshof sichert und wie sie sich insbesondere aus der EMRK ergeben, in dieser Situation beachtet sind“[196].

In der Rechtssache *Schmidberger* hat der EuGH im Spannungsverhältnis der Meinungsäußerungs- und Versammlungsfreiheit und der Grundfreiheit des freien Warenverkehrs festgestellt, dass durch die EMRK gewährleistete Grundrechte, anders als andere bestimmte durch die EMRK gewährleistete Grundrechte, die keiner Beschränkung unterliegen, keine uneingeschränkte Geltung beanspruchen. Vielmehr müssen diese einer Beschränkung unterliegenden Grundrechte „im Hinblick auf ihre gesellschaftliche Funktion gesehen werden. Folglich kann die Ausübung dieser Rechte Beschränkungen unterworfen werden, sofern diese Beschränkungen tatsächlich dem Gemeinwohl dienenden Zielen der Gemeinschaft entsprechen und nicht einen im Hinblick auf den mit den Beschränkungen verfolgten Zweck unverhältnismäßigen, nicht tragbaren Eingriff darstellen, der die geschützten Rechte in ihrem Wesensgehalt antastet“[197]. Der EuGH kommt daher zu dem Ergebnis, dass die bestehenden Interessen abzuwägen sind und im Rahmen einer Wertung sämtlicher Umstände im Einzelfall festzustellen ist, ob „das rechte Gleichgewicht“[198] zwischen diesen Interessen gewahrt wurde. Ob das „rechte Gleichgewicht“ gewahrt wurde, bedarf nach Ansicht des EuGH unter Beachtung eines weiten Ermessensspielraums der nationalen Institutionen einer Prüfung, „ob die Beschränkungen, denen der innergemeinschaftliche Handel unterworfen wurde, in einem angemessenen Verhältnis zu dem berechtigten Ziel stehen, das mit ihnen verfolgt wird, hier dem Schutz der Grundrechte.“[199] In ständiger Rechtsprechung entscheidet der EuGH, dass Bestimmungen, in denen ein Grundprinzip wie die Freizügigkeit verankert ist, weit auszulegen sind und

196 EuGH, Rs. C–112/00, *Schmidberger*, Slg. 2003 I–5659, Rn. 74 f. mit Verweis auf EuGH, Rs. 12/86, *Demirel*, Slg. 1987, 3719, Rn. 28

197 EuGH, Rs. C–112/00, *Schmidberger*, Slg. 2003 I–5659, Rn. 79 f. Siehe auch: EuGH, Rs. C–62/90, *Kommission/Deutschland*, Slg. 1992, I–2575, Rn. 23; EuGH Rs. C–404/92 P, *X/Kommission*, Slg. 1994, I–4737, Rn. 18; EuGH, Rs. C-210/03, *Swedish Match*, Slg. 2004, I-11893, Rn. 72; EuGH, Rs. C-548/09 P, *Bank Melli*, noch nicht in der amtlichen Sammlung veröffentlicht, Rn. 114.

198 EuGH, Rs. C–112/00, *Schmidberger*, Slg. 2003 I–5659, Rn. 81.

199 EuGH, Rs. C–112/00, *Schmidberger*, Slg. 2003 I–5659, Rn. 82.

nicht ihrer praktischen Wirksamkeit beraubt werden dürfen.[200] Beschränkungen sind regelmäßig restriktiv auszulegen.[201]

IV. Resümee

Der EuGH erkennt den europäischen Grundrechten einen weiten Anwendungsbereich zu, in dessen Rahmen die Grundrechte grundsätzlich in der gesamten Union eine autonom durch den EuGH bestimmte und einheitliche Auslegung erhalten. Dies folgt insbesondere aus dem Gebot der einheitlichen Anwendung des Unionsrechts und aus dem Grundsatz der Gleichbehandlung.[202] Dabei ist zu beachten, dass nach der Rechtsprechung des EuGH bei einer Rechtsetzung in Form einer Richtlinie kein Verstoß gegen die Verträge vorliegt, sofern die Richtlinie den Mitgliedstaaten einen Spielraum bei deren Umsetzung in nationales Recht belässt, der weit genug ist, um eine Umsetzung in Übereinstimmung mit den Normen des europäischen Rechts (und damit auch den Unionsgrundrechten) zu ermöglichen.[203] Für den Fall der Implementierung der Devisentransaktionssteuer im Rahmen einer Richtlinie bedeutet dies, dass, sofern der Wortlaut einer Richtlinienbestimmung keinen Hinweis auf dessen konkrete Bedeutung beinhaltet und für die Konkretisierung der Bestimmung auch nicht auf nationalen Rechtsvorschriften verwiesen wird, die Bestimmung als autonomer Begriff des Unionsrechts anzusehen ist. Als solcher ist die Bestimmung in allen Mitgliedstaaten einheitlich auszulegen und erfährt seine autonome Bestimmung durch den EuGH.

C. Der Schutz des Rechts auf freie wirtschaftliche Betätigung

Im Folgenden soll beispielhaft der Schutz des Rechts auf freie wirtschaftliche Betätigung untersucht werden. Der Begriff der wirtschaftlichen Betätigung soll zum Zweck der nachfolgenden Untersuchung ein juristisch unbestimmter Sammelbegriff für Rechte und Freiheiten im Zusammenhang mit Eigentum, Beruf und unternehmerischer Tätigkeit sein.

---

200 EuGH, Rs. C–291/05, *Eind*, Slg. 2007, I-10719, Rn. 43; EuGH, Rs. C–127/08, *Metock*, Slg. 2008, I-6241, Rn. 84; EuGH, Rs. C–162/09, *Lassal*, noch nicht in der amtlichen Sammlung veröffentlicht, Rn. 31.

201 EuGH, Rs. 139/85, *Kempf*, Slg. 1986, 1741, Rn. 13 f.; EuGH, Rs. C–292/89, *Antonissen*, Slg. 1991, I-745, Rn. 11; EuGH, Rs. C–344/95, *Kommission/Belgien*, Slg. 1997, I-1035, Rn. 14; EuGH, Rs. C–10/05, *Mattern*, Slg. 2006, I-3145, Rn. 22.

202 EuGH, verb. Rs. C–424/10 und C–425/10, *Ziolkowski*, noch nicht in der amtlichen Sammlung veröffentlicht, Rn. 32 m.w.N.

203 EuGH, Rs. 5/88, *Wachauf*, Slg. 1989, 2609, Rn. 22; EuGH, Rs. C–166/98, *Société critouridienne de distribution*, Slg. 1999, I–3791, Rn. 19; EuGH, Rs. C–221/05, *Sam Mc Cauley Chemists*, Slg. 2006, I–6869, Rn. 26 m.w.N.

I. Der Schutzumfang relevanter Unionsgrundrechte

1. Recht auf Eigentum

Der EuGH anerkennt in ständiger Rechtsprechung ein Recht auf Eigentum.[204] So stellt der EuGH in der Rechtssache *Bosphorus* klar, dass auf das Eigentum abzielende Sanktionsmaßnahmen und restriktive Maßnahmen wirtschaftlicher Natur Eigentumsrechte beeinträchtigen.[205] Der Eigentumsbegriff ist in einem weiten Sinne zu verstehen.[206] Aus der GRC und der EMRK ergibt sich ein Recht auf Eigentum aus Art. 17 Abs. 1 GRC und aus Art. 1 Abs. 1 des Zusatzprotokolls zur Konvention zum Schutz der Menschenrechte und Grundfreiheiten[207], welches gemäß Art. 5 dieses Zusatzprotokolls zusätzlich zur EMRK zu beachten und entsprechend anzuwenden ist.

In der Erhebung von Abgaben erkennt der EuGH grundsätzlich keinen Eingriff in das Recht auf Eigentum.[208] Diese Auffassung steht im Einklang mit Art. 1 Abs. 1 Satz 3 des Zusatzprotokolls zur Konvention zum Schutz der Menschenrechte und Grundfreiheiten, nach der das Recht des Staates nicht ausgeschlossen ist, diejenigen Gesetze anzuwenden, die er für die Sicherung der Zahlung der Steuern oder sonstigen Abgaben für erforderlich hält.

Auch der Schutzbereich des in Deutschland durch Art. 14 Abs. 1 des Grundgesetzes[209] garantierten Grundrechts auf Eigentum erfasst grundsätzlich nur das erworbene Eigentum, mit anderen Worten das Ergebnis der wirtschaftlichen Be-

---

204 EuGH, Rs. 4–73, *Nold*, Slg. 1974, 491, 507; EuGH, Rs. 44/79, *Hauer*, Slg. 1979, 3727, 3745; EuGH, Rs. C–280/93, *Deutschland/Rat*, Slg. 1994, I–4973, Rn. 78; EuG, Rs. T–65/98, *Van den Bergh Foods*, Slg. 2003, II–4653, Rn. 170 ff.; EuGH, verb. Rs. C–20/00 und C–64/00, *Booker Aquacultur*, Slg. 2003, I–7411, Rn. 67; EuGH, Rs. C-1/11, *Interseroh Scrap*, noch nicht in der amtlichen Sammlung veröffentlicht, Rn. 43. Zu einer umfassenderen Darstellung des europäischen Grundrechts auf Eigentum: *Cremer*, Kapitel 22: Eigentumsschutz in Grote/Marauhn (Hrsg.), EMRK/GG (mit besonderem Bezug zur EMRK); *Heselhaus* in Heselhaus/Nowak, Handbuch der europäischen Grundrechte, § 32, Rn. 18 ff.; *Jarass*, Der grundrechtliche Eigentumsschutz im EU-Recht in NVwZ 2006, S. 1089–1095.

205 EuGH, Rs. C–84/95, *Bosphorus*, Slg. 1996, I–3953, Rn. 22. Schlussanträge *Generalwanwalt Mengozzi* vom 8. Mai 2007, Rs. C–117/06, *Möllendorf*, Slg. 2007, I–8361, Rn. 99. Siehe auch die Zusammenfassung der Rechtsprechung des EuGH bei: *Cremer*, Kapitel 22: Eigentumsschutz in Grote/Marauhn (Hrsg.), EMRK/GG, Rn. 50 m.w.N.

206 *Bernsdorff* in Meyer (Hrsg.), Charta der Grundrechte der Europäischen Union, Art. 17 Rn. 15 ff. m.w.N.

207 Zusatzprotokoll zur Konvention zum Schutz der Menschenrechte und Grundfreiheiten vom 20. März 1952, BGBl. 1956 II S. 1879.

208 *Cremer*, Kapitel 22: Eigentumsschutz in Grote/Marauhn (Hrsg.), EMRK/GG, Rn. 50 m.w.N.; *Heselhaus* in Heselhaus/Nowak, Handbuch der europäischen Grundrechte, § 32, Rn. 53 ff. (mit Verweis auf einen „Zick-Zack-Kurs“ des EuGH).

209 Nachfolgend werden das Grundgesetz und Normen des Grundgesetzes mit „GG“ bezeichnet.

tätigung.[210] Keinen Eingriff in Art. 14 Abs. 1 GG stellt die hoheitliche Auferlegung von Geldleistungspflichten dar, soweit sie nicht den Betroffenen übermäßig belasten oder den Betroffenen in seinen Vermögensverhältnissen grundlegend beeinträchtigt.[211] Allerdings könnte unter Heranziehung der Argumentation des BVerfG zur erdrosselnden Wirkung der Einkommensteuer ein Eingriff in das Unionsgrundrecht auf Eigentum konstruiert werden, wonach durch die Erhebung einer Steuer mit erdrosselnder Wirkung – was von der Höhe des Steuersatzes abhängt – durchaus in Eigentumsrechte eingegriffen werden kann.[212]

2. *Berufsfreiheit*

In ständiger Rechtsprechung erkennt der EuGH die Berufsfreiheit als Unionsgrundrecht an.[213] Die Berufsfreiheit wird ausdrücklich in Art. 15 Abs. 1 GRC benannt und garantiert jeder Person das Recht, „zu arbeiten und einen frei gewählten oder angenommenen Beruf auszuüben", während Art. 15 Abs. 2 GRC allen männlichen und weiblichen Unionsbürgern die Freiheit gewährt, „in jedem Mitgliedstaat Arbeit zu suchen, zu arbeiten, sich niederzulassen oder Dienstleistungen zu erbringen". Die unternehmerische Freiheit wird gemäß Art. 16 GRC nach dem Unionsrecht „und den einzelstaatlichen Rechtsvorschriften und Gepflogenheiten anerkannt". Die EMRK enthält keine diesen Regelungen entsprechende Gewährleistung der Berufs- oder Gewerbefreiheit.[214]

Nach ständiger Rechtsprechung des EuGH erfährt die Berufsfreiheit eine umfassende Gewährleistung, nach der berufliche Tätigkeiten erfasst werden, wenn eine Tätigkeit auf Dauer angelegt ist, gegen Entgelt erbracht wird und der Schaffung oder Erhaltung der Existenzgrundlage dient.[215] *Scholz* stellt bei einem Vergleich der Rechtsprechung des EuGH zur Berufs- und unternehmerischen Frei-

---

210 *Wieland* in Dreier (Hrsg.), Grundgesetz-Kommentar, Band 1, Art. 12 GG, Rn. 26 f. m.w.N.

211 So das BVerfG in einer in diesem Sinn erdrosselnden Wirkung der Einkommensteuer in BVerfGE 81, 122, zitiert nach: *Leibholz/Rink*, GG, Art. 14, Rn. 493.

212 BVerfGE 81, 122; *Heselhaus* in Heselhaus/Nowak, Handbuch der europäischen Grundrechte, § 32, Rn. 72 m.w.N. („übermäßige Lasten").

213 EuGH, Rs. 4/73, *Nold*, Slg. 1974, 491, Rn. 13 f.; EuGH, Rs. 44/79, *Hauer*, Slg. 1979, 3727, 3750; EuGH, Rs C–280/93, *Bananenmarktordnung*, Slg. 1994, I–4973, Rn. 78; EuGH, verb. Rs. C–387/02, C-391/02 und C-403/02, *Berlusconi*, Slg. 2005, I–3565, Rn. 68 f.; EuGH, Rs. C–295/03 P, *Alessandrini*, Slg. 2005, I–5673, Rn. 86 m.w.N.; EuGH, Rs. C–303/05, *Advocaten voor de Wereld*, Slg. 2007, I–3633, Rn. 45; EuGH, Rs. C–555/07, *Kücükdeveci*, Slg. 2010, I-365, Rn. 20; EuGH, Rs. C-1/11, *Interseroh Scrap*, noch nicht in der amtlichen Sammlung veröffentlicht, Rn. 43; *Richter* in Grote/Marauhn (Hrsg.), EMRK/GG, Kap. 9, Rn. 41 m.w.N.

214 *Frowein* in Frowein/Peukert (Hrsg.), Europäische Menschenrechtskonvention, Art. 4 EMRK, Rn. 1.

215 *Scholz* in Merten/Papier, Handbuch der Grundrechte, S. 110 m.w.N. Zum Umfang des Schutzebreichs auch: *Bernsdorff* in Meyer (Hrsg.), Charta der Grundrechte der Europäischen Union, Art. 15 Rn. 12 ff. und Art. 16 Rn. 9 ff.

heit des Art. 15 und 16 GRC und der Rechtsprechung des BVerfG zu Art. 12 Abs. 1 GG fest, dass diese eine sehr nahe Verwandtschaft besitzen. Die Differenzierung zwischen selbstständiger und gewerblicher Tätigkeit in Art. 12 Abs. 1 GG erfolgt in der GRC durch die Differenzierung in Art. 15 GRC (Berufsfreiheit) und Art. 16 GRC (Unternehmerische Freiheit).[216]

Unter Beachtung des Grundsatzes der Einheitlichkeit der Unionsrechtsordnung und unter Bezugnahme auf die Auffassung des BVerfG, dass Abgaben in das Grundrecht der Berufsfreiheit eingreifen, wenn sie infolge ihrer Gestaltung in einem engen Zusammenhang mit der Ausübung eines Berufes stehen und objektiv eine berufsregelnde Tendenz deutlich erkennen lassen[217], könnte die Devisentransaktionssteuer unter bestimmten Umständen einen Eingriff in die durch die GRC gewährleistete unternehmerische und selbstständige Berufsfreiheit darstellen. Umstände in diesem Sinne stellen insbesondere eine besonders hohe finanzielle Belastung und in der Folge die berufsregelnde Tendenz der Steuer dar. Die Devisentransaktionssteuer könnte durchaus zu einer erkennbaren finanziellen Belastung für bestimmte Berufe und Berufsgruppen führen (zum Beispiel durch die Erhöhung der Kosten für Absicherungsmaßnahmen gegen Devisenkursschwankungen).[218] Jedoch können der Devisentransaktionssteuer keine objektiv erkennbaren berufsregelnden Tendenzen zugeordnet werden, die in Zusammenhang mit der Gestaltung der Devisentransaktionssteuer stehen. Somit ist ein Eingriff in das Recht der freien Berufsausübung nicht ersichtlich.

3. *Allgemeiner Gleichheitssatz*

Die Devisentransaktionssteuer muss sich auch an dem unionsrechtlich anerkannten allgemeinen Gleichheitssatz[219] messen lassen, der unter anderem der Legis-

216 *Scholz* in Merten/Papier, Handbuch der Grundrechte, S. 111 m.w.N.

217 BVerfG: BVerfGE 13, 181, 184 f.; BVerfGE 37, 17; BVerfGE 98, 106. Es reicht dabei aus, wenn sie nicht unmittelbar auf die Berufsfreiheit abzielen, sondern in ihrer tatsächlichen Auswirkung geeignet sind, die Berufsfreiheit zu beeinträchtigen, siehe: BVerfGE 81, 121 f.

218 Beeinflusst die Maßnahme jedoch lediglich allgemein das freie Spiel der Marktkräfte, tangiert dies die allgemeine Handlungsfreiheit nach Art. 2 Abs. 1 GG in ihrer Ausgestaltung als wirtschaftliche Betätigungsfreiheit (BVerfG in BVerfGE 37, 18).

219 EuGH, verb. Rs. 117/76 und 16/77, *Ruckdeschel*, Slg. 1977, 1753, Rn. 7; EuGH, Rs. 810/79, *Überschär*, Slg. 1980, 2747, Rn. 16; EuGH, verb. Rs. 201/85 und 202/85, *Klensch*, Slg. 1986, 3477, Rn. 9 m.w.N.; EuGH, Rs. C–300/04, *Eman und Sevinger*, Slg. 2006, I–8055, Rn. 57; EuGH, Rs. C–334/03, *Kommission/Portugal*, Slg. 2005, I–8911, Rn. 24; EuGH, Rs. C-307/05, *Del Cerro Alonso*, Slg. 2007, I-7109, Rn. 26 und 36; EuGH, Rs. C-268/06, *Impact*, Slg. 2008, I-2483, Rn. 111; EuGH, Rs. C-20/10, *Vino Cosimo*, noch nicht in der amtlichen Sammlung veröffentlicht, Rn. 54; *Streinz* in Streinz, EUV/AEUV, Art. 20 GRC, Rn. 6 ff.; *König/Peters* in Grote/Marauhn (Hrsg.), EMRK/GG, Kap. 21, Rn. 27 mit Hinweis auch die Einschränkungen des Gleichheitssatzes in der EMRK in Rn. 15 m.w.N.

lative verbietet, wesentlich Gleiches ungleich zu behandeln.[220] Der Grundsatz der Gleichbehandlung ist primärrechtlich durch Art. 6 EUV in Verbindung mit Art. 20 und 21 GRC sowie Art. 14 EMRK und dem 12. Zusatzprotokoll zur EMRK anerkannt. Eine ungleiche Behandlung ist gemäß des allgemeinen Gleichheitssatzes nach ständiger Rechtsprechung des EuGH nur dann mit dem Unionrecht vereinbar, „wenn sie Situationen betrifft, die nicht objektiv miteinander vergleichbar sind, oder zum Beispiel durch einen zwingenden Grund des Allgemeininteresses gerechtfertigt ist“[221]. Ein Rechtfertigungsgrund mit steuerrechtlichem Bezug stellt nach Auffassung des EuGH unter anderem der Sitz des Steuerpflichtigen dar, was zu einer Ungleichbehandlung von gebietsansässigen und gebietsfremden Steuerpflichtigen führen kann.[222]

In der Rechtssache *Wehrhahn* erklärte der EuGH, dass eine Ungleichbehandlung nur dann gerechtfertigt sei, wenn sie in einem angemessenen Verhältnis zur Erreichung des beabsichtigten Ziels steht.[223] In der Rechtssache *Ferwerda* stellt der EuGH unter Bezugnahme auf den allgemeinen Gleichheitssatz im Zusammenhang mit dem Finanzierungssystem der Europäischen Union fest, dass Abgaben, die dem Unionshaushalt zugeführt werden,

> „so geregelt und erhoben werden müssen, dass sie alle diejenigen einheitlich belasten oder begünstigen, bei denen die in der Gemeinschaftsregelung aufgestellten Voraussetzungen für eine solche Belastung oder Begünstigung gegeben sind. Dieses Erfordernis impliziert, dass keine Diskriminierung hinsichtlich der formellen und materiellen Voraussetzungen vorgenommen werden darf, unter denen einerseits die Wirtschaftsteilnehmer gegen die ihnen auferlegten Gemeinschaftslasten vorgehen und bei nicht geschuldeter Zahlung Erstattung fordern oder die ihnen zustehenden finanziellen Vorteile gemeinschaftsrechtlicher Art verlangen können, und unter denen andererseits die Verwaltungen der Mitgliedstaaten, für Rechnung der Gemeinschaft handelnd, die erwähnten Lasten erheben und gegebenenfalls die unrechtmäßig gewährten finanziellen Vorteile zurückverlangen können.“[224]

---

220 EuGH, Rs. 810/79, *Überschär*, Slg. 1980, 2747, Rn. 16; EuGH, Rs. C–446/04, *Test Claimants*, Slg. 2006, I–11753, Rn. 167; *Odendahl* in Heselhaus/Nowak, Hdb. EU-Grundrechte, § 43, Rn. 1 ff. und die Rechtsprechung des Bundesverfassungsgerichts, BVerfGE 1, 14, 52.

221 EuGH, Rs. C–337/08, *X Holding BV*, Slg. 2010, I-1215, Rn. 20 m.w.N. Siehe auch: EuGH, verb. Rs. 117/76 und 16/77, *Ruckdeschel*, Slg. 1977, 1753, Rn. 7; EuGH, Rs. 810/79, *Überschär*, Slg. 1980, 2747, Rn. 16; EuGH, verb. Rs. 201/85 und 202/85, *Klensch*, Slg. 1986, 3477, Rn. 9 m.w.N.; EuGH, Rs. C–344/04, *IATA und ELFAA*, Slg. 2006, I–403, Rn. 95; EuGH, Rs. C–303/05, *Advocaten voor de Wereld*, Slg. 2007, I–3633, Rn. 56; EuGH, Rs. C–127/07, *Arcelor*, Slg. 2008, I–9895, Rn. 23; EuGH, Rs. C–558/07, *S.P.C.M.*, Slg. 2009, I-5783, Rn. 74; EuGH, Rs. C–97/09, *Schmelz*, noch nicht in der amtlichen Sammlung veröffentlicht, Rn. 49.

222 EuGH, Rs. 270/83, *Kommission/Frankreich*, Slg. 1986, 273, Rn. 18 und EuGH, Rs. C–446/03, *Marks & Spencer*, Slg. 2005, I–10837, Rn. 37; EuGH, Rs. C–337/08, *X Holding BV*, Slg. 2010, I-1215, Rn. 23.

223 EuGH, verb. Rs. 63/72 bis 69/72, *Wehrhahn*, Slg. 1973, 1229, Rn. 20; EuGH, Rs. 114/76, *Bela-Mühle*, Slg. 1977, 1211, Rn. 7.

224 EuGH, Rs. 265/78, *Ferwerda*, Slg. 1980, 617, Rn. 8.

Prinzipiell ist somit im Zusammenhang mit der Erhebung von Abgaben auf eine gleichmäßige Belastung innerhalb der Europäischen Union zu achten. Ein derartiger Grundsatz ist auch im deutschen Steuerrecht durch das BVerfG anerkannt, dass die Besteuerung nach der individuellen Leistungsfähigkeit als grundlegendes Prinzip einer gleichmäßigen Belastung erkennt[225], wobei im Übrigen auf die Darstellungen in dem Abschnitt „*II. Rechtsstaatlicher Ansatz*" auf Seite 109 dieser Arbeit verwiesen wird. Im Zusammenhang mit der Rechtfertigung von Ungleichbehandlung im Rahmen von Steuerbefreiungen wird im Übrigen auf die Ausführungen in dem Abschnitt „*VI. Steuerbefreiungen*" auf Seite 98 dieser Arbeit verwiesen.

4. Allgemeine Handlungsfreiheit

Zu untersuchen ist zudem, ob die Devisentransaktionssteuer auch an dem Recht auf allgemeine Handlungsfreiheit zu messen ist. Sie allgemeine Handlungsfreiheit wird durch den EuGH als Unionsgrundrecht anerkannt[226] und umfasst den Schutz vor willkürlichen oder unverhältnismäßigen Eingriffen hoheitlicher Gewalt in die Sphäre privater Betätigungen.[227] Soweit der EuGH die allgemeine Handlungsfreiheit in ihren Grundzügen als Grundrecht anerkennt, kann hierbei jedoch von einer Subsidiarität gegenüber den gesetzlich gewährten und in ständiger Rechtsprechung anerkannten Unionsgrundrechten ausgegangen werden.[228]

---

225 Das Bundesverfassungsgericht leitet den Grundsatz aus Art. 3 Abs. 1 GG ab: BVerfGE 55, 274, 303.

226 EuGH, verb. Rs. 133/85 bis 136/85, *Rau*, Slg. 1987, 2289, Rn. 15 ff. Weiterführend: *Richter* in Grote/Marauhn (Hrsg.), EMRK/GG, Kap. 9, Rn. 4 ff.; *Streinz* in Streinz, EUV/AEUV, Art. 6 GRC, Rn. 4 f. m.w.N.; *Hilf/Hörmann*, Der Grundrechtsschutz von Unternehmen im europäischen Verfassungsverbund in NJW 2003, S. 1, 5; *Jarass*, EU-Grundrechte, S. 20; *Lindner*, Fortschritte und Defizite im EU-Grundrechtsschutz - Plädoyer für eine Optimierung der Europäischen Grundrechtecharta in ZRP 2007, S. 54, 56.

227 EuGH, verb. Rs. 133 bis 136/85, *Rau*, Slg. 1987, 2289, Rn. 15 ff. Speziell zur unternehmerischen Handlungsfreiheit: EuGH, Rs. 172/80, *Züchner*, Slg. 1981, 2021, 2031. *Haratsch* in Heselhaus/Nowak, Handbuch der europäischen Grundrechte, § 18, Rn. 1 ff.; *Jarass*, EU-Grundrechte, S. 20.

228 Schlussanträge *Generalanwältin Trstenjak* vom 8. September 2011, Rs. C–282/10, *Maribel Dominguez*, noch nicht in der amtlichen Sammlung veröffentlicht, Erläuterungen in Fußnote 137 („ein ungeschriebenes subsidiäres Unionsgrundrecht der allgemeinen Handlungsfreiheit"); *Haratsch* in Heselhaus/Nowak, Handbuch der europäischen Grundrechte, § 18, Rn. 27; *Richter* in Grote/Marauhn (Hrsg.), EMRK/GG, Kap. 9, Rn. 1 ff.; *Weidemann*, „Solange II" hoch 3? - Inzidentkontrolle innerstaatlicher Normen in NVwZ 2006, S. 623, 623 mit Verweis auf BVerfGE 85, 191, 206 f. in Fn. 8. Da das Vermögen als solches nicht durch das Unionsgrundrecht auf Eigentum geschützt wird, kann die Erhebung von Steuern (soweit kein vorrangiger Eingriff in ein spezielleres Grundrecht vorliegt) am Auffanggrundrecht der allgemeinen Handlungsfreiheit gemessen werden (*Haratsch* in Heselhaus/Nowak, Handbuch der europäischen Grundrechte, § 18, Rn. 16).

II. Schranken der Unionsgrundrechte

Die Geltung der Unionsgrundrechte ist nicht schrankenlos. Gemäß Art. 52 Abs. 1 GRC gilt für alle europäischen Grundrechte der Vorbehalt des formellen Gesetzes, der durch einen qualifizierten Gesetzesvorbehalt in Art. 52 Abs. 2 GRC ergänzt wird.[229] Art. 52 Abs. 1 Satz 2 GRC bestimmt, dass Einschränkungen der Unionsgrundrechte nur vorgenommen werden dürfen, „wenn sie erforderlich sind und den von der Union anerkannten, dem Gemeinwohl dienenden Zielsetzungen oder den Erfordernissen des Schutzes der Rechte und Freiheiten anderer tatsächlich entsprechen."

Bereits vor Inkrafttreten des Vertrags von Lissabon vertrat der EuGH eine inhaltsgleiche Auffassung, indem er festhielt, dass die Ausübung der Unionsgrundrechte Beschränkungen unterworfen werden kann, „sofern diese Beschränkungen tatsächlich dem Gemeinwohl dienenden Zielen der Europäischen Union entsprechen und nicht einen im Hinblick auf den verfolgten Zweck unverhältnismäßigen, das heißt, nicht tragbaren Eingriff darstellen, der die Unionsgrundrechte in ihrem Wesensgehalt antastet".[230] Mit diesem sogenannten Gemeinschaftsvorbehalt[231] rechtfertigte der EuGH Eingriffe in die Ausübung des jeweiligen Freiheitsrechts im Interesse der Unionsziele[232] sofern diese dem Allgemeinwohl dienen[233], der Eingriff hinsichtlich des verfolgten Ziels verhältnismäßig ist und wenn der Wesensgehalt des jeweiligen Grundrechts weiterhin

---

229 *Scholz* in Merten/Papier, Handbuch der Grundrechte, S. 90 m.w.N.

230 EuGH, Rs. 5/88, *Wachauf*, Slg. 1989, 2609, Rn. 18; EuGH, Rs. C–177/90, *Kühn*, Slg. 1992, I–35, Rn. 16; EuGH, Rs. C–22/94, *Irish Farmers Association*, Slg. 1997, I–1809, Rn. 27; EuGH, verb. Rs. C–20/00 und C–64/00, *Booker Aquacultur*, Slg. 2003, I–7411, Rn. 68. Siehe auch die Ausführungen von: *Cremer* in Grote/Marauhn (Hrsg.), EMRK/GG, Kap. 22, Rn. 114, 117 ff. m.w.N. und *Scholz* in Merten/Papier, Handbuch der Grundrechte, S. 90 m.w.N.

231 *Hilf/Hörmann*, Der Grundrechtsschutz von Unternehmen im europäischen Verfassungsverbund in NJW 2003, S. 1, 6 m.w.N.

232 EuGH, Rs. 4/73, *Nold*, Slg. 1974, 491, 508. Siehe auch: EuGH, Rs. 5/88, *Wachauf*, Slg. 1989, 2609, 2639; EuGH, Rs. C–280/93, *Deutschland/Rat*, Slg. 1994, I–4973, 5065; EuGH, Rs. 306/93, *SMW Winzersekt*, Slg. 1994, I–5555, 5581. Weiterführend: *Bleckmann*, Die Rechtsquellen des Europäischen Gemeinschaftsrechts in NVwZ 1993, S. 824, 827; *Hilf/Hörmann*, Der Grundrechtsschutz von Unternehmen im europäischen Verfassungsverbund in NJW 2003, S. 1, 6; *Zorn/Twardosz*, Gemeinschaftsgrundrechte und Verfassungsgrundrechte im Steuerrecht in Deutsches Steuerrecht 2007, S. 2185, 2190 ff.

233 EuGH, Rs. 4/73, *Nold*, Slg. 1974, 491, 508; EuGH, Rs. C–411/05, *Palacios de la Villa*, Slg. 2007, I–8531; EuGH, Rs. C–388/07, *Age Concern England*, Slg. 2009, I–1569.

garantiert ist[234].[235] Auf diese Weise kann die Begründung einer Maßnahme mit dem Hinweis auf die Verwirklichung bestimmter Ziele der Europäischen Union eine Rechtfertigung für erhebliche negative Auswirkungen auf bestimmte Wirtschaftsteilnehmer rechtfertigen.[236]

Nach einigen im Schrifttum vertretenen Auffassungen dient eine Devisentransaktionssteuer dem Allgemeinwohl, indem sie den Wohlstand fördert, Währungskrisen verhindert und volkswirtschaftlich unerwünschte, risikobehaftete Spekulationen eindämmt. Damit verfolgt sie Ziele der Union, wie oben dargestellt. Nach anderen im Schrifttum vertretenen Ansichten besteht die Möglichkeit, dass eine Devisentransaktionssteuer die Volatilität auf den Devisenmärkten verstärkt, was das Gegenteil der durch eine Devisentransaktionssteuer beabsichtigten Lenkungsziele darstellt. Danach kann ein Eingriff in den Wesensgehalt eines Grundrechts durch den Lenkungszweck durchaus angenommen werden, da die Besteuerung der Devisentransaktionen Marktteilnehmer und transaktionsabhängige Warengeschäfte in einer Weise zurückdrängt, die derartige Transaktionen (fast) unmöglich machen würde.[237] Mit anderen Worten hätte die Devisentransaktionssteuer bei vollkommener Erreichung ihres Lenkungszwecks keine Besteuerungsgrundlage mehr, da entsprechende Transaktionen nicht mehr vorgenommen werden. Im Steuerrecht sind Steuern, die durch ihre Ausgestaltung eine erdrosselnde Wirkung besitzen, prinzipiell verboten.[238] Die Höhe des Steuersatzes ist unter diesen Voraussetzungen so zu bestimmen, dass der Steuersatz möglichst keine wesentlich negativen Auswirkungen auf Marktteilnehmer und transaktionsabhängige Warengeschäfte besitzt, insbesondere die Durchführung von Devisentransaktionen nicht fast unmöglich wird.

---

234 EuGH, Rs. 4/73, *Nold*, Slg. 1974, 491, Rn. 14; EuGH, Rs 234/85, *Keller*, Slg. 1986, 2897, Rn. 8; EuGH, Rs. C–280/93, *Bananenmarktordnung*, Slg. 1994, I–4973, Rn. 78; EuGH, Rs. C–341/08, *Petersen*, Slg. 2010, I-47; *Bleckmann/Pieper*, Rechtsquellen des EG-Rechts in Dauses (Hrsg.), Handbuch des EU-Wirtschaftsrechts, Abschnitt B I, Rn. 86.

235 *Szeczekalla* in Heselhaus/Nowak, Handbuch der europäischen Grundrechte, § 7, Rn. 28 ff. m.w.N.

236 EuGH, Rs. C–84/95, *Bosphorus*, Slg. 1996, I–3953, Rn. 21 ff.; EuGH, verb. Rs. C–402/05 P und C-415/05 P, *Kadi*, Slg. 2008, I–6351, Rn. 355 und 361. Weiterführend: *Pache*, Die Europäische Grundrechtscharta - ein Rückschritt für den Grundrechtsschutz in Europa?, in: EuR 2001, S: 475 ff.

237 BVerfGE 13, 181, 186 f.; BVerfG, BVerwGE 110, 248. Siehe auch: EuGH, Rs. C–387/01, *Weigel*, Slg. 2004, I–4981, Rn. 55 m.w.N. Weiterführend: *Beiser/Zorn* in Mayer (Hrsg.), Kommentar zu EU- und EG-Vertrag, Art. 90 Rn. 17 m.w.N.

238 *Cordewener*, Europäische Grundfreiheiten und nationales Steuerrecht, S. 848 ff.; *Lang* in Tipke/Lang, Steuerrecht, § 3, Rn. 10 m.w.N.

§ 5 Allgemeine Grundsätze des Unionsrechts

Den unionsrechtlichen Regelungen liegen verschiedene allgemeine rechtsstaatliche Grundsätze zugrunde, die primärrechtliches Unionsrecht darstellen. Die Devisentransaktionssteuer muss sich nicht zuletzt und insbesondere auch an diesen allgemeinen Grundsätzen des Unionsrechts messen lassen. Dazu zählen insbesondere das Subsidiaritätsprinzip, der Verhältnismäßigkeitsgrundsatz und das Rückwirkungsverbot.[239]

A. Das Subsidiaritätsprinzip

I. Allgemeines

Das Subsidiaritätsprinzip[240] wird gemäß Art. 5 Abs. 2 EUV ausdrücklich als Grundprinzip des Unionsrechts anerkannt und durch Art. 5 Abs. 3 EUV konkretisiert. Gemäß Art. 5 Abs. 3 EUV wird die Europäische Union in den Bereichen, die nicht in ihre ausschließliche Zuständigkeit fallen, nur tätig, „sofern und soweit die Ziele der in Betracht gezogenen Maßnahmen von den Mitgliedstaaten weder auf zentraler noch auf regionaler oder lokaler Ebene ausreichend verwirklicht werden können, sondern vielmehr wegen ihres Umfangs oder ihrer Wirkungen auf Unionsebene besser zu verwirklichen sind.“[241] Voraussetzung für die Anwendung des Subsidiaritätsprinzips ist gemäß Art. 5 Abs. 3 EUV, dass keine ausschließliche Kompetenz der Europäischen Union vorliegt.[242] Die von der Europäischen Union zur Rechtsetzung herangezogene Rechtsgrundlage muss somit

239 Das ebenfalls grundsätzliche Prinzip der begrenzten Einzelermächtigung aus Art. 5 Abs. 2 AEUV wird an dieser Stelle nicht näher erläutert. Dazu auch die Ausführungen in dem Abschnitt „*I. Abgrenzung der Wirtschaftspolitik von der Währungspolitik*“ auf Seite 121 dieser Arbeit.

240 Das Subsidiaritätsprinzip stammt ursprünglich aus der katholischen Soziallehre und besagt, dass eine größere Einheit nicht Aufgaben übernehmen soll, die von einer kleineren Einheit zufriedenstellend bewältigt werden können (*Mickel/Bergmann*, Handlexikon der Europäischen Union, Stichwort „Subsidiarität“). *Ritzer/Ruttloff*, Die Kontrolle des Subsidiaritätsprinzips: Geltende Rechtslage und Reformperspektiven in Europarecht 2006, S. 116–137.

241 EuG, Rs. T–253/02, Chafiq Ayadi, Slg. 2006, II–2139, Rn. 106; EuGH, Rs. C–377/98, *Niederlande/Parlament*, Slg. 2001, I–7079, Rn. 32. In der Literatur wurde das Subsidiaritätsprinzip als „Architekturprinzip“ Europas und wichtiger Schritt auf dem Weg zu einer föderalen Verfassung der Europäischen Union erachtet (*Albin*, Das Subsidiaritätsprinzip in der EU - Anspruch und Rechtswirklichkeit in NVwZ 2006, 629, 629 m.w.N.).

242 *Calliess* in Calliess/Ruffert, Art. 5 EUV, Rn. 27 m.w.N.

entweder eine konkurrierende oder eine parallele Kompetenz darstellen (vgl. Art. 4 AEUV).[243]

Gemäß Art. 3 Abs. 1 lit. c AEUV ist die ausschließliche Kompetenz für die Währungspolitik im Zusammenhang mit den Mitgliedstaaten mit der Gemeinschaftswährung Euro der Europäischen Union zugewiesen. Diese Kompetenz steht jedoch auf dem Gebiet der Währungspolitik im engeren Sinne institutionell dem ESZB in Form einer ausschließlichen Kompetenz zu[244], obwohl im Zusammenhang mit dieser Kompetenz das ESZB zu keiner steuerrechtlichen Maßnahmen im Sinne einer Devisentransaktionssteuer berechtigt ist. Eine Übertragung dieser Kompetenz des ESZB als unmittelbare Kompetenz der Europäischen Union ist aus oben genannten Gründen nicht möglich.[245] Auf dem Gebiet der Steuerpolitik und Steuergesetzgebung verfügt die Europäische Union über keine ausschließliche Kompetenz.

Eine ausschließliche Kompetenz der Europäischen Union könnte jedoch im Gebiet der Harmonisierungsvorschriften liegen. Im Schrifttum wird vereinzelt die Harmonisierung nach Art. 113 AEUV als ausschließliche Kompetenz der Europäischen Union angesehen.[246] Diese Ansicht verkennt jedoch, dass eine binnenmarktbezogene Rechtsangleichung grundsätzlich keine ausschließliche Kompetenz der Europäischen Union darstellen kann.[247] Die binnenmarktbezogene Rechtsangleichung im Sinne des Art. 113 AEUV ist von ihrem Sinn und Zweck nur so lange notwendig, wie Bestimmungen zur Harmonisierung der Rechtsvorschriften notwendig sind, um die Errichtung und das Funktionieren des Binnenmarkts sicherzustellen. Mit anderen Worten werden Rechtsangleichungsmaßnahmen nach Art. 113 AEUV im Zeitpunkt der vollständigen Harmonisierung durch die Europäische Union nicht mehr erforderlich sein.[248] Vor diesem Hintergrund kann Art. 113 AEUV keine ausschließliche Zuständigkeit

---

243 Ausführlicher: *Albin*, Das Subsidiaritätsprinzip in der EU - Anspruch und Rechtswirklichkeit, NVwZ 2006, 629, 630; *Borries*, Das Subsidiaritätsprinzip im Recht der Europäischen Union in Europarecht 1994, S. 263 ff.; *Nettesheim*, Die Kompetenzordnung im Vertrag über eine Verfassung für Europa in Europarecht 2004, S. 511–546.

244 *Albin*, Das Subsidiaritätsprinzip in der EU - Anspruch und Rechtswirklichkeit, NVwZ 2006, 629, 630 f.

245 Dazu auch die Ausführungen zur Nichtanwendbarkeit der implied powers-Lehre in dem Abschnitt „*e. Anwendbarkeit der Grundsätze der implied powers-Lehre*“ auf Seite 131 dieser Arbeit.

246 *Bandilla* in Grabitz/Hilf/Nettesheim, Art. 5 AEUV, Rn. 6; *Micklitz/Reich*, Verbraucherschutz im Vertrag über die Europäische Union in EuZW 1993, S. 593, 594 m.w.N. Mit Bezug zu Art. 114 AEUV: *Calliess* in Calliess/Ruffert, Art. 4 AEUV, Rn. 5 ff. mit weiteren Nachweisen auf die Rechtsprechung des EuGH zum „Tabakwerbeverbotsurteil“ des EuGH (Rs. C–84//94, Slg. 1996, I-5755)

247 *Zuleeg* in von der Groeben/Schwarze, Art. 5 EG, Rn. 17 ff. m.w.N.; im Ergebnis auch (und darauf verweisend): EuGH, Rs. C–491/01, *Ferwerda*, Slg. 2002, I-11453, Rn. 179; *Seiler* in Grabitz/Hilf/Nettesheim, Art. 113 AEUV, Rn. 9.

248 *Borries*, Das Subsidiaritätsprinzip im Recht der Europäischen Union in Europarecht 1994, S. 263, 275.

der Europäischen Union begründen. Da die Europäische Union gemäß Art. 5 Abs. 3 EUV nur tätig werden darf, „sofern und soweit die Ziele der in Betracht gezogenen Maßnahmen von den Mitgliedstaaten weder auf zentraler noch auf regionaler oder lokaler Ebene ausreichend verwirklicht werden können, sondern vielmehr wegen ihres Umfangs oder ihrer Wirkungen auf Unionsebene besser zu verwirklichen sind", ist anzunehmen, dass die Mitgliedstaaten regelmäßig eine konkurrierende Regelungskompetenz für diejenigen Materien besitzen, die einer Harmonisierung bedürfen.[249] Aufgrund dieser Annahme kann eine ausschließliche Zuständigkeit der Europäischen Union nur dann vorliegen, wenn die Mitgliedstaaten unabhängig von einem Tätigwerden der Europäischen Union nicht handlungsbefugt sind.[250] Der Europäischen Union ist auf dem Gebiet der Steuerpolitik und Steuergesetzgebung jedoch keine Kompetenz zugewiesen worden.[251] Damit ist die Kompetenz der Europäischen Union zur binnenmarktbezogenen Rechtsangleichung gemäß Art. 113 AEUV als konkurrierende Kompetenz einzuordnen, womit das Subsidiaritätsprinzip grundsätzlich zu beachten ist.[252]

II. Anwendung des Subsidiaritätsprinzips

Ein Tätigwerden der Europäischen Union ist unter Beachtung des Subsidiaritätsprinzips nach Art. 5 Abs. 3 EUV an zwei Bedingungen geknüpft. Die erste Bedingung knüpft an den Wortlaut der Norm an und erfordert, dass „die Ziele der in Betracht gezogenen Maßnahmen von den Mitgliedstaaten weder auf zentraler noch auf regionaler oder lokaler Ebene ausreichend verwirklicht werden können". Die zweite, kumulativ anzuwendende Bedingung ergibt sich ebenfalls

---

249 *Calliess*, Subsidiaritäts- und Solidaritätsprinzip in der Europäischen Union, S. 71.

250 *Calliess*, Subsidiaritäts- und Solidaritätsprinzip in der Europäischen Union, S. 76 ff.; *Calliess*, Nach dem „Tabakwerbung-Urteil" des EuGH: Binnenmarkt und gemeinschaftsrechtliche Kompetenzverfassung im neuen Licht, Jura 2001, 311, 316 f.

251 *Klein*, Der Einfluß des Europarechts auf das deutsche Steuerrecht in Lehner (Hrsg.), Steuerrecht im Europäischen Binnenmarkt, S. 7, 23 f.; *Kuntze*, Die Kompetenzen der Europäischen Gemeinschaft auf dem Gebiet des Steuerrechts, S. 227; *Waldhoff* in Calliess/Ruffert, Art. 113 AEUV, Rn. 26 m.w.N.; *Seiler* in Grabitz/Hilf/Nettesheim, Art. 113 AEUV, Rn. 9.

252 *Seiler* in Grabitz/Hilf/Nettesheim, Art. 113 AEUV, Rn. 9. Zur Rechtsprechung des EuGH in Anwendung des Subsidiaritätsprinzips auf Art. 114 AEUV: EuGH, verb. Rs. C–154/04 und C–155/04, *The Queen/Secretary of State*, Slg. 2005, I–06451, Rn. 103; EuGH, Rs. C–491/01, *American Tobacco*, Slg. 2002, I–11453, Rn. 179 m.w.N.; Schlussanträge *Generalanwältin Stix-Hackl* vom 12. Juli 2005, Rs. 436/03, Parlament/Rat, Slg. 2006, I-3733, Rn. 94. Ausführlicher: *Calliess* in Calliess/Ruffert, Art. 5 EUV, Rn. 20 ff. m.w.N.

aus dem Wortlaut der Norm und erfordert, dass diese Ziele „wegen ihres Umfangs oder ihrer Wirkungen auf Unionsebene besser zu verwirklichen sind".[253]

Ein Tätigwerden der Europäischen Union ist somit zunächst abhängig von den Zielen der beabsichtigten Maßnahme. Gemäß Art. 5 Abs. 3 Unterabs. 2 Satz 1 AEUV in Verbindung mit Art. 5 Satz 4 des Protokolls über die Anwendung der Grundsätze der Subsidiarität und der Verhältnismäßigkeit[254] beruht die Feststellung, dass ein Ziel der Europäischen Union besser auf Unionsebene erreicht werden kann, „auf qualitativen und, soweit möglich, quantitativen Kriterien". Nach der im Schrifttum überwiegend vertretenen Auffassung wird im Rahmen einer negativen Abgrenzung geprüft, ob durch die Mitgliedstaaten keine ausreichende Verwirklichung der Ziele der Union erreicht werden kann oder eine Verwirklichung der Ziele auf Ebene der Mitgliedstaaten überhaupt möglich ist, wobei es genügt, wenn die Mitgliedstaaten den gewünschten Erfolg oder Zustand herbeiführen können; „sofern und soweit" die Mitgliedstaaten nicht oder nur teilweise zur Erreichung des Ziels in der Lage sind, ist eine entsprechende Maßnahme durch die Europäische Union möglich.[255]

III. Resümee

Fraglich ist also, ob die Mitgliedstaaten zur Einführung einer Devisentransaktionssteuer und zur Erreichung der Ziele in der Lage sind. Die Einführung der Devisentransaktionssteuer ist zwar auf Ebene der Mitgliedstaaten grundsätzlich möglich, allerdings lassen sich die vielfältigen Umgehungsmöglichkeiten einer Besteuerung (Verlagerung von Transaktionen, Abwanderung von Marktteilnehmern und Entwicklung innovativer Finanzinstrumente) auf Ebene der Euro-

---

253 *Albin*, Das Subsidiaritätsprinzip in der EU - Anspruch und Rechtswirklichkeit, NVwZ 2006, 629, 631 m.w.N.; *Langguth* in Lenz/Borchardt, Art. 5 EUV, Rn. 21 f.; *Schima*, Das Subsidiaritätsprinzip im Europäischen Gemeinschaftsrecht. Siehe auch Ziffer 5 des Protokolls über die Anwendung der Grundsätze der Subsidiarität und der Verhältnismäßigkeit, Amtsblatt Nr. C 340 vom 10. November 1997: „Maßnahmen der Gemeinschaft sind nur gerechtfertigt, wenn beide Bedingungen des Subsidiaritätsprinzips erfüllt sind: Die Ziele der in Betracht gezogenen Maßnahmen können nicht ausreichend durch Maßnahmen der Mitgliedstaaten im Rahmen ihrer Verfassungsordnung erreicht werden und können daher besser durch Maßnahmen der Gemeinschaft erreicht werden."

254 Protokoll über die Anwendung der Grundsätze der Subsidiarität und der Verhältnismäßigkeit vom 13. Dezember 2007, ABl. Nr. C 306, S. 150. Kritisch dazu: *Kenntner*, Das Subsidiaritätsprotokoll des Amsterdamer Vertrags - Anmerkungen zum Begrenzungscharakter des gemeinschaftsrechtlichen Subsidiaritätsprinzips, NJW 1998, S. 2871 ff.

255 *Calliess* in Calliess/Ruffert, Art. 5 EUV, Rn. 34 ff. m.w.N.; *Geiger* in Geiger/Khan/Kotzur, Art. 5 EUV, Rn. 12 f.; *Streinz* in Streinz, EUV/AEUV, Art. 5 EUV, Rn. 25; *Langguth* in Lenz/Borchardt, Art. 5 EUV, Rn. 30 m.w.N.

päischen Union leichter verhindern.[256] In diesem Zusammenhang lässt sich insbesondere der Lenkungszweck der Steuer „besser“ als auf Ebene der Mitgliedstaaten verwirklichen.[257] Die Einführung der Devisentransaktionssteuer auf einer europäischen Ebene ist zudem sinnvoller, da einerseits eine Erfassung der Devisentransaktionen in der europäischen Handelszone erfolgt[258] und andererseits eine harmonisierte Besteuerung möglich ist, die das Funktionieren des Binnenmarkts gewährleistet. Die Einführung einer Devisentransaktionssteuer auf Unionsebene entspricht demnach grundsätzlich den Anforderungen des Subsidiaritätsprinzips aus Art. 5 Abs. 2 EUV. Außerdem bleiben bei der Einführung der Devisentransaktionssteuer durch die Europäische Union die Interessen der Mitgliedstaaten gewahrt, da die Entscheidung über die Harmonisierung, wie oben dargestellt, gemäß Art. 113 AEUV einstimmig erfolgen muss.

B. Der Verhältnismäßigkeitsgrundsatz

I. Allgemeines

Zu untersuchen ist, ob die Implementierung der Devisentransaktionsteuer dem Verhältnismäßigkeitsgrundsatz entspricht. Gemäß Art. 5 Abs. 1 Satz 2 in Verbindung mit Abs. 4 EUV „gehen Maßnahmen der Union inhaltlich wie formal nicht über das zur Erreichung der Ziele der Verträge erforderliche Maß hinaus“, was Maßnahmen der Union an den Grundsatz der Verhältnismäßigkeit bindet. Art. 5 Abs. 4 EUV wird durch das Protokoll (Nr. 2) über die Anwendung der Grundsätze der Subsidiarität und der Verhältnismäßigkeit[259] konkretisiert.

Der europäische Verhältnismäßigkeitsgrundsatz des Art. 5 Abs. 1 Satz 2 in Verbindung mit Abs. 4 EUV kann grundsätzlich nicht mit der deutschen Terminologie des Verhältnismäßigkeitsgrundsatzes im Sinne des Art. 20 Abs. 3 GG verglichen werden.[260] Jedoch berücksichtigt der EuGH in seiner Rechtsprechung die in der deutschen Dogmatik determinierten Elemente der Verhältnismäßigkeitsprüfung. So anerkennt der EuGH, dass das mit der Maßnahme verfolgte Ziel durch die Maßnahme erreichbar und erforderlich sowie im Rahmen einer

---

256 Zu den Umgehungsmöglichkeiten siehe insbesondere die Ausführungen in dem Abschnitt „*2. Die Devisentransaktionssteuer*“ auf Seite 59 dieser Arbeit und in dem Abschnitt „*3. Die ökonomische Kritik an der Devisentransaktionssteuer*“ auf Seite 61 dieser Arbeit.

257 Siehe dazu insbesondere die in dem Abschnitt „*§ 1 Anwendungsbereich*“ auf Seite 64 dieser Arbeit angeführten ökonomischen und steuertechnischen Überlegungen.

258 Dazu die Ausführungen in dem Abschnitt „*§ 1 Anwendungsbereich*“ auf Seite 64 dieser Arbeit.

259 ABl. C 306, S. 150.

260 *Calliess* in Calliess/Ruffert, Art. 5 EUV, Rn. 45 m.w.N; BVerfGE 23, 127, 133; BVerfGE 30, 292, 316; BVerfGE 92, 262, 273.

Zumutbarkeitsprüfung angemessen sein muss.[261] Durch den Vertrag von Lissabon ist durch Ergänzen des Zusatzes „inhaltlich wie formal“ eine zusätzliche inhaltliche Prüfung der Maßnahme erforderlich, nach untersucht wird, ob die Maßnahme im Rahmen ihrer Regelungstiefe und Regelungsbreite die Mitgliedstaaten geringstmöglich einschränkt und ob die Europäische Union in der Wahl der Handlungsform im Sinne des Art. 288 AEUV diejenige Maßnahme gewählt hat, die formal das mildeste Mittel darstellt.[262]

II. Geeignetheit

Im Rahmen des Verhältnismäßigkeitsgrundsatzes erfordert das Gebot der Geeignetheit die Prüfung, ob die Maßnahme des Unionsorgans zur Erreichung des verfolgten Ziels nicht offensichtlich ungeeignet war.[263] Die Anforderungen des EuGH, die an die Geeignetheit einer Maßnahme gestellt werden, sind gering.[264] Im Zusammenhang mit der Beurteilung von Maßnahmen, deren zukünftiger Erfolg ungewiss ist, erkennt der EuGH allerdings an, dass die Beurteilung der Geeignetheit der Maßnahme „nur beanstandet werden [kann], wenn sie sich im Licht der Informationen, über die [das Unionsorgan] zum Zeitpunkt des Erlasses

---

261 *Kubiciel*, Grund und Grenzen strafrechtlicher Anweisungskompetenz der Europäischen Gemeinschaft, Neue Zeitschrift für Strafrecht 2007, 136, 138 f.; *Langguth* in Lenz/Borchardt, Art. 5 EUV, Rn. 58; *Szczekalla* in Heselhaus/Nowak, Handbuch der europäischen Grundrechte, § 7, Rn. 41 ff.; *Zuleeg* in von der Groeben/Schwarze, Art. 5 EG, Rn. 39 ff.; *Callies* in Calliess/Ruffert, Art. 5 EUV, Rn. 47 ff.; EuG, Rs. T–162/94, *NMB France/Kommission*, Slg. 1996, II–427, Rn. 69 m.w.N.; EuG, Rs. T–87/98, *International Potash Company/Rat*, Slg. 2000, II–3179, Rn. 39; EuGH, Rs. C–331/88, *Fedesa*, Slg. 1990, I–4023, Rn. 13; EuGH, Rs. C–19/92, *Kraus*, Slg. 1993, I–1663, Rn. 32; EuGH, verb. Rs. C–133/93, C-300/93 und C-362/93, *Crispoltoni*, Slg. 1994, I–4863, Rn. 41; EuGH, Rs. C–189/01, *Jippes*, Slg. 2001, I–5689, Rn. 81 m.w.N.; EuGH, Rs. C–140/03, *Kommission/Griechenland*, Slg. 2005, I–03177, Rn. 34 m.w.N.; EuGH, Rs. C–310/04, *Spanien/Rat*, Slg. 2006, I–7285, Rn. 97; EuGH, Rs. C–438/05, *International Transport Workers' Federation*, Slg. 2007, I–10779, Rn. 75 m.w.N.

262 *Calliess* in Calliess/Ruffert, Art. 5 EUV, Rn. 47.

263 *Calliess* in Calliess/Ruffert, Art. 5 EUV, Rn. 45 m.w.N.; *Hatje* in von Bogdandy (Hrsg.), Europäisches Verfassungsrecht, S. 850 f.; EuGH, Rs. 265/87, *Schräder*, Slg. 1989, 2237, Rn. 22; EuGH, Rs. C–331/88, *Fedesa*, Slg. 1990, I–04023, Rn. 14; EuGH, verb. Rs. C–133/93, C–300/93 und C–362/93, *Crispoltoni*, Slg. 1994, I–4863, Rn. 42; EuGH, Rs. C–84/94, *Vereinigtes Königreich/Rat*, Slg. 1996, I–5755, Rn. 58; EuGH, Rs. C–233/94, Deutsch*land/Parlament und Rat*, Slg. 1997, I–2405, Rn. 55 f.; EuGH, Rs. C–157/96, *National Farmers' Union*, Slg. 1998, I–2211, Rn. 61; EuGH, Rs. C–189/01, *Jippes*, Slg. 2001, I- 5689, Rn. 82; EuGH, Rs. C–94/05, *Emsland-Stärke*, Slg. 2006, I–2619, Rn. 54 m.w.N.; EuGH, Rs. C–479/07, *Frankreich/Rat*, Slg. 2008, I–39, Rn. 63; EuGH, Rs. C–343/09, *Afton Chemical*, Slg. 2010, I–7027, Rn. 50.

264 *Calliess* in Calliess/Ruffert, Art. 5 EUV, Rn. 45 m.w.N.; *Zuleeg* in von der Groeben/Schwarze, Art. 5 EG, Rn. 38.

der betreffenden Regelung verfügt hat, als offensichtlich fehlerhaft erweist."[265] Der EuGH erklärt es in diesem Fall für ausreichend, dass eine Abgabe zum Erreichen des Ziels auch nur beiträgt und auch die Höhe der Abgabe nicht außer Verhältnis zu den Umständen zu stehen scheint, die zum Erreichen des Ziels führen.[266] Unter verschiedenen Möglichkeiten der Abgabenerhebung kann der Gesetzgeber diejenige wählen, die ihm am besten geeignet erscheint, um den verfolgten Zweck zu erreichen.[267]

Ziel der Devisentransaktionssteuer ist die Eindämmung von volkswirtschaftlich unerwünschten und risikobehafteten Spekulationen. Dieses Ziel lässt sich, wie oben dargestellt, durchaus mit den in den Verträgen enthaltenen Zielen der Europäischen Union vereinbaren. Allerdings bestehen im wirtschaftswissenschaftlichen Schrifttum abweichende Auffassungen zu der möglichen Wirkungsweise, den Folgen und Erfolgsaussichten der Devisentransaktionssteuer. Eine belastbare Aussage über die Erfolgsaussichten der Devisentransaktionssteuer in der Praxis ist grundsätzlich nicht möglich. Insbesondere ist keine Aussage darüber möglich, ob die beabsichtigten Ziele vollständig oder teilweise erreicht werden oder ob die Devisentransaktionsbesteuerung gar keine Auswirkungen auf die Volatilität der Devisenkursschwankungen besitzt und im Verhältnis zu den mit ihr verfolgten Zielen eher einen volkswirtschaftlichen Schaden anrichtet. Im Übrigen wird auf die Diskussion im Schrifttum verwiesen, wie sie insbesondere in dem Abschnitt „*3. Die ökonomische Kritik an der Devisentransaktionssteuer*" auf Seite 60 dieser Arbeit dargestellt ist.

Obwohl die Devisentransaktionssteuer im Schrifttum und auch in der politischen Diskussion eine überaus kritische Betrachtung erfährt, kann das marktwirtschaftliche Instrument der Besteuerung von Devisentransaktionen zur Eindämmung von risikobehafteten Spekulationen nicht als offensichtlich ungeeignet angesehen werden, um die verfolgten Ziel zu erreichen. So besitzt der europäische Gesetzgeber zum Beispiel hinsichtlich der Höhe des Steuersatzes einen

---

265 EuGH, verb. Rs. C–133/93, C–300/93, C–362/93, *Crispoltoni*, Slg. 1994, I–4863, Rn. 43; EuGH, Rs. C–150/94, *Vereinigtes Königreich/Rat*, Slg. 1998, I–7235, Rn. 49; EuGH, Rs. C–189/01, *Jippes*, Slg. 2001, I- 5689, Rn. 84; Schlussvorträge *Generalanwalt Cosmas* vom 28. Mai 1998, Rs. C–375/96, *Zaninotto*, Slg. 1998, I–6629, Rn. 120; EuGH, Rs. 309/10, *Agrana Zucker*, noch nicht in der amtlichen Sammlung veröffentlicht, Rn. 45.

266 Für eine Abgabe: EuGH, Rs. 138/78, *Stölting*, Slg. 1979, 713, Rn. 7 und Leitsatz 1; siehe auch die Rechtsprechung des EuGH zum Verbot von Tabakgenussmittlen in Rs. C–434/02, *Arnold André GmbH*, Slg. 2004, I–11825, Rn. 47 ff.; EuGH, Rs. C–310/04, Spanien/Rat, Slg. 2006, I–7285, Rn. 97 m.w.N.; Schlussanträge *Generalanwältin Trstenjak* vom 21. Januar 2010, Rs. C–33/08, *Agrana Zucker*, Slg. 2009, I-5035, Rn. 31.

267 EuGH, Rs. 138/78, *Stölting*, Slg. 1979, 713, Rn. 7; EuGH, Rs. 179/84, *Bozetti*, Slg. 1985, 2301, Rn. 24; EuGH, Rs. 265/87, *Schräder*, Slg. 1989, 2237, Rn. 22; EuGH, Rs. C–350/88, *Delacre*, Slg. 1990, I–395, Rn. 32; EuGH, Rs. C–331/88, *Fedesa*, Slg. 1990, I–4023, Rn. 14; EuGH, Rs. C–310/04, *Spanien/Rat*, Slg. 2006, I–7285, Rn. 97; EuGH, Rs. C–33/08, *Agrana Zucker*, Slg. 2009, I-5035, Rn. 31.

gewissen Beurteilungsspielraum, mit dem er dafür Sorge tragen kann, dass die Devisentransaktionssteuer zum Erreichen der Ziele beiträgt und zudem die Höhe der Steuer nicht außer Verhältnis zu den Umständen steht, die zum Erreichen des Ziels führen die von der beabsichtigten Lenkungswirkung der Devisentransaktionssteuer abhängig ist. Im Übrigen wird auf die Diskussion zur Höhe des Steuersatzes im Schrifttum verwiesen, wie sie insbesondere in dem Abschnitt „*b. Diskussionsstand zur Höhe des Steuersatzes*" auf Seite 93 dieser Arbeit dargestellt ist. Damit ist eine Devisentransaktionssteuer im Sinne des Verhältnismäßigkeitsgrundsatzes grundsätzlich als geeignet anzusehen, die mit ihr verfolgten Ziele zu erreichen.

III. Erforderlichkeit

1. Allgemeine Anforderungen an das Gebot der Erforderlichkeit

Im Rahmen der Prüfung des Grundsatzes der Verhältnismäßigkeit ist zudem die Einhaltung des Gebot der Erforderlichkeit zu beachten. Gegen das Gebot der Erforderlichkeit wird verstoßen, wenn das mit der Maßnahme verfolgte Ziel auch mit einem weniger belastenden Mittel erreicht werden kann.[268] Auch das möglicherweise in Frage kommende weniger belastende Mittel muss zur Erreichung des mit der Maßnahme verfolgten Ziels ebenso geeignet sein.[269] Bei der Beurteilung der Erforderlichkeit der Maßnahme steht dem europäischen Gesetzgeber ein weiter Beurteilungsspielraum zu[270], der nach Auffassung des EuGH im Zusammenhang mit der Harmonisierung von Rechtsvorschriften durch die in den Verträgen enthaltenen Gebote und Verbote beschränkt ist[271]. Der EuGH anerkennt, dass dem Unionsgesetzgeber „nach Maßgabe des allgemeinen Kontextes und der speziellen Umstände der zu harmonisierenden Materie einen Ermessensspielraum hinsichtlich der zur Erreichung eines angestrebten Ergebnisses am besten geeigneten Angleichungstechnik insbesondere in den Bereichen, die durch komplexe technische Gegebenheiten gekennzeichnet sind"[272], zur Verfü-

268 *Calliess* in Calliess/Ruffert, Art. 5 EUV, Rn. 45; *Zuleeg* in von der Groeben/Schwarze, Art. 5, Rn. 39; EuGH, Rs. C–331/88, *Fedesa*, Slg. 1990, I–4023, Rn. 13; EuGH, Rs. C–189/01, *Jippes*, Slg. 2001, I- 5689, Rn. 81; Schlussanträge *Generalanwältin Trstenjak* vom 21. Januar 2010, Rs. C–365/08, *Agrana Zucker*, Slg. 2009, I-5035, Rn. 74 m.w.N.

269 *Calliess* in Calliess/Ruffert, Art. 5 EUV, Rn. 45.

270 *Calliess* in Calliess/Ruffert, Art. 5 EUV, Rn. 47; EuGH, Rs. 37/83, *Rewe-Zentral AG*, Slg. 1984, 1229, Rn. 20

271 EuGH, Rs. 37/83, *Rewe-Zentral AG*, Slg. 1984, 1229; Schlussanträge *Generalanwalt Fennelly* vom 15. Juni 2000, Rs. C–74/99, *Deutschland/Parlament und Rat*, Slg. 2000, I–8419, Rn. 86 ff. m.w.N.

272 EuGH, Rs. C–217/04, *Vereinigtes Königreich/Parlament und Rat*, Slg. 2006, I–3771, Rn. 43.

gung steht.[273] Die Kontrolle des EuGH beschränkt sich hinsichtlich der Prüfung der Erforderlichkeit einer Maßnahme darauf, ob sich der Gesetzgeber bei der Beurteilung offensichtlich geirrt, ob er Ermessen missbraucht oder ob er die Grenzen des Ermessens offensichtlich überschritten hat.[274]

Für die Beurteilung der Devisentransaktionssteuer bedeutet dies, dass der europäische Gesetzgeber grundsätzlich aus eine Vielzahl möglicher Maßnahmen auswählen kann (vgl. zu den möglichen Maßnahmen insbesondere die Ausführungen in dem Abschnitt *„E. Vorschläge zur Verhinderung von Krisen“* auf Seite 56 dieser Arbeit), solange ihm dabei kein Beurteilungs- oder Ermessensfehler unterläuft. Die Devisentransaktionssteuer ist nur eine Maßnahme zur Verminderung der volkswirtschaftlich unerwünschten, riskanten Spekulationen auf dem Devisenmarkt. Gleichwohl ist sie eine Steuer und damit ein mit den Prinzipien der Marktwirtschaft konformes Instrument (vgl. dazu insbesondere die Ausführungen im Abschnitt *„III. Marktwirtschaftliche Instrumente“* auf Seite 58 dieser Arbeit), das gegenüber ordnungspolitischen Maßnahmen wie Verboten eine weniger belastende Maßnahme darstellt.[275] Da eine Motivation der Devisentransaktionssteuer die Verhaltensbeeinflussung von Marktteilnehmern durch Besteuerung von Transaktionen ist, wird die Devisentransaktionssteuer grundsätzlich den indirekten Maßnahmen zuzuordnen sein. Indirekte Maßnahmen beeinflussen bestimmte Faktoren der Preisbildung und überlassen den Marktteilnehmer die Wahl, entweder ihr Verhalten zu unterlassen, oder das Verhalten im Bewusstsein der beeinflussenden Auswirkung der indirekten Maßnahme auszuführen. Abzugrenzen sind indirekte Maßnahmen von direkten Maßnahmen, die Marktteilnehmern zum Beispiel durch ein strafbewehrtes Verbot unmittelbar zu einem

273 EuGH, Rs. 55/75, *Balkan-Import-Export*, Slg. 1976, 19; EuGH, Rs. 208/84, *Vonk's Kaas*, Slg. 1985, 4025; EuGH, Rs. 236/84, *Malt GmbH*, Slg. 1986, 1923, Rn. 15; EuGH, Rs. C–66/04, *Vereinigtes Königreich/Parlament und Rat*, Slg. 2005, I–10553, Rn. 45; EuGH, Rs. C–217/04, *Vereinigtes Königreich/Parlament und Rat*, Slg. 2006, I–3771, Rn. 43; EuGH, Rs. C–380/03, *Deutschland/Parlament und Rat*, Slg. 2006, I–11573, Rn. 145. Schlussanträge *Generalanwältin Sharpston* vom 14. Juni 2007, Rs. C–5/06, *Zuckerfabrik Jülich*, Slg. 2008, I–3231, Rn. 65; Schlussanträge *Generalanwältin Kokott* vom 10. März 2009, Rs. C–558/07, *S.P.C.M.*, Slg. 2009, I-5783, Rn. 69 ff.

274 EuGH, Rs. 236/84, Malt GmbH, Slg. 1986, 1923, Rn. 15; EuGH, Rs. C–84/94, *Vereinigtes Königreich/Rat*, Slg. 1996, I–5755, Rn. 55 ff.; EuGH, Rs. C–233/94, *Deutschland/Parlament und Rat*, Slg. 1997, I–2405, Rn. 54 ff.

275 *Falke*, Neue Entwicklungen im Europäischen Umweltrecht in Zeitschrift für Umweltrecht 2007, S. 384, 385 f. (zu Entwicklungen in der Gestaltung des europäischen Umweltrechts); *Seidel*, Umweltrechtliche und wirtschaftslenkende Abgaben und Maßnahmen aus gemeinschaftsrechtlicher Sicht in NVwZ 1993, S. 105, 112. Urteil des EuGH vom 21. Juni 1958, Rs. 13–57, *Wirtschaftsvereinigung Gusseisen- und Stahlindustrie*, Deutsche Ausgabe S. 273, 308 (indirekte Auswirkung auf preisbildende Faktoren); Schlussanträge *Generalanwalt Fennelly* vom 7. Dezember 1995, Rs. C–18/94, Slg. 1996, I–2281, Rn. 23 ff.

gewünschten Verhalten zwingen.[276] Somit sind indirekte Maßnahmen den direkten Maßnahmen aufgrund ihrer geringeren Belastungswirkung vorzuziehen (vgl. dazu auch die Ausführungen zu ordnungsrechtlichen und marktwirtschaftlichen Instrumenten in dem Abschnitt „*E. Vorschläge zur Verhinderung von Krisen*“ auf Seite 56 dieser Arbeit). Bei indirekten Maßnahmen ist jedoch insbesondere zu beachten, dass die Höhe des Steuersatzes nicht so hoch gewählt wird, dass die Maßnahme wie ein faktisches Verbot wirkt. In diesem Fall stellt sich die Maßnahme nämlich als direkte Maßnahme dar, da dem Marktteilnehmer durch die Besteuerung eine bestimmte Handlung faktisch verboten wird.[277]

Zu beachten ist außerdem, dass sich eine Rechtsetzung durch die Europäische Union immer derjenigen Maßnahme bedient, die den geringsten Eingriff in die Souveränität der Mitgliedstaaten zur Folge hat.[278] Insbesondere die steuerliche Harmonisierung führt zu Eingriffen in die fiskalische Souveränität der Mitgliedstaaten.[279] Im Zusammenhang mit einer Maßnahme, die in die Souveränität der Mitgliedstaaten eingreift, sind die Handlungsformen der Unionsorgane im Sinne des Art. 288 AEUV grundsätzlich in einem Verhältnis zu ihrer jeweiligen Eingriffsintensität zu sehen.[280] Im Rahmen der Harmonisierung der Rechtsvorschriften nach Art. 113 AEUV umfasst der Begriff der Bestimmungen, die zur Harmonisierung erlassen werden könne, alle in Art. 288 AEUV genannten Handlungsformen.[281] Aus dem Instrumentenkatalog des Art. 288 AEUV stellt die Richtlinie die in der Praxis zur Harmonisierung indirekter Steuern überwiegend genutzte Rechtsetzungsform dar, da die Richtlinie den Mitgliedstaaten bei ihrer Umsetzung einen Gestaltungsspielraum zubilligt.[282] Im Übrigen wird auf die Darstellung in dem Abschnitt „*IV. Formen und Verfahren der Harmonisierung*“ auf Seite 157 in dieser Arbeit verwiesen.

---

276 So der EuGH im Zusammenhang mit Art. 4 EGKS, Rs. 13–57, Wirtschaftsvereinigung Gusseisen- und Stahlindustrie, Deutsche Ausgabe, S. 273, 308; EuGH, Rs. C–551/03 P, *General Motors*, Slg. 1996, I-3173, Rn. 67 ff. m.w.N.

277 Der EuGH sieht es als Ermessenüberschreitung an, wenn der Gesetzgeber einen so hohen Steuersatz wählt, dass die Steuer gleich einem Verbot wirkt (EuGH, Rs. C–296/94, *Pietsch*, Slg. 1996, I–3409, Rn. 29); *Cordewener*, Europäische Grundfreiheiten und nationales Steuerrecht, S. 848 ff.

278 *Calliess* in Calliess/Ruffert, Art. 5 EUV, Rn. 46 m.w.N.

279 *Waldhoff/Kahl* in Calliess/Ruffert, Art. 113 AEUV, Rn. 1 m.w.N.

280 *Laule*, Die Harmonisierung des europäischen Steuerrechts, Internationales Steuerrecht 2001, S. 297, 298 ff.; *Voß*, Europäisches und nationales Steuerrecht in StuW 1993, S. 155, 156; *Förster*, Die Verbrauchsteuern, S. 40.

281 *Eilers/Bahns/Sedlaczek* in von der Groeben/Schwarze, Art. 93 EG, Rn. 17 m.w.N.; *Waldhoff/Kahl* in Calliess/Ruffert, Art. 113 EG, Rn. 5 m.w.N.

282 *Eilers/Bahns/Sedlaczek* in von der Groeben/Schwarze, Art. 93 EG, Rn. 17; *Seiler* in Grabitz/Hilf/Nettesheim, Art. 113 AEUV, Rn. 32; *Ruffert* in Calliess/Ruffert, Art. 288 AEUV, Rn. 47 ff.; *Waldhoff* in Calliess/Ruffert, Art. 113 AEUV, Rn. 5 m.w.N.

2. *Besondere Anforderungen an das Gebot der Erforderlichkeit*

Im Folgenden ist zu untersuchen, ob im Zusammenhang mit Maßnahmen der Rechtsangleichung besondere Anforderungen an das Gebot der Erforderlichkeit zu stellen sind.

a. *Errichtung und Funktionieren des Binnenmarkts*

Zunächst könnte sich eine solche besondere Anforderung aus dem Wortlaut des Art. 113 AEUV ergeben, da der Erlass einer Bestimmung zur Harmonisierung der Rechtsvorschriften nur dann möglich sein soll, „soweit [die Bestimmung] für die Errichtung und das Funktionieren des Binnenmarkts und die Vermeidung von Wettbewerbsverzerrungen notwendig ist". Das Erfordernis der Notwendigkeit der Bestimmung könnte eine besondere primärrechtliche Konkretisierung des Verhältnismäßigkeitsgrundsatzes im Zusammenhang mit einer Harmonisierung auf Grundlage des Art. 113 AEUV darstellen.[283]

Wie in dem Abschnitt „*2. Binnenmarkt und Wettbewerbsverzerrungen*" auf Seite 153 dieser Arbeit dargestellt, stellt die Formulierung der Notwendigkeit der Rechtsangleichung nach Art. 113 AEUV eine sprachliche Verschärfung zur Beachtung des Verhältnismäßigkeitsgrundsatzes dar.[284] Dabei ist besonders zu beachten, dass unterschiedliche indirekte Steuern und Steuersätze in verschiedenen Mitgliedstaaten die Ursache für Wettbewerbsverzerrungen sein können, die nicht im Sinne der Errichtung eines Binnenmarkts stehen.[285] Der sprachliche Verweis auf Binnenmarkt und Wettbewerbsverzerrung in Art. 113 AEUV dient der Vermeidung eines im Zusammenhang mit Wettbewerbsverzerrungen auftretenden Steuerwettbewerbs.[286] Die Erforderlichkeit einer Bestimmung zur Harmonisierung von Rechtsvorschriften ist damit grundsätzlich am Maßstab der Erforderlichkeit für das Erreichen des Binnenmarkts zu messen.

Daher ist zu untersuchen, ob im Zusammenhang mit der Erforderlichkeit einer Harmonisierungsmaßnahme möglicherweise das Ermessen des europäischen Gesetzgebers in Bezug auf Handlungsform und/oder Ausgestaltung des Rechtsakts reduziert ist. Bei einer Gesamtschau der relevanten Rechtsprechung des EuGH zeigt sich, dass der EuGH zwar auf den Wortlaut des Art. 113 AEUV zu-

---

283 *Waldhoff/Kahl* in Calliess/Ruffert, Art. 113 AEUV, Rn. 26 m.w.N.

284 Dazu die Ausführungen in dem Abschnitt „*I. Allgemeines*" auf Seite 243 dieser Arbeit.

285 *Genschel*, Steuerwettbewerb und Steuerharmonisierung in der Europäischen Union, S. 116; *Europäische Kommission*, Ein Binnenmarkt ohne steuerliche Hindernisse (KOM (2001) 582 endg.) und der Bericht der Kommissionsdienststellen über die Unternehmensbesteuerung im Binnenmarkt (SEK (2001) 1681 endg.).

286 *Laule*, Die Harmonisierung des europäischen Steuerrechts, Internationales Steuerrecht 2001, S. 297, 298; *Förster* in Bleckmann, Europarecht, S. 717, 719. Zu den Grenzen und Schranken eines allgemeinen Verbots von Wettbewerbsverfälschungen im EG-Vertrag: *Bleckmann*, Das Verbot der Wettbewerbsverfälschung im EWG-Vertrag, S. 271–286 in Lessmann (Hrsg.), FS-Lukes.

rückgreift.[287] Allerdings finden sich keine konkretisierenden Aussagen über dessen Bedeutung, der EuGH verweist zur Bestätigung der Notwendigkeit einer Bestimmung für das Errichten und Verwirklichen des Binnenmarkts lediglich auf die Begründungserwägungen des Gesetzgebers für die entsprechenden Rechtsakte.[288] Auch im Schrifttum wird fast ausschließlich die Auffassung vertreten, dass das Ermessen des europäischen Gesetzgebers bei dem Erlass von Bestimmungen zur Harmonisierung der indirekten Steuern gemäß Art. 113 AEUV nicht reduziert ist.[289] Dieser Auffassung ist unter Heranziehung der Rechtsprechung des EuGH zu folgen. Sofern der EuGH im Zusammenhang mit der Erkenntnis der Notwendigkeit der Harmonisierungsmaßnahme für das Erreichen und das Funktionieren des Binnenmarkts auf die Begründung des europäischen Gesetzgebers im Sinne von Art. 296 AEUV Bezug nimmt, erkennt er den weiten Ermessensspielraum des Gesetzgebers an. Durch die Begründungspflicht eines zu erlassenden Rechtsakts wird gemäß Art. 296 AEUV explizit Bezug auf die Einhaltung des Grundsatzes der Verhältnismäßigkeit genommen. Den europäischen Gesetzgeber trifft einerseits eine Begründungspflicht in Bezug auf die Wahl der „richtigen“ Handlungsform im Sinne des Art. 288 AEUV und andererseits eine Begründungspflicht in Bezug auf die Einhaltung des Rechtsstaatsprinzips.[290] Im Rahmen der Begründung gemäß Art. 296 AEUV sind nach ständiger Rechtsprechung des EuGH die wesentlichen tatsächlichen und rechtlichen „Überlegungen des Gemeinschaftsorgans, das den Rechtsakt erlassen hat, so klar und eindeutig zum Ausdruck [zu] bringen, dass die Betroffenen ihr die Gründe für die erlassene Maßnahme entnehmen können und die Gemeinschaftsgerichte ihre Kontrollaufgabe wahrnehmen können.“[291]

Nach den voranstehenden Ausführungen ist die Devisentransaktionssteuer in Bezug auf die Wahl der Richtlinie als richtige Handlungsform sowie auf die Einhaltung des Rechtsstaatsprinzips zu begründen.

---

287 EuGH, Rs. C–491/01, *British American Tobacco*, Slg. 2002, I–11453, Rn. 60; EuGH, Rs. C–240/01, *Kommission/Deutschland*, Slg. 2004, I-4733, Rn. 36; EuGH, Rs. C–217/04, *Vereinigtes Königreich/Parlament und Rat*, Slg. 2006, I–3771, Rn. 42; EuGH, Rs. C–391/05, *Jan De Nul NV*, Slg. 2007, I–1793, Rn. 18 und 21; EuGH, Rs. C–392/05, *Georgios Alevizos*, Slg. 2007 I-03505, Rn. 38 und 42.

288 Vgl. etwa EuGH, Rs. C–391/05, *Jan De Nul NV*, Slg. 2007, I–1793, Rn. 21; EuGH, Rs. C–392/05, *Georgios Alevizos*, Slg. 2007 I-03505, Rn. 38 und 42.

289 A.A.: *Easson*, Tax law and policy in the EEC, para. 203 m.w.N.

290 *Calliess* in Calliess/Ruffert, Art. 296 AEUV, Rn. 7 f. m.w.N.

291 EuGH, Rs. C–26/00, *Niederlande/Kommission*, Slg. 2005, I–6527, Rn. 113. Siehe auch: EuGH, verb. Rs. C–9/95, C–23/95 und C–156/95, *Belgien und Deutschland/Kommission*, Slg. 1997, I–645, Rn. 44; EuGH, Rs. C–367/95 P, *Kommission/Sytraval*, Slg. 1998, I–1719, Rn. 63; EuGH, Rs. C–5/01, *Omega Air*, Slg. 2002, I–2569, Rn. 46; EuGH, Rs. C–41/00, *Interporc/Kommission*, Slg. 2003, I–2125, Rn. 55; EuGH, Rs. C-26/00, *Niederlande/Kommission*, Slg. 2005, I-6527, Rn. 113 m.w.N.

aa. Erforderlichkeit der Handlungsform der Richtlinie

Nach der Idee *Tobins* soll eine Devisentransaktionssteuer ein Instrument zur Eindämmung von volkswirtschaftlich unerwünschten und risikobehafteten Spekulationen und zur Verhinderung von Krisen auf dem Devisenmarkt darstellen. In seiner derzeitigen Form stellt sich der Devisenmarkt als weitestgehend frei von regulatorischen Maßnahmen dar (vgl. dazu die Ausführungen in dem Abschnitt *„IV. Gegenwärtiges Währungssystem“* auf Seite 18 dieser Arbeit). Sollte in einen Markt, der wie der Devisenmarkt von einer massiven Mobilität und hohen Liquidität geprägt ist, mit einer Devisentransaktionssteuer regulierend eingegriffen werden, beeinträchtigt dies die Funktionalität und die Effizienz des Markts im wirtschaftswissenschaftlichen Verständnis. Diese Auffassung lässt sich mit der im Zusammenhang mit dem Entwurf eines Gesetzes zur Aufhebung des Kapitalverkehrsteuergesetzes getroffenen Aussage untermauern, wonach Kapitalverkehrsteuern in einer modernen Volkswirtschaft „die Mobilität des Finanzkapitals behindern“ und deshalb „Störfaktoren für den Wirtschaftsablauf“ darstellen.[292] Vielmehr könnte argumentiert werden, dass Maßnahmen herangezogen werden müssten, die ohne einen essentiellen Eingriff in die Marktmechanismen und das Europäische Währungssystem auskommen. Konkret könnte die Informationsversorgung der Märkte verbessert werden, um die Anleger in die Lage zu versetzen, rationale Abwägung der mit der Anlage verbundenen Renditeerwartungen und Risiken vorzunehmen; zusätzliche Maßnahmen könnten Selbstverpflichtungen der institutionellen Marktteilnehmer darstellen, die sich verpflichten, risikobehaftete Transaktionen zu begrenzen.[293] Diese Maßnahmen stellen jedoch mehrheitlich rechtlich unverbindliche und indirekte Möglichkeiten der Beeinflussung des Marktverhaltens dar. Insbesondere aufgrund der mit der Devisentransaktionssteuer verfolgten Finanzierungsfunktion ist jedoch eine rechtlich verbindliche Maßnahme aufgrund der Erforderlichkeit einer Steuernorm im Zusammenhang mit den daraus resultierenden Eingriffen in Rechte unbedingt erforderlich. Bei genauer Betrachtung der den Organen der Europäischen Union gemäß Art. 288 AEUV zur Verfügung stehenden Handlungsformen zeigt sich, dass lediglich die Verordnung und die Richtlinie geeignete Handlungsformen für rechtlich verbindliche Normen darstellen. Die Richtlinie ist dabei die für den Erlass von Beschlüssen im Sinne des Art. 113 AEUV die zweckmäßigste Handlungsform (vgl. dazu die Ausführungen in dem Abschnitt *„IV. Formen und Verfahren der Harmonisierung“* auf Seite 157 dieser Arbeit).

---

292 Vgl. Gesetzentwurf des Bundesrates, Entwurf eines Gesetzes zur Aufhebung des Kapitalverkehrsteuergesetzes, Begründung, A. Allgemeines, BR-Drs. 11/4711 vom 6. Juni 1989, S. 5.

293 In einem nationalen Zusammenhang: *Breuer*, Der deutsche Finanzmarkt zwischen Deregulierung und Re-Regulierung, Die Bank, 5/2002, S. 300 ff.

bb. Beachtung des Grundsatzes der Rechtsstaatlichkeit

Bei der Steuergesetzgebung ist die Legislative in einem Rechtsstaat an rechtsstaatliche Grundprinzipien gebunden, deren Notwendigkeit sich insbesondere aus der Erkenntnis ergibt, dass das von dem einzelnen Bürger erwirtschaftete Einkommen auch sein (grundgesetzlich geschütztes) Eigentum darstellt. Die Besteuerung stellt einen Eingriff in das Eigentum dar, der einer ausdrücklichen Legitimation bedarf.[294] Neben der Frage der Legalität einer Steuer, also deren Gesetzlichkeit, ist insbesondere die Legitimität einer Steuer, also deren Rechtmäßigkeit zu berücksichtigen.[295] Im Zusammenhang mit der Rechtfertigung der Devisentransaktionssteuer nach einem steuersystematischen Ansatz und einem rechtsstaatlichen Ansatz wir auf die Ausführungen oben in dieser Arbeit verwiesen (vgl. Abschnitt „*D. Rechtfertigung*“ auf Seite 101 dieser Arbeit).

b. Währungspolitische Maßgaben

Aus dem Wortlaut des Art. 113 AEUV könnte sich zudem eine weitere besondere Anforderung an das Gebot der Erforderlichkeit ergeben. Die Entscheidung des europäischen Gesetzgebers, ob die Bestimmung für die Errichtung und das Funktionieren des Binnenmarkts und die Vermeidung von Wettbewerbsverzerrungen notwendig ist, beruht auf einem politischen Entscheidungsfindungsprozess. Dieser Entscheidungsfindungsprozess nach den voranstehenden Bedingungen muss unter Beachtung der geschriebenen und ungeschriebenen Ziele und Tätigkeiten der Europäischen Union erfolgen. Die Tätigkeit der Mitgliedstaaten und der Europäischen Union im Sinne des Art. 3 EUV umfasst gemäß Art. 119 Abs. 1 AEUV unter anderem „die Einführung einer Wirtschaftspolitik, die auf einer engen Koordinierung der Wirtschaftspolitik der Mitgliedstaaten, dem Binnenmarkt und [..] dem Grundsatz einer offenen Marktwirtschaft mit freiem Wettbewerb verpflichtet ist.“ Zudem umfasst diese Tätigkeit gemäß Art. 119 Abs. 2 AEUV unter anderem eine einheitliche Währung sowie die Festlegung und Durchführung einer einheitlichen Geld- sowie Wechselkurspolitik, die beide vorrangig das Ziel der Preisstabilität verfolgen und unbeschadet dieses Zieles die allgemeine Wirtschaftspolitik in der Union unter Beachtung des Grundsatzes einer offenen Marktwirtschaft mit freiem Wettbewerb unterstützen sollen.“ Durch diese vertragliche Konkretisierung der Tätigkeit der Mitgliedstaaten und der Europäischen Union gemäß Art. 119 Abs. 1 und 2 AEUV in Verbindung mit Art. 3 EUV könnte sich eine ermessensreduzierende Vorgabe ergeben, wonach die Europäische Union die Wirtschafts- und Währungspolitik und damit die Devisentransaktionssteuer nur dann einführen darf, wenn dies unter Beachtung des

---

294 *Homburg*, Allgemeine Steuerlehre, S. 195 ff.; *Tipke*, Die Steuerrechtsordnung, Band I, S. 569.

295 *Tipke*, Die Steuerrechtsordnung, Band I, S. 569 ff. Siehe auch das BVerfG (BVerfGE 84, 239, 269), das der in der Besteuerung liegende „Eingriff in die Vermögens- und Rechtsphäre des Steuerpflichtigen […] seine Rechtfertigung […] auch und gerade aus der Gleichheit der Lastenzuteilung [gewinnt]“.

Grundsatzes einer offenen Marktwirtschaft mit freiem Wettbewerb geschieht.[296] Durch diese Verpflichtung ist möglicherweise die Auswahl an Instrumenten zur Umsetzung des mit der Maßnahme angestrebten Ziels im Rahmen der Erforderlichkeitsprüfung einzugrenzen. So könnte die Devisentransaktionssteuer im Rahmen der europäischen Wirtschafts- und Währungspolitik eine Einschränkung erfahren, wenn die Maßnahme dem Grundsatz einer offenen Marktwirtschaft mit freiem Wettbewerb widerspricht. Daher soll nun eine währungspolitische Betrachtung und Erörterung der wirtschafts- und währungspolitischen Dimension der Devisentransaktionssteuer erfolgen.

Zunächst soll in einer allgemeinen Darstellung der Begriff der währungspolitischen Maßnahme in einem politischen Verständnis anhand des Analysekonzeptes der *impossible trinity* eingegrenzt werden. In einem nächsten Schritt soll die Verpflichtung der Währungspolitik zu einer offenen Marktwirtschaft mit freiem Wettbewerb im Sinne des Art. 119 Abs. 2 AEUV begrifflich und dogmatisch erfasst werden.

c. *Konkretisierung währungspolitischer Maßnahmen*

aa. *Das Analysekonzept der impossible trinity*

Währungspolitische Maßnahmen wie die Devisentransaktionssteuer können durch das wirtschaftspolitische Analysekonzept der *impossible trinity* analysiert werden. Das Modell der *impossible trinity* beschreibt eine kleine Volkswirtschaft, die mit anderen Ländern durch Handel und grenzüberschreitende Kapitalströme verbunden ist. Anhand dieses Modells zeigen *Mundell* und *Fleming* unabhängig voneinander auf, welche währungspolitischen Optionen bestehen und wie das Land auf Veränderungen der inneren und äußeren Rahmenbedingungen reagiert.[297] Das Analysekonzept der *impossible trinity* stützt sich auf die These, dass eine Währungsordnung drei grundlegende Ziele verfolgt: nationale geldpolitische Autonomie, freier Kapitalverkehr und stabile Wechselkurse. Diese drei Ziele konkurrieren zueinander, sodass innerhalb dieses wirtschaftspolitischen Analysekonzepts grundsätzlich keine politischen Maßnahmen existieren können, die bei Verfolgen eines der drei Ziele und der mit diesem Ziel angestrebten Vorteilen – nicht gleichzeitig Nachteile für eines oder beide der anderen beiden Ziele bedeuten würde. Damit wird anhand des Analysekonzepts der

---

296 *Bandilla* in Grabitz/Hilf/Nettesheim, Art. 121 AEUV, Rn. 5 ff. m.w.N.; *Bleckmann*, Das Verbot der Wettbewerbsverfälschung im EWG-Vertrag, S. 271; in: Lessmann (Hrsg.), FS-Lukes.

297 Das Konzept der *impossible trinity* geht auf Untersuchungen von Mundell und Fleming aus dem Jahr 1962 zurück: *Fleming*, Domestic financial policies under fixed and floating exchange rates in IMF Staff Papers 9, 1962, pp 369–379; *Mundell*, Capital mobility and stabilization policy under fixed and flexible exchange rates in Canadian Journal of Economic and Political Science, Vol. 29, 1962, pp. 475–485; im konkreten Fall siehe auch die Ausführungen bei: *Frenkel/Menkhoff*, Stabile Weltfinanzen? Eine Debatte um eine neue internationale Finanzarchitektur, S. 11 ff. m.w.N.

impossible trinity die grundsätzliche Aussage getroffen, dass keine Währungsordnung existieren kann, die gleichzeitig alle drei Ziele erreicht.[298] Aus der logischen Konsequenz des Analysekonzeptes lassen sich somit drei grundlegende Charakteristika der Währungssysteme gewinnen:[299]

(1.) Der Versuch, freien Kapitalverkehr und stabile Wechselkurse innerhalb eines Währungssystems zu erreichen, bedeutet, die geldpolitische Autonomie zu vernachlässigen. Dies liegt an der Notwendigkeit, die Geldpolitik als Instrument der Stabilisierung der Wechselkurse zu nutzen. Der oben in dieser Arbeit dargestellte Goldstandard kam dieser politischen Zielsetzung eines Währungssystems nahe.

(2.) Wird der Schwerpunkt der politischen Ausgestaltung eines Währungssystems auf stabile Wechselkurse und geldpolitische Autonomie gelegt, muss der freie Kapitalverkehr eingeschränkt werden, da die Freiheit des Kapitalverkehrs sonst die währungspolitischen Zielbestimmungen gefährden würde. Das oben in dieser Arbeit dargestellte Währungssystem von Bretton Woods entsprach im Wesentlichen dieser politischen Zielsetzung.

(3.) Präferiert die politische Zielbestimmung einer Währungsordnung allerdings freien Kapitalverkehr und geldpolitische Autonomie, kann dies zu einer Instabilität oder wirtschaftspolitisch unerwünschten Marktpreisbildung von Wechselkursen führen. Das aktuelle System flexibler Währungskurse (siehe oben in dieser Arbeit) entspricht grundsätzlich dieser Zielbestimmung.

Eine umfassende Auswertung wirtschaftswissenschaftlicher Literatur und der Ergebnisse aus empirischen Untersuchungen, um die Vor- und Nachteile der einzelnen Zielpräferenzen darzustellen, soll an dieser Stelle unter Beachtung der Zielsetzung dieser Arbeit nicht vorgenommen werden.[300] Festzuhalten bleibt, dass die Gewichtung der jeweiligen Ziele den wirtschafts- und insbesondere den währungspolitischen Entscheidungen der Legislative vorbehalten bleibt. Im aktuellen System der Europäischen Gemeinschaft werden nach dem Analysekonzept der *impossible trinity* stabile Wechselkurse zugunsten des freien Kapitalverkehrs und der geldpolitischen Autonomie vernachlässigt.

bb. Anpassung des Analysekonzepts

Das Analysekonzept der *impossible trinity* geht im Untersuchungsansatz von der Betrachtung der Währungsordnung einer kleinen Volkswirtschaft aus, die mit anderen Ländern durch Handel und grenzüberschreitende Kapitalströme verbunden ist. Bei Betrachtung eines europäischen Sachverhalts müsste das Konzept an europäische Besonderheiten angepasst werden. So kann die Voraussetzung, dass ein Schwerpunkt in der Währungsordnung der kleinen Volkswirt-

---

298 *Frenkel/Menkhoff*, Stabile Weltfinanzen? Eine Debatte um eine neue internationale Finanzarchitektur, S. 12.

299 Die nachfolgenden Charakteristika der Währungssysteme sind an *Frenkel/Menkhoff*, Stabile Weltfinanzen? Eine Debatte um eine neue internationale Finanzarchitektur, S. 12 f. angelehnt.

300 *Frenkel/Menkhoff*, Stabile Weltfinanzen? Eine Debatte um eine neue internationale Finanzarchitektur, S. 13–16 m.w.N.

schaft auf der nationalen geldpolitischen Autonomie liegt, nicht in dieser Allgemeinheit gelten, da die Mitgliedstaaten, deren Währung der Euro ist, ihre nationale Währungspolitik (wie oben näher ausgeführt) gemäß Art. 3 Abs. 1 lit. c AEUV im Rahmen der Übertragung der ausschließlichen Zuständigkeit an die Europäische Union übertragen haben. Dadurch tritt die Europäische Union als supranationale Vereinigung an die Stelle nationaler Autonomie und die Zielpräferenz nationaler Autonomie wird zugunsten des freien Kapitalverkehrs und stabiler Wechselkurse verschoben. Zudem zeigt sich bei Betrachtung der Ziele, Kompetenzen und Tätigkeiten der Europäischen Union, dass das Ziel des freien Kapitalverkehrs einen wesentlichen Schwerpunkt europäischer Bestrebungen darstellt. Dabei ist zunächst das Ziel der Union in Zusammenhang mit Art. 3 Abs. 3 Satz 1 EUV heranzuziehen, einen Binnenmarkt zu errichten, in dem gemäß Art. 26 Abs. 2 AEUV „der freie Verkehr von Waren, Personen, Dienstleistungen und Kapital gemäß den Bestimmungen der Verträge gewährleistet ist". Allerdings wird deutlich, dass die Europäische Union den freien Kapitalverkehr gemäß den Bestimmungen der Verträge lediglich innerhalb des von ihr zu errichtenden Binnenmarkts entfalten soll. Dennoch findet sich in Art. 119 Abs. 2 AEUV die grundsätzliche Verpflichtung der Europäischen Union, ihre Geld- und Währungspolitik unter Beachtung des Grundsatzes einer offenen Marktwirtschaft mit freiem Wettbewerb auszurichten. Die Verpflichtung zu diesem Grundsatz und der marktwirtschaftlichen Ausrichtung ihrer Wirtschaftspolitik ist von den Vertragsparteien ferner durch die Art. 120, 127 Abs. 1 Satz 3 AEUV sowie Art. 2 Satz 3 der EZB-Satzung konkretisiert und verfestigt worden.

cc. Erkenntnisse aus dem Analysekonzept

Aus der Aufgabe der nationalen geldpolitischen Autonomie zugunsten der Europäischen Union und der kodifizierten Gewährleistung des freien Kapitalverkehrs stellt sich das Europäische Währungssystem in einer Annäherung zwischen stabilen Währungskursen und einem freien Kapitalverkehr dar. Im Ergebnis bleibt aber festzuhalten, dass das Analysekonzept der *impossible trinity* zeigt, dass keine ideale Währungspolitik existieren kann, die alle drei Ziele gleichzeitig erreicht. Das Erscheinungsbild der Währungspolitik unterliegt der fortwährenden Anpassung durch die jeweilige politische und wirtschaftswissenschaftliche Auffassung. Dies wird auch aus dem historischen Verlauf der einzelnen Weltwährungssysteme deutlich.[301] Bei Betrachtung der europäischen Währungspolitik zeigt das Analysekonzept der *impossible trinity* allerdings in einer historischen Betrachtung eine politische Abkehr von nationaler Autonomie und eine stärkere Gewichtung des politischen Ziels des freien Kapitalverkehrs und der stabilen Wechselkurse. Diese wirtschaftspolitische Erkenntnis kann jedoch nicht zu einer Eingrenzung der zur Verfügung stehenden Maßnahmen führen, da die jeweilige Gewichtung der einzelnen Ziele im Rahmen der rechtlichen Vor-

---

301 Dazu die Ausführungen in dem Abschnitt „*§ 2 Der rechtliche Rahmen des Devisenmarkts*" auf Seite 12 dieser Arbeit.

gaben, wie insbesondere der Verpflichtung der Währungspolitik zu einer offenen Marktwirtschaft mit freiem Wettbewerb im Sinne des Art. 119 Abs. 2 AEUV, der Legislative und der politischen Entscheidungsfindung vorbehalten bleibt.

d. Bindung der Währungspolitik an Prinzipien der Marktwirtschaft und des Wettbewerbs

Durch die Bekenntnis der Europäischen Union, dass die Geld- und Wechselkurspolitik gemäß Art. 119 Abs. 2 AEUV die allgemeine Wirtschaftspolitik in der Europäischen Union „unter Beachtung des Grundsatzes einer offenen Marktwirtschaft mit freiem Wettbewerb unterstützen soll“, könnte der die Devisentransaktionssteuer implementierende Rechtsakt nach diesem Grundsatz zu beurteilen sein. In diesem Zusammenhang ist zu untersuchen, ob die Devisentransaktionssteuer eine währungspolitische Einschränkung im Rahmen der Verpflichtung zur Einhaltung des Grundsatzes einer offenen Marktwirtschaft mit freiem Wettbewerb erfährt. Dieser Grundsatz ist durch die Ausgestaltung der währungspolitischen Maßnahme zu erfassen.

aa. Begriffliches

Zunächst ist der Begriff der offenen Marktwirtschaft mit freiem Wettbewerb zu klären. Der Begriff Marktwirtschaft bleibt trotz zahlreicher Erwähnungen primärrechtlich undefiniert.[302] Umschrieben wird der Begriff jedoch im europäischen Sekundärrecht, wo der Begriff Marktwirtschaft grundsätzlich einer Überprüfung durch die europäischen Gerichte zugänglich ist.[303] So bestimmt Art. 2 Abs. 7 lit. b und lit. c der Verordnung Nr. 1225/2009 des Rates vom 30. November 2009[304], dass nachgewiesen wird, dass für diesen oder diese Hersteller marktwirtschaftliche Bedingungen herrschen. In der genannten Verord-

---

302 *Bandilla* in Grabitz/Hilf/Nettesheim, Art. 120 AEUV, Rn. 11 ff.; *Häde* in Calliess/Ruffert, EUV/AEUV, Art. 120 AEUV, Rn. 4. Der Begriff der Marktwirtschaft findet sich auch an zahlreichen Stellen im Sekundärrecht. So zum Beispiel in Art. 15 Abs. 1 der sogenannten EG-Verpackungsrichtlinie (Richtlinie 94/62/EG des Europäischen Parlaments und des Rates vom 20. Dezember 1994 über Verpackungen und Verpackungsabfälle, ABl. Nr. L 365, S. 10) oder in Art. 2 Abs. 7 der sogenannten Antidumping-Verordnung, (Verordnung (EG) Nr. 3283/94 des Rates über den Schutz gegen gedumpte (subventionierte) Einfuhren aus nicht zur Europäischen Gemeinschaft gehörenden Ländern, ABl. 1994, L 349/1).

303 EuGH, Rs. C-372/88, *Cricket St Thomas*, Slg. 1990, I-1345, Rn. 19; EuG, Rs. T–35/01, *Shanghai Teraoka*, Slg. 2004, II–3663, Rn. 49 m.w.N.; EuGH, Rs. C-455/05, *Velvet*, Slg. 2007, I-3225, Rn. 20; EuGH, Rs. C-239/07, *Sabatauskas*, Slg. 2008, I-7523, Rn. 39; EuG, Rs. T–498/04, *Zhejiang Xinan Chemical Industrial Group*, Slg. 2009, II–1969, Rn. 34 ff.; *Ruffert* in Calliess/Ruffert, Art. 288 AEUV, Rn. 9.

304 Verordnung (EG) Nr. 1225/2009 des Rates vom 30. November 2009 über den Schutz gegen gedumpte Einfuhren aus nicht zur Europäischen Gemeinschaft gehörenden Ländern, ABl. L 343 vom 22. Dezember 2009.

nung werden die marktwirtschaftlichen Bedingungen sodann konkretisiert und in die Erfüllung von Kriterien gefasst. Gemäß Art. 2 Abs. 7 lit. c erster Spiegelstrich der Verordnung Nr. 1225/2009 ist erforderlich, dass die Unternehmen in diesem Land, „ihre Entscheidungen über die Preise, Kosten und Inputs, einschließlich beispielsweise der Rohstoffe, der Kosten von Technologie und Arbeitskräften, Produktion, Verkäufen und Investitionen auf der Grundlage von Marktsignalen [treffen], die Angebot und Nachfrage widerspiegeln, und ohne nennenswerte diesbezügliche Staatseingriffe; dabei müssen die Kosten der wichtigsten Inputs im Wesentlichen auf Marktwerten beruhen“[305]. Gemäß Art. 2 Abs. 7 lit. c fünfter Spiegelstrich der Verordnung Nr. 1225/2009 ist zudem erforderlich, dass Währungsumrechnungen zu Marktkursen erfolgen. Aus diesem Kriterienkatalog ergibt sich eine Umschreibung der Marktwirtschaft im Sinne der Gleichgewichtstheorie der vollständigen Konkurrenz (vgl. dazu die Ausführungen in dem Abschnitt „*A. Gleichgewichtstheorie der vollständigen Konkurrenz und Effizienz der Märkte*“ auf Seite 39 dieser Arbeit). Allerdings erfährt der Marktwirtschaftsbegriff nach dieser Umschreibung auch eine Einschränkung, da hoheitliche Eingriffe in den durch Angebot und Nachfrage bestimmten Marktmechanismus grundsätzlich möglich sind, soweit diese nicht „nennenswert“ sind.[306]

Eine weitere Auslegung des Begriffes der Marktwirtschaft findet sich in der Antwort der Kommission auf die Schriftliche Anfrage E-3175/02 von *Charles Tannock* (PPE-DE) an die Kommission, die die Klärung der Bewertungskriterien über die Zuerkennung des Status einer Marktwirtschaft an die Ukraine zum Inhalt hatte.[307] Darin antwortet die Kommission, dass sich die Entscheidung, ob die Ukraine als Marktwirtschaft eingestuft wird, nach wirtschaftlichen und rechtlichen Kriterien richtet und nicht nach Anforderungen im politischen Bereich. Die Kommission benennt in diesem Zusammenhang folgende objektive Kriterien:

> „Das Ausmaß des staatlichen Einflusses auf die Ressourcenzuweisung und die Entscheidungen von Unternehmen; Umfang der vom Staat verursachten Verzerrungen in der Unternehmenstätigkeit durch Privatisierungen oder Überbleibsel aus dem zentralisierten System; das Vorhandensein und Umsetzung eines transparenten, nicht diskriminierenden Gesellschaftsrechts, um eine angemessene Unternehmensführung zu ermöglichen; Vorhandensein und Umsetzung kohärenter, wirksamer und transparenter Gesetze für die Achtung der Eigentumsrechte und ein funktionierendes Insolvenzsystem sowie das Vorhandensein eines wirklichen, vom Staat unabhängigen Finanzsektors, der sowohl gesetzlich als auch in der Praxis ausreichenden Garantiebestimmungen unterliegt und angemessen beaufsichtigt wird.“[308]

---

305 Vgl. Art. 2 Abs. 7 lit. b und c der Verordnung Nr. 384/96 über den Schutz gegen gedumpte Einfuhren aus nicht zur Europäischen Gemeinschaft gehörenden Ländern.

306 Damit fließt der unbestimmte Rechtsbegriff „nennenswert“ in die Definition der Marktwirtschaft.

307 Amtsblatt Nr. C 137 E vom 12. Juni 2003, S. 169–170.

308 Amtsblatt Nr. C 137 E vom 12. Juni 2003, S. 170.

Mit der Antwort auf die Schriftliche Anfrage zeigt die Kommission im Ergebnis, dass sie eine Wirtschaftsverfassung als Marktwirtschaft ansieht, in der die wirtschaftliche und rechtliche Implementierung des wirtschaftswissenschaftlich begründeten Prinzips der Gleichgewichtstheorie der vollständigen Konkurrenz und der daraus abgeleiteten Markteffizienz von deren tatsächlichen Ausübung abhängig macht und insbesondere letztgenanntes Merkmal als Kernelement einer Marktwirtschaft betrachtet.[309] Diese Auffassung wird zudem durch den Ausdruck des freien Wettbewerbs unterstützt, den die Vertragsparteien in Art. 119 Abs. 2 AEUV dem Begriff der offenen Marktwirtschaft anfügten. Auch die Wettbewerbs- und Kartellbestimmungen in den Art. 101–106 AEUV umschreiben die Wettbewerbspolitik als ein System, das den freien Wettbewerb innerhalb des Binnenmarkts vor Verfälschungen schützt (vgl. Art. 101 Abs. 1 Abs. 1 Satz 1 AEUV). Damit tritt insbesondere im Kartellrecht der Europäischen Union deutlich hervor, dass die wirtschaftsverfassungsmäßige Grundentscheidung der Vertragsparteien auf Marktwirtschaft und Wettbewerb grundsätzlich im Sinne der Gleichgewichtstheorie der vollständigen Konkurrenz gründet.

bb. Dogmatischer Ansatz für die Bindung der Währungspolitik

Aus den voranstehenden Ausführungen und insbesondere aus den Darstellungen der Kompetenzen der Europäischen Union in dem Abschnitt „*B. Währungs- und wirtschaftspolitische Kompetenzen*“ auf Seite 119 dieser Arbeit geht hervor, dass die Europäische Union gemäß Art. 119 Abs. 1 und 2 AEUV ein wirtschaftspolitisches System zugunsten einer offenen Marktwirtschaft mit freiem Wettbewerb garantiert. Diese Garantie wird vertraglich gesichert; unter anderem durch die europäischen Grundfreiheiten und Grundrechte und insbesondere durch den Schutz des Rechts auf wirtschaftliche Betätigung (vgl. dazu die Ausführungen in dem Abschnitt „*IV. Der Schutz des Rechts auf freie wirtschaftliche Betätigung*“ auf Seite 229 dieser Arbeit).[310] Der der Europäischen Union in diesem Zusammenhang zur Verfügung stehende Beurteilungsspielraum unterliegt grundsätzlich einer Kontrolle durch den EuGH, da die Ausübung des Ermessens innerhalb des Beurteilungsspielraums gerichtlich überprüfbar ist. In einer dogmatischen Betrachtung ist entscheidend, wie die Verträge das wirtschaftspolitisch gewährte System einer offener Marktwirtschaft und freiem Wettbewerb gegenüber wäh-

---

309 Der Zustand vollständiger Konkurrenz auf einem Markt ist nach den Ausführungen in dem Abschnitt „*A. Gleichgewichtstheorie der vollständigen Konkurrenz und Effizienz der Märkte*“ auf Seite 39 dieser Arbeit allerdings auch ein Idealzustand, auf den jedoch das politische Bestreben ausgerichtet sein sollte.

310 *Brömmelmeyer*, Der Binnenmarkt als Leitstern der Richtlinie über unlautere Geschäftspraktiken, GRUR 2007, S. 295–302, 297 m.w.N.; *Hatje* in von Bogdandy (Hrsg.), Europäisches Verfassungsrecht, S. 848 ff.

rungspolitischen, in Markt und Wettbewerb eingreifenden Maßnahmen gewichtet.[311]

Im Schrifttum wird die Auffassung vertreten, dass das vertragliche Bekenntnis, die Wirtschafts- und Währungspolitik dem Grundsatz einer offenen Marktwirtschaft und freiem Wettbewerb zu verpflichten, eine zwar konkrete, rechtlich jedoch unverbindliche Empfehlung darstelle und die vertragliche Bestimmung lediglich als eine Art „Präventivmaßnahme" der Vertragsparteien und als Gegensatz zum Wirtschaftssystem der Planwirtschaft zu werten sei.[312] Eine andere im Schrifttum vertretene Auffassung erkennt eine in Art. 119 Abs. 2 AEUV enthaltene rechtlich verbindliche Angabe, dass die Europäische Union und deren Mitgliedstaaten nur diejenigen Maßnahmen ergreifen dürfen, die den Prinzipien der offenen Marktwirtschaft und des freien Wettbewerbs entsprechen.[313] Neben den beiden genannten Auffassungen kann auch die Auffassung vertreten werden, dass alle in den Verträgen enthaltenen Normen gleiche Verwirklichungschancen haben müssen. Diese Auffassung ist dem im deutschen Verfassungsrecht bekannten Gedankengang der praktischen Konkordanz angelehnt.[314] Wegen der grundsätzlichen Gleichwertigkeit aller Grundrechte geht im Kollisionsfall keine Norm der anderen vor; vielmehr soll versucht werden, die betroffenen Verfassungsgüter durch einen verhältnismäßigen Ausgleich jeweils zu optimaler Wirkung kommen zu lassen.[315] Auf europäischer Ebene soll die praktische Konkordanz insbesondere der Abwägung zwischen Wettbewerbsschutz und der Gestaltungsfreiheit der Mitgliedstaaten auf dem Gebiet der Daseinsvorsorge dienen.[316] Gegen die Anwendung des Grundsatzes der praktischen Konkordanz im Verhältnis von einerseits der währungspolitischen Maßnahme und andererseits der Eingriffe in die vertragliche Verpflichtung der Europäischen Union zuguns-

311 Grundlegend zu der Systementscheidung zu Marktwirtschaft und Wettbewerb in der Diskussion einer europäischen Wirtschaftsverfassung und Integration: *Hatje* in von Bogdandy (Hrsg.), Europäisches Verfassungsrecht, S. 848 ff.

312 *Häde* in Calliess/Ruffert, Art. 119 AEUV, Rn. 8 ff., 9 m.w.N.; *Ruffert* in Calliess/Ruffert, Art. 3 EUV, Rn. 25 f., *Wittelsberger* in von der Groeben/Schwarze, Art. 4 EG, Rn. 9.

313 *Bandilla* in Grabitz/Hilf/Nettesheim, Art. 119 AEUV, Rn. 25 m.w.N.; *Kempen* in Streinz, EUV/EGV, Art. 4 EG, Rn. 13; so wohl auch *Bleckmann*, Der Vertrag über die Europäische Union in Deutsches Verwaltungsblatt 1992, S. 335, 341.

314 Im Zusammenhang mit umweltrechtlichen Überlegungen: *Pernice*, Auswirkungen des europäischen Binnenmarktes auf das Umweltrecht, NVwZ 1990, S. 201, 208; *Epiney/Furrer*, Umweltschutz nach Maastricht - Ein Europa der drei Geschwindigkeiten?, EuR 1992, S. 369, 374f.; *Kahl*, Umweltprinzip und Gemeinschaftsrecht, 1993, S. 55ff.; *Wiegand*, Bestmöglicher Umweltschutz als Aufgabe der Europäischen Gemeinschaften, DVBl 1993, S. 533, 536f.

315 Der Gedanke einer praktischen Konkordanz wurde von *Hesse*, Grundzüge des Verfassungsrechts der Bundesrepublik Deutschland, Rn. 317 ff. entwickelt.

316 *Hatje* in von Bogdandy (Hrsg.), Europäisches Verfassungsrecht, S. 851; *Schwarze*, Daseinsvorsorge im Lichte des europäischen Wettbewerbsrechts in EuZW 2001, S. 334, 339; *Epiney* in Bieber/Epiney/Haag, Die Europäische Union, § 2, Rn. 57 ff.

ten einer offenen Marktwirtschaft mit freiem Wettbewerb spricht jedoch die oben dargestellte eindeutige politische Zielbestimmung der Verträge zu offener Marktwirtschaft und freiem Wettbewerb. In diesem Zusammenhang könnte ein Vorrang der marktwirtschaftlichen Zielbestimmung hergeleitet werden, der dazu führt, dass die Adäquanz währungspolitisch begründete Markteingriffe an der Gestaltung des Wirtschaftssystems zu messen sind und sich die währungspolitische Maßnahme in den Rahmen des geltenden Wirtschaftssystems einfügen muss. Dagegen spricht einerseits, dass die Verpflichtung der Europäischen Union ein objektives Prinzip des Unionsrechts darstellt, welches „in materieller Hinsicht eine wettbewerbsgetriebene Marktwirtschaft und in struktureller Hinsicht das Verbot eines Wirtschaftssystemwechsels begründet“[317]. Andererseits ist der Begriff der wettbewerbsorientierten Marktwirtschaft vertraglich zu unpräzise gefasst, als dass sich daraus ein subjektives Recht des Einzelnen auf eine konkrete Wirtschaftsverfassung ableiten lässt. Innerhalb der Mitgliedstaaten der Europäischen Union variiert die grundsätzlich marktwirtschaftlich organisierte Form des Wirtschaftssystems zudem stark, sodass sich auch hieraus kein allgemeingültiger Rechtssatz innerhalb der Europäischen Union ableiten lässt.[318] *Generalanwalt Alber* erklärt in der Rechtssache *Echirolles Distribution*[319], dass sich „[e]ntsprechend der Rechtsprechung des Gerichtshofes [...] Verpflichtungen für die Mitgliedstaaten nur aus solchen Vorschriften des Gemeinschaftsrechts ergeben [können], die hinreichend bestimmt, präzise und klar formuliert sind. Bei den genannten allgemeinen Grundsätzen der offenen Marktwirtschaft mit freiem Wettbewerb und der Wirtschaftspolitik ist jedoch gerade dies nicht der Fall.“[320] Aus einem dogmatischen Prüfungsansatz ist für die Darstellung des währungspolitischen Gestaltungsspielraums der Gemeinschaft die materielle Komponente der Verpflichtung zu einer wettbewerbsgetriebenen Marktwirtschaft weiter zu verfolgen. Für die Untersuchung der Erforderlichkeit der Devisentransaktionssteuer ergibt sich daraus der Ansatz, dass sie im Einklang mit dem Grundsatz einer offenen Marktwirtschaft mit freiem Wettbewerb stehen muss.[321]

3. *Der grundrechtsspezifische Verhältnismäßigkeitsgrundsatz*

Wie oben angeführt, zählen europäische Grundrechte und insbesondere die Freiheit der wirtschaftlichen Betätigung (vgl. Abschnitt „*IV. Der Schutz des Rechts auf freie wirtschaftliche Betätigung*“ auf Seite 229 dieser Arbeit) zu von der GRC gewährleisteten Rechten und Freiheiten (vgl. Art. 15 bis 17 GRC) und zu

---

317 *Hatje* in Bogdandy/Bast, Europäisches Verfassungsrecht, S. 842 ff.

318 *Hatje* in von Bogdandy (Hrsg.), Europäisches Verfassungsrecht, S. 851 f.

319 EuGH, Rs. C–9/99, *Echirolles Distribution*, Slg. 2000, I–8207.

320 Schlussanträge *Generalanwalt Alber* vom 6. Juni 2000, Rs. C–9/99, *Echirolles Distribution*, Slg. 2000, I–8207, Rn. 50. Siehe auch: EuGH, Rs. C–9/99, *Echirolles Distribution*, Slg. 2000, I–8207, Rn. 25.

321 Siehe dazu die Ausführungen in dem Abschnitt „*III. Erforderlichkeit*“ auf Seite 246 dieser Arbeit.

den allgemeinen Grundsätzen des Gemeinschaftsrechts (vgl. Art. 6 Abs. 1 und 3 EUV). Als Voraussetzung für die Rechtmäßigkeit des Handelns der Europäischen Union sind diese Grundrechte zu achten (vgl. in diesem Zusammenhang insbesondere die Ausführungen in dem Abschnitt „*§ 1 Die europäischen Grundfreiheiten*“ auf Seite 184 dieser Arbeit).[322] Grundrechte beanspruchen keine uneingeschränkte Geltung, da gemäß Art. 52 Abs. 1 Satz 2 GRC Einschränkungen der Grundrechte unter Wahrung des Grundsatzes der Verhältnismäßigkeit vorgenommen werden dürfen, „wenn sie erforderlich sind und den von der Union anerkannten dem Gemeinwohl dienenden Zielsetzungen oder den Erfordernissen des Schutzes der Rechte und Freiheiten anderer tatsächlich entsprechen“. Daher kann die Ausübung der freien wirtschaftlichen Betätigung Beschränkungen unterworfen werden. Einschränkungen im Sinne von Art. 52 Abs. 1 Satz 2 GRC müssen dabei „tatsächlich dem Gemeinwohl dienenden Zielen der Gemeinschaft entsprechen und nicht einen im Hinblick auf den verfolgten Zweck unverhältnismäßigen, nicht tragbaren Eingriff darstellen, der die so gewährleisteten Rechte in ihrem Wesensgehalt antastet“[323]. Diese Wesengehaltsgarantie wird im Schrifttum überwiegend als „objektiv-rechtliche Institutsgarantie“ zur Sicherstellung der gewährten Freiheit oder des gewährten Rechts verstanden.[324] Zu den Schranken der europäischen Grundrechte wird auf die Ausführungen in dem Abschnitt „*2. Die Schranken der Unionsgrundrechte*“ auf Seite 235 dieser Arbeit verwiesen.

Für die Untersuchung der Devisentransaktionssteuer im Rahmen des Grundsatzes der Erforderlichkeit bedeutet dies, dass die Devisentransaktionssteuer und eventuelle alternative Maßnahmen sowohl auf ihre Eingriffsintensität als auch auf ihre Wirksamkeit zu bewerten sind. Alternative Maßnahme müssen zur Er-

---

322 EuG, Rs. T-177/01, Jégo-Quéré, Slg. 2002, II-2365; EuGH, verb. Rs. C–402/05 P und C-415/05 P, *Kadi*, Slg. 2008, I–6351, Rn. 284 m.w.N.; EuGH, Rs. C-432/05, *Unibet*, Slg. 2007, I-2271, Rn. 37; EuGH, Rs. C-438/05, *International Transport Workers' Federation*, Slg. 2007, I-10779, Rn. 90 f.; EuGH, Rs. C-275/06, *Promusicae*, Slg. 2008, I-271, Rn. 61 ff.; EuGH, verb. Rs. C-402/05 P und C-415/05 P, *Al Barakaat*, Slg. 2008, I-6351, Rn. 335; EuGH, verb. Rs. C-92/09 und C-93/09, *Eifert*, noch nicht in der amtlichen Sammlung veröffentlicht, Rn. 45 f.

323 EuGH, Rs. C–295/03 P, *Alessandrini*, Slg. 2005, I–5673, Rn. 86 m.w.N. Siehe auch: *Pache*, Die Europäische Grundrechtscharta - ein Rückschritt für den Grundrechtsschutz in Europa?, in: EuR 2001, S: 475, 488 f.; EuGH, Rs. 44/79, *Hauer*, Slg. 1979, 3727, Rn. 23; EuGH, Rs. T–113/96, *Dubois*, Slg. 1998, II–125, Rn. 74 f.; EuGH, Rs. T–19/01, *Chiquita Brands*, Slg. 2005, II-315, Rn. 220; EuGH, verb. Rs. C-120/06 P und C-121/06 P, *Fedon & Figli*, Slg. 2008, I-6513, Rn. 183.

324 *Emmerich-Fritsche*, Der Grundsatz der Verhältnismäßigkeit als Direktive und Schranke der EG-Rechtsetzung, S. 349 f.; *Pollak*, Verhältnismässigkeitsprinzip und Grundrechtsschutz in der Judikatur des EuGH und des Österreichischen Verfassungsgerichtshofs, S. 45 f.; *Streinz*, Bundesverfassungsrechtlicher Grundrechtsschutz und Europäisches Gemeinschaftsrecht, S. 397 f.; *Stadler*, Die Berufsfreiheit in der Europäischen Gemeinschaft, S. 365; *Kotzur* in Geiger/Khan/Kotzur, EUV/AEUV, Art. 197 AEUV, Rn. 3.

reichung des Ziels allerdings ebenso wirksam sein wie die zu prüfende Maßnahme.[325] Die Prüfung des Verhältnismäßigkeitsgrundsatzes erfolgt in ständiger Rechtsprechung des EuGH durch die Abwägung aller Interessen aus einem objektiven Blickwinkel heraus.[326] Bei (markt-)wirtschaftspolitischen Entscheidungen ist eine umfassende Prüfung der Auswirkungen der Maßnahme auf alle Betroffenen vorzunehmen.[327] Nach Auffassung von *Generalanwalt Colomer* darf die Marktwirtschaft „nicht ohne Grund beschränkt werden, denn ihre Hintansetzung, immer unter Berücksichtigung der Geeignetheit und der Verhältnismäßigkeit, wird nur im Hinblick auf die vom Gemeinschaftsrecht verfolgten Ziele hingenommen“[328], wobei Beschränkungen der Marktwirtschaft nach dem Grundsatz des geringstmöglichen Eingriffs nicht unnötig auf andere Wirtschaftssubjekte ausgedehnt werden dürfen.[329] Die durch den EuGH regelmäßig vorgenommene Prüfung, „ob der Unionsgesetzgeber bei Ausübung seines Ermessens versucht hat, einen Ausgleich zwischen diesen Zielen auf der einen Seite und den wirtschaftlichen Interessen der Wirtschaftsteilnehmer auf der anderen Seite zu gewährleisten“[330], erschwert die Beurteilung eines milderen Mittels erheblich, da bei der Bewertung der Eingriffsintensität alle Interessen im Rahmen einer Güterabwägung zu berücksichtigen sind.[331] Im Folgenden ist daher zu untersuchen, ob bei der Harmonisierung der Devisentransaktionssteuer im Rahmen einer Ermessensausübung versucht wird, einen Ausgleich zwischen den mit der Devisentransaktionssteuer verfolgten Zielen auf der einen Seite und den wirt-

325 *Koch*, Der Grundsatz der Verhältnismäßigkeit der Rechtsprechung des Gerichtshofs der Europäischen Gemeinschaften, S. 214.

326 *Koch*, Der Grundsatz der Verhältnismäßigkeit der Rechtsprechung des Gerichtshofs der Europäischen Gemeinschaften, S. 214; EuGH, Rs. 114/76, *Bela-Mühle*, Slg. 1977, 1228; EuGH, Rs. 245/81, *Edeka Zentrale*, Slg. 1982, 2745, Rn. 11 und 13; EuGH, Rs. C–306/93, *SMW Winzersekt*, Slg. 1994, I–5555, Rn. 21 ff.; EuGH, Rs. C–280/93, *Bananen*, Slg. 1994, I–4973, Rn. 94 ff.; EuGH, Rs. C–122/95, *Deutschland/Rat*, Slg. 1998, I–973, Rn. 68 und 71; EUGH, Rs. C–535/03, *Unitymark*, Slg. 2006, I–2689, Rn. 63 und 71; EuGH, Rs. C–343/09, *Afton Chemical*, Slg. 2010, I-7027, Rn. 56, EuGH, Rs. C–558/07, *S.P.C.M.*, Slg. 2009, I–5783, Rn. 64 ff.; EuGH, verb. Rs. C–92/09 und C–93/09, *Schecke*, noch nicht in der amtlichen Sammlung veröffentlicht, Rn. 77 und 81; Schlussanträge *Generalanwältin Kokott* vom 19. Januar 2012, Rs. C–59/11, *Kokopelli*, noch nicht in der amtlichen Sammlung veröffentlicht, Rn. 78 ff. m.w.N.

327 EuGH, Rs. 139/79, *Maizena*, Slg. 1980, 3422.

328 Schlussanträge *Generalanwalt Colomer* vom 14. Mai 2009, Rs. C–192/08, *TeliaSonera Finland Oyj*, Slg. 2009, I-10717, Rn. 70 m.w.N.

329 Schlussanträge *Generalanwalt Colomer* vom 14. Mai 2009, Rs. C–192/08, *TeliaSonera Finland Oyj*, Slg. 2009, I-10717, Rn. 72 m.w.N.

330 Schlussanträge *Generalanwältin Kokott* vom 19. Januar 2012, Rs. C–59/11, *Kokopelli*, noch nicht in der amtlichen Sammlung veröffentlicht, Rn. 78.

331 *Koch*, Der Grundsatz der Verhältnismäßigkeit der Rechtsprechung des Gerichtshofs der Europäischen Gemeinschaften, S. 216.

schaftlichen Interessen der Wirtschaftsteilnehmer auf der anderen Seite zu gewährleisten.

Die mit der Devisentransaktionssteuer verfolgten Motive sind erkennbar die Erzielung von Einnahmen und die Lenkung des Verhaltens von Teilnehmern am Devisenmarkt. Hinter diesen Motiven stehen Interessen, wie etwa die Beteiligung der Devisenmarktteilnehmer an den Ausgaben zur Stabilisierung der Finanzmärkte oder die Reduzierung von spekulativen Devisentransaktionen, die als möglichweise destabilisierend für die Devisenmärkte und die jeweiligen betroffenen Volkswirtschaften identifiziert wurden. In diesem Zusammenhang wird auf die oben in dieser Arbeit angeführten Darstellungen und Untersuchungen verwiesen, insbesondere auf den Abschnitt „*1. Fiskalzweck*" auf Seite 71 dieser Arbeit und auf den Abschnitt „*2. Sozialzweck*" auf Seite 73 dieser Arbeit. Die negativen Auswirkungen auf die wirtschaftlichen Interessen der Wirtschaftsteilnehmer auf der anderen Seite bestehen zum Beispiel in der Erhöhung der Kosten für Absicherungsgeschäfte, in der möglichen Reduzierung der Liquidität am Devisenmarkt, an der Verlagerung von Aktivitäten der Marktteilnehmer in nicht der Besteuerung unterliegende Staaten (was den Verlust von Arbeitsplätzen und Steueraufkommen zur Folge haben könnte) oder in einer möglichen Steigerung der Volatilität. In diesem Zusammenhang wird ebenfalls auf die oben in dieser Arbeit angeführten Darstellungen und Untersuchungen verwiesen, insbesondere auf den Abschnitt „*3. Die ökonomische Kritik an der Devisentransaktionssteuer*" auf Seite 60 dieser Arbeit.

Im Rahmen einer Abwägung ist auf ein angemessenes Verhältnis zwischen den mit der Maßnahme verfolgten Zielen und den wirtschaftlichen Interessen der Wirtschaftsteilnehmer zu achten. Ein solches angemessenes Verhältnis kann durch die Gestaltung der Steuernorm geschaffen werden. Dies Nachteile für die wirtschaftlichen Interessen der Devisenmarktteilnehmer stehen im Wesentlichen in Abhängigkeit zur Höhe des Steuersatzes. Je geringer der Steuersatz gewählt wird, desto geringer ist der Einfluss auf das Verhalten und damit auf de Interessen der Marktteilnehmer zu bewerten (vgl. dazu die Ausführungen in dem Abschnitt „*V. Steuersatz*" auf Seite 92 dieser Arbeit). Ein weitere Abwägung ist zu treffen, ob bestimmte Marktteilnehmer von der Besteuerung ausgenommen werden können (vgl. dazu die Ausführungen in dem Abschnitt „*VI. Steuerbefreiungen*" auf Seite 98 dieser Arbeit). Mit der tatbestandlichen Ausnahme von einer Besteuerung kann den wirtschaftlichen Interessen bestimmter Wirtschaftsteilnehmern entsprochen werden, insbesondere solchen, deren Aktivität am Devisenmarkt nicht als spekulativ und möglicherweise destabilisierend betrachtet wird.

IV. Angemessenheit

Eine Prüfung der Angemessenheit ergibt sich durch Ergänzen des Zusatzes „inhaltlich wie formal" im Zusammenhang mit dem Vertrag von Lissabon aus dem Wortlaut von Art. 5 Abs. 4 EUV. Neben der inhaltlichen Prüfung, ob die Maßnahme im Rahmen ihrer Regelungstiefe und Regelungsbreite die Mitgliedstaaten geringstmöglich einschränkt ist zu prüfen, ob die Europäische Union in der

Wahl der Handlungsform im Sinne des Art. 288 AEUV diejenige Maßnahme gewählt hat, die formal das mildeste Mittel darstellt.[332] Bereits vor Inkrafttreten des Vertrags von Lissabon wurde im Schrifttum die Prüfung einer ungeschriebenen Art der Verhältnismäßigkeit, die im deutschen Rechtsraum auch als Verhältnismäßigkeit im engeren Sinne bekannt ist, allgemein befürwortet.[333] In der Rechtsprechung des EuGH wurde eine Maßnahme insbesondere dann als angemessen erachtet, wenn die verursachten Belastungen in passendem Verhältnis zur Tragweite der angestrebten Ziele stehen.[334] Die Rechtsprechung des EuGH ist im Zusammenhang mit der Angemessenheitsprüfung jedoch nicht einheitlich. In einigen Rechtssachen prüft der EuGH lediglich die Geeignetheit und Erforderlichkeit einer Maßnahme (zweistufiges Prüfungsschema).[335] In anderen Rechtssachen prüft der EuGH zusätzlich die Angemessenheit der Maßnahme im Rahmen der Verhältnismäßigkeit (dreistufiges Prüfungsschema).[336] In den in diesem Zusammenhang seit Inkrafttreten des Vertrags von Lissabon veröffentlichten Schlussanträgen der *Generalanwältinnen Trstenjak* und *Kokott* zeichnet sich ab, dass der EuGH möglicherweise zukünftig ein dreistufiges Prüfungsschema anwendet; entsprechende Entscheidungen des EuGH liegen noch nicht vor.[337] In diesem Zusammenhang wird daher auf die Prüfung der Erforderlich-

---

332 *Calliess* in Calliess/Ruffert, Art. 5 EUV, Rn. 47; *Streinz* in Streinz, EUV/AEUV, Art. 5 EUV, Rn. 46.

333 *Calliess* in Calliess/Ruffert, Art. 5 EUV, Rn. 53 ff. m.w.N.; *Kischel*, Die Kontrolle der Verhältnismäßigkeit durch den Europäischen Gerichtshof, S. 380, 398 ff.

334 EuGH, Rs. C–331/88, *Fedesa*, Slg. 1990, I–4023, Rn. 13, EuGH, verb. Rs. C–133/93, C–300/93, C–362/93, *Crispoltoni*, Slg. 1994, I–4863, Rn. 41; EuGH, Rs. C–189/01, *Jippes*, Slg. 2001, I- 5689, Rn. 81.

335 EuGH, Rs. C–426/93, *Deutschland/Rat*, Slg. 1995, I–3723, Rn. 42; EuGH, Rs. 84/94, *Vereinigtes Königreich/Rat*, Slg. 1996, I–5755, Rn. 57; EuGH, Rs. C–26/00, *Niederlande/Kommission*, Slg. 2005, I–6527, Rn. 126; EuGH, Rs. C–94/05, *Emsland-Stärke*, Slg. 2006, I–2619, Rn. 53.

336 EuGH, Rs. C–368/95, *Familiapress*, Slg. 1997, I–3689, Rn. 26, EuGH, Rs. C–60/00, *Carpenter*, Slg. 2002, I–6279, Rn. 42; EuGH, Rs. C–112/00, *Schmidberger*, Slg. 2003, I–5659, Rn. 79; EuGH, Rs. C–380/03, *Bundesrepublik Deutschland/Europäisches Parlament und Rat*, Slg. 2006, I–11573, Rn. 154; Schlussanträge von *Generalanwalt Legér*, Rs. 380/03, *Bundesrepublik Deutschland/Parlament und Rat*, Slg. 2006, I–11573, Rn. 216; Schlussanträge *Generalanwältin Trstenjak* vom 21. Januar 2010, Rs. C–365/08, *Agrana Zucker*, Slg. 2010, I-4341, Rn. 60; Schlussanträge *Generalanwältin Sharpston* in Rs. C–310/04, *Königreich Spanien/Rat*, Slg. 2006, I–7285, Rn. 76, die allerdings in Rn. 102 wiederum festgestellt, dass die Maßnahme zur Erreichung der Ziele „geeignet und erforderlich" sein muss.

337 Schlussanträge *Generalanwältin Kokott* vom 6. Mai 2010, Rs. C–343/09, *Afton Chemical*, Slg. 2010, I-07027, Rn. 88; Schlussanträge *Generalanwältin Trstenjak* vom 25. Mai 2011, Rs. C–539/09, *Europäische Kommission/Bundesrepublik Deutschland*, noch nicht in der amtlichen Sammlung veröffentlicht, Rn. 9 m.w.N.; Schlussanträge *Generalanwältin Kokott* vom 19. Januar 2012, Rs. C–59/11, *Kokopelli*, noch nicht in der amtlichen Sammlung veröffentlicht, Rn. 78 ff. m.w.N.

keit der Devisentransaktionssteuer in dem Abschnitt „*III. Erforderlichkeit*“ auf Seite 244 dieser Arbeit verwiesen, in dem das Verhältnis der möglicherweise durch die Devisentransaktionssteuer entstehenden Belastung im Einzelfall zu den der Allgemeinheit erwachsenden Vorteilen untersucht wird.

C. Das Rückwirkungsverbot

Im Folgenden ist zu untersuchen, wie sich der Grundsatz des Rückwirkungsverbots von Rechtsakten auf die Devisentransaktionssteuer auswirkt. Aus dem Grundsatz der Rechtssicherheit leitet der EuGH in ständiger Rechtsprechung das Verbot ab, dass der Geltungsbeginn eines Rechtsakts der Europäischen Union nicht auf einen Zeitpunkt vor dessen Veröffentlichung gelegt werden darf (das sogenannte Rückwirkungsverbot).[338] Das Rückwirkungsverbot erfasst alle Rechtshandlungen der Europäischen Union, insbesondere Umsetzungsakte europäischer Gesetzgebung in das Recht der Mitgliedstaaten.[339] Damit gilt das Rückwirkungsverbot auch für eine Devisentransaktionssteuer, die durch einen Rechtsakt der Europäischen Union erlassen wird.

Das Rückwirkungsverbot erfährt jedoch in besonderen Fällen Einschränkungen. Neben der Möglichkeit, begünstigende Rechtsakte rückwirken zu lassen,[340] kann sich zum Beispiel auch ein umsichtiger und besonnener Wirtschaftsteilnehmer, der in der Lage ist, den Erlass eines Rechtsakts durch die Europäischen Union vorauszusehen, aus Gründen des fehlenden Vertrauensschutzes nicht auf

---

338 EuGH, *Racke*, Rs. 98/78, Slg. 1979, 69, Rn. 20; EuGH, Rs. 78/77, *Lührs*, Slg. 1978, 169, Rn. 6, EuGH, verb. Rs. 212/80 bis 217/80, *Salumi*, Slg. 1981, 2735, Rn. 10; EuGH, Rs. 265/85, *Van den Bergh*, Slg. 1987, 1155, Rn. 44; EuGH, Rs. C–331/88, *Fedesa*, Slg. 1990, I–4023, Rn. 45; EuG, Rs. T–489/93, *Unifruit*, Slg. 1994, II–1201, Rn. 51; EuGH, Rs. T–380/06, *Vischim Srl*, Slg. 2008, I-9245, Rn. 82; *Bungenberg* in Heselhaus/Nowak, Handbuch der europäischen Grundrechte, § 33, Rn. 38 ff.; *Gellermann* in Streinz, EUV/AEUV, Art. 297 AEUV, Rn. 7; *Ruffert* in Calliess/Ruffert, Art. 297 AEUV, Rn. 8.

339 *Spindler*, Vertrauensschutz im Steuerrecht, DNotZ 2007, 105–115, 112; *Gellermann* in Streinz, EUV/AEUV, Art. 297 AEUV, Rn. 7; EuGH, Rs. C–390/96, *Lease Plan Luxembourg*, Slg. 1998, I–2553, Rn. 41; EuGH, Rs. C–279/93, *Schumacker*, Slg. 1995, I–225, Rn. 49 (auf dem Gebiet des Steuerrechts); EuG, Rs. T 206/00, *Hult*, Slg. ÖD 2002, I A 19 und II 81, Rn. 38.

340 *Gellermann* in Streinz, EUV/AEUV, Art. 297 AEUV, Rn. 7; *Ruffert* in Calliess/Ruffert, Art. 297 AEUV, Rn. 8 m.w.N.

diesen Grundsatz berufen.[341] Eine Konkretisierung des Zeitpunktes, wann ein umsichtiger und besonnener Betroffener sich nicht mehr auf den Vertrauensschutz berufen kann, lässt sich aus der Rechtsprechung des EuGH nicht ableiten. In der Rechtssache *Molkerei Wagenfeld* stellt der EuGH lediglich fest, dass die Europäischen Union zuvor selbst eine Situation geschaffen haben müsse, die ein berechtigtes Vertrauen erwecken konnte.[342] Ob bereits die Veröffentlichung eines Vorschlags im Zusammenhang mit einem Rechtsetzungsverfahrens für die Zerstörung des Vertrauensschutzes ausreicht, ist anzuzweifeln. So erklärte der EuGH in der Rechtssache *Drießen*[343], dass die durch die Veröffentlichung eines Kommissionsvorschlags, mit der die Klägerinnen eine Belastung durch eine Abwrackprämie für Schiffe befürchteten, kein Vertrauenstatbestand geschaffen wurde, dass die im Vorschlag der Kommission vorgesehene Regelung auch so in Kraft treten würde. Denn aus Art. 149 EWG (nun Art. 293 AEUV) ergebe sich, dass die Kommission einen solchen Vorschlag jederzeit ändern und der Rat Änderungen des Vorschlags beschließen könne.[344] Im Umkehrschluss bedeutet dies, dass erst mit der Veröffentlichung eines verbindlichen Rechtsaktes das Vertrauen eines umsichtigen und besonnenen Betroffenen in die Rechtssicherheit zerstört ist. Im Zusammenhang mit den vorstehenden Argumenten ist eine rückwirkende Wirkung der Devisentransaktionssteuer abzulehnen.

---

341 EuGH, Rs. 78/77, *Lührs*, Slg. 1978, 169, Rn. 6; EuGH, *Racke*, Rs. 98/78, Slg. 1979, 69, Rn. 20; EuGH, verb. Rs. 212/80 bis 217/80, *Salumi*, Slg. 1981, 2735, Rn. 10; EuGH, Rs. 265/85, *Van den Bergh*, Slg. 1987, 1155, Rn. 44; EuGH, Rs. C-368/89, *Crispoltoni*, Slg. 1991, I-3695, Rn. 17; EuG, Rs. T–489/93, *Unifruit*, Slg. 1994, II–1201, Rn. 51; EuGH, verb. Rs. C-487/01 und C-7/02, *Gemeente Leusden und Holin Groep*, Slg. 2004, I-5337, Rn. 59; EuGH, Rs. C-376/02, *Stichting „Goed Wonen"*, Slg. 2005, I-3445, Rn. 33; *Bungenberg* in Heselhaus/Nowak, Handbuch der europäischen Grundrechte, § 33, Rn. 41 f.; *Gellermann* in Streinz, EUV/AEUV, Art. 297 AEUV, Rn. 7.

342 EuGH, Rs. C–63/93, *Duff*, Slg. 1996, I–569, Rn. 20; EuGH, Rs. 14/01, *Molkerei Wagenfeld*, Slg. 2003, I–2279, Rn. 56. Siehe auch: EuGH, verb. Rs. 212/80 bis 217/80, *Amministrazione delle finanze dello Stato/Salumi*, Slg. 1981, 2735, Rn. 9 f.; EuGH, Rs. 80/87, *Dik*, Slg. 1988, 1601, Rn. 15; EuGH, Rs. C–376/02, *Goed Wonen*, Slg. 2005, I–3445, Rn. 33.

343 EuGH, verb. Rs. C–13/92, C–14/92, C–15/92 und C–16/92, *Drießen*, Slg. 1993, I–4751.

344 EuGH, verb. Rs. C–13/92, C–14/92, C–15/92 und C–16/92, *Drießen*, Slg. 1993, I–4751, Rn. 33. Siehe auch: Schlussanträge *Generalanwalt Tizziano* vom 16. Juni 2005, Rs. C–86/03, *Griechenland/Kommission*, Slg. 2005, I–10979, Rn. 72; Schlussanträge *Generalanwalt Colomer* vom 10. Februar 2009, Rs. C–284/05, *Dual Use*, Slg. 2005, I–10979, Rn. 202 f.

§ 6 Sekundärrechtliche Regelungen

Nach der Untersuchung des europäischen Primärrechts soll im Folgenden das Sekundärrecht der Europäischen Union im Zusammenhang mit der Devisentransaktionssteuer analysiert werden. Wie oben beschrieben (vgl. die Darstellung in Abschnitt *„II. Sekundäres Unionsrecht“* auf Seite 116 dieser Arbeit), besteht sekundäres Unionsrecht aus den durch die Unionsorgane nach Maßgabe des Primärrechts gesetzten Rechtsakten.[345] Sekundärrecht verdrängt nach im Schrifttum allgemein vertretener Auffassung trotz seines Spezialnormcharakters nicht das Primärrecht.[346] Nach ständiger Rechtsprechung des EuGH ist eine Bestimmung des abgeleiteten Unionsrechts möglichst so auszulegen, dass sie mit dem Vertrag und den allgemeinen Grundsätzen des Unionsrechts vereinbar ist.[347] Bei der Auslegung des Sekundärrechts ist daher im Einzelfall auf die primärrechtlichen Bestimmungen, insbesondere auf die Rechtsgrundlage des jeweiligen Rechtsakts der Europäischen Union zurückzugreifen.[348] Der Anwendungsbereich von sekundärrechtlichen Bestimmungen kann jedoch nicht weiter reichen als der Anwendungsbereich ihrer jeweiligen Rechtsgrundlage.[349] Daraus folgt, dass Sekundärrecht im Einklang mit dem Primärrecht auszulegen und anzuwenden ist.[350] Daraus ergibt sich, dass eine Untersuchung der Bestimmungen

345 Gemäß Art. 288 AEUV nehmen die Organe für die Ausübung der Zuständigkeiten der Union Verordnungen, Richtlinien, Beschlüsse, Empfehlungen und Stellungnahmen an. Die verfahrenstechnische Rechtsetzung richtet sich nach Art. 289 ff. AEUV. Weiterführend: *Ruffert* in Calliess/Ruffer, Art. 288 AEUV, Rn. 15 ff.

346 *Schroeder* in Streinz, EUV/AEUV, Art. 288 AEUV, Rn. 24; *Ruffert* in Calliess/Ruffert, Art. 288 AEUV, Rn. 8 ff.; *Kotzur* in Geiger/Khan/Kotzur, Art. 288 AEUV, Rn. 5.

347 EuGH, verb. Rs. 201/85 und 202/85, *Klensch*, Slg. 1986, 3477, Rn. 21; EuGH, verb. Rs. 31/86 und 35/86, *LAISA*, Slg. 1988, I-2285, Rn. 12; EuGH, Rs. C–314/89, *Rauh*, Slg. 1991, I–1647, Rn. 17; EuGH, Rs. C–98/91, *Herbrink*, Slg. 1994, I–223, Rn. 9; EuGH, Rs. C–1/02, *Borgmann*, Slg. 2004, I–3219, Rn. 30; EuGH, Rs. C–457/05, *Schutzverband der Spirituosen-Industrie*, Slg. 2007, I–8075, Rn. 22; EuGH, Rs. C-239/07, *Sabatauskas*, Slg. 2008, I-7523, Rn. 39; EuGH, Rs. C–511/08, *Heinrich Heine*, Slg. 2010, I-3047, Rn. 51.

348 *Bitterich*, Das grenzüberschreitende Interesse am Auftrag im primären Gemeinschaftsvergaberecht - Anmerkungen zu EuGH, Urteil vom 13. November 2007 - C–507/03 - Kommission/Irland („An Post“) in EuZW 2008, 14, 15. Siehe auch: EuGH, verb. Rs. 31/86 und 35/86, *LAISA*, Slg. 1988, I-2285, Rn. 12; EuGH, Rs. C–511/08, *Heinrich Heine*, Slg. 2010, I-3047, Rn. 51 m.w.N.

349 EuGH, Rs. C–65/04, *Kommission/Vereinigtes Königreich*, Slg. 2006, I–2239, Rn. 27; EuGH, Rs. C–403/09 PPU, *Jasna Detiček*, Slg. 2009, I-12193, Rn. 34; *Ruffert* in Calliess/Ruffert, Art. 288 AEUV, Rn. 9 m.w.N.

350 EuGH, Rs. 218/82, *Kommission/Rat*, Slg. 1983, 4063, Rn. 15; EuGH, Rs. C–135/93, *Spanien/Kommission*, Slg. 1995, I–1651, Rn. 37; EuGH, Rs. C–305/05, *Ordre des barreaux*, Slg. 2007, I–5305, Rn. 28; *Ruffert* in Calliess/Ruffert, Art. 288 AEUV, Rn. 9 m.w.N.

des europäischen Sekundärrechts zu keinen von den Untersuchungen des europäischen Primärrechts abweichenden Ergebnissen führen kann.

Kapitel 6

Zusammenfassende Bewertung

Die internationale Währungsordnung stellt sich gegenwärtig als ein System flexibler Wechselkurse dar.

Die internationale monetäre Koordination dient der Errichtung einer internationalen Währungsordnung. Demgegenüber zielt die regionale monetäre Koordination, wie auf Ebene der Europäischen Union, auf die Bildung von Währungsgebieten ab. Im Zusammenhang mit der internationalen monetären Koordination entwickelte sich eine internationale Währungsordnung von einem System globaler Wechselkursfixierung zu einem System globaler Wechselkursflexibilität. Historisch betrachtet stellten Fixkurssysteme bei Goldwährung (wie die internationale Währungsordnung des Goldstandards von ca. 1880 bis 1914) die Anfänge einer internationalen Währungsordnung dar. Hauptmerkmal dieser Goldwährung war das Fehlen internationaler Vereinbarungen, da sich fixierte Wechselkurse zwischen Ländern, die die Goldwährung eingeführt hatten, aus dem Verhältnis ihrer jeweiligen Währung zum entsprechenden Goldwert ergaben. Fixkurssysteme bei freier Währung (wie die internationale Währungsordnung von Bretton Woods von 1945 bis 1973) zeichneten sich dadurch aus, dass zur Fixierung des Wechselkurses ein internationales Abkommen geschlossen wurde. Institutionell wurde die durch das Abkommen von Bretton Woods errichtete Währungsordnung im Wesentlichen durch die Errichtung des Internationalen Währungsfonds und die Errichtung der Weltbank begleitet. Zentrale Aufgabe des Internationalen Währungsfonds in dieser Währungsordnung war es, die Zahlungsfähigkeit von Ländern mit Zahlungsbilanzdefiziten bei Bedarf durch die Gewährung von Krediten sicherzustellen. Die Währungsordnung von Bretton Woods scheiterte, weil sich die Zahlungsbilanzdefizite einiger Länder als langfristig und fundamental herausstellten, und dem Internationale Währungsfonds die permanente Kreditgewährung nicht dauerhaft möglich war. Seit dem Jahr 1973 stellt sich die internationale Währungsordnung als ein System globaler Wechselkursflexibilität dar, die durch Anpassung des Abkommens von Bretton Woods erreicht wurde. Die Zahlungsbilanzen der Länder werden in dem System flexibler Wechselkurse durch den Wechselkursmechanismus ausgeglichen.

Auf Ebene der Europäischen Union wird eine Europäische Währungsunion angestrebt. Die Kompetenzen der Europäischen Union für die Wahrnehmung der Wirtschaftspolitik und die Wahrnehmung der Währungspolitik sind allerdings getrennt.

Im Zusammenhang mit einer regionalen monetären Koordination auf Ebene der Europäischen Union bildete die Errichtung einer Wirtschafts- und Währungsunion ein formuliertes Ziel im Vertrag über die Europäische Union. Das Hinarbeiten auf dieses Ziel wurde durch die Übertragung von nationalen wirtschafts- und währungspolitischen Aufgaben auf europäische Institutionen wie das Europäische System der Zentralbanken und die Europäische Zentralbank erreicht.

Die Europäische Währungsunion (EWU) trat am 1. Januar 1999 in Kraft. Der Europäischen Währungsunion gingen zwei Wechselkursunionen voraus; zum einen der Europäische Währungsverbund von 1972 und zum anderen das Europäische Währungssystem von 1979. Beide Wechselkursunionen scheiterten hauptsächlich aus Gründen fehlender Stabilität. Im Zusammenhang mit der Gründung der EWU wurden Vorkehrungen zur Abwendung von Stabilitätsproblemen getroffen: Zum einen wurden Bedingungen in Form von Konvergenzkriterien formuliert, ohne deren Erfüllung beitrittswillige Länder an der EWU nicht teilnehmen können, zum anderen wurde ein Stabilitäts- und Wachstumspakt eingerichtet, der etwaige Instabilitäten ausgleichen soll. Kompetenzen für die Wahrnehmung der Wirtschaftspolitik und die Wahrnehmung der Währungspolitik wurden im Zusammenhang mit der Bildung der Europäischen Währungsunion allerdings getrennt. Während die Wirtschaftspolitik weiterhin von den Mitgliedstaaten der Europäischen Union bestimmt bleibt, ist die Kompetenz zur Wahrnehmung der Währungspolitik auf das Europäische System der Zentralbanken übergegangen.

Ein Vorschlag zur Einschränkung der Volatilität von Wechselkursen ist die Besteuerung von Transaktionen auf den Devisenmärkten.

In einem System flexibler Wechselkurse ist es insbesondere aufgrund des spekulativen Verhaltens von Marktteilnehmern auf dem Devisenmarkt möglich, dass Wechselkurse sehr volatil sind. Es existieren verschiedene Ansätze und Vorschläge, um die Volatilität der Wechselkurse einzuschränken. Einer der bekanntesten Vorschläge ist der Vorschlag von *James Tobin*, Transaktionen auf den Devisenmärkten zu besteuern und dadurch für Marktteilnehmer mit spekulativem Transaktionshintergrund uninteressanter zu gestalten. Gegen die Besteuerung von Devisentransaktionen ist unter anderem einzuwenden, dass die Effizienz des internationalen Kapitalmarktes beeinträchtigt wird, dass wirtschaftlich sinnvolle und unbedingt erwünschte Transaktionen steuerlich erfasst werden und dass bei einer regional begrenzten Steuereinführung Steuerumgehungsmöglichkeiten bestehen. Trotz dieser Einwände ist es aufgrund einer zeitzonen- und handelsplatzgetriebenen Fragmentierung des Devisenmarktes in drei Regionen (Nordamerika, Nordeuropa und Nordostasien) aus einer reinen Marktbetrachtung denkbar, die Devisentransaktionssteuer zunächst begrenzt auf das Gebiet der Europäischen Union erfolgreich einzuführen, ohne dass dies zu einer signifikanten Verlagerung von Transaktionen und Abwanderung von Marktteilnehmern führt.

Mit der Devisentransaktionssteuer werden sowohl Lenkungs- als auch Fiskalzwecke verfolgt: Die Steuer hat zum einen den Normzweck, die Wechselkursvolatilität einzuschränken (damit verfolgt sie einen Lenkungszweck) und zum anderen dient sie der Erzielung von Steuererträgen (damit verfolgt sie einen Fiskalzweck).

Die Devisentransaktionssteuer ist als Verkehrsteuer einzuordnen.

Anknüpfungspunkt einer Devisentransaktionssteuer ist der schuldrechtliche Vertrag über eine Devisentransaktion, der zu einem Devisenumsatz führt. Die Steuererhebung findet bei jedem rechtswirksamen Vertragsschluss statt. Da bei einer mehrfachen Erfüllung des Tatbestandes jeweils eine Steuerbelastung auftritt, stellt die Devisentransaktionssteuer steuertypologisch eine Verkehrsteuer dar.

Konstellationen, die steuerlich erfasst werden, haben einen Inlands- und Auslandsbezug: So kommt die Devisentransaktionsbesteuerung zum einen zur Anwendung, wenn der maßgebliche Besteuerungsgegenstand – der schuldrechtliche Vertrag – in einem Mitgliedstaat der Europäischen Union geschlossen wird und zum anderen, wenn mindestens ein Inländer oder Unternehmen mit Sitz oder Niederlassung auf dem Gebiet der Europäischen Union Vertragspartei des schuldrechtlichen Vertrags ist. Konstellationen, die steuerlich nicht erfasst werden, haben einen reinen Auslandsbezug, das heißt, die Devisentransaktionsbesteuerung kommt nicht zur Anwendung, wenn der schuldrechtliche Vertrag außerhalb der Europäischen Union geschlossen wird und kein Inländer oder Unternehmen mit Sitz oder Niederlassung auf dem Gebiet der Europäischen Union Vertragspartei des schuldrechtlichen Vertrags ist. Grundsätzlich wird der Nominalwert des jeweiligen Devisengeschäfts als Bemessungsgrundlage für die Devisentransaktionssteuer präferiert. Der Steuersatz sollte zwischen 0,01 % und 0,1 % liegen. Steuerbefreiungen oder Steuervergünstigungen für bestimmte Gruppen und Institutionen von Marktteilnehmern (etwa Zentralbanken) könnten sinnvoll sein.

Die Rechtfertigung der Einführung der Devisentransaktionssteuer ist kritisch zu bewerten.

Die Devisentransaktionssteuer ist unter steuersystematischen Gesichtspunkten nur unter Heranziehung eines steuersystematischen Ansatzes und sozialstaatlichen Erwägungen gerechtfertigt. Unter einem rechtsstaatlichen Ansatz ist die Devisentransaktionssteuer trotz ihrer volkswirtschaftlichen Nachteile und wesentlichen Kosten wohl gerechtfertigt, auch wenn dies durchaus kritisch zu beurteilen ist.

Die Devisentransaktionssteuer kann auf Grundlage von Art. 113 AEUV harmonisiert werden.

Art. 113 AEUV ermöglicht es dem Rat der Europäischen Union, die Bestimmungen der Rechtsvorschriften über die Umsatzsteuern, die Verbrauchsabgaben und sonstige indirekte Steuern zu harmonisieren, soweit diese Harmonisierung für die Errichtung und das Funktionieren des Binnenmarkts und die Vermeidung von Wettbewerbsverzerrungen notwendig ist. Durch die Auslegung der in Art. 113 AEUV bezeichneten Steuerarten wird klar, dass die Devisentransaktionssteuer aufgrund ihres Dienstleistungs- und Kapitalmarktbezugs keine Verbrauchsteuer darstellen kann, da es am direkten Verbrauchsgüterbezug fehlt. Die Untersuchung der auf Grundlage von Art. 113 AEUV harmonisierten Richtlinie

2006/112/EG des Rates vom 28. November 2006 (Mehrwertsteuersystemrichtlinie) und der im Zusammenhang mit Umsatzsteuern ergangenen Rechtsprechung ergibt Anhaltspunkte für die Einordnung der Devisentransaktionssteuer als Umsatzsteuer oder sonstige indirekte Steuer im Sinne von Art. 113 AEUV. Der Europäische Gerichtshof (EuGH) stellt bei der Einordnung einer Steuer als Umsatzsteuer auf die Belastungswirkung beim Verbraucher ab.[1] Da Umsatzsteuern neben Waren auch Dienstleistungen erfassen, kann diese Auslegung dazu führen, dass die sonstigen indirekten Steuern aus einer Betrachtung des Begriffs der Umsatzsteuer sowohl waren-, dienstleistungs- und kapitalverkehrsbezogene Steuern umfassen. Der EuGH konkretisierte die Merkmale einer Umsatzsteuer im Zusammenhang mit Art. 401 MWStSystRL und fasste sie katalogartig zusammen: Danach ist die Einführung einer Abgabe auf Ebene der Mitgliedstaaten nicht möglich, wenn sie (i) sowohl auf mehrwertsteuerpflichtige Tätigkeiten erhoben wird als auch auf andere wirtschaftliche Tätigkeiten, die in der Lieferung von Leistungen gegen Entgelt bestehen, (ii) hinsichtlich der mehrwertsteuerpflichtigen Unternehmen auf derselben Bemessungsgrundlage erhoben wird, nach der sich die Mehrwertsteuer bestimmt, das heißt in Form eines Prozentsatzes vom Betrag der getätigten Verkäufe abzüglich des Betrags der getätigten Einkäufe, (iii) im Gegensatz zur Mehrwertsteuer bei der Einfuhr nicht gezahlt, aber auf den vollen Verkaufspreis der eingeführten Waren beim ersten Verkauf in dem betreffenden Mitgliedstaat erhoben wird, (iv) im Gegensatz zur Mehrwertsteuer in der Rechnung nicht gesondert ausgewiesen werden muss und (v) neben der Mehrwertsteuer erhoben wird.[2] Zwar anerkennt der EuGH, eine Abgabe müsse grundsätzlich „nicht in allen Punkten der Mehrwertsteuer gleichen, um den Charakter einer Umsatzsteuer zu haben; es genüge, wenn sie deren wesentliche Merkmale aufweist", jedoch sind wichtige Überschneidungen der Devisentransaktionssteuer mit den Charakteristika einer Umsatzsteuer nicht vorhanden.[3] Es könnte argumentiert werden, dass dadurch, dass die Devisentransaktionssteuer an den Vertragsschluss anknüpft, die Steuer in einer Weise auf ein Geschäft erhoben wird, die mit einer unmittelbar auf den Umsatz bezogenen Steuer vergleichbar ist, und daher eine „Umsatzsteuer im weitesten Sinne" darstellt.[4] Im Ergebnis zeigen Untersuchungen von Rechtsakten, die auf Grundlage des Art. 113 AEUV erlassen wurden, jedoch, dass keine eindeutige Erfassung des Begriffs der indirekten Steuer möglich ist.

Bei einer Gesamtschau des im Zusammenhang mit dem europäischen Steuerbegriff veröffentlichten Schrifttums und der in diesem Zusammenhang ergange-

1 EuGH, Rs. 252/86, *Bergandi*, Slg. 1988, 1343 Rn.8; EuGH, verb. Rs. 93 und 94/88, *Wisselink*, Slg. 1989, 2671, Rn. 18.

2 EuGH, Rs. C–200/90, *Dansk Denkavit*, Slg. 1992, I–2217, Rn. 15; EuGH, verb. Rs. C–283/06 und C–312/06, *Kögáz*, Slg. 2007, I–8463, Rn. 37 m.w.N.

3 EuGH, Rs. C–200/90, *Dansk Denkavit*, Slg. 1992, I–2217, Rn. 14; EuGH, verb. Rs. C–283/06 und C–312/06, *Kögáz*, Slg. 2007, Slg. 2007, I–8463, Rn. 35 m.w.N.

4 Schlussanträge *Generalanwalt Léger* vom 13. März 1997, Rs. C–130/96, *Solisnor*, Slg. 1997, I–5053, Rn. 26 f.

nen europäischen Rechtsprechung können indirekte Steuern nach Maßgabe des Steuergegenstandes eingeordnet und bestimmt werden. Direkte Steuern sind danach Steuern auf das Vermögen und dessen Erwerb, während der Begriff der direkten Steuer grundsätzlich Steuern auf die Verwendung des Vermögens erfassen soll.[5] Die Devisentransaktionssteuer trifft auf der Verbraucherstufe bestimmte Teile der privaten Ersparnis, nämlich deren Anlage in Deviseninstrumenten und indirekt in einem mittelbaren oder unmittelbaren Verbrauch von Gütern, deren Handel Gegenstand eines steuerlich erfassten Devisengeschäftes ist.[6] Die Devisentransaktionssteuer ist damit eine sonstige indirekte Steuer im Sinne des Art. 113 AEUV.

Die Einführung der Devisentransaktionssteuer auf Grundlage des Art. 113 AEUV ist möglich, ohne dass eine derartige Steuer vorher auf mitgliedstaatlicher Ebene eingeführt wurde.

Im Zusammenhang mit der Einführung der Devisentransaktionssteuer auf Grundlage des Art. 113 AEUV ist es nicht erforderlich, dass eine derartige Steuer vorher auf mitgliedstaatlicher Ebene eingeführt wurde. Insbesondere kann argumentiert werden, dass Art. 113 AEUV durch seinen Standort in Kapitel 2 (Steuerliche Vorschriften) eine steuerliche Vorschrift darstellt, inhaltlich jedoch zu den Rechtsangleichungsvorschriften zählt. Bei einer systematischen Vertragsauslegung kann aus dieser besonderen Stellung des Art. 113 AEUV im Vertrag die grundsätzliche Kompetenz der Europäischen Union abgeleitet werden, dass neben der Rechtsangleichung mitgliedstaatlicher Regelungen auch die Einsetzung völlig neuer Regelungen und Steuermodelle möglich ist. Die Auswahl der für diese steuerliche Rechtsangleichung möglichen Rechtsetzungsakte der Europäischen Union aus Art. 288 AEUV lässt sich auf Verordnungen und Richtlinien eingrenzen. Die Europäische Union besitzt keine Ertrags- und Ertragsverwendungskompetenz im Zusammenhang mit der Devisentransaktionssteuer.

Die Erforderlichkeit der Devisentransaktionssteuer als währungspolitische Maßnahme zur Begrenzung von Volatilität auf dem Devisenmarkt im Sinne des Verhältnismäßigkeitsgrundsatzes ist kritisch zu beurteilen.

Grundsätzlich hat der Gesetzgeber bei der Wahl eines geeigneten Mittels im Zusammenhang mit der Beachtung des Verhältnismäßigkeitsgrundsatzes diejenige Maßnahme zu wählen, mit der das verfolgte Ziel erreicht werden kann und die die Betroffenen am wenigsten belastet. Dem Gesetzgeber steht bei der Entschei-

5 *Heselhaus*, Abgabenhoheit der Europäischen Gemeinschaft in der Umweltpolitik, S. 86 ff.; *Kreibohm*, Der Begriff der Steuer im Europäischen Gemeinschaftsrecht, S. 109 m.w.N.

6 So auch die Argumentation zur Börsenumsatzsteuer: *Fecht*, Steuern auf den Kapital- und Zahlungsverkehr in Andel/Haller/Neumark (Hrsg.), Handbuch der Finanzwissenschaft, S. 900 f.

dung, ob eine Maßnahme erforderlich ist, ein weiter Beurteilungsspielraum zu. Zunächst ist festzustellen, dass dieser Beurteilungsspielraum nicht durch die Auswahl von Maßnahmen, die der Errichtung und dem Funktionieren des Binnenmarkts dienen oder zur Vermeidung von Wettbewerbsverzerrungen notwendig sind, eingeschränkt ist. Eine Einschränkung der Auswahl an Maßnahmen ergibt sich auch nicht aus der Vorgabe aus Art. 119 Abs. 1 und 2 AEUV, wonach die Europäische Union die Wirtschafts- und Währungspolitik unter Beachtung des Grundsatzes einer offenen Marktwirtschaft mit freiem Wettbewerb unterstützen muss. Auch aus anderen Normen ist eine Einschränkung der Auswahl an währungspolitischen Maßnahmen nicht ersichtlich. Dennoch ist es bei einer Gesamtschau der vertraglichen Normen erkennbar, dass sich die Vertragsparteien insbesondere zur Beachtung des Grundsatzes einer offenen Marktwirtschaft mit freiem Wettbewerb verpflichtet haben (vgl. nur Art. 119 Abs. 2 AEUV). Diesem Grundsatz widerspricht wesenhaft die durch die Steuer verbundene Einwirkung auf die natürliche Preisbildung auf den Devisenmärkten und die Störung der gesamtwirtschaftliche Effizienz durch eine suboptimalen Absicherung von Risiken mit der Folge einer Verzerrung der Gesamtwirtschaft.[7]

Die bei wirtschaftspolitischen Entscheidungen vorzunehmende Gesamtsaldierung der Vor- und Nachteile einer Maßnahme führt nach Ansicht des Verfassers zu dem Ergebnis, dass die mit einer Devisentransaktionssteuer verbundenen Nachteile und Risiken schwerwiegend sind. Nur bei einer entsprechend angemessenen Wahl der Höhe des Steuersatzes der Devisentransaktionssteuer können die Nachteile und Risiken gering gehalten werden, sodass die Vorteile der mit der Steuer verfolgten Ziele überwiegen.

7 Nach Auffassung von *Generalanwalt Colomer* darf die Marktwirtschaft „nicht ohne Grund beschränkt werden, denn ihre Hintansetzung, immer unter Berücksichtigung der Geeignetheit und der Verhältnismäßigkeit, wird nur im Hinblick auf die vom Gemeinschaftsrecht verfolgten Ziele hingenommen“ (Schlussanträge *Generalanwalt Colomer* vom 14. Mai 2009, Rs. C–192/08, *TeliaSonera Finland Oyj*, Slg. 2009, I-10717, Rn. 70 m.w.N.).

Literaturverzeichnis

Akerlof, George: The Market for „Lemons“: Quality Uncertainty and the Market Mechansims, in: Quarterly Journal of Economics, Vol. 84 (3), 1970, S. 488 ff.

Albin, Silke: Das Subsidiaritätsprinzip in der EU - Anspruch und Rechtswirklichkeit, in: NVwZ 2006, S. 629 ff.

Aliber, Robert/Chowdhry, Bhagwan/Yan, Shu: Some Evidence That a Tobin Tax on Foreign Exchange Transactions May Increase Volatility, in: European Finance Review, Vol. 7 (2003), No. 3, S. 481-510.

Allen, Franklin/Gale, Douglas: An introduction to financial crises, in: The International Library of Critical Writings in Economics series, Volume 218: Financial Crises, 2008, S. 1 ff.

Alschian, Armen/Demsetz, Harold: Production, Information Cost and Economic Organisation, in: American Economic Review, Vol. 62 (1972), S. 777 ff.

Amtenbrink, Fabian/De Haan, Jakob: The European Central Bank: An independent specialized organization of Community law – a comment, in: Common Market Law Review 2002, S. 65 ff.

Andel, Norbert/Haller, Heinz/Neumark, Fritz (Hrsg.): Handbuch der Finanzwissenschaft, Band 2, 3. Auflage, Tübingen 1980; zitiert: *Autor*, Titel, in: Andel/Haller/Neumark (Hrsg.), Handbuch der Finanzwissenschaft.

Aschinger, Gerhard: Die Tobin Steuer: eine Möglichkeit zur Eindämmung der destabilisierenden Spekulation?, in: Hamburger Jahrbuch für Wirtschafts- und Gesellschaftspolitik, Nr. 43, S. 268 ff.

Avitable, Amy Youngblood: Recent development. Saving the world one currency at a time: implementing the Tobin Tax, in: Washington University Law Quarterly 80 (2002), S. 391 ff.

Axer, Georg: Der Europäische Gerichtshof auf dem Weg zur „doppelten Kohärenz“ - Eine Zukunft der Hinzurechnungsbesteuerung nach dem Cadbury Schweppes-Urteil, in: Internationales Steuerrecht 2007, S. 162 ff.

Bahlmann, Kai: Zum Einfluss des Europarechts auf das nationale Steuerrecht, in: Europarecht 1985, S. 43 ff.

Balke, Barbara: Steuerliche Gestaltungsfreiheit der Mitgliedstaaten und freier Warenverkehr im europäischen Binnenmarkt, Baden-Baden 1998.

Bank for International Settlements: Triennial Central Bank Survey - Foreign exchange and derivatives market activity in 2007, December 2007, Basel 2007.

Barro, Robert/Grilli, Vittorio: Makroökonomie - europäische Perspektive (aus dem Amerikanischen übersetzt), München 1996.

Baßler, Johannes: Zu den „Steuerspezifika“ der Grundfreiheiten des EG-Vertrags, in: Internationales Steuerrecht 2005, S. 822 ff.

Baumbach, Adolf/Hopt, Klaus (Hrsg.): Handelsgesetzbuch (HGB) mit GmbH & Co., Handelsklauseln, Bank- und Börsenrecht, Transportrecht (ohne Seerecht), 35. Auflage, München 2012.

Baumol, William/Oates, Wallace: The Use of Standards and Prices for Protection of the Environment, in: The Swedish Journal of Economics, Vol. 73, No. 1, Environmental Economics (March 1971), S. 42 ff.

Baur, Jürgen/Müller-Graff, Peter-Christian/Zuleeg, Manfred (Hrsg.): Europarecht, Energierecht, Wirtschaftsrecht: Festschrift für Bodo Börner zum 70. Geburtstag, Köln 1992; zitiert: *Autor*, Titel, in: FS-Börner.

Bayer, Walter: Aktuelle Entwicklungen im Europäischen Gesellschaftsrecht, in: Betriebs-Berater 2004, S. 1 ff.

–: Zulässige und unzulässige Einschränkungen der europäischen Grundfreiheiten im Gesellschaftsrecht, in: Betriebs-Berater 2002, S. 2289 ff.

Becker, Ulrich: EU-Beihilfenrecht und soziale Dienstleistungen, in: Neue Zeitschrift für Sozialrecht 2007, S. 169 ff.

Beckmann, Albert: Die Ausnahmen der Dienstleistungsfreiheit nach dem EWG-Vertrag, in: Europarecht 1987, S. 28 ff.

Beiser, Reinhold: Das Leistungsfähigkeitsprinzip im Lichte des Gemeinschaftsrechts, in: Steuer und Wirtschaft 2005, S. 295 ff.

Bender, Dieter/Hemmer, Hans-Rimbert (Hrsg.): Entwicklungsländer im Zeitalter der Globalisierung, Tagungsband zum 2. Limburg-Seminar vom 13.-16. Januar 1999, Kreditanstalt für Wiederaufbau, Frankfurt am Main 1999; zitiert: *Autor*, Titel, in: Bender/Hemmer (Hrsg.), Entwicklungsländer im Zeitalter der Globalisierung.

Bergfeld, Katarina: Lenkungsabgaben im Europäischen Finanzrecht, 1. Auflage, Baden-Baden 2008.

Bieber, Roland/Epiney, Astrid/Haag, Marcel: Die Europäische Union, 9. Auflage, Baden-Baden 2011; zitiert: *Bearbeiter*, in: Bieber/Epiney/Haag, Die Europäische Union.

Bigman, David/Taya, Teizo (Hrsg.): Floating Exchange Rates and the State of World Trade Payments, Washington D.C. 1984; zititert: *Autor*, Titel, in: Bigman/Taya (Hrsg.), Floating Exchange Rates and the State of World Trade Payments.

Bird, Graham/Rajan, Ramkishen: Would International Currency Taxation and Currency Stabilisation in Developing Countries?, in: Journal of Development Studies, Volume 37, Issue 3, February 2001, S. 21f.

Birk, Dieter: Das Leistungsfähigkeitsprinzip als Maßstab der Steuernormen: ein Beitrag zu den Grundfragen des Verhältnisses Steuerrecht und Verfassungsrecht, Köln 1983.

–: Steuerrecht, 12. Auflage, Heidelberg 2009.

–: Zum Stand der Theoriediskussion in der Steuerrechtswissenschaft, in: Steuer und Wirtschaft 1983, S. 293 ff.

Birk, Dieter (Hrsg.): Handbuch des europäischen Steuer- und Abgabenrechts, Berlin 1995; zitiert: *Bearbeiter*, in: Birk (Hrsg.), Handbuch des europäischen Steuer- und Abgabenrechts.

Bischofberger, Karlheinz: Theorie und Empirie flexibler Wechselkurse: alternative theoretische Erklärungsansätze und empirischen Evidenz für 8 westliche Industrieländer, 1973 bis 1980, Berlin 1986.

Bitterich, Klaus: Das grenzüberschreitende Interesse am Auftrag im primären Gemeinschaftsvergaberecht - Anm. zu EuGH, Urteil vom 13. 11. 2007 - C-507/03 - Kommission/Irland („An Post"), in: EuZW 2008, S. 14 ff.

Blanchard, Olivier/Illing, Gerhard: Makroökonomie, 4. Auflage, München 2006.

Bleckmann, Albert: Der Vertrag über die Europäische Union, in: Deutsches Verwaltungsblatt 1992, S. 335 ff.

–: Die Rechtsquellen des Europäischen Gemeinschaftsrechts, in: NVwZ 1993, S. 824 ff.

Bleckmann, Albert (Hrsg.): Europarecht: das Recht der Europäischen Union und der Europäischen Gemeinschaften, 6. Auflage, Köln 1997; zitiert: *Bearbeiter*, in: Bleckmann (Hrsg.), Europarecht.

Bloomfield, Arthur: Short-Term Capital Movements under the Pre-1914 Gold Standard, in: Princeton Studies in International Economics (previously Princeton Studies in International Finance), No. 11, July 1963.

Bogdandy, Armin von (Hrsg.): Europäisches Verfassungsrecht: theoretische und dogmatische Grundzüge, Heidelberg 2003; zitiert: *Autor*, Titel, in: von Bogdandy (Hrsg.), Europäisches Verfassungsrecht.

Bongartz, Matthias/Schröer-Schallenberg, Sabine: Die Stromsteuer - Verstoß gegen Gemeinschaftsrecht und nationales Verfassungsrecht?, in: Deutsches Steuerrecht 1999, S. 962 ff.

Börner, Bodo: Die Unzulässigkeit einer Steuer auf Nichtbutterfette nach dem EWGV, Köln 1987.

Borries, Reimer von: Das Subsidiaritätsprinzip im Recht der Europäischen Union, in: Europarecht 1994, S. 263 ff.

Breuer, Rolf: Der deutsche Finanzmarkt zwischen Deregulierung und Re-Regulierung, in: Die Bank 5/2002, S. 300 ff.

Breuss, Fritz/Fink, Gerhard/Griller, Stefan (Hrsg.): Institutional, Legal and Economic Aspects of EMU, in: Series of the Research Institute of European Affairs, No. 21, Wien 2002; zitiert: *Autor*, Titel, in: Breuss/Fink/Griller (Hrsg.), Institutional, Legal and Economic Aspects of EMU.

Breyer, Friedrich: Mikroökonomik, 5. Auflage, Berlin 2011.

Brinkmann, Jan: Der Einfluss des europäischen Rechts auf die Unternehmensbesteuerung, Baden-Baden 1996.

Brömmelmeyer, Christoph: Der Binnenmarkt als Leitstern der Richtlinie über unlautere Geschäftspraktiken, in: GRUR 2007, S. 295 ff.

Brönner, Herbert/Kamprad, Balduin: Kommentar zum Kapitalverkehrsteuergesetz: Gesellschaftsteuer, Börsenumsatzsteuer, 4. Auflage, Köln 1986.

Bruggmann, Hugo: Die EG auf dem Weg zur Wirtschafts- und Währungsunion, in: Außenwirtschaft 1993, 48. Jahrgang, S. 279 ff.

Buch, Claudia/Heinrich, Ralph/Pierdzioch, Christian: Globalisierung der Finanzmärkte: freier Kapitalverkehr oder Tobin-Steuer?, Kiel 2001.

Bundesministerium der Finanzen: Finanzmarktkrisen - Ursachen und Lösungsmöglichkeiten, Monatsbericht, April 2002, Berlin 2002.

Bundesministerium der Finanzen: Monatsbericht des BMF, Februar 2010, Berlin 2010.

Bundesministerium für Wirtschaft: Der Europäische Wirtschaftsrat OEEC, Handbuch 1959, Bad Godesberg 1959.

Bundesministerium für wirtschaftliche Zusammenarbeit und Entwicklung: Stellungnahme des Wissenschaftlichen Beirats beim BMZ zur Studie von Paul Bernd Spahn, Zur Durchführbarkeit einer Devisentransaktionssteuer, in: Bundesministerium für wirtschaftliche Zusammenarbeit und Entwicklung (Hrsg.), BMZ Spezial, Bonn 2002.

Büschgen, Hans: Das kleine Bank-Lexikon, 3. Auflage, Stuttgart 2006.

–: Das kleine Börsen-Lexikon, 22. Auflage, Düsseldorf 2001.

–: Internationales Finanzmanagement, 3. Auflage, Frankfurt 1997.

Calliess, Christian: Nach dem „Tabakwerbung-Urteil" des EuGH: Binnenmarkt und gemeinschaftsrechtliche Kompetenzverfassung im neuen Licht, in: Jura 2001, S. 311 ff.

Calliess, Christian: Subsidiaritäts- und Solidaritätsprinzip in der Europäischen Union: Vorgaben für die Anwendung von Art. 5 (ex-Art. 3b) EGV nach dem Vertrag von Amsterdam, 2. Auflage, Baden-Baden 1999.

Calliess, Christian/Ruffert, Matthias (Hrsg.): EUV/AEUV – Kommentar, Das Verfassungsrecht der Europäischen Union mit Europäischer Grundrechtecharta, 4. Auflage, München 2011; zitiert: *Bearbeiter*, in: Calliess/Ruffert, EUV/AEUV.

–: EUV/EGV – Kommentar, Das Verfassungsrecht der Europäischen Union mit Europäischer Grundrechtecharta, 3. Auflage, München 2007; zitiert: *Bearbeiter*, in: Calliess/Ruffert, 3. Auflage, 2007.

Campbell, John/Froot, Kenneth: International Experiences with Securities Transaction Taxes, NBER Working Paper No. 4587, December 1993, National Bureau of Economic Research.

Canaris/Diederichsen (Hrsg.): Festschrift für Karl Larenz zum 80. Geburtstag, München 1983; zitiert: *Autor*, Titel, in: FS-Larenz.

Caspar, Johannes: Das europäische Tabakwerbeverbot und das Gemeinschaftsrecht, in: EuZW 2000, S. 237 ff.

Chesnais, François: Tobin or not Tobin: eine internationale Kapitalsteuer, Konstanz 2001.

Claassen, Emil-Maria: Monetäre Außenwirtschaftslehre: Industrieländer, Währungsunionen und die Dritte Welt, München 1996.

Classen, Claus Dieter (Hrsg.): „In einem vereinten Europa dem Frieden der Welt zu dienen...“: liber amicorum Thomas Oppermann, Festschrift für Thomas Oppermann zum 70. Geburtstag, Berlin 2001; zitiert: *Autor*, Titel, in: FS-Oppermann.

Commission of the European Communities: Commission Staff Working Paper - New Sources of Financing for Development: A Review of Options, SEC (2005) 467, Brüssel 2005.

–: Responses to the Challenges of Globalization: A study on the International Monetary and Financial System and on Financing for Development, Working Document from the Commission Services, SEC (2002) 185 final, Brüssel 2002.

Cordewener, Axel: Europäische Grundfreiheiten und nationales Steuerrecht, Köln 2002

Creifelds, Carl: Rechtswörterbuch, 19. Auflage, München 2007.

Cremer, Wolfram: Der programmierte Verfassungskonflikt: Zur Bindung der Mitgliedstaaten an die Charta der Grundrechte der Europäischen Union nach dem Konventsentwurf für eine Europäische Verfassung, in: NVwZ 2003, S. 1452 ff.

Crockett, Andrew : Why is financial stability a goal of public policy?, in: Economic Review - Federal Reserve Bank of Kansas City, Quarter IV, 1997, S. 5 ff.

Danwitz, Thomas von: Produktwerbung in der Europäischen Union zwischen gemeinschaftlichen Kompetenzschranken und europäischem Grundrechtsschutz : zum Rechtsschutz gegen das vorgeschlagene Verbot direkter und indirekter Tabakwerbung in Europa, Berlin 1998.

Dauses, Manfred (Hrsg.): Handbuch des EU-Wirtschaftsrechts, Loseblatt-Ausgabe, 6. Ergänzungslieferung, München 1997; zitiert: *Bearbeiter*, in: Dauses (Hrsg.), Handbuch des EU-Wirtschaftsrechts.

Davidson, Paul: Are Grains of Sand in the Wheels of International Finance Sufficient to Do the Job When Boulders Are Often Required?, in: Economic Journal, Royal Economic Society, Vol. 107 (1997), S. 671 ff.

De Long, Bradford/Shleifer, Andrei/Summers, Lawrence/Waldmann, Robert: Noise Trader Risk in Financial Markets, in: Journal of Political Economy 1998, S. 703 ff.

De Long, Bradford/Shleifer, Andrei/Summers, Lawrence/Waldmann, Robert: The Economic Consequences of Noise Traders, in: NBER Working Paper No. 2395, National Bureau of Economic Research 1987.

Demmler, Horst: Einführung in die Volkswirtschaftslehre, 14. Auflage, München 2003.

–: Grundlagen der Mikroökonomie, 4. Auflage, München 2000.

Stein, Ekkehart/Denninger, Erhard/Hoffmann-Riem, Wolfgang (Hrsg.): Kommentar zum Grundgesetz für die Bundesrepublik Deutschland (AK-GG), 3. Auflage, München 2001; zitiert: *Bearbeiter*, in: AK-GG.

Denys, Lieven: Tobin-Spahn tax on financial transactions and article 56 EC: an opinion, in: European Taxation, November 2001, Vol. 41, No. 11, S. 430 ff.

DeRosa, David: In Defense of Free Capital Markets: The Case Against a New International Financial Architecture, Princeton 2001.

Deutsche Bundesbank: Das Europäische Währungssystem, Monatsbericht März 1979, Frankfurt 1979.

Deutsche Bundesbank: Geschäftsbericht 1958, Frankfurt 1958.

–: Geschäftsbericht 1971, Frankfurt 1971.

–: Geschäftsbericht 1972, Frankfurt 1972.

–: Grenzüberschreitender Kapitalverkehr und die Rolle des Internationalen Währungsfonds, Monatsbericht Juli 2001, Frankfurt 2001.

–: Monatsbericht Januar 1959, Frankfurt 1959.

Deutscher Bundestag: Abschlussbericht der Enquete-Kommission des Bundestages zum Thema „Globalisierung der Weltwirtschaft" aus dem Jahr 2002: Deutscher Bundestag, Enquete-Kommission „Globalisierung der Weltwirtschaft –Herausforderungen und Antworten", 14. Wahlperiode, Berlin Juni 2002.

Dieter, Heribert: Nach den Finanzkrisen: die ordnungspolitische Gestaltung der Globalisierung, Berlin 2002.

Dippel, Carsten: Die Kompetenzabgrenzung in der Rechtsprechung von EGMR und EuGH, Berlin 2004.

Dixit, Avinash/Stiglitz, Joseph: Monopolistic Competition and Optimum Product Diversity, in: American Economic Review, Vol. 67, 1977, S. 297 ff.

Dornbusch, Rudiger: European International Economic Policy Issues, in: European Parliament, Directorate General for Research, Economic Interpendence – New Policy Challenges, Working Paper Nr. 7, Brüssel 1993, S. 77 ff.

–: Flexible Exchange Rates and Excess Capital Mobility, in: Brookings Papers on Economic Activity, Vol. 1, (1986), S. 209 ff.

–: Doubts About the McKinnon Standard, in: The Journal of Economic Perspectives, Vol. 2, No. 1 (Winter 1988), S. 105 ff.

Dow, James/Gorton, Gary: Noise Traders, in: NBER Working Paper No. 12256, National Bureau of Economic Research 2006.

Dreier, Horst (Hrsg.): Grundgesetz-Kommentar, 2. Auflage, Band 1, München 2004; zitiert: *Bearbeiter*, in: Dreier (Hrsg.), Grundgesetz-Kommentar, Band 1.

–: Grundgesetz-Kommentar, 2. Auflage, Band 2, Supplementum 2007, München 2006; zitiert: *Bearbeiter*, in: Dreier (Hrsg.), Grundgesetz-Kommentar, Band 2, Supplementum 2007.

Drüen, Klaus-Dieter/Kahler, Björn: Die nationale Steuerhoheit im Prozess der Europäisierung, in: Steuer und Wirtschaft 2005, S. 171 ff.

Duden-Verlag (Hrsg.): Das große Fremdwörterbuch - Herkunft und Bedeutung, 4. Auflage, Mannheim 2007.

Easson, Alexander James: Tax law and policy in the EEC, London 1980.

Ebke, Werner: Internationales Devisenrecht, 1. Auflage, Heidelberg 1991.

Ehlermann, Claus-Dieter: The Internal Market Following the Single European Act, in: Common Market Law Review 24 (1987), S. 361 ff.

Ehlers, Dirk: Das Wirtschaftsverwaltungsrecht im europäischen Binnenmarkt, in: NVwZ 1990, S. 810 ff.

Eichengreen, Barry: Towards A New International Financial Architecture: A Practical Post-Asia Agenda, Washington D.C. 1999.

Eichengreen, Barry/Rose, Andrew/Wyplosz, Charles: Contagious Currency Crises, in: NBER Working Paper No. 5681, National Bureau of Economic Research 1996.

Eichengreen, Barry/Tobin, James/Wyplosz, Charles: Two Cases for Sand in the Wheels of International Finance, in: The Economic Journal, Vol. 105, No. 428 (1995), S. 162 ff.

Eichengreen, Barry/Wyplosz, Charles: The Unstable EMS, in: Brooking Papers on Economic Activity, Vol. 24 (1993), No. 1, S. 51 ff.

Eidenmüller, Horst (Hrsg.): Ausländische Kapitalgesellschaften, 1. Auflage 2004; zitiert: *Bearbeiter*, in: Eidenmüller (Hrsg.), Ausländische Kapitalgesellschaften.

Eisner, Carolin: Die Schrankenregelung der Grundrechtecharta der Europäischen Union: Gefahr oder Fortschritt für den Grundrechtsschutz in Europa?, 1. Auflage, Baden-Baden 2005.

Emmerich-Fritsche, Angelika: Der Grundsatz der Verhältnismäßigkeit als Direktive und Schranke der EG-Rechtsetzung: mit Beiträgen zu einer gemeineuropäischen Grundrechtslehre sowie zum Lebensmittelrecht, Berlin 2000.

Endres, Dieter: Steuerliche Aspekte der europäischen Integration. Eine Bestandsaufnahme der Steuergrenzen im Binnenmarkt, in: Recht der Internationalen Wirtschaft 1994, S. 572 ff.

Endriss, Wolfgang: Grundriß des Steuerrechts II, Ludwigshafen 1979

Ensthaler, Jürgen (Hrsg.): Europäischer Binnenmarkt: Stand und Perspektiven der Rechtsharmonisierung, Berlin 1989; zitiert: *Autor*, Titel, in: Ensthaler (Hrsg.), Europäischer Binnenmarkt.

Epiney, Astrid: Gemeinschaftsrechtlicher Umweltschutz und Verwirklichung des Binnenmarktes – „Harmonisierung" auch der Rechtsgrundlagen, in: JZ 1992, S. 564 ff.

Epiney, Astrid/Furrer, Andreas: Umweltschutz nach Masstricht – Ein Europa der drei Geschwindigkeiten?, in: EuR 1992, S. 369 ff.

Erturk, Korkut: Why the Tobin Tax Can Be Stabilizing, in: Levy Economics Institute Working Paper No. 366 (December 2002). Available at SSRN: http://ssrn.com/abstract=386963.

Europäische Kommission: Die Finanzverfassung der Europäischen Union, 4. Ausgabe, Brüssel 2009.

–: Die Schlussfolgerungen und Empfehlungen des Ruding-Ausschusses (inoffizielle Übersetzung), in: Der Betrieb 1992, Beilage Nr. 5.

–: Ein Binnenmarkt ohne steuerliche Hindernisse - Strategie zur Schaffung einer konsolidierten Körperschaftsteuer-Bemessungsgrundlage für die grenzüberschreitende Unternehmenstätigkeit in der EU, KOM (2001) 582 endg., Brüssel 2001.

–: Ein Binnenmarkt ohne steuerliche Hindernisse, KOM (2001) 582 endg., Brüssel 2001.

–: Ein Gemeinsames Mehrwertsteuersystem – ein Programm für den Binnenmarkt, KOM (1996) 328 endg., Brüssel 1996.

–: Vierter Bericht über staatliche Beihilfen in der Europäischen Union im verarbeitenden Gewerbe und in einigen weiteren Sektoren vom 26. Juli 1995, KOM (1995) 365, Brüssel 1995.

–: Weißbuch der Kommission zur Vollendung des Binnenmarkts, KOM (1985) 310 endg., Brüssel 1985.

Europäische Zentralbank (Hrsg.): Die Europäische Zentralbank – Geschichte, Rolle und Aufgaben, 2. Auflage, Frankfurt 2006.

Europäisches Parlament: Die Durchführbarkeit einer internationalen Tobin-Steuer, Reihe Wirtschaftsfragen, ECON (1998) 107 DE, Brüssel 1998.

European Central Bank: The international role of the Euro, Frankfurt am Main 2009.

European Commission: Report from the Commission – Convergence Report 2010, COM (2010) 238, Brüssel 2010.

European Monetary Institut: The Changeover to the Single Currency, Frankfurt 1995.

Everling, Ulrich: Abgrenzung der Rechtsangleichung zur Verwirklichung des Binnenmarkts nach Art. 100a EWGV durch den Gerichtshof, in: Europarecht 1991, S. 179 ff.

–: Die Entwicklung der Europäischen Gemeinschaft zur Wirtschafts- und Währungsunion, in: NJW 1971, S. 1481 ff.

EWG-Kommission: Memorandum über das Aktionsprogramm der Gemeinschaft für die zweite Stufe, Brüssel 24. Oktober 1962, Brüssel 1962.

Falke, Josef: Neue Entwicklungen im Europäischen Umweltrecht, in: Zeitschrift für Umweltrecht 2007, S. 384 ff.

Fama, Eugene: Efficient Capital Markets: A Review of Theory and Empirical Work, in: The Journal of Finance, Vol. 25, No. 2, Papers and Proceedings of the Twenty-Eighth Annual Meeting of the American Finance Association New York, December 28-30, 1969, New York 1970, S. 383 ff.

Felix, David: The Tobin Tax Proposal: Background, Issues and Prospects, in: Washington University Department of Economics, United Nations Development Programme Working Paper No. 191, St. Louis 1994.

Felsenheimer, Jochen: Die Einführung einer flexiblen Transaktionssteuer zur Verhinderung von Finanzkrisen, Hamburg 2001.

Fischer, Anne: Die Kapitalverkehrsfreiheit in der Rechtsprechung des EuGH – Entscheidungen „Trummer & Mayer“ vom 16. März 1999 und „Konle/Österreich“ vom 1. Juni 1999, in: ZEuS 2000, S. 391 ff.

Fischer, Michael: Grundfreiheiten, direkte Steuern und nationale Kompetenzgrenzen, in: JZ 2007, S. 1024 ff.

Fischer-Erlach, Peter: Handel und Kursbildung am Devisenmarkt, 5. Auflage, Köln 1995.

Fleming, John Marcus: Domestic financial policies under fixed and floating exchange rates, in: IMF Staff Papers 9, Washington 1962, S. 369 ff.

Flume, Werner (Hrsg.): Internationales Recht und Wirtschaftsordnung: Festschrift für Frederik A. Mann zum 70. Geburtstag am 11. August 1977, München 1977; zitiert: *Autor*, Titel, in: Flume (Hrsg.), Internationales Recht und Wirtschaftsordnung.

Fögen, Hermann: Geld- und Währungsrecht, München 1969

Förster, Jutta: Die Verbrauchsteuern: Geschichte, Systematik, finanzverfassungsrechtliche Vorgaben, Heidelberg 1989.

Frank, Erhard: Ökonomische und politische Beurteilung von Öko-Steuern, in: Steuer und Wirtschaft 1990, S. 217 ff.

Frankel, Jeffrey/Rose, Andrew: Currency crashes in emerging markets: an empirical treatment, in: Journal of International Economics, Elsevier, Vol. 41 (3-4), S. 351 ff.

Franklin, Allen/Gale, Douglas: Bubbles and Crises, in: The Economic Journal, 110 (January 2000), S. 236 ff.

Freitag, Robert: Mitgliedstaatliche Beschränkungen des Kapitalverkehrs und Europäisches Gemeinschaftsrecht, in: Europäisches Wirtschafts- und Steuerrecht 1997, S. 186 ff.

Frenkel, Michael/Langhammer, Rolf: Tobin Steuer: Neue Vorschläge entkräften nicht alte Einwände, in: Wirtschaftsdienst, Volume 82, 2002, Issue 9, S. 548 ff.

Frenkel, Michael/Menkhoff, Lukas: Neue internationale Finanzarchitektur: Defizite und Handlungsoptionen, in: Perspektiven der Wirtschaftspolitik, Vol. 1 (2000), S. 259 ff.

–: Stabile Weltfinanzen?: die Debatte um eine neue internationale Finanzarchitektur, Berlin 2000.

Frenz, Walter: Europäisches Umweltrecht, München 1997.

–: Handbuch Europarecht, Band 1: Europäische Grundfreiheiten, Berlin 2004.

–: Handbuch Europarecht, Band 3: Beihilfe- und Vergaberecht, Berlin 2006

Friedman, Milton: Kapitalismus und Freiheit, Übersetzung von Martin, Paul, 6. Auflage, München 2009.

–: The Case for Flexible Exchange Rates, in: Essays in Positive Economics, University of Chicago Press, Chicago 1953, S. 157 ff.

Frowein, Jochen/Peukert, Wolfgang (Hrsg.): Europäische Menschenrechtskonvention, 3. Auflage, Kehl am Rhein 2009; zitiert: *Bearbeiter*, in: Frowein/Peukert (Hrsg.), Europäische Menschenrechtskonvention.

Fülbier, Andreas: Zur Fremdwährung als bewegliche Sache und Ware und zur Geldschuld als Sachschuld, in: NJW 1990, S. 2797 ff.

Gaitanides, Charlotte: Das Recht der Europäischen Zentralbank: Unabhängigkeit und Kooperation in der Europäischen Währungsunion, Tübingen 2005.

Galahn, Gunbritt: Die Deutsche Bundesbank im Prozess der europäischen Währungsintegration, Berlin 1996.

Garber, Peter/Taylor, Mark: Sand in the Wheels of Foreign Exchange Markets: A Sceptical Note, in: Economic Journal, Vol. 105 (1995), Issue 428 (January), S. 173 ff.

Gärtner, Manfred: How bubbles are born and burst in the foreign exchanges, in: Jahrbücher für Nationalökonomie und Statistik 218 (1999), Nr. 3/4, S. 294 ff.

Gawel, Erik : CO 2-basierte Kfz-Steuer – eine Klimaschutzsteuer?, in: Zeitschrift für Umweltrecht 2010, S. 3 ff.

–: Umweltlenkungssteuern und Leistungsfähigkeitsprinzip, in: Steuer und Wirtschaft 1999, S. 374 ff.

Gebauer, Wolfgang: Geld und Währung, 2. Auflage, Frankfurt 2004.

Geibel, Stephan/Süßmann, Rainer: Wertpapiererwerbs- und Übernahmegesetz, 2. Auflage, München 2008; zitiert: *Bearbeiter*, in: Geibel/Süßmann (Hrsg.), Wertpapiererwerbs- und Übernahmegesetz.

Geiger, Hermann: Das Währungsrecht im Binnenmarkt der Europäischen Union, Karlsruhe 1996.

Geiger, Rudolf/Khan, Daniel-Erasmus/Kotzur, Markus: EUV/AEUV, Vertrag über die Europäische Union und Vertrag über die Arbeitsweise der Europäischen Union, 5. Auflage, München 2010.

Genschel, Philipp: Steuerharmonisierung und Steuerwettbewerb in der Europäischen Union, Frankfurt 2002.

Glöckner, Jochen: Grundverkehrsbeschränkungen und Europarecht - Zugleich ein Beitrag zum Anwendungsbereich der Kapitalverkehrsfreiheit, in: Europarecht 2000, S. 592 ff.

Gocke, Rudolf/Gosch, Dietmar/Lang, Michael: Körperschaftsteuer, Internationales Steuerrecht, Doppelbesteuerung. Festschrift für Franz Wassermeyer zum 65. Geburtstag, München 2005; zitiert: *Autor*, Titel, in: Gocke/Gosch/Lang (Hrsg.), FS-Wassermeyer.

Grabitz, Eberhard/Hilf, Meinhard/Nettesheim, Martin (Hrsg.): Das Recht der Europäischen Union, Stand: 41. Ergänzungslieferung, Oktober 2011, München 2011; zitiert: *Bearbeiter*, in: Grabitz/Hilf/Nettesheim.

Gretschmann, Klaus (Hrsg.): Economic and Monetary Union: Implications for National Policy-Makers, Boston 1993; zitiert: *Autor*, Titel, in: Gretschmann (Hrsg.), Economic and moetary union: implications for national policy-makers.

Groeben, Hans von der/Schwarze, Jürgen (Hrsg.): Vertrag über die Europäische Union und Vertrag zur Gründung der Europäischen Gemeinschaft – Kommentar, Band 1 (Art. 1 – 53 EUV, Art. 1 - 80 EGV), 6. Auflage, Baden-Baden 2003; zitiert: *Bearbeiter*, in: von der Groeben/Schwarze.

–: Vertrag über die Europäische Union und Vertrag zur Gründung der Europäischen Gemeinschaft – Kommentar, Band 2 (Art. 81 - 97 EGV), 6. Auflage, Baden-Baden 2003; zitiert: *Bearbeiter*, in: von der Groeben/Schwarze.

–: Vertrag über die Europäische Union und Vertrag zur Gründung der Europäischen Gemeinschaft – Kommentar, Band 3 (Art. 98 – 188 EGV), 6. Auflage, Baden-Baden 2003; zitiert: *Bearbeiter*, in: von der Groeben/Schwarze.

Grote, Rainer/Marauhn, Thilo (Hrsg.): EMRK/GG, Konkordanzkommentar, Tübingen 2006; zitiert: *Bearbeiter*, in: Grote/Marauhn (Hrsg.), EMRK/GG.

–: The Regulation of International Financial Markets. Perspectives for Reform, Cambridge 2006; ziziert: *Autor*, Titel, in: Grote/Marauhn (Hrsg.).

Grunberg, Isabelle/Kaul, Inge/Grunberg, Isabelle/Kaul, Inge/ul Haq, Mahbub (Hrsg.): The Tobin Tax -Coping with financial volatility, Oxford 1996; zitiert: *Autor*, Titel, in: Grunberg/Kaul/ul Haq (Hrsg.), The Tobin Tax -Coping with financial volatility.

Grundmann, Stefan: Nationales Währungsrecht und EG-Kapitalverkehrsfreiheit, in: Europäisches Wirtschafts- und Steuerrecht 1990, S. 214 ff.

Grundmann, Stefan/Möslein, Florian: ECLR Die Goldene Aktie, in: ZGR 2003, S. 317 ff.

Haberer, Markus: Regulierung internationaler Finanzmärkte durch Transaktionssteuern: die Wirkung einer Tobin-Steuer auf Handelsvolumen und Wechselkursvolatilität, Konstanz 2006.

Habersack, Mathias (Hrsg.): Festschrift für Peter Ulmer zum 70. Geburtstag am 2. Januar 2003, Berlin 2003; zitiert: *Autor*, Titel, in: Habersack (Hrsg.), FS-Ulmen.

Häde, Ulrich: Die Europäische Wirtschafts- und Währungsunion, in: EuZW 1992, S. 171 ff.

–: Die Finanzverfassung der Europäischen Gemeinschaften - ein Überblick, in: EuZW 1993, S. 401 ff.

–: Finanzausgleich: die Verteilung der Aufgaben, Ausgaben und Einnahmen im Recht der Bundesrepublik Deutschland und der Europäischen Union, Tübingen 1996.

–: Zur Rechtmäßigkeit der Entscheidungen über die Europäische Wirtschafts- und Währungsunion, in: JZ 1998, S. 1088 ff.

Hahn, Hartmut: Der Einfluss von Thomas von Aquin auf die Besteuerung der wirtschaftlichen Leistungsfähigkeit, in: Steuer und Wirtschaft 2004, S. 167 ff.

Hahn, Hugo: Das Geld im Recht der parlamentarischen Diplomatie: Von der Europäischen Zahlungsunion zur Reform des Internationalen Währungsfonds, Baden-Baden 1970.

–: Der Vertrag von Maastricht als völkerrechtliche Übereinkunft und Verfassung: Anmerkungen anhand Grundgesetz und Gemeinschaftsrecht, Baden-Baden 1992.

–: Integration und Kooperation im europäischen Währungswesen: Referate und Diskussionsberichte der interdisziplinären Tagung des Arbeitskreises Europäische Integration e.V. in Luxemburg, 22. - 24. Februar 1979, Baden-Baden 1980; zitiert: *Autor*, Titel, in: Hahn (Hrsg.), Integration und Kooperation im europäischen Währungssystem.

–: Währungsrecht, München 1990.

Hakkio, Craig: Should we throw sand in the gears of financial markets?, in: Economic Review, Federal Reserve Bank of Kansas City, Issue Q II, S. 17 ff.

Harbrecht, Wolfgang: Europa auf dem Wege zur Wirtschafts- und Währungsunion: theoretische und politische Probleme der Errichtung einer Wirtschafts- und Währungsunion in der Europäischen Gemeinschaft, Bern 1981.

Hau, Harald: The Role of Transaction Costs for Financial Volatility: Evidence from the Paris Bourse, in: Journal of the European Economic Association, Vol. 4 (2006), Issue 4, S. 862 ff.

Heiles, Gero: Die Umsatzsteuer in der Europäischen Union: Steuerwettbewerb oder Steuerharmonisierung, 1. Auflage, Berlin 2009.

Hemmelgarn, Thomas: Steuern und Abgaben im Finanzsektor – Abgabenrechtliche Regulierung und neue Finanzmarktsteuern in der Europäischen Union, IFSt-Schrift Nr. 468 (2011).

Hemmer, Hans-Rimbert: Wirtschaftsprobleme der Entwicklungsländer, München 2002

Herden, Christian: Die Entwicklung des Steuerrechts, in: NJW 1991, S. 1021 ff.

Hermann, Christoph: Monetary Sovereignty over the Euro and External Relations of the Euro Area, in: Competences, Procedures and Practice, European Foreign Affairs Review 2002, Vol. 1, S. 1 ff.

Herr, Hansjörg: Geld, Währungswettbewerb und Währungssysteme: theoretische und historische Analyse der internationalen Geldwirtschaft, Frankfurt 1992.

Heselhaus, Sebastian: Abgabenhoheit der Europäischen Gemeinschaft in der Umweltpolitik: eine Untersuchung unter besonderer Berücksichtigung der Möglichkeiten und Grenzen einer Ertragshoheit der Europäischen Gemeinschaft, Berlin 2001.

–: Emanzipation der Umweltpolitik nach Art. 175 I EG-Vertrag (ex-Art. 130s I EGV), in: NVwZ 1999, S. 1190 ff.

Heselhaus, Sebastian/Nowak, Carsten (Hrsg.): Handbuch der europäischen Grundrechte, München 2006; zitiert: *Bearbeiter*, in: Heselhaus/Nowak (Hrsg.), Handbuch der europäischen Grundrechte.

Hesse, Konrad: Grundzüge des Verfassungsrechts der Bundesrepublik Deutschland, 20. Auflage, Heidelberg 1995.

Heun, Michael: Finanzmarktsimulation mit Multiagentensystemen, Wiesbaden 2007

Hilf, Meinhard: Die Organisationsstruktur der Europäischen Gemeinschaften: rechtliche Gestaltungsmöglichkeiten und Grenzen = The organizational structure of the European Communities, Berlin 1982.

–: Umweltabgaben als Gegenstand von Gemeinschaftsrecht und -politik, in: NVwZ 1992, S. 105 ff.

Hilf, Meinhard/Hörmann, Saskia: Der Grundrechtsschutz von Unternehmen im europäischen Verfassungsverbund, in: NJW 2003, S. 1 ff.

Hödl, Erich (Hrsg.): Aspekte einer europäischen Wirtschaftsordnung, Marburg 2006; zitiert: *Autor*, *Titel*, in: Hödl (Hrsg.), Aspekte einer europäischen Wirtschaftsordnung, *Seite*.

Hölscheidt, Sven/Baldus, Christian: Bestandaufnahme und Perspektiven der europäischen Finanzordnung, in: DÖV 1997, S. 866 ff.

Homburg, Stefan: Allgemeine Steuerlehre, 6. Auflage, München 2010.

Honrath, Alexander: Umfang und Grenzen der Freiheit des Kapitalverkehrs: die Möglichkeiten zur Einführung einer Devisenzwangsbewirtschaftung in der Europäischen Union, Baden-Baden 1998.

Hott, Christian: Finanzkrisen: eine portfoliotheoretische Betrachtung von Herdenverhalten und Ansteckungseffekten als Ursachen von Finanzkrisen, Frankfurt am Main 2004.

Ibing, Stefan: Die Einschränkung der europäischen Grundrechte durch Gemeinschaftsrecht: Anwendbarkeit der Einschränkungsvoraussetzungen der EMRK und der Europäischen Grundrechte-Charta auf Gemeinschaftsrechtsakte, 1. Auflage, Baden-Baden 2007.

Immenga, Ulrich/Mestmäcker, Ernst-Joachim: Wettbewerbsrecht, 4. Auflage, München 2007; zitiert: *Autor*, Abschnitt, in: Immenga/Mestmäcker (Hrsg.), Wettbewerbsrecht.

Institut für Wirtschaftspolitik (Hrsg.): Wirtschaftspolitisches Forum, Brauchen wir eine neue Weltwährungsordnung?, in: Zeitschrift für Wirtschaftspolitik, Jahrgang 45, Heft 3/1996, S. 304 ff., 316 ff. und 323 ff.; zitiert: *Bearbeiter*, in: Wirtschaftspolitisches Forum, Brauchen wir eine neue Weltwährungsordnung?, in: Zeitschrift für Wirtschaftspolitik, Jahrgang 45, Heft 3/1996.

International Monetary Fund: Report on the Measurement of International Capital Flows, Washington D.C., September 1992.

Ipsen, Hans Peter: Europäisches Gemeinschaftsrecht, Tübingen 1972.

Issing, Otmar: Einführung in die Geldpolitik, 6. Auflage, München 1996.

Jachmann, Monika: Die Einführung einer Nahverkehrsabgabe durch Landesgesetz, in: NVwZ 1992, S. 932 ff.

–: Leistungsfähigkeitsprinzip und Umverteilung, in: Steuer und Wirtschaft 1998, S. 293 ff.

–: Ökologie versus Leistungsfähigkeit – Gilt es neue Wege in der Steuerrechtfertigung zu gehen?, in: Steuer und Wirtschaft 2000, S. 239 ff.

Jahrmann, Fritz-Ulrich: Außenhandel, 13. Auflage, Herne 2010.

Jarass, Hans: Der grundrechtliche Eigentumsschutz im EU-Recht, in: NVwZ 2006, S. 1089 ff.

–: Die neuen Regelungen zur Biokraftstoffquote, in: Zeitschrift für Umweltrecht 2007, S. 518 ff.

–: Elemente einer Dogmatik der Grundfreiheiten II, in: Europarecht 2000, S. 705 ff.

–: Elemente einer Dogmatik der Grundfreiheiten, in: Europarecht 1995, S. 202 ff.

–: Die EU-Grundrechte, München 2005.

Jarchow, Hans-Joachim/Rühmann, Peter: Monetäre Außenwirtschaft: Monetäre Außenwirtschaft I: Monetäre Außenwirtschaftstheorie: Band 1, Stuttgart 2000.

Jauernig, Othmar (Hrsg.): Bürgerliches Gesetzbuch: BGB, Kommentar zum BGB, 13. Auflage, München 2009; zitiert: *Bearbeiter*, in: Jauernig (Hrsg.), BGB.

Jeanne, Olivier: Would a Tobin Tax Have Saved the EMS?, in: Scandinavian Journal of Economics, 1996, Vol. 98, Issue 4, S. 503 ff.

Jetin, Bruno/Denys, Lieven: Ready for Implementation - Technical and Legal Aspects of a Currency Transaction Tax and Its Implementation in the EU, Berlin 2005.

Kadelbach, Stefan/Petersen, Niels: Europäische Grundrechte als Schranken der Grundfreiheiten/Anmerkung zum EuGH-Urteil in der Rs. C-112/00, Schmidberger/Republik Österreich (Brennerblockade), in: EuGRZ 2003, S. 693 ff.

Kahl, Wolfgang: Umweltprinzip und Gemeinschaftsrecht: eine Untersuchung zur Rechtsidee des „bestmöglichen Umweltschutzes“ im EWG-Vertrag, Heidelberg 1993.

Kaiser, Johannes/Chmura, Thorsten/Pitz, Thomas: The Tobin Tax - A Game-Theoretical and an Experimental Approach, in: Social Science Research Network Working Paper Series, 19 July 2007.

Kaminsky, Graciela/Reinhart, Carmen: The Twin Crises: The Causes of Banking and Balance of Payments' Problems, in: The American Economic Review, Volume 89, 1999, S. 473 ff.

Kamppeter, Werner: Kapital- und Devisenmärkte als Herausforderung der Wirtschaftspolitik, Frankfurt 1990.

Kapteyn, Bert/Barents, R./Verloren van Themaat, Pieter (Hrsg.): Inleiding tot het recht van de Europese Gemeenschappen: na Maastricht (Handboek voor de Europese Gemeenschappen), 5. Auflage, Amsterdam 1995; zitiert: *Autor*, in: Kapteyn/Barents/Verloren van Themaat (Hrsg.), Inleiding tot het recht van de Europese Gemeenschappen: na Maastricht.

Kellerhals, Andreas: Wirtschaftsrecht und europäische Integration, Baden-Baden 2006.

Kenntner, Markus: Das Subsidiaritätsprotokoll des Amsterdamer Vertrags - Anmerkungen zum Begrenzungscharakter des gemeinschaftsrechtlichen Subsidiaritätsprinzips, in: NJW 1998, S. 2871 ff.

Kewenig, Wilhelm (Hrsg.): Völkerrecht und internationale wirtschaftliche Zusammenarbeit: Referate und Diskussionen eines Symposiums; veranstanstaltet vom Institut für Internationales Recht an der Universität Kiel am 9./10. November 1976, Berlin 1978.

Keynes, John Maynard: Allgemeine Theorie der Beschäftigung, der Zinsen und des Geldes - deutsche Fassung von Wäger, 6. Auflage, Berlin 1983.

–: Indian Currency and Finance, London 1913.

Kiefer, Donald: The Securities Transaction Tax – An Overview of the Issues, in: Tax Notes, Washington, 13 August 1990, S. 885 ff.

Kilches, Ralph: Sammlung des Europäischen Mehrwertsteuerrechts, Wien 1999.

Kimms, Frank: Die Kapitalverkehrsfreiheit im Recht der Europäischen Union, Frankfurt am Main 1996.

Kingreen, Thorsten: Die Struktur der Grundfreiheiten des Europäischen Gemeinschaftsrechts, Berlin 1999.

Kirchhof, Paul: 40 Jahre Umsatzsteuergesetz - Eine Steuer im Umbruch, in: Deutsches Steuerrecht 2008, S. 1 ff.

–: Besteuerung im Verfassungsstaat, Tübingen 2000.

Kirchhof, Roland: Der verfassungsrechtliche Auftrag zur Besteuerung nach der Leistungsfähigkeit, in: Steuer und Wirtschaft 1985, S. 319 ff.

Kirchner, Hildebert: Abkürzungsverzeichnis der Rechtssprache, 6. Auflage, Berlin 2008.

Kirman, Alan: The behaviour of the foreign exchange market, in: The Bank of England Quarterly, Bulletin, 35. Jahrgang, Nr. 3, S. 286 ff.

Kischel, Uwe: Die Kontrolle der Verhältnismäßigkeit durch den Europäischen Gerichtshof, in: Europarecht 2000, S. 380 ff.

Klamert, Marcus/Maydell, Niklas: Rechtsfragen der impliziten Außenkompetenz der EG illustriert am Beispiel der Dienstleistungsrichtlinie und der Minimum Platform on Investment, in: Europarecht 2008, S. 589 ff.

Knieper, Rolf: Elemente des internationalen Rechts grenzüberschreitenden Kapital- und Zahlungsverkehrs, in: WiRO 2001, S. 353 ff.

Knobbe-Keuk, Brigitte: Niederlassungsfreiheit: Diskriminierungs- oder Beschränkungsverbot?, in: DB 1990, S. 2573 ff.

Kober, Martin: Der Grundrechtsschutz in der Europäischen Union, München 2008.

Koch, Oliver: Der Grundsatz der Verhältnismäßigkeit der Rechtsprechung des Gerichtshofs der Europäischen Gemeinschaften, Berlin 2003.

Koenig, Christian/Kühling, Jürgen: Grundfragen des EG-Beihilfenrechts, in: NJW 2000, S. 1065 ff.

Kohler, Beate/Schlaeger, Gert: Wirtschafts- und Währungsunion für Europa, 2. Auflage, Bonn 1971.

Kommission Internationale Finanzmärkte: Bericht der Kommission Internationale Finanzmärkte von SPD-Parteivorstand und SPD Bundestagsfraktion, Bundesparteitag Nürnberg 19. bis 22. November 2001. Erreichbar unter: http://fa1.spd-berlin.de/Dokumente/bpt01-if.pdf.

König, Ingo: Devisenumsatzsteuer und Wechselkursverlauf, Kiel 1997.

Kotroni, Loukia: Grundrechtliche Verpflichtungen der Mitgliedstaaten der Europäischen Union: insbesondere unter Zugrundelegung von Artikel 51 der Grundrechtscharta, Frankfurt 2004.

Krägenau, Henry/Wetter, Wolfgang: Europäische Wirtschafts- und Währungsunion: vom Werner-Plan zum Vertrag von Maastricht; Analysen und Dokumentation, Baden-Baden 1993.

Krämer, Lutz: Finanzswaps und Swapderivate in der Bankpraxis: eine zivil-, AGB- und aufsichtsrechtliche Untersuchung unter besonderer Berücksichtigung der Kautelarpraxis, Berlin 1999.

Kreibohm, Philipp: Der Begriff der Steuer im Europäischen Gemeinschaftsrecht, Köln 2004.

Krugman, Paul: Target Zones and Exchange Rate Dynamics, in: The Quarterly Journal of Economics, Vol. 106, No. 3. (August 1991), S. 669 ff.

Kruse, Heinrich Wilhelm: Über die Gleichmäßigkeit der Besteuerung, in: Steuer und Wirtschaft 1990, S. 322 ff.

Kube, Hanno: Grundfreiheiten und Ertragskompetenz - die Besteuerung der grenzüberschreitenden Konzernfinanzierung nach dem Lankhorst-Urteil des EuGH, in: Internationales Steuerrecht 2003, S. 325 ff.

Kubiciel, Michael: Grund und Grenzen strafrechtlicher Anweisungskompetenz der Europäischen Gemeinschaft, in: Neue Zeitschrift für Strafrecht 2007, S. 136 ff.

Kubicki, Philipp: Die subjektivrechtliche Komponente der Unionsbürgerschaft, in: Europarecht 2006, S. 489 ff.

Kulessa, Margareta: Die Tobinsteuer zwischen Lenkungs- und Finanzierungsfunktion, in: Wirtschaftsdienst – Zeitschrift für Wirtschaftspolitik, 76. Jahrgang, 1996, S. 95 ff.

Kümpel, Siegfried/Wittig, Arne (Hrsg.): Bank- und Kapitalmarktrecht, 4. Auflage, Köln 2011; zitiert: *Bearbeiter*, in: Kümpel (Hrsg.), Bank- und Kapitalmarktrecht.

Kuntze, Christian: Die Kompetenzen der Europäischen Gemeinschaft auf dem Gebiet des Steuerrechts, Frankfurt 1999.

Lackhoff, Klaus: Die Niederlassungsfreiheit des EGV - nur ein Gleichheits- oder auch ein Freiheitsrecht?, Berlin 2000.

Lane, Timothy/Lizondo, José/Mathieson, Donald/Goldstein, Morris/Rojas-Suárez, Liliana/Folkerts-Landau, D. F. I.: Determinants and Systematic Consequences of International Capital Flows, in: IMF Occasional Paper No. 77, Washington D.C. 1991.

Larenz, Karl: Methodenlehre der Rechtswissenschaft, 6. Auflage, Berlin 1991.

Laule, Gerhard: Die Harmonisierung des europäischen Steuerrechts, in: Internationales Steuerrecht 2001, S. 297 ff.

Lehner, Moris (Hrsg.): Münchener Schriften zum Internationalen Steuerrecht, Heft 23: Grundfreiheiten im Steuerrecht der EU-Staaten, München 2000; zitiert: *Autor*, Titel, in: Lehner (Hrsg.), Grundfreiheiten im Steuerrecht der EU-Staaten.

–: Steuerrecht im europäischen Binnenmarkt: Einfluss des EG-Rechts auf die nationalen Steuerrechtsordnungen, Köln 1996; zitiert: *Autor*, Titel, in: Lehner (Hrsg.), Steuerrecht im europäischen Binnenmarkt.

Lenz, Carl Otto/Borchardt, Klaus-Dieter (Hrsg.): EU-Verträge, Kommentar nach dem Vertrag von Lissabon, 5. Auflage, Köln 2010; zitiert: *Bearbeiter*, in: Lenz/Borchardt.

Leßmann, Herbert (Hrsg.): Festschrift für Rudolf Lukes: zum 65. Geburtstag, Köln 1989; zitiert: *Autor*, Titel, in: Leßmann (Hrsg.), FS-Lukes

Lindner, Franz Josef: Fortschritte und Defizite im EU-Grundrechtsschutz - Plädoyer für eine Optimierung der Europäischen Grundrechtecharta, in: Zeitschrift für Rechtspolitik 2007, S. 54 ff.

Ljungqvist, Lars: Destabilizing exchange rate speculation: a counterexample to Milton Friedman, in: Papers 525 (1992), Stockholm - International Economic Studies.

Luckenbach, Helga: Volkswirtschaftslehre im Überblick, Band IV: Internationale Wirtschaftsbeziehungen, München 2002.

Lüdicke, Jürgen/Hummel, Lars: Zum Primat des primären Gemeinschaftsrechts, in: Internationales Steuerrecht 2006, S. 694 ff.

Martenczuk, Bernd: Die Außenvertretung der Europäischen Gemeinschaft auf dem Gebiet der Währungspolitik, in: ZaöRV 1999, S. 92 ff.

Mayer, Heinz (Hrsg.): Kommentar zu EU- und EG-Vertrag – unter Berücksichtigung der österreichischen Judikatur und Literatur, Loseblattsammlung, Wien 2007; zitiert: *Bearbeiter*, in: Mayer (Hrsg.), Kommentar zu EU- und EG-Vertrag.

McKinnon, Ronald: An international standard for monetary stabilization, in: Policy Analyses in International Economics No. 8, Institute for International Economics, Washington D.C. 1984.

–: Currency Substitution and Instability in the World Dollar Standard, in: The American Economic Review, Vol. 72, No. 3 (June 1982), S. 320 ff.

Menkhoff, Lukas/Michaelis, Jochen: Ist die Tobin-Steuer tatsächlich „tot"?, in: Jahrbuch für Wirtschaftswissenschaften, 46. Jahrgang, 1995, S. 34 ff.

–: Steuern zur Begrenzung unerwünschter Währungsspekulation, in: Außenwirtschaft, 50. Jahrgang, Vol. III, Zürich 1995, S. 443 ff.

Merten, Detlef/Papier, Hans-Jürgen (Hrsg.): Handbuch der Grundrechte, Band IV/2, Europäische Grundrechte II – Universelle Menschenrechte, Heidelberg 2009; zitiert: *Bearbeiter*, in: Merten/Papier (Hrsg.), Handbuch der Grundrechte.

Messal, Rüdiger: Das Eigenmittelsystem der Europäischen Gemeinschaft, 1. Auflage, Baden-Baden 1991.

Mestmäcker, Ernst-Joachim (Hrsg.): Eine Ordnungspolitik für Europa: Festschrift für Hans von der Groeben zu seinem 80. Geburtstag, Baden-Baden 1987; zitiert: *Autor*, Titel, in: Mestmäcker (Hrsg.), Eine Ordnungspolitik für Europa.

Meyer, Jürgen (Hrsg.): Charta der Grundrechte der Europäischen Union, 2. Auflage, Baden-Baden 2006; zitiert: *Bearbeiter*, in: Meyer (Hrsg.), Charta der Grundrechte der Europäischen Union.

Mick, Marcus: Die Steuerkonzeption in der Europäischen Union, Münster 1995.

Mickel, Wolfgang/Bergmann, Jan/Grupp, Claus (Hrsg.): Handlexikon der Europäischen Union, 3. Auflage, Baden-Baden 2005.

Micklitz, Hans-Werner/Reich, Norbert: Verbraucherschutz im Vertrag über die Europäisch Union, in: EuZW 1993, S. 593 ff.

Middeke, Andreas: Nationaler Umweltschutz im Binnenmarkt: rechtliche Möglichkeiten und Grenzen umweltrelevanter Alleingänge im Verhältnis zum freien Warenverkehr, Köln 1994.

Mishkin, Frederic: Anatomy of a Financial Crisis, in: Journal of Evolutionary Economics, 2 (1992), S. 115 ff.

Möhlenbeck, Rüdiger: Die Problematik einer einheitlichen europäischen Währungsordnung, Bonn 1955.

Molzahn, Ralf: Die normativen Verknüpfungen von Kapitalverkehrsfreiheit und Währungsunion im EG-Vertrag, Berlin 1999.

Mückenhausen, Peter: Die Harmonisierung der Abgaben auf den Straßengüterverkehr in der Europäischen Gemeinschaft, in: EuZW 1994, S. 519 ff.

Müller, Christian: Möglichkeiten und Grenzen der indirekten Verhaltenssteuerung durch Abgaben im Umweltrecht, Köln 1994.

Müller-Graff, Peter-Christian: Die Rechtsangleichung zur Verwirklichung des Binnenmarkts, in: Europarecht 1989, S. 107 ff.

Mundell, Robert: Capital mobility and stabilization policy under fixed and flexible exchange rates, in: Canadian Journal of Economic and Political Science, Vol. 29, Montreal 1962, S. 475 ff.

Nettesheim, Martin: Die Kompetenzordnung im Vertrag über eine Verfassung für Europa, in: Europarecht 2004, S. 511 ff.

–: Horizontale Kompetenzkonflikte in der EG, in: Europarecht 1993, S. 246 ff.

Neubäumer, Renate (Hrsg.): Volkswirtschaftslehre: Grundlagen der Volkswirtschaftstheorie und Volkswirtschaftspolitik, 4. Auflage, Wiesbaden 2005; zitiert: *Autor*, in: Neubäumer (Hrsg), Volkswirtschaftslehre.

Neumark, Fritz: Grundsätze gerechter und ökonomisch rationaler Steuerpolitik, Tübingen 1970.

Nicolaysen, Gert: Europarecht II - Das Wirtschaftsrecht im Binnenmarkt, 1. Auflage, Baden-Baden 1996.

–: Rechtsfragen der Währungsunion: erweiterte Fassung eines Vortrages, gehalten vor der Juristischen Gesellschaft zu Berlin am 17. Februar 1993, Berlin 1999

Nolte, Georg: Die Kompetenzgrundlage der Europäischen Gemeinschaft zum Erlass eines weitreichenden Tabakwerbeverbots, in: NJW 2000, S. 1144 ff.

Nussbaum, Arthur: Das Geld in Theorie und Praxis des Deutschen und Ausländischen Rechts, Tübingen 1925.

Ohler, Christoph: Die fiskalische Integration in der Europäischen Gemeinschaft, Baden-Baden 1997.

–: Die Kapitalverkehrsfreiheit und ihre Schranken, in: WM 1996, S. 1801 ff.

Oppermann, Thomas/Classen, Claus Dieter/Nettesheim, Martin (Hrsg.): Europarecht, 5. Auflage, München 2011; zitiert: *Bearbeiter*, in: Oppermann/Classen/Nettesheim, Europarecht.

Osterhaus, Anja: Bausteine für ein alternatives Weltfinanzsystem, in: Kapital braucht Kontrolle, 3. Auflage, Bonn 2001, S. 56 ff.

Pache, Eckhard: Die Europäische Grundrechtscharta - ein Rückschritt für den Grundrechtsschutz in Europa?, in: EuR 2001, S: 475ff.

Pahlke, Armin/Koenig, Ulrich (Hrsg.): Abgabenordnung, 2. Auflage 2009; zitiert: *Bearbeiter*, in: Pahlke/Koenig (Hrsg.), Abgabenordnung.

Palandt, Otto: Bürgerliches Gesetzbuch, 71. Auflage, München 2012; zitiert: Palandt/*Bearbeiter*, BGB.

Palley, Thomas: Speculation and Tobin Taxes: Why Sand in the Wheels can Increase Economic Efficiency, in: Journal of Economics, Vol. 69, No. 2, June 1999, S. 113 ff.

Palm, Ulrich: Preisstabilität in der Europäischen Wirtschafts- und Währungsunion: eine rechtliche Untersuchung der stabilitätssichernden Instrumentariums insbesondere im Hinblick auf die Disziplinierung der mitgliedstaatlichen Haushaltspolitik, Baden-Baden 2000.

Parsche, Rüdiger: Europäische Umsatzsteuerharmonisierung, Clearing-Verfahren und Steuerhinterziehung, in: ifo Schnelldienst, Ifo Institute for Economic Research, Vol. 44 (1991), Issue 27 (October), S. 7 ff.

Paschen, Uwe: Steuerumgehung im nationalen und internationalen Steuerrecht, Wiesbaden 2001.

Patomäki, Heiki: Democratizing Globalization: The Leverage of the Tobin Tax, London 2001.

–: The Tobin Tax and How to Make It Real. Towards a More Just and Democratic Global Economy, Helsinki 1999.

Patomäki, Heikki/Denys, Lieven: Draft Treaty on Global Currency Transactions Tax, finalised on 24 January 2002. Erhältlich unter: http://www.nigd.org/ctt/en/CTT-treaty/portrait.pdf.

Patterson, Ben/Galliano, Mickäl: The feasibility of an International Tobin Tax, in: European Parliament - Directorate-General for Research - Working Papers; ECON 118 EN, S. 1 ff.

Pernice, Ingolf: Auswirkungen des europäischen Binnenmarkts auf das Umweltrecht – Gemeinschafts(verfassungs)rechtliche grundlagen, in: NVwZ 1990, S. 201 ff.

Petersmann, Ernst-Ulrich: Völkerrechtliche Fragen der Weltwährungsreform. Wirtschaftsdynamik in der Praxis des Internationalen Währungsfonds, in: ZaöRV, 1974, Band 34, S. 452 ff.

–: Wirtschaftsintegrationsrecht und Investitionsgesetzgebung der Entwicklungsländer: Grundprobleme, rechtsvergleichende und multidisziplinäre Aspekte, Baden-Baden 1974.

Pigou, Arthur Cecil: The Economics of Welfare, London 1929

Pollak, Christiana: Verhältnismäßigkeitsprinzip und Grundrechtsschutz in der Judikatur des Europäischen Gerichtshofs und des Österreichischen Verfassungsgerichtshofs, Baden-Baden 1991.

Potacs, Michael: Nationale Zentralbanken in der Wirtschafts- und Währungsunion, in: Europarecht 1993, S. 23 ff.

Randelzhofer, Albrecht (Hrsg.): Gedächtnisschrift für Eberhard Grabitz, München 1995; zitiert: *Autor*, Titel, in: Randelzhofer (Hrsg.), GS für Grabitz.

Randizo-Plath, Christa: Wechselkurs und Handelsvolumen – ein Plädoyer für feste Wechselkurse, in: Wirtschaftsdienst 1994, S. 307 ff.

Reisen, Helmut: Tobin Tax: Could it Work?, in: OECD Observer, No. 231/232, May 2002, S. 23 ff.

Ress, Georg (Hrsg.): Rechtsprobleme der Rechtsangleichung: Saarbrücken, 12. November 1987/Wiss. Kolloquium aus Anlass des 70. Geburtstages von Heinrich Matthies, Saarbrücken 1988; zitiert: *Autor*, Titel, in: Ress (Hrsg.), Rechtsprobleme der Rechtsangleichung.

Rettberg, Jürgen: Weltwährungsfonds mit Weltbankgruppe und UNCTAD als Bezugspunkte der internationalen Handels- und Entwicklungspolitik, Köln 1983.

Richter, Rudolf: Geldtheorie: Vorlesung auf der Grundlage der allgemeinen Gleichgewichtstheorie und der Institutionenökonomik, 2. Auflage, Berlin 1090.

Ritzer, Christoph/Ruttloff, Marc: Die Kontrolle des Subsidiaritätsprinzips: Geltende Rechtlage und Reformperspektiven, in: Europarecht 2006, S. 116 ff.

Rohde, Andreas: Freier Kapitalverkehr in der Europäischen Gemeinschaft, Frankfurt am Main 1999.

Rometsch, Sieghardt: Monetäre Integration, das Problem einer Währungsunion im Gemeinsamen Markt, Frankfurt 1968.

Röttinger, Moritz/Weyringer, Claudia (Hrsg.): Handbuch der europäischen Integration: Strategie - Struktur - Politik der Europäischen Union, 2. Auflage, Wien 1996; zitiert: *Autor*, Titel, in: Röttinger/Weyringer (Hrsg.), Handbuch der europäischen Integration

Rüffler, Klaus: Kontinuität oder Kehrtwende im Streit um die gemeinschaftsrechtlichen Umweltschutzkompetenzen, in: Jura 1994, S. 635 ff.

Ruge, Reinhard: Goldene Aktien und EG-Recht, in: EuZW 2002, S. 421 ff.

Sachs, Michael (Hrsg.): Grundgesetz – Kommentar, 6. Auflage, München 2011; zitiert: *Bearbeiter*, in: Sachs (Hrsg.), GG.

Sandmo, Agnar: Bridging the Tax-Expenditure Gap: Green Taxes and the Marginal Cost of Funds, in: CESifo Working Paper Series No. 579 (October 2001). Available at SSRN: http://ssrn.com/abstract=287679.

–: The Effects of Taxation on Savings and Risk Taking, in: Auerbach/Feldstein (Hrsg.), Handbook of Public Economics, Vol. 1, Amsterdam 1985, S. 265 ff.

Savigny, Friedrich Carl von: System des heutigen römischen Rechts, Band 1 und Band 3, Berlin 1841.

Scharrer, Hans-Eckart/Wessels, Wolfgang : Die nächste Stufe des Europäischen Währungssystems (EWS) - Aufgaben und Optionen, in: Integration, 1/1982, S. 19 ff.

–: *(Hrsg.):* Das europäische Währungssystem: Bilanz und Perspektiven eines Experiments, Bonn 1983; zitiert: *Autor*, Titel, in: Scharrer/Wessels (Hrsg.), Das europäische Währungssystem.

Schaumburg, Harald/Schaumburg, Heide: Steuerliche Leistungsfähigkeit und europäische Grundfreiheiten im Internationalen Steuerrecht, in: Steuer und Wirtschaft 2005, S. 306 ff.

Schempp, Ulrich: Integrativer Rückschritt mit Tücken: Überlegungen zu einem Vorschlag von James Tobin, in: Jahrbücher für Nationalökonomie und Statistik, Band 209, 1992, S. 231 ff.

Scheuing, Dieter: Zur Grundrechtsbindung der EU-Mitgliedstaaten, in: Europarecht 2005, S. 162 ff.

Schima, Bernhard: Das Subsidiaritätsprinzip im Europäischen Gemeinschaftsrecht, Wien 1994.

Schimansky, Herbert/Bunte, Hermann-Josef/Lwowski, Hans-Jürgen (Hrsg.): Bankrechts-Handbuch, 4. Auflage, München 20011; zitiert: *Bearbeiter*, in: Schimansky/Bunte/Lwowski (Hrsg.), Bankrechts-Handbuch.

Schmidt, Robert: The Behavioral Economics of Foreign Exchange Markets: A Psychological View on Human Expectation Formation in Foreign Exchange Markets, Frankfurt 2006.

Schmidt, Rodney: A feasible foreign exchange transactions tax, New York 1999.

–: The currency transaction tax: rate and revenue estimates, New York 2008.

Schneider, Hans-Peter: Tollhaus Europa - Unzeitgemäßes zum Werbeverbot für Tabakerzeugnisse, in: NJW 1998, S. 576 ff.

Schöler, Klaus: Raumwirtschaftstheorie, München 2005.

Scholz, Rupert (Hrsg.): Europa als Union des Rechts – eine notwendige Zwischenbilanz im Prozeß der Vertiefung und Erweiterung (VI. Kongreß Junge Juristen und Wirtschaft, Leipzig, 26.-28. Mai 1999, Hanns Martin Schleyer-Stiftung), Köln 1999; zitiert: *Autor*, Titel, in: Scholz (Hrsg.), Europa als Union des Rechts.

Schön, Wolfgang: Steuergesetzgebung zwischen Markt und Grundgesetz, in: Steuer und Wirtschaft 2004, S. 62 ff.

Schorkopf, Frank: Die Einführung des Euro: der europäische und deutsche Rechtsrahmen, in: NJW 2001, S. 3734 ff.

Schrader, Alexander: Devisenumsatzsteuer: Scheitern programmiert, in: Deutsche Bank Research Bulletin vom 26. Juni 1995, Frankfurt am Main 1995.

Schröer, Thomas: Aktuelle Probleme der Einführung einer gemeinschaftlichen Klimasteuer, in: RIW 1993, S. 914 ff.

Schulze-Steinen, Mathias: Rechtsfragen zur Wirtschaftsunion: Möglichkeiten der gemeinschaftlichen Gestaltung mitgliedstaatlicher Wirtschaftspolitik nach dem EG-Vertrag, Baden-Baden 1997.

Schütz, Charlotte: Die Legitimation der Europäischen Zentralbank zur Rechtsetzung, in: Europarecht 2001, S. 291 ff.

Schwarze, Jürgen: Daseinsvorsorge im Lichte des europäischen Wettbewerbsrechts, in: EuZW 2001, S. 334 ff.

–: Der Schutz der Grundrechte durch den EuGH, in: NJW 2005, S. 3459 ff.

Schwarze, Jürgen (Hrsg.): EU-Kommentar, 2. Auflage, Baden-Baden 2009; zitiert: *Bearbeiter*, in: Schwarze (Hrsg.), EU-Kommentar.

Schwenke, Michael: Die Kapitalverkehrsfreiheit im Wandel? - Eine erste Analyse neuer Entwicklungen in der Rechtsprechung des EuGH, in: Internationales Steuerrecht 2006, S. 748 ff.

Sedemund, Joachim: Wettbewerbsneutralität als Verfassungsgebot bei der Steuerharmonisierung für alkoholische Getränke, in: EuZW 1991, S. 658 ff.

Seidel, Martin: Umweltrechtliche und wirtschaftslenkende Abgaben und Maßnahmen aus gemeinschaftsrechtlicher Sicht, in: NVwZ 1993, S. 105 ff.
Seiler, Christian: Kompetenz- und verfahrensrechtliche Maßstäbe europäischer Umweltabgaben, in: Europarecht 2010, S. 67 ff.
–: Steuer- und Sozialrecht als Ort sozialpolitischer Gestaltung, in: Neue Zeitschrift für Sozialrecht 2007, S. 617 ff.
Selmayr, Martin: Das Recht der Wirtschafts- und Währungsunion, Erster Band: Die Vergemeinschaftung der Währung, Baden-Baden 2002.
–: Die Wirtschafts- und Währungsunion als Rechtsgemeinschaft, in: Archiv für öffentliches Recht 1999, S. 357 ff.
Selmayr, Martin/Zilioli, Chiara: The European Central Bank: an autonomous specialized organisation of Community law, in: Common Market Law Review 2000, S. 591 ff.
–: The External Relations of the Euro Area: Legal Aspects, in: Common Market Law Review 1999, S. 273 ff.
Sester, Peter: Zur Interpretation der Kapitalmarkteffizienz in Kapitalmarktgesetzen, Finanzmarktrichtlinien und –standards, in: ZGR 2009, S. 310 ff.
–: Finanztransaktionssteuer und Finanzmarktstabilität, in: WM 2012, S. 529 ff.
Shleifer, Andrei/Summers, Lawrence: The Noise Trader Approach to Finance, in: Journal of Economic Perspectives Vol. 4, 1990, S. 19 ff.
Shome, Parthasarathi/Stotsky, Janet: Financial Transactions Taxes, in: Tax Notes International, (January 2, 1996), 96 TNI 1-17.
Siems, Mathias: Der Neoliberalismus als Modell für die Gesetzgebung?, in: Zeitschrift für Rechtspolitik 2002, S. 170 ff.
Smith, Adam: Der Wohlstand der Nationen: eine Untersuchung seiner Natur und seiner Ursachen (Übersetzung aus den Englischen), 6. Auflage, München 1993.
Smits, René: The European Central Bank, London 1997.
–: The European Central Bank: Institutional Aspects, in: International Comparative Law Quarterly 1996, S. 319 ff.
Sorgenfrei, Ulrich: Zur Neuregelung der Besteuerung von Verlusten aus betrieblichen Termingeschäften, in: Deutsches Steuerrecht 1999, S. 1928 ff.
Spahn, Paul Bernd: International Financial Flows and Transactions Taxes, in: Survey and Options (June 1995), IMF Working Paper, Vol. 60, S. 1 ff. Available at SSRN: http://ssrn.com/abstract=883208.
–: The Tobin Tax and Exchange Rate Stability, in: Finance and Development, Vol. 33, No. 2 (June 1996), S. 24 ff.
Spahn, Paul Bernd: Zur Durchführbarkeit einer Devisentransaktionssteuer: Gutachten im Auftrag des Bundesministeriums für Wirtschaftliche Zusammenarbeit und Entwicklung, Bonn, Frankfurt am Main 2002.
Spindler, Wolfgang: Vertrauensschutz im Steuerrecht, in: DNotZ 2007, S. 105 ff.
Spremann, Klaus/Gantenbein, Pascal: Kapitalmärkte, Stuttgart 2005.
–: Zinsen, Anleihen, Kredite, 4. Auflage, München 2007.
Sraffa, Piero: The Laws of Return under Competetive Conditions, in: The Economic Journal, Vol. 36, No. 144 (December 1926), S. 535 ff.
Stadler, Rainer: Der rechtliche Handlungsspielraum des europäischen Systems der Zentralbanken, Baden-Baden 1996.
Stadler, Rupert: Die Berufsfreiheit in der Europäischen Gemeinschaft, München 1980.
Stadler, Wilfried/Pock, Uta: Tobin-Tax light: Chancen und Risiken einer Devisentransaktionsbesteuerung in Europa, in: Hödl (Hrsg.), Aspekte einer europäischen Wirtschaftsordnung, S. 121 ff.

Stein, Torsten: Die Grundfreiheiten müssen „Freiheiten" bleiben! - Nochmals zu Tabakwerbeverbot und Gemeinschaftskompetenz, in: EuZW 2000, S. 337 ff.
Steindorff, Ernst: Grenzen der EG-Kompetenzen, Heidelberg 1990.
Stern, Volker: Abbau der Kapitalverkehrsteuern, Wiesbaden 1989.
Stiglitz, Joseph/Schönfelder, Bruno: Finanzwissenschaft, 2. Auflage, München 1998.
Storr, Stefan: Die Bewältigung defizitärer Haushaltslagen in der EU, in: Europarecht 2001, S. 846 ff.
Stotsky, Janet: Why a two-tier Tobin tax won't work, in: International Monetary Fund, Finance & Development, Vol. 33 (1996), No. 2, S. 28 ff.
Streinz, Rudolf: Bundesverfassungsrechtlicher Grundrechtsschutz und Europäisches Gemeinschaftsrecht, Baden-Baden 1989.
–: Europarecht, 8. Auflage, Heidelberg 2008.
–: *(Hrsg.):* EUV, AEUV: Vertrag über die Europäische Union und Vertrag über die Arbeitsweise der Europäischen Union, 2. Auflage, München 2012; zitiert: *Bearbeiter*, in: Streinz, EUV/AEUV.
Streinz, Rudolf/Ohler, Christoph/Herrmann, Christoph (Hrsg.): Der Vertrag von Lissabon zur Reform der EU, 3. Auflage, München 2010; zitiert: *Bearbeiter*, in: Streinz/Ohler/Herrmann (Hrsg.), Vertrag von Lissabon.
Stumpf, Cordula: Neuere Entwicklungen zu Diskriminierungsverbot und Harmonisierungsgebot im europäischen Mehrwertsteuerrecht, in: EuZW 1991, S. 713 ff.
Summers, Lawrence/Summers, Victoria: The case for a Securities Transaction Excise Tax, in: Tax Notes, (Arlington, Virginia), 13 August 1990, S. 879 ff.
Taupitz, Jochen/Schelling, Holger: Das apothekenrechtliche Verbot des „Mehrbesitzes" - auf ewig verfassungsfest?, in: NJW 1999, S. 1751 ff.
Tetzlaff, Rainer: Weltbank und Währungsfonds - Gestalter der Bretton-Woods-Ära: Kooperations- und Integrations-Regime in einer sich dynamisch entwickelnden Weltgesellschaft, Opladen 1996.
The de Larosière Group: High-Level Group on Financial Supervision in the EU, chaired by Jacques de Larosiére, Report, 25. Februar 2009, Brüssel 2009.
Thießen, Friedrich: Beitrag Wirtschaftspolitisches Forum, Brauchen wir eine neue Weltwährungsordnung?, in: Zeitschrift für Wirtschaftspolitik, Jahrgang 45, Heft 3/1996, S. 323 ff.
Thum, Kai: Vereinbarkeit der Gebührenfinanzierung des öffentlich-rechtlichen Rundfunks mit EG-Beihilferecht, in: NVwZ 2007, S. 521 ff.
Tilly, Richard: Geld und Kredit in der Wirtschaftsgeschichte, Stuttgart 2003.
Tipke, Klaus: Die Steuerrechtsordnung, Band I: Wissenschaftsorganisatorische, systematische und grundrechtlich-rechtsstaatliche Grundlagen, 2. Auflage, Köln 2000.
–: Die Steuerrechtsordnung, Band II: Steuerrechtfertigungstheorie, Anwendung auf alle Steuerarten, sachgerechtes Steuersystem, 2. Auflage, Köln 2003.
Tipke, Klaus/Lang, Joachim (Hrsg.): Steuerrecht, 20. Auflage, Köln 2010; zitiert: *Bearbeiter*, in: Tipke/Lang, Steuerrecht.
Tobin, James: A Currency Transaction Tax. Why and How, in: Economic Systems merged with Journal of International and Comparative Economics, Vol. 20 (1996), No. 2-3, S. 85 ff.
–: A Proposal for International Monetary Reform, in: Eastern Economic Journal, Eastern Economic Association, Vol. 4 (3-4), Jul/Oct 1978, S. 153 ff.
–: On the Efficiency of the Financial System, in: Lloyds Bank Review, Juli 1984, S. 1 ff.
–: The New Economics One Decade Older, in: The Eliot Janeway Lectures on Historical Economics in Honour of Joseph Schumpeter, Princeton 1974.

Torrent, Ramon: Whom is the European Central Bank of?, in: Common Market Law Review 1999, 1229 ff.

Trüe, Christiane: Das System der Rechtsetzungskompetenzen der Europäischen Gemeinschaft und der Europäischen Union, Baden-Baden 2002.

Tsatsos, Dimitris (Hrsg.): Die Unionsgrundordnung, Berlin 2010; zitiert: *Bearbeiter*, in: Tsatsos (Hrsg.), Die Unionsgrundordnung.

United Nations: Human Development Report 1994 – New Dimensions of Human Security, Oxford University Press, USA, 1994.

–: United Nations Development Programme, Human Development Report 1994 – New Dimensions of Human Security, Oxford University Press, New York 1994.

Unnerstall, Herwig: Anforderungen an die Kostendeckung in der Trinkwasserversorgung nach der EU-Wasserrahmenrichtlinie, in: NVwZ 2006, S. 528 ff.

Vedder, Christoph: Die Außenbeziehungen der EU und der Mitgliedstaaten: Kompetenzen, gemischte Abkommen, völkerrechtliche Verantwortlichkeit und Wirkungen des Völkerrechts, in: Europarecht Beiheft III/2007, S. 57 ff.

Vetter, Rainer: Die Kompetenz der Gemeinschaft zur Gründung von unabhängigen europäischen Agenturen, in: DÖV 2005, S. 721 ff.

Vollmer, Uwe: Geld- und Währungspolitik, München 2005.

Voß, Reimer: Europäisches und nationales Steuerrecht, in: Steuer und Wirtschaft 1993, S. 155 ff.

Wägenbaur, Bertrand: Binnenmarkt und Gesundheitsschutz - eine schwierige Kohabitation, in: EuZW 2000, S. 549 ff.

Wahl, Peter/Waldow, Peter: Devisenumsatzsteuer – ein Konzept mit Zukunft. Möglichkeiten und Grenzen der Stabilisierung der Finanzmärkte durch eine Tobin-Steuer, Bonn 2001.

–: Tobin-Steuer: Kapital braucht Kontrolle, Hamburg 2002.

Wasmeier, Martin: Umweltabgaben und Europarecht: Schranken des staatlichen Handlungsspielraumes bei der Erhebung öffentlicher Abgaben im Interesse des Umweltschutzes.

Weber, Manfred: Tobin-Steuer gegen Globalisierung?, in: WM 2001, S. 2338 ff.

Weber, Stefan: Kapitalverkehr und Kapitalmärkte im Vertrag über die Europäische Union, in: EuZW 1992, S. 561 ff.

Weber-Grellet, Heinrich: Der Karlsruher Entwurf - ein Weg in die steuerstaatliche Vergangenheit, in: Zeitschrift für Rechtspolitik 2003, S. 279 ff.

–: Europäisches Steuerrecht, München 2005.

–: Lenkungssteuern im Rechtssystem, in: NJW 2001, S. 3657 ff.

Wehrheim, Michael/Marquardt, Anja: Die Vorschläge der Europäischen Kommission zur Unternehmensbesteuerung im Binnenmarkt - Ein Überblick, in: Internationales Steuerrecht 2003, S. 14 ff.

Weidemann, Clemens: „Solange II“ hoch 3? - Inzidentkontrolle innerstaatlicher Normen, in: NVwZ 2006, S. 623 ff.

Weiß, Wolfgang: Kompetenzverteilung in der Währungspolitik und Außenvertretung des Euro, in: Europarecht 2002, S. 165 ff.

Westerhoff, Frank/Dieci, Roberto: The effectiveness of Keynes-Tobin transaction taxes when heterogeneous agents can trade in different markets: A behavioral finance approach, in: The effectiveness of Keynes-Tobin transaction taxes when heterogeneous agents can trade in different markets: A behavioral finance approach, in: Journal of Economic Dynamics and Control, Volume 30, Issue 2, February 2006, S. 293 ff.

Wiegand, Bodo: Bestmöglicher Umweltschutz als Aufgabe der Europäischen Gemeinschaften, in: DVBl 1993, S. 533 ff.

Wieland, Joachim: Erweitern und Teilen - Die künftige Finanzordnung der Europäischen Union, in: Zeitschrift für Rechtspolitik 2002, S. 503 ff.

Willgerodt, Hans: Wege und Irrwege zur europäischen Währungsunion, Freiburg (im Breisgau) 1972.

Williamson, John/Miller, Marcus: Targets and Indicators: A Blueprint for the International Coordination of Economic Policy, in: Policy Analyses in International Economics, No. 22, Institute for International Economics, Washington D.C., September 1987.

Willms, Manfred: Internationale Währungspolitik, 2. Auflage, München 1995.

Wisskirchen, Cornel: Devisenhandel als Bankgeschäft: Economics und Erfolgsfaktoren, Wiesbaden 1995.

Wittinger, Michaela: „Europäische Satelliten": Anmerkungen zum Europäischen Agentur(un)wesen und zur Vereinbarkeit Europäischer Agenturen mit dem Gemeinschaftsrecht, in: Europarecht 2008, S. 609 ff.

Woll, Artur (Hrsg.): Wirtschaftslexikon, 10. Auflage, München 2008.

Zehetner, Franz: Die Suspendierung der Goldkonvertibilität des Dollars, in: Schriftenreihe der Österreichischen Bankwissenschaftlichen Gesellschaft, Heft XLV, Wien 1973.

Zorn, Nikolaus/Twardosz, Benjamin: Gemeinschaftsgrundrechte und Verfassungsgrundrechte im Steuerrecht, in: Deutsches Steuerrecht 2007, S. 2185 ff.

Kolibri 360 GmbH
Ferdinand-Jühlke-Straße 7
99095 Erfurt, Deutschland
produktsicherheit@kolibri360.de